国家标准 GB/T28158-2011《国际贸易业务的职业分类与资质管理》培训考试教材

国际贸易类专业校企合作专业共建计划指定教学资源

职业院校国际贸易类专业规划教材

国际贸易业务操作

——国际贸易业务员业务技能考试用书

主编:陈文培

编者:翁佩君 翁卓如 邢开东

陈 楠 陈 倩 顾惠媛

中国对外贸易经济合作企业协会
全国外经贸从业人员考试中心 组织编写

上海财经大学出版社

图书在版编目(CIP)数据

国际贸易业务操作/陈文培主编．—上海：上海财经大学出版社，2015.3

国家标准 GB/T28158-2011《国际贸易业务的职业分类与资质管理》培训考试教材

国际贸易类专业校企合作专业共建计划指定教学资源

职业院校国际贸易类专业规划教材

ISBN 978-7-5642-2034-1/F・2034

Ⅰ.①国… Ⅱ.①陈… Ⅲ.①国际贸易-贸易实务-高等职业教育-教材
Ⅳ.①F740.4

中国版本图书馆 CIP 数据核字(2014)第 255813 号

□ 责任编辑 汝 涛

□ 封面设计 钱宇辰

GUOJI MAOYI YEWU CAOZUO

国际贸易业务操作

国际贸易业务员业务技能考试用书

主编：陈文培

编者：翁佩君 翁卓如 邢开东

陈 楠 陈 倩 顾惠媛

上海财经大学出版社出版发行

(上海市武东路 321 号乙 邮编 200434)

网 址：http://www.sufep.com

电子邮箱：webmaster @ sufep.com

全国新华书店经销

上海华业装璜印刷厂印刷

上海景条印刷有限公司装订

2015 年 3 月第 1 版 2015 年 3 月第 1 次印刷

787mm×1092mm 1/16 18.75 印张 486 千字

(习题集 7.5 印张 192 千字)

印数：0 001—4 000 定价：48.00 元

总 序

改革开放以来我国国际贸易行业高速发展，在扩大就业、增加财政收入、缓解资源约束、推动技术进步及产业升级、扩大国际影响力等方面作出了巨大贡献，在国民经济中占据了重要地位。近年来，随着国际国内政治经济形势的发展，国际贸易行业处于转型发展的关键时期。以标准化管理提升企业管理能力，以专业化人才提升企业经营能力成为国际贸易行业的共识。

2010 年中国对外贸易经济合作企业协会受国家标准化管理委员会委托，着手制定国家标准《国际贸易业务的职业分类与资质管理》，2012 年 7 月该标准正式公布实施，标准编号 GB/T 28158-2011。该标准填补了我国外经贸行业职业资质标准的空白，为外经贸企业选人、用人提供了参照和标尺，为我国外经贸行业从业人员职业能力培训考试工作提供了依据。该标准的应用与实施将在推进国际贸易企业基础管理、提升专业人员职业素养方面发挥巨大作用。

本套教材是中国对外贸易经济合作企业协会为《国际贸易业务的职业分类与资质管理》(GB/T 28158-2011)应用工作编写的配套教材，是对标准内容的系统诠释，客观反映了目前我国国际贸易企业业务现状，可用于国际贸易从业人员职业能力培训考试，也可用于院校国际贸易类专业教学。

在教材编写中协会坚持“实用性、前瞻性、高啮合度”的原则，以外经贸各领域一线专家组成编写团队，围绕各岗位工作要求，以业务过程串联知识点，使学员在了解工作内容中掌握知识；在教学内容上强调前沿、新颖，使学员知识结构与业务环境基本同步；在体例结构上摒弃了普通教材知识结构大而泛的弊病，紧紧围绕业务内容，使认证学员了解工作岗位最真实的细节和方法。

为配合国家标准 GB/T28158—2011 在院校中的应用，协会推出了“国际贸易相关专业校企合作专业共建计划”，协会将对参加计划的院校在行业专家进校园、提供核心技能课程教学资源、推进院校“双证书”工作、“双师型”教师培训、共建专业第三方行业评价等方面进行支持，本套教材是该计划指定教材。后续协会将推出相应课程教学资源，包括教学课件(PPT)，教学、实训、测试软件，试卷相关的视、音频资料等。

本套教材是宣传贯彻国家标准GB/T28158－2011工作重要组成部分，凝结着广大开发人员的心血，感谢为本套教材付出努力的各位专家，希望各教材使用单位和我协会共同努力，构建完善国际贸易职业能力培训考核体系，提升国际贸易从业人员职业素养，为我国外经贸行业的快速发展作出贡献。

中国对外贸易经济合作企业协会

国家标准《国际贸易业务的职业分类与资质管理》编制小组

二〇一四年十月

前　言

2012年7月1日由中国对外贸易经济合作企业协会和中国标准化研究院联合起草的国家标准GB/T 28158—2011《国际贸易业务的职业分类与资质管理》经国家标准化管理委员会审核颁布并正式实施，全国外经贸从业人员培训考试将按照国家标准作出调整，并体现出更强的实务性和规范性。

本教材根据国家标准中业务运营类四级资质相关要求编制，共分为八个章节，囊括了国际贸易业务的主要业务知识和技能。国际贸易业务实用性很强，知识面很广、很新。作为一名国际贸易的业务骨干必须掌握这些知识和技能。作为职业院校中希望从事国际贸易业务的学生，通过本教材提供的知识和技能的学习，并通过专门的技能训练和考试认证，可以在国际贸易业务岗位上较快上手。

实用性、先进性和前瞻性是本教材的特色。本教材既是全国外经贸从业人员职业能力培训考试教材，也是职业院校(高职、中职、中高职贯通)国际商务、国际经济、国际贸易专业学生的双证融通教材和辅导用书。

希望广大教师与学员在教材使用中如发现存在的问题，给予批评指正。如有需要与笔者进行交流的，请与笔者联系，笔者的电子信箱是 chenwp@tpsha.gov.cn。有关考试管理的内容，请查看全国外经贸考试中心网(http://www.chinaftat.org)，电子信箱为 kszx@chinaftat.org。

陈文培

2014年11月于上海

目 录

第一章　国际贸易业务信息获取

外经贸企业业务活动中有许多过程，例如：对外承包工程的项目确立过程、施工准备过程、施工实施过程和竣工验收过程；对外劳务合作的客户选择、合同签订，人员培训、审查，护照、签证的申办，以及劳务人员的境外管理；商品进出口企业的业务准备过程、基本业务经营过程、辅助业务经营过程、业务经营服务过程（包括交易前、交易中、交易后，有对客户的间接服务，也有对客户面对面的直接服务）等。其中，"实现过程"（realization processes）形成企业的产品（商品和/或服务）并使企业增加价值；"支持过程"（support processes），包括管理过程，虽然不直接增加价值，但对企业是必需的。这两个过程构建成外贸企业业务和管理的体系架构。然而，这些都建立在业务成立的基础上，因此，寻找贸易机会、建立外贸业务联系是重中之重。

这一阶段内要完成的主要工作是寻找贸易机会、制订经营方案等。

第一节　寻找贸易机会

一、寻找贸易机会的主要方式

要做成生意，首先要寻找贸易机会、寻找客户。寻找国外客户即国际贸易往来对象，大致有以下几种方法：

1. 充分利用工商名录

国际工商名录收录了各国著名的贸易公司和商号的名称，电传、电话、传真的号码，电子邮件地址，公司的地址，主要经营项目及历史经营情况。这类名录通常是各国的商会编纂的。《康帕斯国际工商指南》（内有 70 个国家 150 万家公司的名录，有书与光盘，每年更新），还有康帕斯工商信息网（www.kompass.com）提供在线查询。世界上最大的联机数据库系统——Dialog的在线信息查询系统，该数据库系统提供工商信息服务。Dialog 的产品提供了非常优秀的搜寻深度、广度、精度及速度。其产品与服务，如 Dialog Newsedge、Dialog Profound、Dialog DataStar 等使企业通过全球互联网（Internet）或企业内部网（Intranet）能精准地找到最需要的第一手信息。

2. 驻外分支机构介绍

由驻外分支机构开发新顾客，各大公司在国外设立分公司，其主要目的就是开发新的顾客，为公司争取更多的贸易机会。因为驻外人员较为了解当地的情况，容易发现新的往来顾客。

3. 充分利用来华的各种外国代表团

每年来我国的外国经济访问团、市场调查团、参加国际展览会的外国代表团很多，可以利用这些机会选择贸易对象。

4. 出国考察

出国考察或参加国外举办的国际商展，有利于开阔眼界，同时可以结识更多的国外新朋友，也为我们增加了更多的贸易机会。

5. 国外老顾客的介绍

利用国外老顾客的关系，开拓新业务。

6. 利用新闻工具获得新顾客

可在有国际影响的报纸、杂志上刊登广告，征求顾客。

7. 通过商会、使领馆及对外贸易协会介绍

通过商会、使领馆及对外贸易协会的介绍认识新的顾客。

8. 参加展览会

通过博览会、展销会，结识客户。

9. 网上营销

利用互联网，开展网上营销。现在有些专业机构常年开设网上交易平台，可以在网上参展。

10. 其他方法

通过其他一些特殊渠道，如联合国采购、跨国采购等平台和方式，或通过国内或驻外机构（如贸易中心）常年开设的展厅进行商品展览等寻找客户。

利用上述方法所选择的顾客，还需进行严格的资信调查，这样，才会使国际贸易顺利进行。

二、通过展览会寻找客户

参加展览会是推销自己、寻找客户的好方法。关于展览会的介绍及相关事项如下：

1. 中国进出口商品交易会

(1)介绍

中国进出口商品交易会，又称广交会，创办于1957年春季，每年春、秋两季在广州举办，迄今已有56年历史，是中国目前历史最长、层次最高、规模最大、商品种类最全、到会采购商最多且国别分布地区最广、成交效果最好、信誉最佳的综合性国际贸易盛会。

广交会出口展区由48个交易团组成，来自全国2.4万多家资信良好、实力雄厚的外贸公司、生产企业、科研院所、外商投资/独资企业、私营企业参展。

广交会以进出口贸易为主，贸易方式灵活多样，除传统的看样成交外，还举办网上交易会，开展多种形式的经济技术合作与交流，以及商检、保险、运输、广告、咨询等业务活动。来自世界各地的客商云集广州，互通商情、增进友谊。

为实现我国进出口贸易平衡发展，从第101届开始，广交会首设进口展区，如今展览面积已达2万平方米。广交会致力于提高客户满意度，搭建“一站式”服务平台，第108届广交会开通了客户联络中心。第109届广交会启动运行广交会产品设计与贸易促进中心（PDC），为境外设计机构与境内参展企业提供产品设计升级的合作平台。第110届广交会PDC扩大展示规模，覆盖到广交会每一期，论坛与对接活动也更加专业；完善采购商和参展商个性化增值服务，大力提升电子商务和信息化水平；围绕构建一体化的展馆高效运营体系和打造服务品牌的目标，稳步推进现场服务质量由优秀向卓越迈进。2012年以来，广交会积极响应国家低碳环保的政策导向，积极推进绿色展馆和绿色展会建设，采取多项低碳环保措施，为中国会展业树立了生态文明标杆。同时，围绕建设“智慧广交会”和发展电子商务的目标，提高信息化工作水平。

广交会基本情况如表 1—1 所示。

表 1—1 广交会介绍

创办年代	1957 年春季
展出周期	一年两届
举办时间	第 116 届广交会 第一期:2014 年 10 月 15 日～19 日 第二期:2014 年 10 月 23 日～27 日 第三期:2014 年 10 月 31 日～11 月 4 日
会期	每期 5 天
展览地点	中国进出口商品交易会展馆(广州市海珠区阅江中路 380 号)
展览总面积	117 万平方米(2014 年春交会)
总展位数量	59 708 个(2014 年春交会)
参展商数量	24 581 家境内外企业(2014 年春交会)
到会境外采购商	188 119 人(2014 年春交会)
出口成交额	310.51 亿美元(2014 年春交会)

(2)出口展区参展商参展企业资质标准

1)依法取得法人营业执照和外贸经营者备案登记证明,并已办理进出口企业代码。

2)广交会统计口径下企业出口金额*需达到的最低标准。

参展企业资质标准如表 1—2 所示。

表 1—2 参展企业资质标准

地区	企业类型	金额(万美元)
沿海	流通型	150
	非流通型	75
中部及东北	流通型	75
	非流通型	40
西部	流通型	40
	非流通型	20

注:沿海地区包括:北京、天津、上海、江苏、浙江、福建、山东、广东。中部及东北地区包括:河北、山西、辽宁、吉林、黑龙江、安徽、江西、河南、湖北、湖南。西部地区包括:内蒙古、广西、四川、重庆、贵州、云南、西藏、陕西、甘肃、青海、宁夏、新疆、海南。

3)具有与所申请参展展区对应、负责该展区管理的相关商(协)会会员资格。

4)属下列情况之一的企业禁止参展:

①商务部向社会公告的违规违法企业,在公告期内禁止参展。

②国家工商、海关、税务、质检、外汇、环保、药监等部门通报的违规违法企业，在处罚期限

* 广交会统计口径下的出口金额是指中国海关统计的一般贸易和进料加工贸易出口额中,扣除非看样成交产品如大米、大豆、原油、成品油、煤炭、焦炭、金属及非金属矿产品、烟草等后的出口额。

内禁止参展。

③被司法机关、仲裁机关或知识产权行政管理机关认定侵权的企业。

④违规转让或转租(卖)广交会展位且在处罚期限内的企业。

⑤在某一展区连续两年四届(自 2013 年第 113 届广交会起计)参展后,仍无对应展区类别出口额的企业,禁止其在该展区继续参展,直至确证其有该展区类别的出口额为止(本条出口额特指广交会统计口径下的出口额)。

5)参展展品要求。

属下列情况之一的展品禁止参展:

①《中国进出口商品交易会参展展品范围(出口展)》规定之外的展品。

②不符合《中华人民共和国产品质量法》、《中华人民共和国进出口商品检验法》及其他有关出口产品质量法律法规规定的展品。

③涉及商标、专利、版权,但未取得合法权利证书或使用许可合同的展品。

④在商务、出入境检验检疫机构、药品等质量监督管理部门有不良记录且未经复检合格的展品。

6)参展企业须承诺接受和遵守广交会出口展的有关条款及管理规定,包括《广交会出口展展位使用责任书》、《中国进出口商品交易会出口展参展须知》、《中国进出口商品交易会出口展参展商服务指南》等。

(3)展品范围

中国进出口商品交易会参展展品范围如表 1—3 所示(以 2014 年下半年为例)。

表 1—3　　中国进出口商品交易会参展展品范围

第一期(2014 年 10 月 15 日～19 日)	第二期(2014 年 10 月 23 日～27 日)	第三期(2014 年 10 月 31 日～11 月 4 日)
电子及家电类	日用消费品类	纺织服装类
照明类	礼品类	鞋类
车辆及配件类	家居装饰品类	办公、箱包及休闲用品类
机械类		医药及医疗保健类
五金工具类		食品类
建材类		进口展区
化工产品类		
进口展区		

2. 各种区域性展览会

(1)中国华东进出口商品交易会

中国华东进出口商品交易会(简称“华交会”)由上海市、江苏省、浙江省、安徽省、福建省、江西省、山东省、南京市、宁波市 9 省市联合主办,是中国规模最大、客商最多、辐射面最广、成交额最高的区域性国际经贸盛会,每年 3 月在上海举行。

自 1991 年以来,华交会已成功举办了 23 届。第 23 届华交会有来自全世界 115 个国家和地区的20 016名客商和国内20 000余名专业客户到会洽谈,出口成交总额达 28.14 亿美元。

第 24 届华交会于 2014 年 3 月 1 日～5 日在上海新国际博览中心举行,展览面积达 11.5

万平方米，标准展位5 780个。设置服装、家用纺织品、日用消费品（下设电子消费品、家居用品、其他消费品专区）和装饰礼品四大展区。华交会以进出口贸易为主，还安排加工贸易以及合资、合作等多种经济贸易洽谈。

(2)中国昆明进出口商品交易会

中国昆明进出口商品交易会（简称“昆交会”）是由中华人民共和国商务部与云南、四川、重庆、贵州、广西、西藏六省（自治区、直辖市）及成都市人民政府联合主办，海内外多家机构参与协办的区域性国际商品交易会。昆交会从 1993 年起开始举办，每届都有 40 多个国家或地区的5 000多名客商到会，展出规模在2 000个标准展位以上，其中东盟、南亚国家参展展位有 300 多个。展会内容包括商品进出口、技术进出口、边境贸易、国内外招商引资及经济技术合作项目洽谈等。

(3)中国大连进出口商品交易会暨大连国际工业博览会

1987 年，经中华人民共和国外经贸部批准，由辽宁、吉林、黑龙江、内蒙古三省一区和大连、沈阳、哈尔滨三个计划单列市主办，大连市政府承办的“中国东北地区暨内蒙古出口商品交易会”在大连隆重举行。这是我国首次举办的区域性出口商品交易会，是中国广州出口商品交易会的重要补充。

1996 年，更名为“中国大连出口商品交易会”。

1998 年，根据外经贸部关于区域性交易会逐步向专业化过渡的指示精神，增加了中国机电产品进出口商会和中国五矿化工进出口商会作为主办单位，同时转由中国国际贸易促进委员会大连市分会承办，至此大连交易会逐步由综合性向专业性转变。

1999 年，更名为“中国大连进出口商品交易会”。

2007 年，更名为“中国大连进出口商品交易会暨大连国际工业博览会”，展示交易内容更加专业化，主要包括机床、工业自动化、仪器仪表、流体机械、橡塑机械、印刷包装机械、起重运输机械、冶金与金属材料等。多年来，在国家有关部委和国内外商协会组织的大力支持下，大连交易会已发展成为中国东北地区以及东北亚经济区重要的工业博览会。

东北地区是中国重要的老工业基地，在国家发展中起着举足轻重的作用。大连是中国东北和内蒙古对外开放的窗口，肩负着拉动区域经济增长、振兴东北经济的重任。毋庸置疑，潜力巨大的东北地区是中国工业领域充满商机的重要市场之一。

每年一届的大连交易会是国际工业技术交流与经贸合作的重要舞台。前 24 届展出面积共 51 万平方米，接待国内外团组上千个，海内外观众 46 万多人次，累计贸易总额 130 多亿美元，对促进中国东北地区的进出口贸易、区域经济发展和地方经济建设都发挥了重要的推动作用。

3. 展览会参展

展览会有别于其他营销方式。它是唯一充分利用人体所有感官的营销活动，人们通过展览会对产品的认知是较全面和深刻的。同时，展览会又是一个中立场所，不属于买卖任何一方私有，从心理学角度看，这种环境易使人产生独立感，从而以积极、平等的态度进行谈判。这种高度竞争且充分自由的气氛，正是企业在开拓市场时最需要的。国际性商业展览是代理商接触进口产品最直接的途径，也是参展厂商寻求代理商并与潜在客户商谈的绝佳商机。

如果想参加展览会，就需要首先确定展览会的参展目标，做好市场调研。要向当地商会询问想要参观或参加的展览会，还可以与驻展览会所在国使馆商务处联系，从他们提供的有价值的国际贸易资料中进行大量有成效的桌面市场调研。现代展览业发展到今天，每个行业的展览都形成了自己的"龙头老大",成为买家不可不去的地方,如芝加哥工具展、米兰时装展、汉诺威工业博览会、广州中国进出口商品交易会等。通常来讲,展览会的知名度越高,吸引的参展商和买家就越多,成交的可能性也越大。如果参加的是一个新的展览会,则要看主办者是谁,以及其在行业中的号召力如何。名气大的展览会往往收费较高,为节省费用,可与人合租展位,即使如此,效果也会好于参加那些不知名的小展。

(1)了解展览会组织者的背景

首先可以从国际展览业协会(The Global Association of Exhibition Industry, http://www.ufinet.org)成员所主办的展览会中寻找有价值的展览会。国际展览业协会是世界博览业最具代表性的协会,也是展览业界唯一的全球化组织。被展览界公认为是使展览会走向世界的桥梁,经国际展览业协会认可的展会是高品质展览会的标志。国际展览业协会的前身为国际博览会联盟(UFI),2003 年 10 月改为现名。该组织于 1925 年 4 月 15 日在意大利米兰成立,总部现设在法国巴黎。

国际展览业协会的宗旨是代表展览会、博览会组织者的利益,维护展览会、博览会的质量标准,规范展览组织者的市场行为。主要职能包括:授予综合性和专业性贸易博览会以"国际"资格;采取一切必要措施协助会员在世界经济发展中更加有效地开展活动;对国际贸易博览会所共同关心的问题开展国际范围的研究;代表会员参加相应的其他国际组织;保护会员利益,并为此采取一切必要措施使有关国家的政府当局注意并同意这一点;在互相尊重对方利益的基础上,通过有关会员之间的对话,尽可能地协调或本联盟认可的博览会的日程安排;根据有关方面的要求成立仲裁委员会,解决会员之间的纠纷;努力寻求并使用一切合适的方法加强国际博览会联盟的国际地位,并为此目的开展宣传和信息工作;为维护会员利益,对一切阻挠自由参加国际贸易博览会的不公平行为采取一切必要的行动;采取一切措施限制国际贸易博览会激增的趋势,即通过干预各国负责机构,使这些机构授予只有符合其组织章程第八条规定的贸易博览会和展览会国际资格;向贸易博览会组织者尤其是发展中国家的组织者提供技术帮助。

经过 80 多年的发展,至 2013 年,国际展览业协会已拥有 636 家会员组织,其中包括展览组织者 331 家、展馆业主 80 家、组织者和展馆业主联合组织 128 家、展览协会 37 家、展览行业合作组织 47 家。它们分布在六大洲的 85 个国家的 227 个城市。

另外,还可以检查其他协会成员中是否有所希望的展览会。每个展览会都应是其本国展览组织者协会的成员,也应是某个出口组织及有关行业贸易协会的成员。在各国展览行业协会中比较活跃的有美国展览管理协会(IAEM)、英国展览业联合会(EFI)、新加坡会议展览协会(SACEOS)和香港展览会议协会(HKECOSA)等。

(2)选择合适的展览会

从展览分类中可以看到,虽然都称作博览会或展览会,但其中大有区别。展览的主题不同,展出者的构成不同,与会者、参观者的构成不同,以及地域展在国内的市场情况不同,由此所构成的目标市场也就不同,这就需要企业从中选择最能实现自己展出目标的展览会。如果为专门推销某类商品寻求经销代理,那么参加相应的专业性展览会最适当;如果要在某国推出本省本市产品形象,那么,参加博览会并独设一馆会有较好效果;如果旨在试销某些新产品,则可在展览会上租用少量摊位,带上交易员和产品专家进行面对面的接洽,必定会有收获。需要注意的是,参加展览不是向社会大众进行宣传,而是实实在在的产品交易,因此,要把选择展览会当作寻求产品目标市场慎重对待。

(3)展览会参展注意事项

一旦作出参加某一国家地区展览会的决定,首先应该考虑:①展出前确定业务目标。"为什么要办展览?""是否需要寻找适销市场和新客户?""是否想要介绍新产品或提供新的服务项目?""是否需要选择代理商或批发商?""对办合资企业是否感兴趣或者通过展览来研究和开发市场?"②展前要仔细地选择和研究销售市场。③确定参展商品。国外客户关心的是最新或质量最好的产品,所以不应展出过时的产品。

然而,参展尤其是参加国际大展并非易事,从展前准备、展览期间的应对至展后的后续工作,都与参展的效果息息相关。同时,展览会又是一项极为复杂的系统工程,受制因素很多。从制订计划、市场调研、展位选择、展品征集、报关运输、客户邀请、展场布置、广告宣传、组织成交到展品回运,形成了一个互相影响、互相制约的有机整体,任何一个环节的失误都会直接影响展览活动的效果。

具体要求如下:

- 充分做好展前的各项准备工作。
- 了解展览会的全部具体要求。要清楚地知道展览会的全部规则、展出时间、服务项目以及参展所需办理的手续。
- 应选派熟悉情况且可以拍板的人赴会。参展人员应该了解公司的销售意图。如果展览的产品是有关技术和仪器设备,还应选派懂技术的工程师以解释有关技术问题。
- 时间安排要宽裕。应提前到会以确保展位秩序井然、展品状态良好、展览结束良好。展览结束以后,要留有时间听取意见。
- 应把业务和礼节很好地兼顾起来。要为展位配备足够人员。
- 要重视广告宣传。展前及展期应该在有吸引力的商业期刊和报纸上做宣传。
- 了解当地习俗。参展前要熟悉当地节日假期、市场的季节性及消费习惯等。
- 选择理想的代理人。
- 寄送产品样本。
- 要报出全部产品的价格,主要是 CIF 价。当然,FOB 价和 CIF 价在国际贸易中都很重要,但一般来说,FOB 价用得较少,还要确定交货期。
- 为国外用户提供服务。
- 要用公制标出产品的规格。国际上通用的是公制。所以,出展以前,应准备好产品规格的公制数据。
- 越过语言障碍。最好参展人员都学会一种外语。
- 关于资信和付款方式。首先,应了解国外代理人的资信,可以通过银行,也可以从咨询公司得到;其次,还应了解有关保险、付款方式等方面的情况。
- 要保护专利权和商标权。如果已取得专利和商标权,就应该提前与专利代理人研究,如何使这种商标或专利在海外继续得到保护。世界上大多数国家都对专利或商标权给予保护。

三、利用互联网营销

在国际贸易的网络营销的实践中,网络品牌、网址推广、信息发布等是常用的方法。

1. 网络品牌

网络营销的重要任务之一就是在互联网上建立并推广企业的品牌。知名企业的线下品牌可以在网上得以延伸，一般企业则可以通过互联网快速树立品牌形象，并提升企业整体形象。网络品牌建设是以企业网站建设为基础，通过一系列的推广措施，达到顾客和公众对企业的认知及认可。从一定程度上说，网络品牌的价值甚至高于通过网络获得的直接收益。

2. 网址推广

这是网络营销最基本的职能之一，在几年前，甚至认为网络营销就是网址推广。相对于其他功能来说，网址推广显得更为迫切和重要，网站所有功能的发挥都要一定的访问量为基础，所以，网址推广是网络营销的核心工作。网址推广与网络品牌是联系在一起的。网址实际上就是域名，一个域名对应一个特定网站，这种唯一性和排他性反过来也说明了域名是一种稀缺的和有限的资源，"在同一顶级域名下不可能存在完全相同的域名"。域名所蕴含的巨大商业价值不可避免地导致了商家对相关域名的争夺，所以在网址推广的同时要做好域名的保护。

3. 信息发布

网站是一种信息载体，通过网站发布信息是网络营销的主要方法之一，同时，信息发布也是网络营销的基本职能，无论哪种网络营销方式，结果都是将一定的信息传递给目标人群，包括顾客/潜在顾客、媒体、合作伙伴、竞争者等，因此必须保持信息的实效性和准确性。

(1)免费发布信息

将企业产品或服务的特性发布在相关网站的相关类别中，有时这种简单的方式也会取得意想不到的效果。例如，可以在阿里巴巴全球贸易网免费发布信息。这种商业信息有时会产生意想不到的效果，不过这也具有很大的偶然性。

(2)检索商品信息

互联网是一个信息的海洋，可以根据自己的需要查询所需要的信息，用互联网上的信息寻找潜在客户，然后，有针对性地回应潜在客户或者合作对象的需求，主动向潜在客户介绍你的产品或服务。寻找商业信息的方式很多，既可以到网上信息平台寻找买方信息，也可以利用搜索引擎查询潜在客户。在这里要特别提醒：不要向潜在客户滥发电子邮件，否则会严重影响企业形象。

(3)加入专业经贸信息网和行业信息网

这种方式在某些方面类似于"免费发布供求信息"，行业信息网汇集了整个行业的资源，为供应商和客户了解行业信息提供了巨大便利，形成了一个网上虚拟的专业市场。如果你所在的行业已经建立了这样的专业信息网，加入行业信息网是网络营销的必要手段，即使已经建立了自己的网站，仍有必要加入行业信息网。专业信息网和行业信息网有时需要缴纳一定的费用，如果可以带来潜在收益，这些投入也是值得的。

下面介绍三个国际贸易中较为知名的网站。中国商品网是由政府所办的网站，阿里巴巴中国网站是中国著名的 B2B 网站，世界贸易网点联盟网是一个全球性的贸易网站。

1)中国商品网(http://ccn.mofcom.gov.cn)

对于一家要从事电子商务的企业，特别是要进行 B2B 业务的企业，除了要建立自己企业的网站外，在国内外著名的网站上发布信息也是非常重要的。由于著名网站的浏览人数众多，效果也较好，如能进行一些链接，效果则更好。

中国商品网是由国家公共商务信息服务指导委员会组织实施的信息交流和贸易促进平台。该网站是国家公共商务信息服务体系的重要组成部分，其宗旨是建立一个开放式的公共商务平台，展示中国商品和促进货物贸易。

中国商品网的服务对象主要是国内外企业，尤其是广大中小企业。服务内容包括查询中国商品、宣传推广产品、发布企业供求合作信息、获取采购商信息、提供国内外贸易和市场信息等。服务目标是建设一个国内外商务人士交流平台，构建企业间、产品间的上下游供应链平台，降低生产商和贸易商的经营成本，实现共赢。中国商品网受国家公共商务信息服务专项资金资助，该网站所提供的产品推广、采购信息发布等服务项目，国内外企业均可无偿使用。中国商品网如图 1—1 所示。

图 1—1　中国商品网

中国商品网中有三个栏目与电子商务的关系非常密切：中国商品、世界买家和供求合作。

- 中国商品

中国商品数据库是中国商品网的基础数据库，是中国产品的动态介绍，内容包括 65 万家企业、220 万种产品的详细资料。该数据库受政府资助，企业可以免费加入和使用。政府通过网站、中国驻外使馆、光盘、图书、展览会、展示架等各种方式推广宣传。

中国商品栏目首页如图 1—2 所示。

- 世界买家

世界进口商名录数据库是国家公共商务信息服务的基础数据库之一，内容包括超过 210 个国家及地区的 57 万多家进口商的基本数据和辅助数据。进口商数据每 12 个月更新一次。本数据库由政府资助，社会公众免费使用。

中国进口商名录数据库是国家公共商务信息服务“世界买家网”的基础数据库之一，收录了有实际进口行为的中国进口企业信息，内容包括企业名称、地址、邮政编码、成立时间、联系电话、传真、电子邮件、网址、负责人、进口国家/地区、进口商品等信息。用户可按照进口商品名称、海关 H. S.编码、进口企业名称、所在省份、进口国家/地区等检索方式进行查询。

世界买家栏目首页如图 1—3 所示。

- 供求合作

中国商品网设供求合作栏目，该栏目设商品信息交流互动平台，图文并茂；采用全开放形式，任何单位或个人均可在此自由发布和查询供应、求购、合作信息；同时，开设加急专区供企

图 1—2 中国商品栏目

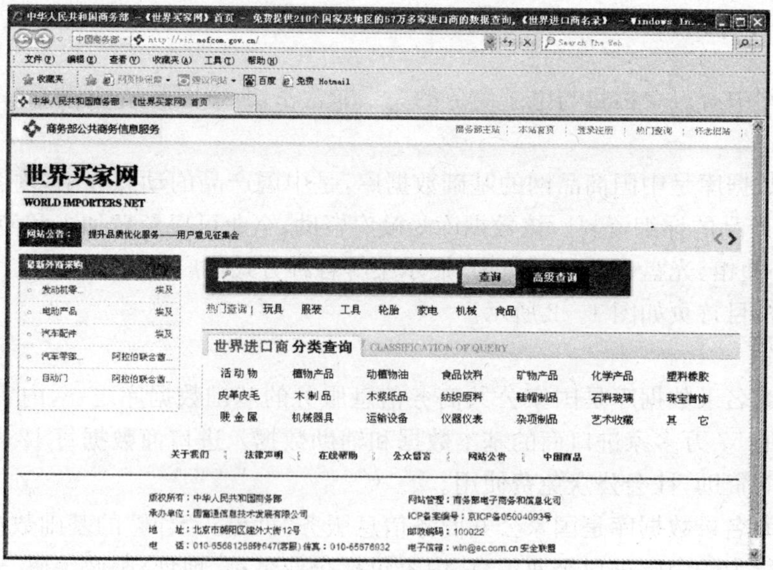

图 1—3 世界买家栏目

业发布紧急采购货物、清仓甩卖等紧急供求信息。

供求合作栏目首页如图 1—4 所示。

2)阿里巴巴中国网站(http://china.alibaba.com)

阿里巴巴中国网站是中国著名的 B2B 网站，企业可以在上面推销产品和采购产品。

图 1—4 供求合作栏目

3)世界贸易网点联盟网

世界贸易网点联盟(WTPF)成立于 2000 年,是一个非政府国际组织,起源于联合国贸易和发展会议(UNCTAD)发起的贸易网点创新方案。通过 120 多家贸易信息和促进中心网络,即贸易网点,WTPF 利用电子商务技术,帮助并促进全球 90 多个国家的中小型企业(SMEs)的国际贸易。

WTPF 在全球电子商务市场中,利用独特的人力网,并结合本地专门知识,致力于中小型企业的全球贸易促进和贸易信息的提供,特别是那些分布在发展中国家的中小型企业。

联盟工作的核心指导原则是:完整、交流、知识、发展、效率、效力、人文和多样性。

联盟的使命是:推动中小型企业参与国际贸易;帮助中小型企业提高贸易效率;帮助贸易网点成为综合信息中心,为中小型企业提供贸易信息、贸易促进以及电子商务等全方位服务。

2004 年 8 月,联合国经济社会理事会(ECOSOC)——对非政府组织开放的一个机构——在纽约年会上决定授予世界贸易网点联盟(WTPF)以咨询商地位。

非政府、非营利或志愿组织获得咨询商地位后,与联合国形成互利的共事关系。WTPF 有权出席 ECOSOC 及其不同的附属机构主办的会议,对这些会议的议程可以提出口头建议和书面陈述。拥有咨询商地位的组织还可以出席联合国主办的国际会议、成员大会特别会议和其他政府间组织活动。

世界贸易网点联盟网的网址是 http://www.tradepoint.org/,主页如图 1—5 所示。

图 1—5 世界贸易网点联盟网主页

第二节 制订经营方案

行情调研是指为了获得与贸易有关的各种信息，通过对信息的分析，得出国际市场行情特点，判定贸易的可行性并进而据以制订贸易计划。

行情调研的范围和内容包括国际市场营销环境分析、国际市场调研、目标客户调研。

一、国际市场营销环境分析

1. 国际市场营销的经济环境分析

国际市场营销的经济环境由两部分组成：世界经济环境和目标国家经济环境。对世界经济环境的分析，通常包括对世界经济格局及发展趋势、国际贸易构成和国际金融体系等方面的分析。目标国家经济环境调研的目的在于了解一个国家或地区的自然条件、总体经济状况、生产力发展水平、产业结构特点、国家的宏观经济政策、货币制度、经济法律和条约、价值观念、商业习惯、消费水平和基本特点等。

2. 国际市场营销的文化环境分析

国际市场营销是跨国界的经营活动，这种经营活动与国内营销的主要区别就是企业在其他国家面临着不同的文化环境。各国文化背景的不同，导致了各国顾客的需求不同。企业要想在国际营销中满足异国顾客的需求，就需要进行文化分析，根据各国文化的差异性判断各国顾客需求的差异性。从各国企业的国际营销实践来看，重视文化分析者往往能够成功，忽略文化分析者容易导致失败，这已成为国际商界的一条定律。

文化环境对企业国际营销活动的影响具有广泛性和深远性。企业的国际营销活动，无论是市场调研、广告促销、交易磋商、物流配送、售后服务等环节，还是产品、定价、分销、促销等策略，无不受到不同文化的影响和冲击。企业国际营销人员应重视对不同国家或地区文化环境的分析，了解不同文化的背景，评估不同文化的影响，实施跨文化营销。

国际市场的文化环境中，语言教育、社会结构、宗教信仰、美学观点、价值观念和风俗习惯等文化构成要素的影响是文化环境分析的重点，不仅要探讨不同文化对企业产品、定价、分销和促销等营销组合的影响，还要了解企业国际营销活动对当地文化的影响。

3. 国际市场营销的政治和法律环境分析

国际市场营销不可避免地受到有关国家或地区政治法律环境的制约。目标国家的政治和法律环境构成了市场进入的直接障碍，国际营销企业不仅要注意了解和分析目标国家政治法律环境的特征，遵守当地的法律法规，也要采取措施避免或减少可能的政治风险，维护自己的合法权益。

这里所讲的政治环境，是指影响企业国际营销活动的各种政治因素。重点是源自东道国的政治因素，主要包括政府的作用及行为目标、政治稳定性、极端民族主义、政治干预以及东道国的国际关系等。国际企业到某国从事营销活动，必须对该国的上述因素进行系统分析，并在此基础上进行政治风险评估，进而确定出躲避或减少风险的措施。

对于国际企业来说，仅仅了解国际营销的政治环境是不够的，因为一个国家政府对外来产品和投资的态度往往是通过法律来体现的，法律具体规定了企业竞争和经营等行为的“游戏规则”。营销人员还应了解从事国际营销活动的法律环境，以及关于国际贸易和投资的有关法规。企业从事国际营销所面临的法律环境主要由三部分构成：本国法规、国际法规和东道国法规。

总而言之，国际市场营销环境分析是对经济大环境有一个总体的了解，预估可能的风险和效益情况。对外贸易要尽量与总体环境好的国家和地区间开展。国际营销企业应当密切关注国际市场营销环境的变化，抓住机遇规避风险，保证国际营销目标的实现。

二、国际市场调研

1. 了解国际市场消费者的需求与偏好

通过国际市场调研活动，收集不同国家或地区的市场信息，从中发现并把握这些国家或地区的消费者需求、偏好及其发展趋势，有的放矢地制订营销策略来满足消费者的需求与偏好。

2. 捕捉国际市场营销机会

通过国际市场调研活动，快速捕捉国际贸易机会信息。

3. 为企业国际营销活动提供决策依据

通过国际市场调研活动，收集大量的国际贸易市场信息，为企业国际营销活动提供决策依据。

4. 控制企业国际营销的发展进程，避免风险

通过国际市场调研活动，特别要注意与本企业有关的市场信息，及时研究瞬息万变的市场信息对企业营销活动的影响。

市场调研主要是针对某一具体选定的商品，除了调查其市场需求情况，还要了解国内市场的供应情况、国内企业的生产能力。要了解生产的技术水平和成本、产品性能、特点、消费阶层、产品在生命周期中所处的阶段以及该产品市场的竞争和垄断程度等内容，目的在于确定该商品贸易是否具有可行性、获益性。

三、目标客户调研

目标客户调研在于了解欲与之建立贸易关系的国外厂商的基本情况。这包括它的历史、资金规模、经营范围、组织情况、信誉等级等其自身总体状况，还包括它与世界各地其他客户以及与我国客户开展对外经济贸易关系的历史和现状。只有对国外厂商有了一定的了解，才可

以与之建立外贸联系。我国对外贸易实际工作中,常有因对对方情况了解不清就匆忙与之进行外贸交易活动而造成重大损失的事件发生。因此,在交易磋商之前,一定要对国外客户的资金和信誉状况有十足的把握,不可急于求成。对于新结识的客户一定要进行资信调查,即使在与对方缔结了交易关系后,也应定期做资信调查,以便能经常了解对方的资信情况。

对于客户资信情况的调查的方法有:①通过国内往来银行,向对方的往来银行调查。这种调查通常是拟好文稿,附上调查对象的资料,寄给往来银行的资信部。②直接向对方的往来银行调查。直接将文稿和调查对象的资料寄给对方的往来银行。③通过国内的咨询机构调查。④通过国外的咨询机构调查。国外有名的资信机构,不仅组织庞大、效率高,而且调查报告详细、准确,其调查报告均已密码编制各类等级,这种等级的划分以估计财力与综合信用评价分为 High、Good、Fair、Limited 四个等级。⑤通过国内外商会调查。⑥通过我国驻外商务机构调查。⑦通过国外的亲朋调查。⑧由对方来函自己判断调查。⑨要求对方直接提供资信资料。⑧通过我国外贸公司驻外分支机构和商务参赞处,在国外进行资料收集。⑨利用交易会、各种洽谈会和客户来华做生意的机会了解有关信息。⑩派遣专门的出口代表团、推销小组等进行直接的国际市场调研,获得第一手资料。

资信调查的内容有:①厂商企业的组织情况。包括公司、商号企业的组织性质、创建历史、主要领导人员、分支机构、要弄清英文名称及公司是有限责任的还是无限责任的。②往来对象的性格和道德。贸易往来对象诚实可靠是交易成功的基础。在国际贸易中,如果遇到不可靠的贸易对象,就难免出现货物的品质不良、开来与合同不符的信用证、延交货物等现象。③贸易经验。一个具有国际贸易经验的贸易对象至关重要。④资信情况。所调查对方的资信情况包括企业的资金和信用两方面。资金是指企业的注册资金、实收资金、公积金、其他财产及资产债务的情况等。信用是指企业的经营作风、履约守信用等。这些情况对客户要求做经销、代理、独家包销、寄售等业务决定时是十分重要的。⑤经营范围。调查对方的经营范围也是较重要的,同时还要调查经营的性质,如代理商、零售商、批发商、最终用户等。⑥经营能力。了解该企业每年的经营金额、销售渠道、贸易关系、经营做法等。⑦往来银行名称。了解对方往来银行的名称、地址同样重要。

相关链接

康帕斯提供的国际商资报告的主要内容

1. 注册信息:公司注册的时间、地点、机构、注册号、注册资本,企业所有制性质。
2. 股东信息:股东名称、出资占股比例。
3. 经营信息:公司的主营业务与产品、采购情况、销售情况、人员及厂房情况。
4. 财务信息:公司的营业额、资产负债表、损益表。
5. 公共记录:公司的诉讼记录、法律纠纷记录。
6. 管理层信息:公司主要负责人的简历。
7. 信用评级:商资调查人对该公司的建议授信额度(仅供参考)。

相关链接

中国银行资信调查(Business Information Survey)

1. 产品说明

资信调查业务是指根据客户委托,通过与外部资信调查公司合作提供商业资信报告,或通过中国银行有关海内外机构了解有关企业的基本背景、信用状况、付款能力、不良记录等信息，形成资信调查报告，并将该报告或信息向客户提供的业务。

2. 产品功能

帮助企业了解目标客户，识别和控制信用风险，寻找潜在的利润来源。

3. 产品特点

(1)降低业务风险。为企业提供及时全方位的资信信息，帮助企业对调查对象作出评价和思考，识别高风险的客户，以降低业务风险。

(2)寻找业务机会。帮助企业更好地了解目标客户，寻找潜在的利润来源。

4. 适用客户

企业对交易对手不了解，希望对目标客户作出评价，识别和控制信用风险，寻找潜在的利润来源。

5. 业务流程

(1)客户根据交易情况及具体资信报告需要，向中国银行申请办理资信调查业务。

(2)中国银行根据客户资信调查需求进行资信调查。

(3)中国银行完成资信调查报告后，将通过委托行转交给客户。

6. 温馨提示

申请办理资信调查业务时须提交申请书，其中应注明：被调查单位名称、地址、电话、传真；对海外客户的调查必须提供英文名称和地址。

7. 中国银行优势

中国银行与国际咨询机构建立了长期合作关系，可以提供包括全球企业资信调查报告、国家风险及付款评估等全方位的资信服务。

四、广告宣传

根据美国营销协会(American Marketing Association，AMA)的定义，“所谓广告，是由可确认的广告主，以付费形式，对商品、服务或观念，所做的非亲身化的展示与推广”。国际广告的重要性具体表现在以下几个方面：第一，许多企业在进入国际市场时，广告往往是它们的唯一代表。成功的广告能为企业树立起好的形象，为开拓市场奠定基础。第二，广告能在目标市场上为企业的产品实现预期定位。在国际市场上树立一定的产品形象是很重要的，它关系到企业产品的命运。第三，做广告需要一笔数目不小的资金。成功而有效的广告对企业是很可贵的财产和资源；而失败的广告则是资金的浪费，更严重的是企业营销战略的失败。第四，成功的广告是企业建立新市场、联系潜在顾客的最有效手段。自从有了国际广告，各国之间的经济和商业交往迅速发展，各国都能够及时地收到其他国家最新的商业信息。第五，广告还是企业用来控制营销计划实施的一个手段。广告的效果直接影响着企业产品的销售和企业的目标。

总之，国际广告具有联系顾客、实现企业目标的重要作用，能为企业的产品在国际市场上建立品牌形象和成功的销售铺平道路，是国际市场营销的一个重要工具。

1. 广告媒体的选择

广告效果的大小在很大程度上取决于广告媒体的选择适当与否。广告媒体主要有报纸、电视、直接邮寄、广播、杂志、户外广告牌、互联网等。各种媒体都有其特点，一般来讲，报纸广告收费较低，传播范围广，而且比较及时、灵活；电视是把形与声结合起来的媒体，地理选择性好，但成本较高；直接邮寄是地理选择性和质量选择性都较好的唯一媒体，灵活度高，但成本也较高；广播的地理选择性好、成本较低，但没有视觉上的刺激，给听众的印象不深；杂志的质量选择性好，能够把信息传达到特定的读者范围，但成本高、灵活性较差；户外广告牌的地理选择性好、成本低，持续时间也较长，但在许多国家受到法律限制和公众的反对，而且传播的信息量较小。与传统的四大传播媒体（报纸、杂志、电视、广播）广告及近来备受垂青的户外广告相比，网络广告具有得天独厚的优势，是实施现代营销媒体战略的重要一部分。互联网是一个全新的广告媒体，速度最快，效果也不错，对于广泛开展国际业务的公司更是如此。

对于传统广告的作用，大家了解的比较多，接下来对全新的互联网广告作一个较为全面的介绍。

(1)互联网广告的特点及优势分析

1)传播范围广

互联网广告的传播不受时间和空间的限制，它通过国际互联网把广告信息24小时不间断地传播到世界各地。只要具备上网条件，任何人在任何地点都可以阅读。这是传统媒体无法达到的。

2)交互性好

交互性是互联网络媒体的最大的优势，它不同于传统媒体的信息单向传播，而是信息互动传播。用户可以获取他们认为有用的信息，更直接地反映问题，企业也可以随时得到宝贵的用户反馈信息，提供更快速的服务与咨询。

3)更精确的目标客户区分

互联网广告具备一对一营销的特性，使广告能够针对特定的目标客户群作市场区分。如在金融栏目中做广告，针对的是这一特定的消费者。

4)受众数量可准确统计

利用传统媒体做广告，很难准确地知道有多少人看到了广告信息，而在互联网上可通过权威、公正的访客流量统计系统精确统计出每个客户的广告被多少个用户看过，以及这些用户查阅的时间分布和地域分布，从而有助于企业正确评估广告效果、审定广告投放策略。

5)即时性和灵活性

在传统媒体上做广告，印刷后很难更改，即使可改动往往也要付出很大的经济代价。而在互联网上做广告能按照需要及时变更广告内容。这样，经营决策的变化也能及时实施和推广。

6)强烈的感官性

互联网广告的载体基本上是多媒体、超文本格式文件，受众可以对某感兴趣的产品了解更为详细的信息，使消费者能亲身体验产品、服务与品牌。这种以图、文、声、像的形式传送多感官的信息，让顾客如身临其境般地感受商品或服务，并能在网上预订、交易与结算，将大大增强互联网广告的实效。

7)成本低

互联网广告不需印刷、不需制片，节省了相当一部分费用，而且广告播发时间长。

根据分析结果显示，网络广告的受众是最年轻、最具活力、受教育程度最高、购买力最强的群体，网络广告可以直接命中最有可能的潜在用户。

互联网广告与传统媒体广告的比较，如表1－4所示。

表 1—4　　互联网广告与传统媒体广告的比较

类别/项目	表现形式	传播速度	用户接收方式	价格	注意度	更新速度	互动性	普及程度
互联网	互动、多媒体	中	被动+主动	低	高	即时	高	中
平面媒体	文字、图片	慢	被动	中	高	慢	低	高
广播	声音	快	被动	高	中	慢	中	高
电视	声音、影像	快	被动	高	中	慢	中	高

尽管互联网广告具有许多传统媒体广告不可比拟的优势，但在目前的情况下，还存在许多不足，如互联网广告的覆盖率仍然偏低、评价困难、网页上可选择的广告位有限、互联网的普及率偏低等。

(2)互联网广告的主要形式

1)网幅广告(包含 Banner、Button、通栏、竖边、巨幅等)

网幅广告是以 GIF、JPG、Flash 等格式建立的图像文件，定位在网页中大多用来表现广告内容，同时还可使用 Java 等语言使其产生交互性，用 Shockwave 等插件工具增强表现力。

2)文本链接广告

文本链接广告是以一排文字作为一个广告，点击就可以进入相应的广告页面。这是一种对浏览者干扰最少但却较为有效的互联网广告形式。有时候，最简单的广告形式，其效果却最好。

3)电子邮件广告

电子邮件广告具有针对性强、费用低廉的特点，且广告内容不受限制。特别是针对性强的特点，它可以针对具体某一个人发送特定的广告，为其他网上广告方式所不及。

4)邮件列表广告

邮件列表广告又称直邮广告，它是利用网站电子刊物服务中的电子邮件列表，将广告夹在每天读者所订阅的刊物中发放给相应的邮箱所属人。

5)赞助

赞助式广告的形式多种多样，除传统的互联网广告之外，给予广告主更多的选择。

6)与内容相结合

广告与内容的结合可以说是赞助式广告的一种，从表面上看起来，它们更像网页上的内容而并非广告。在传统的印刷媒体上，这类广告都会有明显的标示，指出这是广告，而在网页上通常没有清楚的界限。

7)插播式广告(弹出式广告)

插播式广告(弹出式广告)是指访客在请求登录网页时强制插入一个广告页面或弹出广告窗口。它们有点类似电视广告，都是打断正常节目的播放，强迫观看。插播式广告有各种尺寸，有全屏的也有小窗口的，而且互动的程度也不同，从静态的到全部动态的都有。浏览者可以通过关闭窗口不看广告(电视广告是无法做到的)，但是它们的出现没有任何征兆，所以肯定会被浏览者看到。

8)Rich Media(富媒体)

Rich Media 是带有 2D 及 3D 的 Video、Audio、JAVA、动画等效果，目前在网络上被应用的一个高频资料技术。Rich Media 可以将互联网线上广告转换成一个互动的模式，而不仅仅是一个静态的广告信息。国外研究显示，整合 Rich Media 到“招牌广告”，可以大大提升广告的效果及点击率(平均高达6%),还有助于提高品牌知名度和顾客的购买兴趣。

9)其他新型广告

另外,还有视频广告、巨幅连播广告、翻页广告、祝贺广告等。

在做国际广告时,仅了解各种媒体的基本特点是远远不够的。由于各国营销环境差别很大,这些基本的媒体特点可能在甲国表现得很充分,但在乙国表现不出来或表现出另外一些特点。因此,国际企业在选择广告媒体时,还应注意另外一些因素,如产品的性质、媒体可获性、媒体覆盖面、媒体成本等。

(3)广告媒体选择的因素

1)产品的性质

工业品和消费品,高技术产品和一般性产品,应选用不同的媒体。如服装广告,重要的是显示其式样、颜色,最好在电视或杂志等表现效果好的媒体上用彩色画面做广告,以增强美感;高技术产品、成套设备等则宜用直接邮寄说明书的方法。

2)媒体可获性

有时被视为最合适的广告媒体在某些国家根本就不存在,或者受到严格限制。例如,北欧斯堪的纳维亚地区的国家根本不存在电视广告;中东的沙特阿拉伯也不允许做电视广告;法国的电视广告是由国家控制的,不仅对每天广告节目的播放时间有严格规定,而且对每种产品每年的广告时间都有严格的限制。

在有些国家,广告媒体太少,存在着严重供不应求的现象,这种情况会导致两种结果:第一,从预订登载广告到实际登载广告的时间间隔太长;第二,某些企业为了及时登载广告,有时只能不择手段。在另外一些国家,广告媒体太多,也会给企业做广告带来麻烦,无法锁定广告的受众。

3)媒体覆盖面

选择广告媒体时应考虑的一个因素是媒体覆盖面(Media Coverage)。覆盖面的大小取决于显露时间和拥有率两个因素。各种媒体的显露时间在各国有不同的规定和习惯,各种媒体的拥有率在各国也是高低不一。因此,各国广告媒体的覆盖面差别也很大。企业在进行媒体选择之前,应对市场国各种媒体的覆盖面情况进行了解。但是,完成这一任务也是很困难的,在某些国家根本得不到这方面的数据,在另外一些国家只能从政府部门得到这些数据,但政府往往出于政治原因或其他原因而夸大或缩小某些媒体的发行量,因此企业得到的往往是虚假数据。在这种情况下,企业需要在当地广告代理商、咨询公司、子公司、经销商或代理商的帮助下,尽可能多地掌握一些媒体覆盖方面的统计资料,为媒体选择奠定基础。

4)媒体成本

在许多国家,媒体的价格是由买卖双方经过谈判来决定的,因而价格高低在很大程度上取决于买方(广告代理商)的谈判实力。在某些发展中国家和大多数社会主义国家,媒体价格是由政府部门确定的。一般来说,发达国家的媒体价格较高,发展中国家的媒体价格较低。但是,从近几年的发展趋势来看,发展中国家的媒体价格上涨速度远远高于发达国家。

对企业来说,广告活动应考虑企业的经济负担能力,力求在一定预算内,使广告信息尽可能有效地传达到目标受众,这就需要将媒体的成本与其传播能力(覆盖面)两个因素进行权衡。

5)全球性媒体

所谓全球性媒体(Global Media),是指能够达到至少三个洲(如亚洲、欧洲、北美洲)以上的目标受众,而且能进行统一购买的媒体。以前,我们讲全球性媒体时一般指的都是出版物,如《读者文摘》(*Reader's Digest*)、《时代》(*Time*)、《经济学家》(*The Economist*)等。随着卫星通信的发展,全球性的电视频道也更加重要,如 CNN、BBC、The Discovery Channel 等在世界绝大多数国家均可收看到。在中国电视节目中,中央电视台第 4 套和香港地区的凤凰卫视也堪称以全球华人为目标受众的全球性媒体。

互联网为国际营销者提供了一个崭新的全球媒体,而且其重要性还在日益增加。

随着世界经济全球化的进一步发展和科技的日益进步,全球性媒体的地位会越来越重要,越来越多的企业将会利用全球性媒体向居住在不同国家的目标顾客群传递信息。

2. 国际广告的实施

(1)广告代理商的选择

广告代理商(Advertising Agency)是独立的企业组织,通常为客户制作和安排广告,并向客户收取佣金。它可以帮助企业进行全部广告活动,包括调研、撰稿、美术设计以及媒介的选择。正因为广告代理商拥有专业化的知识、技术、人才和服务,所以几乎所有的企业都通过广告代理商进行广告宣传,许多自设广告部的企业也常常依赖广告代理商提供的服务。国际企业可以委托本国的广告代理商做国际广告,也可委托外国的广告代理商做国际广告。国内外的广告代理商很多,企业在选择时应对广告代理商在下列几个方面加以注意:

1)市场覆盖面

这些候选广告代理商的信息传播范围是否包括了所有的目标市场。

2)广告质量

各广告代理商所做的广告质量高低不等,在选择广告代理商时应注意这个因素,因为它直接关系到广告的效果。

3)市场调研、公共关系及其他营销方面的服务

如果企业需广告代理商在国外市场上除做广告外,还提供上述服务,那么这些服务项目的质量要综合加以考虑。

4)广告费用

一般国外广告代理商的收费较高,国内代理商的收费较低。但国外的广告代理商一般比较了解当地市场和媒介习性,能够提供的服务项目较多。在这种情况下,企业应权衡各种选择的利弊,量力而行。

5)企业广告部的作用

如果企业设有很强的广告部,就可以自己制作广告,不通过广告代理商,直接与国外媒介联系播放或登载广告。如果企业广告部力量较弱,就需找一个较强大的广告代理商;反之,如果企业广告部力量较强,能完成大部分广告制作工作,那么就可以在企业外部选择一个较小的广告代理商。

(2)广告预算的确定

由于很难精确地计算广告的投入产出比,所以在理论上很难确定广告预算的最佳方法。国内外一些企业通过长期实践,总结出一些更便于实际计算的预算方法,现简介如下:

1)量力支出法

企业在制订广告预算时首先考虑自己究竟能够负担多少广告费用,即以本身的经济能力为基础来确定广告费用的绝对额。这种方法比较简单易行,但缺点是完全忽略了广告额与销售额之间的因果关系,忽略了促销对销售额的影响。按照这种方法,企业每年的促销费用可能有较大差异,不利于企业制订长期的市场拓展计划。我国企业在制订广告预算时大多采用这

种方法。

2)销售比例法

这是一种很流行的方法，该方法要求企业根据在某国的销售额来确定广告支出，使广告支出占销售额一定比例。这种方法主要有三个优点：①简便易行；②广告额与销售额结合起来，能使广告支出保持在支付能力以内；③如果企业在许多国家有销售业务，使用这种方法能使广告预算在各国有效地分配。但这种方法的主要缺点是颠倒了广告额与销售额的因果关系。

例如，企业在某国的销售额因遇到强有力的竞争而下降，为了加强竞争力和扩大销售，企业应增加广告支出，可是按照这种预算法，销售额下降就应该减少广告支出，可见这种因果倒置的方法有时是不符合实际情况的。

3)竞争对等法

该方法要求企业确定与竞争对手大致相等的广告预算，许多企业在问津国际市场之初，缺乏国际广告经验，难以确定自己究竟花多少钱做广告。在这种情况下，企业便效仿竞争对手的做法，与其保持大致相等的广告额。但这种方法不一定很科学：首先，竞争对手的预算不一定合理、有效；其次，企业与竞争对手在资源、营销目标、市场机会以及在市场上的竞争地位等各方面会有不同，对方的预算不一定符合自己的实际情况。

4)目标与任务法

按照这种方法，企业首先要确定广告目标(如销售额增长、品牌知名度提高等)，然后确定为达到这些目标所必须完成的任务，最后再估算完成这些任务所需要的广告费用。采用这种方法，最好做一次成本、收益分析，即把广告目标与成本进行比较，这种分析有助于达到最佳效果。使用这种方法的困难之处在于正确地确定广告目标。如果企业对市场上的情况了解不充分，所确定的广告目标本身就不合适，那么据此所预计的广告预算也就会出现错误。

5)主管判断法

按照这种方法，主管广告业务和促销业务的经理以及上级主管营销和财务预算的经理将对广告支出的实际需要作出判断，并进一步决定广告预算。这种方法实际上是上述各种方法的综合使用，既要考虑营销目标与任务，又要考虑公司目前的财务现状，还要考虑竞争对手的支出总额。此时，各级主管的经验至关重要。目前，美国的企业界比较广泛地采用这种方法。

上述几种方法，各有其优缺点，企业可根据自身条件、市场情况和产品特点等因素进行灵活选择。

五、商标注册

商标是一个标志，用以区别所提供商品及服务的标记，分为商品商标和服务商标两种。商标可以由文字(包括个人姓名)、设计式样、字母、字样、数字、图形要素、颜色、声音、气味、货品的形状或其包装，以及上述标志的任何组合所构成。能够通过书写或绘图方式表述的标记，才可以注册为商标。

商标一经注册，便可以就有关货品及服务拥有该商标的专有使用权。如其他商户未经商标拥有人同意把该商标用于相同或类似的货品或服务上，即属侵权行为，可以就此采取法律行动。如果商标没有注册，就很难证明谁是有关商标的“拥有人”，商标得到的保障很有限。

商标标识是指商标的载体或附着物，如酒类商品上的瓶贴、自行车上的标牌、服装上的织带等。

证明商标是指由对某种商品或者服务具有监督能力的组织所控制，而由该组织以外的单位或者个人使用于其商品或者服务，用以证明该商品或者服务原产地、原料、制造方法、质量或者其他特定品质标志，如真皮标志、纯羊毛标志、电工标志等。

集体商标是由社团、协会或其他合作组织申请注册，用以表示该组织及其成员身份的标志。由其组织成员使用于商品或服务项目上，以区别非成员所提供的商品或服务，该种商标又称为集体商标。

注册和使用集体商标，有利于中小企业的联合，促进其集约经营，形成在市场中有竞争力的销售渠道，有利于产品和商标的宣传，促进规模经营。

1. 商标具有的特征

①显著性：指区别于具有叙述性、公知公用性质的标志；区别于他人商品或服务的标志，便于消费者识别。

②独占性：指注册商标所有人对其商标具有专用权、独占权；未经许可，他人擅自使用即构成侵犯商标权。

③价值性：商标代表着商标所有人生产或经营的质量信誉和企业形象，商标所有人通过商标的创意、设计、申请注册、广告宣传及使用，使商标具有了价值，也增加了商品的附加值。商标可以有偿转让。

④竞争性：指参与市场竞争的工具。商标知名度越高，其商品或服务的竞争力就越强。

2. 商标专用权的特征

商标专用权是指国家运用法律手段，根据商标立法的宗旨，按法定程序，赋予商标注册申请人以商标专用权，并对其予以保护的立法准则。商标专用权包括商标使用权和商标禁止权两个方面。

①商标权是由国家确认的一种权利；一个国家只有一个机构有权受理、审查、批准商标权。

②商标权具有专有性。它又称独占性或垄断性。

③商标权具有地域性。一国核准的商标，只在该国领域内有效，对其他国家不发生效力。

④商标权具有时效性。在我国，注册商标有效期为 10 年，有效期满后，商标权所有人如果希望继续使用并得到保护，须在到期前半年内办理有关续展手续并缴费。商标续展的次数不限。

3. 国际注册

由于商标权具有地域性的特点，要使自己的商标在国外获得保护，目前有两条途径：一是逐一国家注册，即直接向相关国家注册；二是进行商标国际注册，并向有关国家申请领土延伸。

1973 年 6 月 13 日，《商标注册条约》缔约国在维也纳签订了《商标注册条约》，组成商标国际注册同盟。"国际注册"是指依照该条约经国际局核准登入商标国际注册簿的注册；"国际申请"是指申请国际注册；"申请人"是指提出国际申请的自然人或法人；"国际注册所有人"是指在对指定国全部或一部分以及对所列商品、服务项目全部或一部分有效的商标注册中有其名称的自然人或法人；"国家商标"是指经有批准注册权的缔约国政府机关注册，在该国生效的商标；"国家商标"不应与"区域商标"混同；"区域商标"是指经国际局以外的有批准注册权的政府间机构注册，在不止一个国家生效的商标；"国际局登记"是指载于商标国际注册簿上的登记；"指定国"是指申请人或国际注册所有人希望该注册能产生该条约规定的效力的，并在国际申请中或后续指定登记申请中指明的任一缔约国；"国家主管机关"是指负责办理商标注册的一个缔约国的政府机关，也指受几个国家至少其中之一是缔约国的委托，在按照该条约和施行细则关于于国家主管机关的规定承担义务和行使权利的条件下，办理区域商标注册工作的一个政府间机构；"商标国家注册簿"是指注册国家商标、区域商标的国家主管机关所保存的商标注册簿;"指定国主管机关"是指指定国的国家主管机关;"国际局"是指该组织国际局和尚存在着的保护知识产权联合国际局。

经公告和通知的商标国际注册和后续指定登记,在每一个指定国,与在该国际注册日和后续指定登记日向该国国家主管机关提出的商标国家注册申请有同等效力。在每一个指定国,与该商标获准在该国国家注册簿上注册有同等效力。

4. 商标注册申请

企业要将自己的产品打入国际市场,保护自己的知识产权,除了在中国国内申请商标注册,还必须在目标市场国(地区)或潜在的目标市场国(地区)申请商标注册。

不同的国家(地区)的申请手续略有不同,举例如下:

(1)中国商标注册

1)中国商标注册申请程序(见图 1—6)

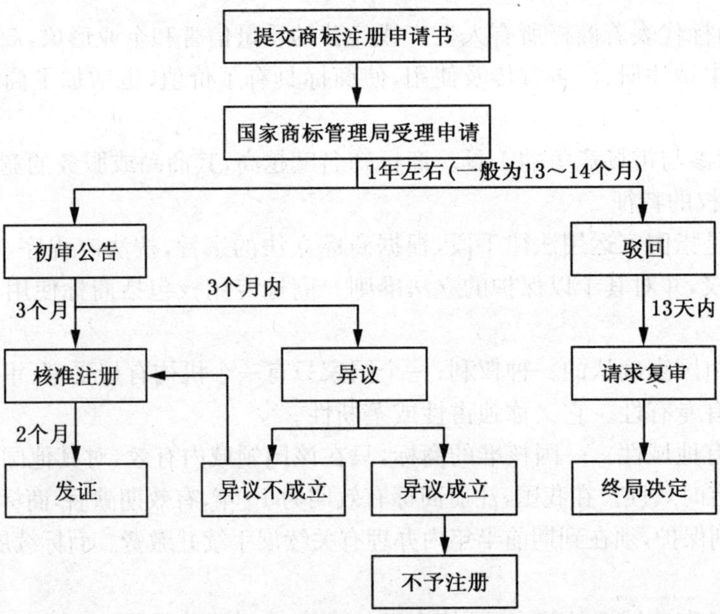

图 1—6 中国商标注册申请程序

①商标注册查询:查询所要注册商标中包含的中文和英文。根据商标申请人要求,向中国商标总局查询有无相同或近似商标已注册在先。

②设计制作商标图样。

③提出商标注册申请。

2)商标注册所需手续

①个人申请商标只需提交身份证复印件即可。

②公司申请商标需提交营业执照(副本)复印件一张(要求执照号清晰)。

③所要注册商标的商标图样 12 份(长和宽不大于 10 厘米、不小于 5 厘米)

a.如商标图样为彩色,需提供彩色图样 11 份及黑白墨稿 2 份。

b.如商标图样为黑白,需提供黑白墨稿 12 份。

c.填写商标注册代理委托书。

3)商标注册所需时间

①提出申请后一年，商标局发布商标初审公告，并寄送商标申请人。

②商标申请注册公告之日起3个月后，发放正式《商标注册证》。

③商标注册证书获得时间：全部时间约为15个月。

④商标注册受理书时间：由中国商标总局颁发商标注册受理书约为60天内，即可冠以"TM"使用。

4)注册商标的有效期

根据《商标法》的规定，注册商标的有效期为10年，自核准之日起计算。有效期期满之前6个月可以进行续展并缴纳续展费用，每次续展有效期仍为10年，续展次数不限。如果在这个期限内未提出申请的，可给予6个月的宽展期。若宽展期内仍未提出续展注册的，商标局将其注册商标注销并予以公告。

5)商标异议申请规定

商标异议是《商标法》及其实细则明确规定的，对初步审定商标公开征求公众意见的法律程序，其目的在于公正、公开进行商标确权，提高商标注册审查质量。

商标异议的内容范围很广，既包括初步审定的商标与申请在先的商标相同或近似，也包括初步审定的商标违反了《商标法》的禁用条款或商标不具显著性，还包括申请人不具备申请资格等。

提出商标异议的可以是任何人，既可以是商标注册人，也可以是非商标注册人；既可以是企业、事业单位，也可以是个人；既可以是法人，也可以是非法人。商标的异议期为初步审定的商标自公告之日起3个月内，商标异议申请日期，以商标局受理申请书件的日期为准。异议期的最后一天是节假日的，可顺延至节假日后的第一个工作日。

商标异议人须交送《商标异议书》，在异议书中要将被异议商标的申请人、商品类别、商标刊登初审公告的日期、公告期号和初审号填写清楚。反之，当别人对自己商标注册提出异议时，被异议人可以在期限内作出答辩。

(2)香港特别行政区商标注册申请

审查申请的程序如下：

商标注册处收到注册申请后，审查主任会根据图1—7所示的步骤处理有关申请。有关申请如没有不足之处，而拟注册商标又没有遇到反对，则由商标注册处接获申请至批准商标注册时最快要6个月。

1)提交申请

商标注册处收到注册申请表格后，发出收据及通知申请人有关申请编号。

2)检查申请的不足之处

商标注册处在审查有关申请前，首先详细检查申请表格及所有附件，以查看表格内须填写的部分是否已经填妥、有关资料是否正确、所需资料是否齐全。

如资料不全，商标注册处会要求申请人补救有关不足之处。非常细微的修订(如货品类别的编号)，不会影响提交申请的日期，但较重要的修订(如没有提交有关商标的图示)，则会对提交申请日期有影响。此外，重大的改动(如改动商标的图示)一律不予接受。

如一切妥当，申请程序会进入下一阶段(检索及审查)。

3)检索及审查

完成检查申请的不足之处并确定所有资料备妥后，商标注册处会翻阅商标记录，以确定在相同或类似的货品或服务中，是否有其他商户已经注册或申请注册相同或类似的商标。

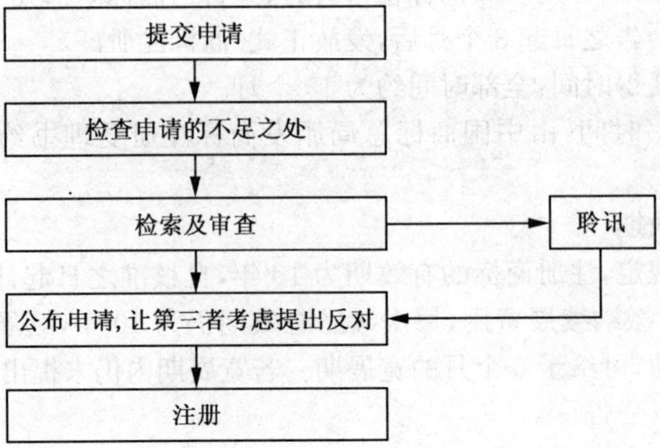

图 1—7　香港特别行政区商标注册审查申请的程序

商标注册处会同时查核有关商标是否符合《商标条例》所订的注册规定。审查主任随后会发出书面意见，说明对有关标记的反对和理由，或确定接纳有关标记的注册申请。

4)反对

如申请未符合注册规定，商标注册处会提出异议。申请人须于 6 个月内达到有关规定的要求。这段期限可延展 3 个月。

商标注册处会在意见中解释为何有关商标未符合注册规定，如认为反对问题能够解决，可向申请人建议解决办法。

即使申请人已设法解决商标注册处处长在初步意见所提出的反对，有关申请可能仍未符合注册规定，商标注册处会再提出意见，说明审查结果。在该阶段，如申请人想继续办理这项申请，则可以在商标注册处再次提出意见之日起的 3 个月内，达到注册规定或要求聆讯。申请人只可以在《商标规则》的指定情况下(如需要更多时间取得在先商标拥有人的同意)要求延展上述时限。

5)聆讯

如要求聆讯，则支持和反对有关商标注册的所有证据，都会在聆讯中审议。聆讯人员其后会作出裁决。

6)公布申请

商标注册处接纳申请后，便会在香港知识产权公报(网址为：http://www.ipd.gov.hk/chi/ip_journal.htm)上作出公布。

7)第三者反对

任何人均可在香港知识产权公报阅览申请人的商标，并对申请人的注册申请提出反对。反对人须在注册申请公布日期起计的 3 个月内提交反对通知。作为申请人，可以撤回注册申请或就反对提交反陈述。双方均有机会在指定时限内就申请注册或反对注册提交证据。商标注册处收到所有证据后，便会安排双方出席聆讯，并由聆讯人员作出裁决。如申请人撤回注册申请或在反对注册的法律程序中获判败诉，申请人可能需要支付另一方的诉讼费。

8)注册

商标注册处处长接纳有关商标的注册申请后，便会把该商标的详细资料记入注册记录册，并向申请人发出注册证明书。此外，商标注册处处长会在香港知识产权公报中公布有关的注册公告。注册日期由提交申请当日起计。

由于中国将《巴黎公约》延用于香港特区，加上中国香港为世界贸易组织成员，因此，商标申请人在香港特区提出申请，便可享有《巴黎公约》优先权。

(3)德国商标注册

德国的商标主管部门是德国专利商标局(Deustsches Patent-und Markenamt)。商标保护的对象为文字、字母、数字、图形、音响、立体等。

1)需提交的申请注册商标文件

①商标标样实例，包括指定的产品或服务；

②注册商标图样(26.2 厘米×17 厘米)；

③申请注册商标费用。

2)商标注册申请程序

接到申请注册商标后，专利局先给申请发一个文号并确定申请日期(专利局收到申请的日期)，然后向申请人或代理人寄出受理通知书。此后，专利局将不再就收到书件寄出通知书。在确定文号和付费的类别后，将对是否符合申请注册的正式要求作出审查。如果不符合要求，将通知申请人补正。如果补正在规定期限内作出，将继续申请程序，否则，将驳回申请。如果申请存在以下缺陷，将以补正后的日期为申请日期：缺少申请人身份的信息、没有商标图样、没有指定商品或服务项目。如果没有驳回的绝对理由，商标就能获得注册。如果有绝对理由，申请人将接到通知书，并有机会在专利局规定的时间内就此陈述意见。考虑到申请人意见后，如果专利局认为仍有必要维持驳回，将由更高一级的审查员来决定能否注册。如果注册被最终驳回，申请人可以首先向 Objection Examiner 提出反对，若反对无效，可以向联邦专利法院提出上诉。提出反对，不用另外收费。如果专利局没有在 6 个月内就反对作出答复，申请人可以提出裁定请求，如果请求在 2 个月后还没有作出，申请人可以直接提出上诉。如果申请资料符合规范，不存在反对理由，商标将被注册和公告。必须注意的是，注册后，商标获得的只是临时性权利，还有可能遭到基于在先权利的异议。

3)商标注册异议

商标注册公告后，在先权利人可以在 3 个月内提出异议。异议一式两份作出。如果异议成立，注册将被撤销。如果这 3 个月内没有异议，商标就被正式注册了，只有注销撤销程序才能撤销商标权。

4)商标注册保护

保护期为 10 年，即从申请日算起，至 10 年后申请日所在月的最后一日为止。以后，每次续展 10 年。续展必须在保护期最后一日前作出，如果在这一天还没有缴纳费用，专利局会通知注册人其商标将被撤销。在此通知送达后 6 个月内，注册人仍然可以提出续展，但必须多缴一笔费用。

六、商品经营方案制订

制订方案是指有关进出口公司根据国家的政策、法令，对其所经营的出口商品作出一种业务计划安排。出口商品经营方案一般包括以下内容：

1. 商品的国内货源情况

包括：生产地、主要消费地；商品的特点、品质、规格、包装、价格、产量、库存情况；主要生产厂商的生产能力、出口情况等。

2. 国外市场情况

包括：市场容量、生产、消费、贸易的基本情况；主要进出口国家的交易情况，今后可能发展变化的趋势；对商品品质、规格、包装、性能、价格等各方面的要求；国外市场经营该商品的基本做法和销售渠道。

3. 确定出口地区和客户

在行情研究、信息分析的基础上，选择最有利的出口地区和合作伙伴。

4. 经营历史情况

我国出口商品目前在国际市场上所占地位、主要销售地区及销售情况、主要竞争对手、经营该种商品的主要经验和教训等。

5. 经营计划安排和措施落实

包括销售数量和金额、增长速度、采用的贸易方式、支付手段、结算办法、销售渠道、运输方式等。

6. 国家对该商品出口的政策规定

要了解商品出口是否需要出具出口许可证、是否实行配额管理、如何申请配额管理等。

第二章 国际贸易交易磋商

第一节 国际贸易谈判

国际贸易交易磋商环节通过询盘、发盘、还盘和接受等多个环节，最终订立合同，买卖双方达成交易。在交易磋商的过程中，谈判的环节至关重要。

一、国际贸易谈判概述

所谓谈判(negotiation)，是指谈判参与各方基于某种需要，彼此进行信息交流，磋商协议，旨在协调相互关系，赢得或维护各自利益的行为过程。

美国谈判协会会长、著名律师杰勒德·尼伦伯格(Gerard Nierenberg)在《谈判的艺术》(*The Art of Negotiating*)一书中指出了谈判的特性："谈判的定义最为简单，而涉及的范围却最为广泛，每一个要求满足的愿望和每一次要求满足的需要，至少都是诱发人们展开谈判过程的潜因。只要人们为了改变相互关系而交换观点，只要人们为了取得一致而磋商协议，他们就是在进行谈判。"

谈判是一个过程，在这个过程中，利益双方就共同关心或感兴趣的问题进行磋商，协调和调整各自的经济、政治或其他利益，谋求妥协，从而使双方都感到是在有利的条件下达成协议，合作共赢。

国际贸易谈判是指在国际贸易活动中，处于不同国家或不同地区的贸易活动当事人为了达成某笔交易，彼此通过信息交流，就交易的各项要件进行协商的行为过程。

由于谈判双方的立场不同，所追求的具体目标也各不相同，因此，谈判过程充满了复杂的利害冲突和矛盾。正是这种冲突，才使谈判成为必要，而如何解决这些冲突和矛盾，正是谈判人员所承担的任务。

二、国际贸易谈判程序

国际贸易谈判，就是谈判中的各方为了改变和建立新的贸易关系，并使各方达到某种合作的目标而进行某种协调行为的过程。谈判是各方为化解分歧而进行沟通的过程，目的是为了解决问题，达成一致的意见。美国谈判协会会长杰勒德·尼伦伯格认为，谈判过程按照发生顺序可以用四个"C"来表示：共同利益(common interests)、利益冲突(conflicting interests)、妥协(compromise)和准则(criteria)。在长期国际贸易谈判实践的基础上，谈判人员将谈判的程序逐步确定下来，并以此作为工作的规范和要求。国际贸易谈判的基本程序一般包括准备、开局、正式谈判和签约四个阶段。此处介绍前三个阶段。

1. 准备阶段

简而言之，贸易谈判前的准备工作就是要做到知己知彼，心中有数。一场谈判能否达到预期的目的、获得圆满的结果，不仅要看谈判桌上有关策略、战术和技巧的灵活运用和充分发挥，还有赖于谈判前充分细致的准备工作。后者是前者的基础，尤其是在缺少谈判经验的情况下，准备工作就显得更为重要。在与经验丰富的对手谈判时，就更要重视谈判前的准备工作，以充分、细致、周到的准备来弥补经验和技巧上的不足。

谈判准备工作的内容主要包括以下五个部分：

(1)对谈判环境因素的分析

国际贸易谈判具有跨国家或跨地区性，组织利益受多方面因素制约。谈判往往涉及政治、经济、社会文化、法律等各个方面的因素，这些因素对谈判的成败有很大影响，必须对这些因素进行认真分析，才能制订出相应的谈判计划。在国际贸易谈判中，除了要考虑运输风险、价格风险、商业信用风险以外，还要考虑安全风险和外汇风险等。

(2)信息的收集

在贸易谈判中，谈判人员对谈判信息的收集、分析和利用的能力，对整个谈判活动有着极大的影响。在谈判信息方面占据优势的一方往往会把握谈判的主动权。在国际贸易谈判的准备阶段和谈判过程中，都要注意摸清对方的资信情况和经营能力，密切注意有关市场变化情况、外汇市场的走势以及国际市场的风云变幻，并综合考虑对方国家(地区)与中国的经贸关系，以便在谈判过程中正确决策，避免失误。因此，经验丰富的谈判大师们都极其重视对各种谈判信息的运用，他们都具有敏锐的洞察细微事物的能力，并十分注意捕捉对方思想过程和行为方式中的各种信息。

(3)目标和对象的选择

由于整个谈判活动都是同谈判对象围绕谈判的主题和目标来进行的，因此，任何谈判方案的制订必须首先确定谈判的对象和目标，既要明确与谁谈判，又要明确通过这次谈判想获得什么。

(4)谈判方案的制订

在了解了谈判环境、谈判对手和自身的情况之后，在正式进行激烈的谈判交锋以前，还需制订出一个周全而又明确的谈判计划，即制订一个谈判方案。谈判方案是指在谈判开始以前对谈判目标、谈判议程、谈判策略预先所做的安排。谈判方案是指导谈判人员行动的纲领，在整个谈判过程中起着非常重要的作用。

(5)模拟谈判

模拟谈判能使谈判人员获得实际经验，随时修正谈判中可能出现的错误，提高谈判能力。谈判前的准备是否充分是决定贸易谈判成败得失的关键。准备工作充分，谈判中就能处于主动地位，谈判就能顺利，效果也好；否则，仓促上阵，往往使自己陷入被动地位，难以取得好的谈判效果。

2. 开局阶段

开局阶段，主要是指谈判双方见面后，在进入具体交易内容之前相互介绍、寒暄以及就谈判内容以外的话题进行交谈的那段时间和经过。开局阶段所占用的时间较短，谈论的内容也与整个谈判主题关系不大或根本无关，但这个阶段却很重要，因为它为整个谈判过程确定了基调。

谈判的内容、形式、地点不同，其谈判气氛也各不相同，有的谈判气氛十分热烈、积极、友好，双方都抱着互谅互让的态度参加谈判，通过共同努力去签订一个双方都满意的协议，使双方的需要都能得到满足；有的谈判气氛却很冷淡、对立、紧张，双方均抱着寸土不让、寸利必争的态度参加谈判，针锋相对、毫不相让，使谈判变成了没有硝烟的战争。有的谈判简洁明快，节奏紧凑，速战速决；有的谈判咬文嚼字，慢条斯理，旷日持久。不过，更多的谈判气氛则介于上述两个极端之间:热中有冷,快中有慢,对立中存在友好,严肃中包含轻快。一般来讲,通过谈判气氛,可以初步感受到对方谈判人员谈判的气质、个性以及对本次谈判的态度和准备采取的方针。

在开局阶段,究竟营造何种谈判气氛为宜,要根据准备采取的谈判方针和谈判策略来决定,也要视谈判对手是陌生的新人还是熟识的老友加以区别。也就是说,谈判气氛的选择和营造应该因人而异,服务于谈判的目标、方针和策略。

3. 正式谈判阶段

正式谈判阶段又称实质性谈判阶段,是指从开局阶段结束以后,到最终签订协议或谈判失败为止,双方就交易的内容和条件进行谈判的时间及过程。它是整个谈判过程的主体。该阶段一般要经历询盘、发盘、还盘、接受四个环节。从法律的角度来看,每一个环节之间都有着本质的区别。询盘和还盘不是必须经过的程序,买卖双方完全可以依据实际情况,不经过询盘直接发盘,或不经过还盘而直接接受,但发盘和接受则是谈判获得成功和签订合同必不可少的两道程序。

由于国际贸易谈判的结果会导致资产的跨国转移,必然会涉及国际结算、国际保险、国际运输等一系列问题。由于不同国家之间在法律、贸易政策、商业习惯等方面存在着差异,因此,在国际商务谈判中要以国际商法为准则,并以国际惯例为基础。谈判人员要熟悉各种国际惯例,熟悉对方所在国的法律条款,熟悉国际经济组织的各种规定和国际法,如《联合国国际货物买卖合同公约》、《跟单信用证统一惯例》、《国际贸易术语解释通则》、《托收统一规则》等。国际贸易谈判人员只有熟练掌握每道程序的中心问题和重点问题及其相互衔接关系,才能在谈判时发挥自如、运用得当,控制整个谈判进程,直到获得成功。

三、国际贸易洽谈方式

1. 口头谈判

口头谈判是指谈判双方通过面对面的洽谈协商,口头提出交易条件商谈达成协议的谈判。口头谈判方式由于谈判者可直接面对对方,谈判人员可仔细观察对方的种种情绪变化,有利于双方直接沟通,从而促使谈判结果的达成。

2. 书面谈判

书面谈判是谈判双方利用文字或图表,比如通过信函、传真、电子邮件等形式进行的谈判。书面谈判具有准备充分、谈判的成本低及间接性等特征。作为口头谈判的辅助方式,国际贸易谈判中书面方式用得越来越多。

3. 在线电子商务谈判

在线电子商务谈判是指利用互联网、视频等电子方式进行的谈判。通过电子商务谈判,谈判者可以既协作又竞争地分享信息,又可以节约时间和费用,还为更多更高级别的人员参加提供了便利条件。

几种主要谈判方式的具体比较如表 2—1 所示。

表 2—1　　几种主要谈判方式的比较

方　式	口头谈判	书面谈判	在线电子商务谈判
接触方式	直接	间接	间接和直接之间
表达方式	语言	文字	语言和文字
商谈内容	深入、细致	全面、丰富	全面、丰富

续表

方　式	口头谈判	书面谈判	在线电子商务谈判
情感气氛	最能利用	不可利用	可利用
情感关系	公私两相宜	对公	基本对公
个性心理	直接影响大	直接影响少	直接影响较大
谈判节奏	慢、窄	较慢、较窄	快速、广泛
费用	最大	较少	很少
适用范围	大型项目	经常交易	各类贸易谈判

相关链接

我国某外贸公司的一个出口谈判方案

某外贸公司向国外客户推销产品的发盘得到还盘，一场谈判即将开始。该公司为开展谈判制订了一个谈判方案。该方案的内容如下：

1. 谈判目标

该公司原先报价的预期毛利幅度为销售额的35%。这个幅度包括：商业性开支15%、利润12.5%、风险5%、谈判机动幅度2.5%。在报价的有效期内，如无意外风险因素，拟以32.5%的预期毛利率成交(由此可见，该公司谈判毛利的目标设定在销售额的32.5%上)。

2. 制定各项主要交易条件的最低可接受限度

(1)价格标准。只要在报价的有效期内成交，利润最大减让为5%。

(2)支付方式。买方在还盘中提出，签约后只付5%的预付款，交货后支付85%，余下的10%货款在2年保证期满后才支付。这种延期付款造成的利息损失占卖方商业开支的2.5%。

还盘目标是预付金额由5%增加到10%；取消买方提出的在保证期后才付清货款余额的要求，可出具银行担保书代替；如果不增加卖方商业费用的话，买方的任何支付方式均可接受。

(3)交货。卖方原来发盘中的交货期是签约后的2个月，而买方另提出签约后1个月交货，迟交1周，罚金1%。如果按买方的条件成交，卖方就要冒承担4%迟交金的风险。A公司谈判方案的内容是，力争以报价中的交货期成交；如果不增加额外罚金的话，可以同意对方提前交货的要求。

(4)保证期。卖方提出的保证期是1年，但如果买方提出保证期为2年的话，卖方就要增加1%的费用。该公司谈判方案的内容是，尽可能把保证期减至1年；如果能保证在保证期内没有多大风险的话，可以答应买方延长保证期的要求。

(注：该公司的各项主要交易条件最低接受限度的内容，是基于己方利益，对各项可能影响谈判利润的因素综合分析后作出的。它是用来实现谈判目标、进行讨价还价的一个范围，其作用在于保证己方的风险系数降到最低点。)

3. 规定谈判的期限

此报价的有效期是1个月。延长有效期的费用，第1个月约增加0.5%，以后每个月增加1%。如果超过了3个月，应重新报价。此谈判的最长宽限期是2个月。

4. 谈判班子的组成与分工

谈判负责人：张先生，出口销售部门的经理。主谈人：李先生，系统工程师。法律顾问：王先生。

谈判人员的分工：张先生负责联系出口信贷担保机构，并负责从出口信贷担保经理手中取得必要的文件（即银行担保书）。李先生负责所有工程和生产方面的谈判，而且还负责向生产经理索取各种有关的数据与资料。王先生负责谈判中的一切法律事宜。

5. 联络通信方式及汇报制度

张先生负责向国内总经理汇报谈判工作，而总经理负责征询公司其他部门专家的意见。如总经理不在，将由李先生取代其职。在出国两周之内，如果在谈判方案的范围内成交，不必汇报。两周以后，汇报谈判进程。

（注：该公司谈判方案符合简明扼要、突出要点、灵活性的要求。不足的是，该方案中没有说明谈判中运用资料的范围，这在谈判中是很重要的。）

资料来源：刘向丽：国际商务谈判，机械工业出版社 2007 年版。

第二节　国际贸易磋商程序

一、商业电邮的基本格式

电子邮件（email）和图文传真（facsimile）是国际贸易交易磋商的主要载体。写好商务信函要注意七个原则，分别是：完整（completeness）、简洁（conciseness）、具体（concreteness）、正确（correctness）、清晰（clarity）、体谅（consideration）、礼貌（courtesy）。

商业电邮的基本格式如表 2－2 所示。

表 2－2　　商业电邮的基本格式

! This message has high priority.	急件标示（方法一）
From：撰信人电邮地址	
To：收信人电邮地址	
Cc：副本收信人电邮地址	
Bcc：密件副本收信人电邮地址	
Subject：主题摘要	
	——URGENT——
Dear Mr. Chan,	启首称谓
Sincerely,	结语问候
Bill Hanson	撰信人全名
Director, Sales Dept.	职务及所属部门
Hanson & Co.	撰信人所属公司
…………………	其他资料

1. 急件标示（Indication of Urgency/Priority）

要引起收信人对急件的注意可以使用软件配备标签“! This message has high priority”，或者在电邮上方正中位置署名“URGENT”，粗体字型，前后应用破折号（——）或者分号括着。

切勿两种方式同时使用，更勿滥用；否则，会失去应有的重要作用。

2. 副本(Cc)及密件副本(Bcc)

将电邮抄送给其他收信人，副本(Cc)收信人的地址将显示在电邮中，而密件副本(Bcc)收信人的地址则不会显示。

3. 启首称谓(Opening Salutation)

虽然现代通信技术让人与人不分远近，但在撰写商业书信时，礼貌仍然十分重要。一般来说，除非彼此关系亲密，可以直呼其名，否则应当采用正统的称谓方式(如 Dear Mr./Mrs./Ms./Miss 已成为约定俗成的规则)。

如果撰信人不知道收信人的姓名、称谓、职务，或者一并发送给多位收信人时，则应按收件对象，采用简单客气的启首称谓，以下仅列举一部分：Dear Sir、Dear Sir or Madam、Dear Customer(s)、Dear Friend(s)、Dear Colleague(s)、Dear Reader(s)、Dear Subscriber(s)。

4. 结语问候(Complimentary Close)

一般结语问候有：Sincerely、Yours sincerely、Sincerely yours、Yours truly、Very truly yours、Best regards(在电邮或传真中常用)。

5. 其他资料(Other Information)

一般"公司对公司"及"公司对顾客"的往来电邮中都会包含一些相关信息：公司名称、标志、地址、电话、传真、公司网址及宣传口号等。如果电邮或其附件中含有机密资料的话，尤其是法律界人士发送的电邮，一般都加一段声明，要求误收或误启电邮的收信人将其删除。以下是一则样函：

This email and any files attached with it are strictly confidential and intended solely for the use of the individual or organization to who it is addressed. If you are not the intended recipient of this email, or any parts of it, you must not disclose the contents to any other person, nor make copies. If you have received this email in error, please notify us or delete it immediately upon receipt.

6. 署明日期

注意英式和美式在写法上的区别。例如，2014 年 1 月 2 日，英式写法为 2－1－2014(2 January, 2014)；美式写法为 1－2－2014(January 2, 2014)。

为避免混淆，应尽可能不用数字写月份，全写 January 或简写 Jan. 均可。日期不用加上后缀(1st、2nd、3rd)。

二、商业磋商函电

商业磋商函电部分通过实际案例进行展示。

1. 建立业务关系(Establishment of Business Relations)

出口商(SELLER)公司简称 SSS Co., Ltd.，进口商(BUYER)公司简称 BBB Co., Ltd.。具体如表 2－3、表 2－4、表 2－5、表 2－6 所示。

Letter 1

表 2－3

From: joson@hotmail.com(SSS Co., Ltd.)
To: daniel@yahoo.com(BBB Co., Ltd.)

续表

Date:Jan.8,2014
Subject:Business relations establishment
Attachment:Our catalog
Dear Sir or Madam, We have got your name and address from Trade Fairs in Shanghai last month, which informed us that you are in the market for silk products. We take the opportunity to introduce ourselves as one of the largest exporters of silk products in our area. And we have been in the line of silk business for over twenty years and enjoyed a good reputation. We express our desire to establish business relations with your company. To give you a general idea of our product, we enclose our latest catalog covering the main items obtainable at present. We look forward to receiving your reply ASAP. Yours sincerely, Clark SSS Co.,Ltd.

Letter 2 — A Reply

表 2—4

From:daniel@yahoo.com(BBB Co.,Ltd.)
To:joson@hotmail.com(SSS Co.,Ltd.)
Date:Jan.9,2014
Subject:Reply to business relations establishment
Attachment:
Dear Sir or Madam, Thank you for your email of Jan.8. We are one of the largest importer of silk products in our city and glad to establish business relations with your company. At present we are interested in Art. No.965 in your catalog sent us. We look forward to receiving your best quotation ASAP. Yours sincerely, Mary BBB Co.,Ltd.

样信 1

表 2—5

寄信人:joson@hotmail.com(SSS 有限公司)
收信人:daniel@yahoo.com(BBB 有限公司)
日期:2014 年 1 月 8 日
主题:建立业务关系

续表

附件：我们的产品目录
敬启者： 从上个月在上海举办的贸易博览会上，获悉贵方名称和地址，以及贵方有意购买我方丝绸产品。 借此机会，我方做一自我介绍：我们是本地最大丝绸产品出口商之一，我方经营这一行业已经 20 多年了，并且在业内享有一定的声誉。 我们希望与贵公司建立业务关系。 为了使贵方对我方产品有一个大致了解，我们随函附上目前可供主要产品的最新目录。 盼早复。 谨上 克拉克 SSS 有限公司

样信 2

表 2—6

寄信人：daniel@yahoo.com（BBB 有限公司）
收信人：joson@hotmail.com（SSS 有限公司）
日期：2014 年 1 月 9 日
主题：回复贵方建立业务关系
附件：
敬启者： 感谢贵方 1 月 8 日电邮。 我方是本市最大的丝绸产品进口商之一，并且很乐意与贵公司建立业务关系。 目前，我方对寄给我们的产品目录中货号为 965 的产品感兴趣。 期盼早日收到贵方最优惠的报价。 谨上 玛丽 BBB 有限公司

2. 询盘（Enquiry）

具体如表 2—7、表 2—8、表 2—9、表 2—10 所示。

Letter 1

表 2—7

From：kingdom@hotmail.com（SSS Co.，Ltd.）
To：magnificent@yahoo.com（BBB Co.，Ltd.）
Date：Mar.15，2014
Subject：An enquiry
Attachment：

续表

Dear Sir or Madam, We learn from Brother Co. that you are a leading exporter of table cloth. Would you please send us details of your various ranges, including sizes, colors, prices, and samples of the different qualities of material used? We are large dealers in textiles and believe there is a promising market between us. If your prices are competitive and your goods up to standard, we shall order on a regular basis. When quoting, could you give the following details: 1. Terms of payment? 2. Discount? 3. Delivery time when we purchase 1 000 dozen of table cloth? We hope to hear from you soon. Yours faithfully, Jack SSS Co., Ltd.

Letter 2—A Reply

表 2—8

From: magnificent@yahoo.com(BBB Co., Ltd.)
To: kingdom@hotmail.com(SSS Co., Ltd.)
Date: Mar.20, 2014
Subject: Reply to the enquiry
Attachment: Illustrated catalog and price list
Dear Sir or Madam, Thank you for your email of Mar.15. We are glad to enter into business relations with you. We have enclosed our latest illustrated catalog and price list. Also, we are separately sending you some samples and feel confident that when you have examined them you will agree the products are in high quality. You will obtain a discount of 5% if your order is more than 1 000 dozen. We accept payment by irrevocable L/C payable against shipping documents. As to delivery, we usually deliver all our order within three months after receipt of the covering L/C. If you would like to have more information, please let us know. Yours sincerely, Lucy BBB Co., Ltd.

样信 1

表 2—9

寄信人:kingdom@hotmail.com(SSS 有限公司)
收信人:magnificent@yahoo.com(BBB 有限公司)
日期:2014 年 3 月 15 日
主题:询盘
附件:

续表

敬启者： 我方从兄弟公司获悉贵方是桌布出口领军企业。 贵方可否把包括大小、颜色、价格的具体信息和不同材质的样品发给我方。我方主要经营纺织品。我方相信在这方面我们有合作的前景广阔。如果贵方价格合理，产品达标，我方会考虑长期订货。 报价时请回答以下问题： 1. 何种付款方式？ 2. 折扣多少？ 3. 如果订购1 000打桌布，何时能交货？ 期盼早复。 谨上 杰克 SSS有限公司

样信 2

表 2—10

寄信人：magnificent@yahoo.com(BBB 有限公司)
收信人：kingdom@hotmail.com(SSS 有限公司)
日期：2014 年 3 月 20 日
主题：回复询盘
附件：插图目录和价格单
敬启者： 感谢贵方 3 月 15 日发来邮件，我方很乐意与贵方合作。 我方随信附上最新的插图目录和价格单。我方也给贵方寄送了样品，相信贵方看过样品后会发现我方的产品质量上乘。如果贵方的订单超过1 000打，我方会给予 5%的折扣。我方接受不可撤销信用证交单付款。我方会在收到信用证后 3 个月内交货。 若有其他需要知道的信息，请告知。 谨上 露西 BBB有限公司

3. 发盘(Offer)

具体如表 2—11、表 2—12、表 2—13、表 2—14 所示。

Letter 1

表 2—11

From：volunteer@hotmail.com(SSS Co.，Ltd.)
To：pursue @yahoo.com(BBB Co.，Ltd.)
Date：Dec.8，2014
Subject：An offer
Attachment：Our catalog

续表

Dear Sir or Madam, In reply to your enquiry letter of December 3, we have pleasure in making an offer for teapots. Besides those advertised in the The Economist, our illustrated catalog enclosed shows various types of teapots. Most types can be supplied from stock. 45—60 days should be allowed for delivery of those marked with an asterisk. We can allow a 2% discount on all orders of US $ 6 000 in value and over, and a 3% on orders exceeding US $ 20 000. The offer holds good until 4 O'clock p.m. 18th of December, Beijing time. Looking forward to receiving your order and any orders you place with us will be processed promptly. Yours sincerely, Jim Sales Manager of SSS Co., Ltd.

Letter 2 — A Reply

表 2—12

From: pursue @yahoo.com(BBB Co., Ltd.)
To: volunteer@hotmail.com(SSS Co., Ltd.)
Date: Dec.9, 2014
Subject: Reply to the offer
Attachment:
Dear Sir or Madam, Thank you for your offer of Dec.8. We are satisfied with the wide range of products in your catalog, but I'm afraid the offer is unacceptable. The price you offered is above other suppliers'prices. And we hope that you can give us a 5% discount on orders exceeding US $ 20 000. We hope that your can make a new offer to us. Thanks! Yours sincerely, Mary BBB Co., Ltd.

样信 1

表 2—13

寄信人:volunteer@hotmail.com(SSS 有限公司)
收信人:pursue@yahoo.com(BBB 有限公司)
日期:2014 年 12 月 8 日
主题:发盘
附件:目录

续表

敬启者： 关于贵方12月3日对茶壶的询盘，我们很乐意发盘。 除了那些在《经济学家》杂志中的广告，我们所附的目录里提供了多种不同类型的茶壶介绍。大多数类型可以现货供应，标有星号的则可以在45～60天内发货。 对于价值在6 000美元以上的订单，我们给予2%的折扣，超过20 000美元的则给予3%的折扣。 我们的发盘有效期到北京时间12月18日下午4:00。 期盼收到你们的回复。 谨上 吉姆 SSS有限公司销售经理

样信2

表2—14

寄信人：pursue@yahoo.com(BBB有限公司)
收信人：volunteer@hotmail.com(SSS有限公司)
日期：2014年12月9日
主题：回复发盘
附件：
敬启者： 感谢贵方12月8日的发盘。 我方对于贵方所附目录单里的各种茶壶非常满意。但是，贵方的发盘我们无法接受。贵方报的价格比其他供货商的要高。我们希望贵方对于超过2万美元的订单能给予5%的折扣。 我们希望贵方能重新给我们发盘，谢谢！ 谨上 玛丽 BBB有限公司

4. 还盘(Counteroffer)

具体如表2—15、表2—16、表2—17、表2—18所示。

Letter 1

表2—15

From：wayout@hotmail.com(SSS Co.，Ltd.)
To：shiningstar@yahoo.com(BBB Co.，Ltd.)
Date：Jan.25，2014
Subject：A counteroffer
Attachment：

续表

Dear Sir or Madam,

Thank you for your letter of the Jan. 23 offering us 50 tons of first-class coffee at US $500 per ton CIF New York, on usual terms.

We are regretful that our users here find your price too high and out of line with the international market.

As goods of similar quality is easily obtainable at a much lower price, we find it hard to persuade our users to accept your offer. If you can reduce your limit by, say, 6%, we might come to terms.

In view of our long-standing business relations, we make you the above counteroffer. If your price is favorable, we can book an order with you right away. As the market is declining, we hope you will take it into consideration and email us acceptance at your earliest convenience.

Yours sincerely,

Ivan

SSS Co., Ltd.

Letter 2—A Reply

表 2—16

From: shiningstar@yahoo.com(BBB Co., Ltd.)
To: wayout@hotmail.com(SSS Co., Ltd.)
Date: Jan. 30, 2014
Subject: Reply to the counteroffer
Attachment:

Dear Sir or Madam,

We learn from your letter of Jan. 25 that you find our offer for the coffee too high to be acceptable.

We are sorry to say that there is no possibility of our cutting the price to the extent you indicated, i.e. 6%. Since the prices of the goods have been raised here, I'm afraid that we have to adjust the prices of our products accordingly. Moreover, if you put the quality of our goods into consideration, this price is in fact very reasonable.

Desirous as we are to do business with you, we regret being unable to entertain your counteroffer for the time being.

If later on you can see any chance to do better, please let us know. In the meantime, please keep us posted of developments at your end. We assure you that all your enquiries will receive our prompt attention.

Yours sincerely,

Adrian

BBB Co., Ltd.

样信 1

表 2—17

寄信人：wayout@hotmail.com(SSS 有限公司)
收信人：shiningstar@yahoo.com(BBB 有限公司)

续表

日期:2014 年 1 月 25 日
主题:还盘
附件:
敬启者: 感谢贵方 1 月 23 日来函,按惯常条款向我方发盘 50 吨一等咖啡,CIF 纽约为每吨 500 美元。 很抱歉,我方认为贵方价格太高,与国际市场不符。 因为相似品质的货物可以更低的价格买到,我方很难接受贵方的发盘。如果贵方能在这个价格上降低 6%,我方就达成协议。 鉴于长期合作关系,我方给出上面的还盘,如果贵方价格优惠,我方能马上订货。由于市场正在下滑,我方希望贵方仔细考虑此还盘并尽快回函告知是否同意。 谨上 伊万 SSS 有限公司

样信 2

表 2—18

寄信人:shiningstar@yahoo.com(BBB 有限公司)
收信人:wayout@hotmail.com(SSS 有限公司)
日期:2014 年 1 月 30 日
主题:回复还盘
附件:
敬启者: 我方在贵方 1 月 25 日来函中获悉贵方认为我方咖啡价格太高很难接受。 要我方按贵方提示幅度减价 6%,这个难以实现,深感抱歉。因为现在货物的价格在上涨,我想我们不得不相应调整价格。而且,如果贵方考虑到货物的质量因素,这个价格实际上是很公道的。 我方很希望与贵方合作,但很遗憾暂时不能接受贵方的还盘。 将来贵方如果有可能出较高的价格,请通知我方。同时,请及时通知我们贵方的进展。我方保证贵方的所有要求都会得到我方的及时关注。 谨上 亚德里恩 BBB 有限公司

5. 接受和订货(Acceptance and Order)

具体如表 2—19、表 2—20、表 2—21、表 2—22 所示。

Letter 1

表 2—19

From:joson@hotmail.com(SSS Co.,Ltd.)
To:nicetea@yahoo.com(BBB Co.,Ltd.)
Date:Jan.25,2014
Subject:Acceptance

续表

Attachment：
Dear Sir or Madam， Thank you for your email of Jan.23，2014 offering us 50 tons of first-class coffee at US ＄500 per ton CIF New York. All the terms and conditions are acceptable to us，so please send us your Sales Confirmation ASAP and we can arrange L/C establishment with our bank. We'd like to draw your attention to the fact that the goods should be shipped by the end of May，2014. If they can not be delivered at that time，we have to cancel the order. We hope this transaction will be satisfactory to both of us and it will lead to further business opportunity. Yours sincerely， Clark SSS Co.，Ltd.

Letter 2—A Reply

表 2—20

From：daniel@yahoo.com(BBB Co.，Ltd.)
To：joson@hotmail.com(SSS Co.，Ltd.)
Date：Jan.26，2014
Subject：Order
Attachment：Purchase order
Dear Sir or Madam， Thank you for your email of Jan.25. We appreciate your cooperation and are pleased to confirm the order as follows： Fifty tons of first-class coffee at US ＄500 per ton CIF New York，for shipment in May，2014. Enclosed please find our Sales Confirmation No.123 and return one signed copy ASAP. Yours sincerely， Mary BBB Co.，Ltd.

样信 1

表 2—21

寄信人：joson@hotmail.com(SSS 有限公司)
收信人：nicetea@yahoo.com(BBB 有限公司)
日期：2014 年 1 月 25 日
主题：接受
附件：

续表

敬启者： 感谢贵方2014年1月23日的电邮，给我方发盘：50吨一级咖啡，CIF纽约为每吨500美元。 我方可接受所有条件条款，故请贵方尽快寄送销售确认书，这样我方可以安排与我们的银行开立信用证了。 我们想提请贵方注意的是货物应该在2014年5月底前装运。如不能按时装运，我方将不得不取消该订单。 希望本次交易会令双方满意以及带来未来的商机。 谨上 克拉克 SSS有限公司

样信2

表2—22

寄信人：daniel@yahoo.com（BBB有限公司）
收信人：joson@hotmail.com（SSS有限公司）
日期：2014年1月26日
主题：订单
附件：订货单
敬启者： 感谢贵方1月25日的电邮。 我们感谢贵方的合作并很高兴确认订单如下：50吨一级咖啡，CIF纽约为每吨500美元，2014年5月装船。 随函附上销售确认书123号，请查收并尽快签字后返回一份。 谨上 玛丽 BBB有限公司

6. 综合商务谈判技巧实务（Integrated Business Negotiation Skills Practice）

按照外贸业务洽谈流程：询盘→报盘→还盘→接受→下订单→签订合同进行汇总联系。具体如表2—23至表2—38所示。

Letter 1 Enquiry

表2—23

From：nicetea@yahoo.com（BBB Co.，Ltd.）
To：joson@hotmail.com（SSS Co.，Ltd.）
Date：Jan.28，2014
Subject：Enquiry for All Stainless Steel Pressure Gauges
Attachment：

续表

Dear Sir or Madam, We learn from International Business that you are a leading exporter of electronics products in your country. We are in the market for your All Stainless Steel Pressure Gauges and would appreciate your sending us catalogues and sample books if possible. Will you please give us detailed information of CIF London, discounts, and terms of payment? We hope this will be a good start for further business relations between us. Yours sincerely, Johnson BBB Co., Ltd.

Letter 2 Offer

表 2—24

From: joson@hotmail.com (SSS Co., Ltd.)
To: nicetea@yahoo.com (BBB Co., Ltd.)
Date: Jan.29, 2014
Subject: Offer for All Stainless Steel Pressure Gauges
Attachment: Catalog
Dear Sir or Madam, Thank you for your email of Jan.28, enquiring for our All Stainless Steel Pressure Gauges. We are glad to make you an offer as follows, subject to your reply reaching us before Feb.6th, 2014: Commodity: All Stainless Steel Pressure Gauges Specifications: as per catalog Quantity discount: min 2 000 sets, 10% discount. Unit price: £6/set CIF London, UK Payment: by irrevocable confirmed L/C Shipment: to be shipped within 15 days after receipt of L/C Shipping marks: at seller's option We're looking forward to your early reply. Yours sincerely, Mike SSS Co., Ltd.

Letter 3 Counteroffer

表 2—25

From: nicetea@yahoo.com (BBB Co., Ltd.)
To: joson@hotmail.com (SSS Co., Ltd.)
Date: Feb.5, 2014
Subject: All Stainless Steel Pressure Gauges

续表

Attachment:
Dear Sir or Madam, Thank you for your email of Jan 29, 2014 offering us your All Stainless Steel Pressure Gauges on CIF London basis. We appreciate your products very much, but can we earn more discount if we order 2 500 sets? It would be highly appreciated if you could agree the payment by T / T in advance for 20% and by L/C for the balance. Your early reply will be highly appreciated. Yours sincerely, Johnson BBB Co., Ltd.

Letter 4 Acceptance

表 2—26

From: joson@hotmail.com(SSS Co., Ltd.)
To: nicetea@yahoo.com(BBB Co., Ltd.)
Date: Feb.8, 2014
Subject: All Stainless Steel Pressure Gauges
Attachment:
Dear Sir or Madam, Thank you for your email of Feb.5, 2014. In order to build our long term business relationship, we are glad to offer you our best price: £5/set CIF London, UK. While we can not entertain any reduction in price. As to payment we can only accept L/C at sight. We hope the above will be acceptable to you and await your order. Yours sincerely, Mike SSS Co., Ltd.

Letter 5 Order

表 2—27

From: nicetea@yahoo.com(BBB Co., Ltd.)
To: joson@hotmail.com(SSS Co., Ltd.)
Date: Mar.3, 2014
Subject: Initial order
Attachment: Purchase order
Dear Sir or Madam, Thank you for offering us your best price on CIF London basis. We are sending the counter-signed purchase order to you by Fedex, which will reach you in due course. Because of urgent need of the goods, we'd like to stress the importance of punctual shipment of our order. Yours sincerely, Johnson BBB Co., Ltd.

Attachment 1: purchase order

表 2—28

BBB Co., LTD.
678HUSHON ROAD LONDON U. K.
TEL: +44—1—56783383 FAX: +44—1—56783383

TO: SSS Co., LTD.　　　Purchase Order No.356

Date: Mar. 3, 2014

Please supply the following:

Commodity	Specification	Quantity	Price	Total
All Stainless Steel Pressure Gauges	SS301	3 000sets	£5/set CIF London, UK	£15 000

Comments: Insurance made by seller for 10% of invoice value.

Payment by L/C

Authorized: Johnson

Letter 6

表 2—29

From: joson@hotmail.com(SSS Co., Ltd.)

To: daniel@yahoo.com(BBB Co., Ltd.)

Date: Mar.8, 2014

Subject: sales contract

Attachment: Sales Contract

Dear Sir or Madam,

Thank you for your initial order.

I'm writing to let you know that we have signed the Sales Contract No.999 and sent to you today.

Please find the enclosed S/C and return us one counter signed.

Thank you for your cooperation in rushing L/C establishment.

Yours sincerely,

Mike

SSS Co., Ltd.

Atachment 2:

表 2—30

Sales Contract

No.999

Date: ____________

Place: ____________

Selers: SSS Co., LTD.	Buyers: BBB Co., LTD.
Add: No.10 Renmin Road	Add: 678 Hushon Road
Cixi, Ningbo Zhejiang, China	London U.K.
Tel: +86—574—83111289	Tel: +44—1—56783383
Fax: +86—574—83111289	Fax: +44—1—56783383

续表

This contract is made by and between the Sellers and the Buyers, where by the buyers agree to buy and the sellers agree to sell the under mentioned commodity according to the terms and conditions below: Commodity: All Stainless Steel Pressure Gauges Specifications: SS301 Quantity: 3 000sets Unit price: £5/set CIF London, UK Total Amt.: £15 000 Payment: by irrevocable L/C at sight Shipment: to be shipped with in 20 days after receipt of L/C Shipping marks: at seller's option Port of shipment: China ports Port of destination: London, UK Transhipment and partial shipment: allowed Insurance: by the seller Commodity Inspection: It is mutually agreed that Certificate of Quality and Weight issued by public inspection organization at the port of shipment shall be taken as the basis of delivery. Discrepancy and Claim: Any claim by the Buyers on the goods shipped shall be filed within 30 days after the arrival of the goods at port of destination and supported by a survey report issued by a public surveyor approved by the Sellers. Claims in respect of matters within the responsibility of the insurance company or of the shipping company will not be considered or entertained by the Sellers. Force Majeure: If shipment of the contracted goods is prevented or delayed in whole or in part due to Force Majeure, the Sellers shall not be liable for non-shipment or late shipment of the goods under this Contract. However the Sellers shall notify the Buyers by fax and furnish the Latter within 15 days by registered airmail with a certificate issued by the local chamber of commerce attesting such event or events. Sellers(signature): Buyers(signature):

样信 1 询盘

表 2—31

寄信人:nicetea@yahoo.com(BBB 有限公司)
收信人:joson@hotmail.com(SSS 有限公司)
日期:2014 年 1 月 28 日
主题:关于全不锈钢压力表的询盘
附件:
敬启者: 我方从"国际商务"上得悉贵方是贵国主要的电子产品出口商。 我方想购买全不锈钢压力表,贵方如能给我方寄一些目录和样本,将不胜感激。请贵方报详细的 CIF 伦敦价,包括折扣和支付方式。 我们希望这对于双方今后的业务关系是一个良好的开端。 谨上 约翰逊 BBB 有限公司

样信 2 报盘

表 2—32

寄信人:joson@hotmail.com(SSS 有限公司)
收信人:nicetea@yahoo.com(BBB 有限公司)
日期:2014 年 1 月 29 日
主题:关于全不锈钢压力表的发盘
附件:目录
敬启者: 感谢贵方 1 月 28 日关于全不锈钢压力表询盘的电邮。 现欣然报盘如下,以 2014 年 2 月 6 日前收到贵方回复为准: 品名:全不锈钢压力表 规格:见目录 数量折扣:至少2 000件,折扣 10% 单价:每件 6 英镑 CIF 英国伦敦 付款条件:保兑的、不可撤销信用证 装运:收到信用证后 15 天内装运 唛头:由卖方指定 希望早日收到贵方回复。 谨上 迈克 SSS 有限公司

样信 3 还盘

表 2—33

寄信人:nicetea@yahoo.com(BBB 有限公司)
收信人:joson@hotmail.com(SSS 有限公司)
日期:2014 年 2 月 5 日
主题:全不锈钢压力表
附件:
敬启者: 感谢贵方 1 月 29 日关于全不锈钢压力表 CIF 伦敦报盘的电邮。 我方很欣赏贵方的产品,如果我方订购2 500件,可否得到更多的折扣。 如果贵方同意货款的 20%用电汇方式支付,80%用信用证方式支付,我方将不胜感激。 静候佳音。 谨上 约翰逊 BBB 有限公司

样信 4 接受

表 2—34

寄信人:joson@hotmail.com(SSS 有限公司)
收信人:nicetea@yahoo.com(BBB 有限公司)
日期:2014 年 2 月 8 日
主题:全不锈钢压力表
附件:

续表

敬启者： 感谢贵方2月5日的电邮。 为了双方能够建立长久的业务关系，现报我方最优惠价：CIF英国伦敦为每件5英镑。但我方不再考虑接受任何降价。 至于付款方式，我方只同意使用即期信用证。 希望贵方能够接受上述条款并早日下订单。 谨上 迈克 SSS有限公司

样信5 下订单

表2—35

寄信人：nicetea@yahoo.com（BBB有限公司）
收信人：joson@hotmail.com（SSS有限公司）
日期：2014年3月3日
主题：首订单
附件：订单
敬启者： 感谢贵方CIF伦敦最优惠发盘。 我方现用联邦快递将订单寄给贵方，相信会及时到达。 由于急需此货，我方想强调一下，请准时装运我方所订货物。 谨上 约翰逊 BBB有限公司

附件1：订单

表2—36

BBB有限公司 英国伦敦琥椹路678号 电话：+4—1—567835　传真：+44—1—56783383				
致：SSS有限公司			订单号：356 日期：2014年3月3日	
请供应下列产品：				
品名	规格	数量	单价	总值
全不锈钢压力表	SS301	3 000件	每件5英镑 CIF英国伦敦	15 000英镑
备注：由卖方按发票金额的110%投保 信用证支付 授权人：约翰逊				

样信6

表2—37

寄信人：joson@hotmail.com（SSS有限公司）
收信人：daniel@yahoo.com（BBB有限公司）
日期：2014年3月8日
主题：售货合同

续表

附件:售货合同
敬启者: 感谢贵方的首订单。 现告知贵方我方已签署了第999号售货合同,并已于今日寄出。 请会签随函所附的售货合同,并退回我方一份。 希望贵方能够尽快开出信用证。 谨上 迈克 SSS有限公司

附件2:

表2—38

售货合同

号码:999

日期:____

地点:____

卖方:SSS有限公司	买方:BBB有限公司
地址:中国浙江宁波慈溪人民路10号	地址:英国伦敦琥椹路678号
电话:+86—574—83111289	电话:+4—1—56783383
传真:+86—574—83111289	传真:+4—1—56783383

现经买卖双方同意,由卖方出售买方购进下列货物,并按下列条款签订本合同:

品名:全不锈钢压力表

规格:SS301

数量:3 000件

单价:每件5英镑CIF英国伦敦

总值:15 000英镑

付款条件:即期不可撤销信用证

装运:收到信用证后20天内装运

唛头:由卖方指定

装运港:中国港口

目的港:英国伦敦

转船和分批:允许

保险:由卖方投保

商品检验:买卖双方同意以装运口岸公共检验机构签发的品质和重量检验证书作为交货的依据。

异议和索赔:买方对于装运货物的任何索赔,必须于货到目的港后30天内提出,并须提供经卖方同意的公证机构出具的检验报告,属于保险公司或轮船公司责任范围的索赔,卖方不予受理。

不可抗力:如由于不可抗力的原因,致使卖方不能全部或部分装运或延迟装运合同货物,卖方对于这种不能装运或延迟装运不负有责任。但卖方须用传真通知买方,并须于15天内以航空挂号信件向买方提交当地商会出具的证明此类事故的证明书。

卖方(签字) 买方(签字)

第三章　进出口贸易业务方式

进出口贸易合同的签订和履行在《国际贸易实务》一书中已有完整的描述，本章通过两个案例来介绍进出口贸易操作实务。由于“加工贸易”已独立成一章，有关“加工贸易”的内容在本章作介绍。

第一节　出口贸易业务方式

一、自营出口

1. 自营出口的概念

自营出口，是指企业自己经营的出口销售业务。所谓自营，有两个要件：自负盈亏、自办业务。它的销售收入归出口企业所有，出口商品进价和出口业务有关的国内外一切费用，以及佣金、索赔、理赔、罚款等均由出口企业自己负担，经营的盈亏也归属出口企业纳入其总损益额内。

按照上述原则，凡出口企业以贸易方式对境外自营出口和转口销售的商品、进口原材料经加工后出口的商品和出售出国展品、样品、小卖品，以及批准供应境内销售（外轮和远洋国轮、贸易中心等）收取以外汇计价支付的商品等所有经营业务，都属于自营出口。

自营出口的管理，不仅要求全面反映自营出口销售过程的经营成果，还要求具体反映不同商品的销售收入、成本、盈亏的详细情况。

2. 自营出口业务流程

(1)客户询价。

(2)客户资信调查。

(3)准备样品，对外报价。

(4)成交，订立售货确认书。原则上，订立售货确认书的既定版本不要轻易增加其他条款。如果是 FOB 条款，一般不接受客户指定船舶公司。

(5)付款方式选择。

①前 T/T 是最安全的付款方式。②信用证是比较安全的付款方式。收到信用证后，必须对信用证进行审证，审核信用证是否符合“跟单信用证统一惯例第 600 号出版物”（UCP600）规定，条款是否正常，有没有软条款，出运日期和信用证到期日是否正常合理。③如果是大客户，信誉好，本笔业务利润好，但是要放账的业务如 D/P、D/A、OA 等，要考虑购买出口信用保险，以规避风险。

(6)收到信用证或预付款后，与工厂签订收购合同。

(7)如果需要支付预付款，按照公司资金审批管理逐级报批。

(8)业务员必须下厂跟单，督促工厂按质按量生产，按时交货。

(9)办理出口货物保险。

(10)办理出口货物报验。

(11)托船订舱,报关出运。

(12)结汇单证制作,按合约规定及时、安全收汇。

(13)按合同规定与工厂清算。

(14)接受并配合外汇局对本企业货物贸易外汇收支进行监督检查。

(15)财务办理清算和出口退税。

3. 财务付款需准备的资料

(1)工厂开具的增值税发票(必须盖有发票专用章,抵扣联必须通过税行局认证)。

(2)进出仓单。

(3)内外销合同。

(4)付款联系单。

(5)核算清单。

(6)出口发票。

上述票据中显示的数据必须与出口报关单上显示的一致。

4. 归档

(1)合同执行完毕后,必须将整套合同资料归档。

(2)出口货物退(免)税有关单证进行备案

为规范外贸出口经营秩序,加强出口货物退(免)税管理,防范骗取出口退税违法活动,国家税务总局决定对出口企业出口货物退(免)税有关单证实行备案管理制度。

1)备案资料

出口企业自营或委托出口属于退(免)增值税或消费税的货物,最迟应在申报出口货物退(免)税后 15 天内,将下列出口货物单证在企业财务部门备案,以备税务机关核查。

①外贸企业购货合同、生产企业收购非自产货物出口的购货合同,包括一笔购销合同下签订的补充合同等;

②出口货物明细单;

③出口货物装货单;

④出口货物运输单据(包括海运提单、航空运单、铁路运单、货物承运收据、邮政收据等承运人出具的货物收据)。

2)备案方法

①由出口企业按出口货物退(免)税申报顺序,将备案单证对应装订成册,统一编号,并填写《出口货物备案单证目录》,如表 3－1 所示。

② 由出口企业按出口货物退(免)税申报顺序填写《出口货物备案单证目录》,不必将备案单证对应装订成册,但必须在《出口货物备案单证目录》"备案单证存放处"栏内注明备案单证存放地点,如企业内部单证管理部门、财务部门等。不得将备案单证交给企业业务员(或其他人员)个人保存,必须存放在企业。

表 3－1　　**出口货物备案单证目录**　　编号:

序号	出口退税申报日期	出口发票号	企业办税员	备案日期	备案单证存放处	页数

续表

序号	出口退税申报日期	出口发票号	企业办税员	备案日期	备案单证存放处	页数

企业制表人(签字)： 企业财务负责人(签字)：

制表日期： 年 月 日

(企业公章)

注：

①“出口退税申报日期”和“备案日期”栏填写到“月、日”。

②“出口发票号”栏填写税务机关监制出口发票或企业自制出口发票号码(主要指出口商业发票)，两者号码不一致的，应分别填写。

③“备案单证存放处”栏应逐一标明每个备案单证的存放地点。

④各地可根据本地区实际情况，对本表栏次进行增加。

二、代理出口

1. 代理出口的概念

代理出口是外贸企业的中介服务业务，而不是主体购销行为。它是指经营进出口业务的企业接受其他单位的委托，代办对外销售及交单结汇或同时代办发运、制单等工作。

通常，委托的形式有两种：受企业委托代办出口、受中间商委托代办出口。

2. 代理出口业务流程

代理出口业务流程如图 3－1 所示。

(1)接受企业委托代办的出口流程

1)签订出口代理协议(见表 3－2)。

2)与国外客户联系。

3)收到信用证后要认真审证，将可能的风险告诉企业并提出建议。如果收款方式有风险，建议客户购买出口信用保险。

4)按企业提供的出货资料，托船订舱，报关出运。

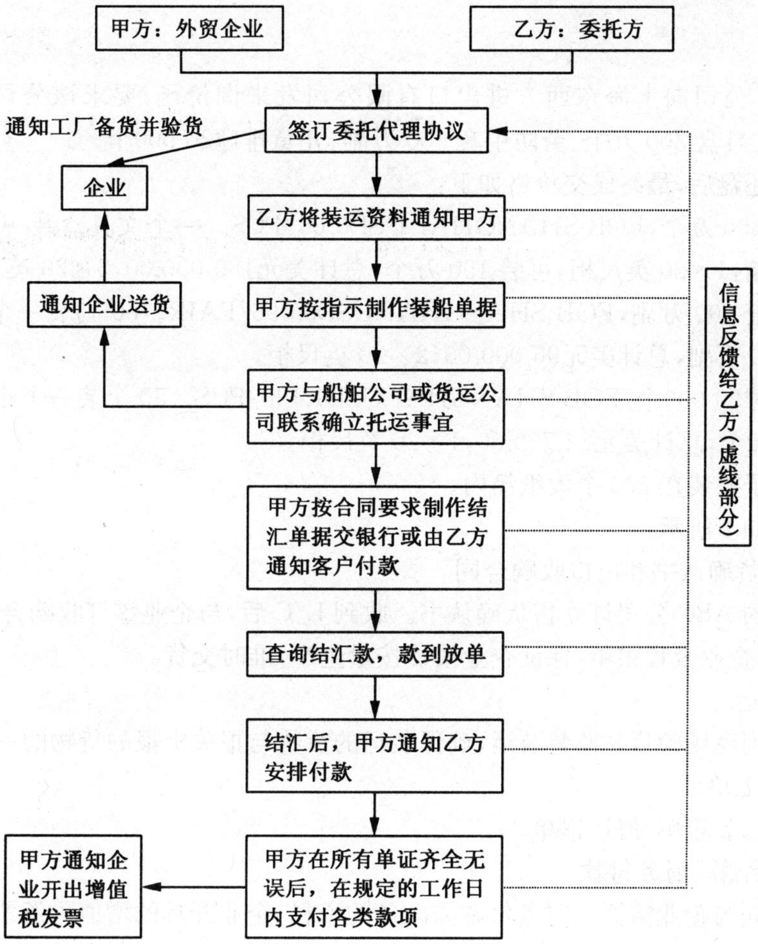

图 3—1 代理出口业务流程

5)制作结汇单证,按合约规定及时、安全收汇。

6)按合同与企业清算。财务付款需准备的资料,同自营出口。

7)财务办理退税有关手续。

(2)接受中间商委托的代理出口流程

1)签订出口代理协议(见表 3—2)。

2)与国外客户联系。

3)收到信用证后要认真审证,将可能的风险告诉中间商并提出建议。如果收款方式有风险,建议客户购买出口信用保险。

4)按中间商提供的出货资料,托船订舱,报关出运。

5)制作结汇单证,按合约规定及时、安全收汇。

6)与代理客户清算,支付佣金。财务付款需准备的资料同上及支付佣金联系单。

7)财务办理退税有关手续。

3. 归档

合同执行完毕后，必须将整套合同资料归档。

三、案例

韩国 ABC 公司向上海东西方进出口有限公司发来询价函，要求该公司对下列产品报 FOB 上海价：文具盒 300 万个、劳防手套 100 万副、儿童排球20 000个。

经过发盘还盘后，最终成交价格如下：

①文具盒 300 万个，FOB SHANGHAI USD0.06/PCS。一个文具盒装一个 PP 袋，1 000 个装一个小纸箱，1×20 英尺柜，可装 150 万个，总计美元180 000.00，2×20 英尺柜。

②劳防手套 100 万副，FOB SHANGHAI USD0.096/PAIR。50 副装一个小纸箱，1×20 英尺柜，可装 50 万副，总计美元96 000.00，2×20 英尺柜。

③儿童排球20 000个，FOB SHANGHAI USD1.136/PCS。50 个装一个小纸箱，1×20 英尺柜，可装2 000个，总计美元22 720.00，1×20 英尺柜。

④这些箱子共装在 600 个大纸箱内。

业务流程如下所示：

1. 订立售货确认书和出口收购合同

首先与韩国 ABC 公司订立售货确认书。收到 L/C 后，与企业签订收购合同，支付 30%预付款，业务员到企业全程跟单，保证企业按质按量生产，准时交货。

2. 报关出运

业务员应到现场验货并监督装运，确保装运的货物与报关申报的货物的一致性。

3. 制作结汇单证

包括：发票、装箱单、海运提单。

4. 与企业结算、财务付款

按收购合同与企业清算。财务付款需准备的资料：企业开具的增值税发票（必须盖有发票专用章）、进出仓单、售货确认书、国内收购合同、付款联系单、核算清单、外销发票。上述票据中显示的数据必须与出口报关单上的一致。

5. 计算利润

①结汇美元298 720.00，国家汇率8.092 3，合计人民币2 417 331.86元。

②退税：文具盒 13%、劳防手套 13%、儿童排球 13%。

③企业货款：人民币2 500 000.00元。

④退税款：人民币277 777.78元。

⑤银行费：USD 4 500。

⑥包干费：人民币7 500元。

⑦毛利润＝(298 720－4 500)×8.092 3＋277 777.78－2 500 000－75 000＝151 194.29 元人民币（未去除利息及人员费用）。

6. 所需单据

(1)售货确认书

上海东西方进出口有限公司

SHANGHAI DONGXIFANG IMP. & EXP. CO., LTD.

East Tower, No.68 Zhongshan Road(E.1), Shanghai China

售货确认书

SALES CONFIRMATION

编号 SC050058

No.__________

日期 Sep.1,2007

Date__________

Tel:0086－21－66080888

Fax:0086－21－66081888

TO:ABC CO., LTD.

RM.901 2/F WING ON PLAZA

62 MODY ROAD,TSIMSHATSUI

BUSAN, KOREA

Dear Sirs,We hereby confirm having sold to you the following goods on the terms and conditions as specified below:

(1)货物名称及规格 Name of Commodity and Specification	(2)数量 Quantity	(3)单价 Unit Price	(4)总价 Amount
		FOB SHANGHAI	
WRITING CASE	3 000 000PCS	USD0.06	USD180 000.00
GLOVE	1 000 000PAIRS	USD0.096	USD96 000.00
VOLLYBALL	20 000PCS	USD1.136	USD22 720.00
		TOTAL	USD298 720.00

(5)Time of Shipment:LASTED DATE OF SHIPMENT NOV. 22,2007

(6)Port of Loading:SHANGHAI (7)Port of Destination BUSAN

(8)Terms of Payment:IRREVOCABLE L/C AT SIGHT

(9)Insurance:To be effected by the buyer.

(10)Arbitration:□ All disputes arising from the execution of, or in connection with this Sales Confirmation, shall be settled amicably through friendly negotiation. In case no settlement can be reached through negotiation, the case shall then be submitted to China International Economic and Trade Arbitration Commission, Shanghai Commission for arbitration in accordance with Rules of Arbitration of China International Economic and Trade Arbitration Commission. The award made by the Commission should be accepted as final and binding upon both parties.

REMARKS:

(1)The Buyer shall have the covering Letter of Credit reach the Seller (or notify the Import License Number) before failing which the Seller reserves the right to rescind without further notice, or to accept whole or any part of this Sales Confirmation not fulfilled by the Buyer, or to lodge a claim for losses thus sustained if any.

(2)For transactions concluded on C.I.F. basis, it is understood that the insurance amount will be for 110% of the invoice value against the risks specified in the Sales Confirmation. If additional insurance amount or coverage is required, the buyer must have the consent of the Seller before Shipment, and the additional premium is to be borne by the Buyer.

(3)QUALITY/QUANTITY DISCREPANCY: In case of quality discrepancy, claim should be filed by the Buyer within 3 months after the arrival of the goods at port of destination while for quantity discrepancy, claim should be filed by the Buyer within 15 days after the arrival of the goods at port of destination. It is understood that the Seller shall not be liable for any discrepancy of the goods shipped due to causes for which the Insurance Company, Shipping Company, other transportation organization/or Post Office are liable.

(4)The Seller shall not be held for failure or delay in delivery of the entire lot or a portion of the goods under this Sales Confirmation in consequence of any Force Majeure incidents.

(5)The Buyer is requested always to quote THE NUMBER OF THIS SALES CONFIRMATION in the Letter of Credit to be opened in favour of the Seller.

买方确认签署

Confirmed by Buyer

上海东西方进出口有限公司

SHANGHAI DONGXIFANG IMP.& EXP. CO., LTD.

(2)发票

上海东西方进出口有限公司

SHANGHAI DONGXIFANG IMP.& EXP. CO., LTD.

East Tower, No.68 Zhongshan Road(E.1), Shanghai China

致
TO:
ABC CO., LTD. KOREA

INVOICE

发票号码
Invoice No. INV050058
售货确认书编号
S/C No. SC050058
日期:
Date: 11－NOV.－2007

装船口岸
From SHANGHAI, CHINA PORT
目的地
To BUSAN
信用证号码
Letter of Credit No.
开证银行
Issued by

唛头及号数 Marks&Numbers	数量及品名 Quantities and Descriptions	单价 Unit Price	总价 Amount
		FOB SHANGHAI	
ABC	WRITING CASE 3 000 000PCS	USD 0.06	USD 180 000.00
	GLOVE 1 000 000PAIRS	USD 0.096	USD 96 000.00
	VOLLYBALL 20 000PCS	USD 1.136	USD 22 720.00
		TOTAL	USD 298 720.00
	TOTAL PACKED IN 600 CARTONS ONLY.		
	TOTAL: G.W.: 56 500 KGS N.W. 50 100 KGS MEAS. 139.335 CU.M		

Total Amount in Words: SAY US DOLLARS TWO HUNDRED AND NINETY EIGHT THOUSAND SEVEN HUNDRED AND TWENTY ONLY

Certificate of origin

We hereby certify that above mentioned goods are of Chinese origin.

(3)装箱单、重量单

上海东西方进出口有限公司

SHANGHAI DONGXIFANG IMP.& EXP. CO., LTD.

East Tower, No.68 Zhongshan Road(E.1), Shanghai China

日期:
Date: 11－NOV.－2007

装箱单、重量单

PACKING/WEIGHT LIST

发票号码
Invoice No. INV050058

唛头及号数 Marks & Numbers	数量及品名 Quantities and Descriptions	毛重(千克) Gross Weight(Kgs)	净重(千克) net Weight(Kgs)	尺码 Meas.(CM)
ABC	WRITING CASE 3 000 000PCS	@12 34 500	@10.5 31 500	@18×18×60
	GLOVE 1 000 000PAIRS	@9 17 400	@7.2 14 400	@37×37×20
	VOLLYBALL 20 000PCS	@12 4 600	@10.5 4 200	@38×38×48
TOTAL	4 020 000 PCS	56 500	50 100	139.335 CU.M
	TOTAL PACKED IN 600 CARTONS ONLY.			
	TOTAL: G.W.: 56500 KGS N.W. 50 100 KGS MEAS. 139.335 CU.M			

（4）出口货物明细单

出口货物明细单

经营单位	上海东西方进出口有限公司 SHANGHAI DONGXIFANG IMP.& EXP. CO., LTD.				
日期	2007.11.4	信用证号	E7745C1002605	发票号码	INV050058
开证银行		合同号	SC050058		
		开证日期	30－Sep.－2007		
收货人	ABC CO., LTD. KOREA	金额	USD 298 720.00	收到日期	
		贸易性质	一般贸易	收汇方式	L/C AT SIGHT
		运输方式	BY SEA	贸易国别	KOREA
提单抬头人		装运地	SHANGHAI, CHINA PORT	目的港	BUSAN
		可否转运	NO	可否分批	YES
		装运期限	22－NOV－2007	有效期限	
通知人	SAME AS CONSIGNEE	运费			
		价格（成交条件）	FOB SHANGHAI		

唛头及号数	品名及规格	数量	件数	尺码	单毛重（千克）	毛重（千克）	单净重（千克）	净重（千克）	单价	总价
ABC	WRITING CASE	3 000 000PCS	3 000CTNS	18 18 60 58.32	11.5	34 500	10.5	31 500	0.06	18 000.00
	GLOVE	1 000 000PAIRS	2 000CTNS	36.5 36.5 20 53.29	8.7	17 400	7.2	14 400	0.096	96 000.00
	VOLLYBALL	20 000PCS	400CTNS	38 38 48 27.72	11.5	4 600	10.5	4 200	1.136	22 720.00
	TOTAL	4 020 000PCS	5 400CTNS	139.3CU.M		56 500		50 100		298 720.00
	TOTAL PACKED IN 600 CARTONS ONLY									

注意事项	保险单险别		
装箱时间	保额		按发票金额%
装箱地点	赔付地点		
装箱时间	船名		
装箱地点	开航日期/航次	22－NOV－2007	
			联系人：金喜明

（5）出口收购合同

上海东西方进出口有限公司收购合同

供方单位：绍兴弘海制品有限公司　　合同号码：SG050001

单位地址：　　合同日期：2007－10－7

邮编：　　外销合同：SC050058

联系人：

电话：

品名及代码	数量、单位	单价	税率	货价	总价
文具盒	3 000 000个	0.427 350	17%	1 282 051.28	1 500 000.00

续表

品名及代码	数量、单位	单价	税率	货价	总价
合　计				1 282 051.28	1 500 000.00
总金额					

付款方式：支票或本票。买方在收到卖方增值税发票5个工作日内支付。

到货地点：卖方指定的仓库。

交货日期：卖方在11月18日一次性交货。

其他要求：品质按外商方面认可的标准；包装按外方要求的外销包装；卖方须在交货前及时通知买方。

合同条款

一、本合同内容未经买方同意不得修改，如自行修改未经双方签章确认仍属无效。

二、本合同具有法律责任，签约双方均须严格遵守，如有一方违约造成对方损失者应负责赔偿。

三、本合同如遇国外特殊情况不能出口，买方提出终止本合同执行，卖方应予谅解。

四、本合同在执行过程中，如遇政府法令变化时，得随政府法令规定而协商变更。

五、商品质量检验，卖方必须按照合同规定外商方面认可的质量交货，如出口后国外提出质量不符合要求，卖方要协助解决。

六、卖方必须按合同规定的时间交货，如有延期迟交造成买方损失时，卖方应负赔偿的责任。

七、如果本产品为法定商检的出口产品，卖方交货时必须向买方提供有关商检部门签发的出口商品检验证书。

八、卖方在货物出运后，必须按买方要求开具与实际出口货物相符的增值税发票。

九、本合同的签约地为上海。

十、本合同正本共两页、一式两份，买卖双方各执一份。

买方签章

上海东西方进出口有限公司

电话：021－66080888

传真：021－66081888

地址：上海中山东一路68号东楼

卖方签章

绍兴弘海制品有限公司

上海东西方进出口有限公司收购合同

供方单位：湖州日用工业品有限公司

单位地址：

邮编：

联系人：

电话：

合同号码：SG050002

合同日期：2007－10－7

外销合同：SC050058

品名及代码	数量、单位	单价	税率	货价	总价
劳防手套	1 000 000副	0.683 761	17%	683 760.70	800 000.00
合　计				683 760.70	800 000.00
总金额					

付款方式：支票或本票。买方在收到卖方增值税发票5个工作日内支付。

到货地点：卖方指定的仓库。

交货日期:卖方在 11 月 18 日一次性交货。

其他要求:品质按外商方面认可的标准;包装按外方要求的外销包装;卖方须在交货前及时通知买方。

合同条款

一、本合同内容未经买方同意不得修改,如自行修改未经双方签章确认仍属无效。

二、本合同具有法律责任,签约双方均须严格遵守,如有一方违约造成对方损失者应负责赔偿。

三、本合同如遇国外特殊情况不能出口,买方提出终止本合同执行,卖方应予谅解。

四、本合同在执行过程中,如遇政府法令变化时,得随政府法令规定而协商变更。

五、商品质量检验,卖方必须按照合同规定外商方面认可的质量交货,如出口后国外提出质量不符合要求,卖方要协助解决。

六、卖方必须按合同规定的时间交货,如有延期迟交造成买方损失时,卖方应负赔偿的责任。

七、如果本产品为法定商检的出口产品,卖方交货时必须向买方提供有关商检部门签发的出口商品检验证书。

八、卖方在货物出运后,必须按买方要求开具与实际出口货物相符的增值税发票。

九、本合同的签约地为上海。

十、本合同正本共两页、一式两份,买卖双方各执一份。

买方签章 卖方签章

上海东西方进出口有限公司 湖州日用工业品有限公司

电话:021－66080888

传真:021－66081888

地址:上海中山东一路 68 号东楼

上海东西方进出口有限公司收购合同

供方单位:上虞佳乐玩具有限公司 合同号码:SG050003

单位地址: 合同日期:2007－10－7

邮编: 外销合同:SC050058

联系人:

电话:

品名及代码	数量、单位	单价	税率	货价	总价
儿童排球	20 000 个	8.547 009	17%	170 940.20	200 000.00
合 计				170 940.20	200 000.00
总金额					

付款方式:支票或本票。买方在收到卖方增值税发票 5 个工作日内支付。

到货地点:卖方指定的仓库。

交货日期:卖方在 11 月 18 日一次性交货。

其他要求:品质按外商方面认可的标准;包装按外方要求的外销包装;卖方须在交货前及时通知买方。

合同条款

一、本合同内容未经买方同意不得修改,如自行修改未经双方签章确认仍属无效。

二、本合同具有法律责任,签约双方均须严格遵守,如有一方违约造成对方损失者应负责赔偿。

三、本合同如遇国外特殊情况不能出口,买方提出终止本合同执行,卖方应予谅解。

四、本合同在执行过程中,如遇政府法令变化时,得随政府法令规定而协商变更。

五、商品质量检验，卖方必须按照合同规定外商方面认可的质量交货，如出口后国外提出质量不符合要求，卖方要协助解决。
六、卖方必须按合同规定的时间交货，如有延期迟交造成买方损失时，卖方应负赔偿的责任。
七、如果本产品为法定商检的出口产品，卖方交货时必须向买方提供有关商检部门签发的出口商品检验证书。
八、卖方在货物出运后，必须按买方要求开具与实际出口货物相符的增值税发票。
九、本合同的签约地为上海。
十、本合同正本共两页、一式两份，买卖双方各执一份。

买方签章　　　　　　　　　　　　　　卖方签章
上海东西方进出口有限公司　　　　　　上虞佳乐玩具有限公司
电话：021－66080888
传真：021－66081888
地址：上海中山东一路68号东楼

(6)进货、出仓通知单

上海东西方进出口有限公司
出口商品进货通知单

进仓单号：JC050001　　　　日期：2007－11－18
收购合同：SG050001　　　　外销发票号：INV050058
供货单位：绍兴弘海制品有限公司
单位地址：　　　　增值税发票号：

商品名称及规格	数量	单价	税率	总价	货款	税款
文具盒	3 000 000 个	0.427 350	17%	1 500 000.00	1 282 051.26	217 948.74
总计	3 000 000 个			1 500 000.00	1 282 051.26	217 948.74

制单人：金喜明
备注：

上海东西方进出口有限公司
外销出仓通知单

出仓单号：CC050001　　　　外销合同：SC050058
出口发票：INV050058　　　　收购合同：SG050001
发货单位：绍兴弘海制品有限公司　　　　制单日期：2007－11－18
单位地址：　　　　电话：　　　　制单人：金喜明

商品名称及规格	退税	进仓单号	数量	成本单价	货款金额
文具盒	13%	JC050001	3 000 000 个	0.427 350	1 282 051.26
总计			3 000 000 个		1 282 051.26

备注：

上海东西方进出口有限公司

出口商品进货通知单

进仓单号:JC050002 .. 日期:2007-11-18

收购合同:SG050002 外销发票号:INV050058

供货单位:湖州日用工业品有限公司

单位地址: 增值税发票号:

商品名称及规格	数量	单价	税率	总价	货款	税款
劳防手套	1 000 000 副	0.683 761	17%	800 000.00	683 761.00	116 239.00
总计	1 000 000 副			800 000.00	683 761.00	116 239.00

制单人:金喜明

备注:

上海东西方进出口有限公司

外销出仓通知单

出仓单号:CC050002 外销合同:SC050058

出口发票:INV050058 收购合同:SG050002

发货单位:湖州日用工业品有限公司 制单日期:2007-11-18

单位地址: 电话: 制单人:金喜明

商品名称及规格	退税	进仓单号	数量	成本单价	货款金额
劳防手套	13%	JC050002	1 000 000 副	0.683 761	683 761.00
总计			1 000 000 副		683 761.00

备注:

上海东西方进出口有限公司

出口商品进货通知单

进仓单号:JC050003 日期:2007-11-18

收购合同:SG050003 外销发票号:INV050058

供货单位:上虞佳乐玩具有限公司

单位地址: 增值税发票号:

商品名称及规格	数量	单价	税率	总价	货款	税款
儿童排球	20 000 个	8.547 009	17%	200 000.00	170 940.18	29 059.82
总计	20 000 个			200 000.00	170 940.18	29 059.82

制单人:金喜明

备注:

上海东西方进出口有限公司
外销出仓通知单

出仓单号:CC050003　　外销合同:SC050058

出口发票:INV050058　　收购合同:SG050003

发货单位:上虞佳乐玩具有限公司　　制单日期:2007—11—18

单位地址:　　电话:　　制单人:金喜明

商品名称及规格	退税	进仓单号	数量	成本单价	货款金额
儿童排球	13%	JC050003	20 000 个	8.547 009	170 940.18
总计			20 000 个		170 940.18

备注:

(7)付款联系单

上海东西方进出口有限公司
进料及出口业务付款联系单

业务员:金喜明　　日期:

进口合同	外销合同	外销合同金额	外销发票	外销发票金额	外销品名	外销数量	商品品名	不同退税率
进口合同金额	SC050058		INV050058	USD298 720.00				
进料品名	价格条款	外销结算方式(天)	交单日期	结汇日期	结汇金额	汇率		
进料数量				11 月 29 日	USD294 220.00	8.092 3		
进料单号	收购情况							
发料数量	国内客户	合同金额	预付金额	预付日期	余款金额			
发料单号	绍兴弘海制品有限公司	¥1 500 000.00	¥450 000.00	10 月 20 日				
进口价格条款	专用发票号	进/出仓单	应付金额	实付金额	实付日期	部门领导签字		
进口付汇方式			¥1 050 000.00					
付汇日期	品名及代码	数量、单位	收购价格	增值税金额	合计	备注		
付汇金额	文具盒	3 000 000 个	¥1 282 051.26	¥217 948.74	¥1 500 000.00			
应付金额								
实付金额								
运/保费	合计	3 000 000 个	¥1 282 051.26	¥217 948.74	¥1 500 000.00			
支付退税款		支付费用	保费	佣金	市运杂费	咨询费		
付退税金额	费用处理	进成本						
部门领导签字		进应收						

上海东西方进出口有限公司
进料及出口业务付款联系单

业务员:金喜明　　日期:

进口合同	外销合同	外销合同金额	外销发票	外销发票金额	外销品名	外销数量	商品品名	不同退税率
进口合同金额	SC050058		INV050058	USD298720.00				

续表

进料品名	价格条款	外销结算方式(天)	交单日期	结汇日期	结汇金额	汇率	
进料数量				11 月 29 日	USD294 220.00	8.092 3	
进料单号	收购情况						
发料数量	国内客户	合同金额	预付金额	预付日期	余款金额		
发料单号	湖州日用工业品有限公司	¥800 000.00	¥240 000.00	10 月 20 日			
进口价格条款	专用发票号	进/出仓单	应付金额	实付金额	实付日期	部门领导签字	
进口付汇方式			¥560 000.00				
付汇日期	品名及代码	数量、单位	收购价格	增值税金额	合计	备注	
付汇金额	劳防手套	1 000 000 副	¥683 761.00	¥116 239.00	¥800 000.00		
应付金额							
实付金额							
运/保费	合计	1 000 000 副	¥683 761.00	¥116 239.00	¥800 000.00		
支付退税款		支付费用	保费	佣金	市运杂费	咨询费	
付退税金额	费用处理	进成本					
部门领导签字		进应收					

上海东西方进出口有限公司

进料及出口业务付款联系单

业务员:金喜明　　　　　　　　　　　　　　　　日期:

进口合同	外销合同	外销合同金额	外销发票	外销发票金额	外销品名	外销数量	商品品名	不同退税率
进口合同金额	SC050058		INV050058	USD298 720.00				
进料品名	价格条款	外销结算方式(天)	交单日期	结汇日期	结汇金额	汇率		
进料数量				11 月 29 日	USD294 220.00	8.0923		
进料单号	收购情况							
发料数量	国内客户	合同金额	预付金额	预付日期	余款金额			
发料单号	上虞佳乐玩具有限公司	¥200 000.00	60 000.00	10 月 20 日				
进口价格条款	专用发票号	进/出仓单	应付金额	实付金额	实付日期	部门领导签字		
进口付汇方式			¥140 000.00					
付汇日期	品名及代码	数量、单位	收购价格	增值税金额	合计	备注		
付汇金额	儿童排球	20 000 个	¥170 940.18	¥29 059.82	¥200 000.00			
应付金额								
实付金额								
运/保费	合计	20 000 个	¥170 940.18	¥29 059.82	¥200 000.00			
支付退税款		支付费用	保费	佣金	市运杂费	咨询费		
付退税金额	费用处理	进成本						
部门领导签字		进应收						

(8)成单核算清单

成本核算清单

合同号	SC050058	合同金额	$ 298 720.00	发票号	INV050058	发票金额	$ 298 720.00
贸易方式	一般贸易	付款方式		价格条款	FOB		

续表

品名		数量			出运日期	2007.11.22
预算					结算	
供货单位					供货单位 1	绍兴弘海制品有限公司
					供货单位 2	湖州日用工业品有限公司
					供货单位 3	上虞佳乐玩具有限公司
货款 1					货款 1	¥200 000.00
货款 2					货款 2	¥1 500 000.00
货款 3					货款 3	¥800 000.00
合计					合计	¥2 500 000.00
预付款利息或进料款						
其他						
费用处理		进成本	挂往来	进成本(预估)	进成本(预估)	挂往来
海运费						
包干费					¥7 500.00	
保险费						
FORM A						
佣金						
银行费				USD4 500.00		
产地证						
熏蒸费						
其他						
合计				USD4 500.00	¥7 500.00	
预计利润		水单	外汇金额	294 220.00	人民币	¥2 380 916.50
			币种	美元		
			汇率	8.0923		
备注		退税	金额(人民币)	2 500 000.00	退税金额(人民币)	¥277 777.78
			税率	13%		
部门经理	财务		结算盈亏		¥151 194.29	
预算日期			业务经办		金喜明	
结算日期	2007.12.1					

注:退税金额=2 500 000/1.17×0.13=277 777.78(元)

水单外汇金额=发票金额-银行费用=298 720.00-4 500.00=294 220.00(美元)

表 3-2　　委托代理出口协议书(供参照)

协议书编号:

签订日期:　　年　月　日

签订地点:

甲方(受托方):　　　公司

乙方(委托方):

经双方友好协商,就乙方委托甲方代理出口的有关事项达成如下协议:

一、乙方委托甲方向　　(甲/乙)方选定的客户

公司代理出口,具体内容如下:

续表

1.1 品名：
1.2 规格：
1.3 单位：
1.4 数量(允许　%增减)：
1.5 单价(允许　%增减)：每　　美元(FOB　　,CIF　　,CFR　　)
1.6 总金额(允许　%增减)：　　美元
1.7 品质标准
1.8 包装
1.9 装运地
1.10 目的地
1.11 装运期限
1.12 装运方式(船运、空运、陆运或多式联运)
1.13 支付方式(L/C、D/A、D/P 等)
1.14 L/C 受益人：甲方
1.15 其他
1.16 以上条款如有变动，以外销合同(售货确认书)及经双方认可的修改文件为准。

二、甲方接受乙方委托，同意以自己的名义代理以下工作(不需要的不列入)：

(1)对外签约　(2)对外催证　(3)申领配额、许可证
(4)出口报关、办理商检　(5)托运订舱
(6)投保险　(7)储运　(8)制单、结汇
(9)涉外索赔、理赔　(10)涉外仲裁、诉讼
(11)其他

三、交货要求：

3.1 乙方交货期限：　年　月　日(或凭甲方书面通知)

3.2 交货地点：货物送到甲方指定的下列地点(或凭甲方书面通知)：

乙方必须在交货时随附各种有关单据。

3.3 交货方式：乙方送货并承担货物到达上述地点前的各项费用。

四、费用及结算：

4.1 甲方向乙方收取出口发票金额的　　%作为代理手续费，计算方法在以下方法中任选一种(在所选方法前打"√")：

(1)共计人民币　　元。

(2)按实际收汇日外汇牌价，将发票金额折成人民币计算。

4.2 甲方在出口过程中垫付的费用(如报关费、商检费、运费、办证费等)均由乙方承担。

4.3 代理手续费及代垫费用的结算方式及期限：(任选一种，在所选结算方式及期限前打"√")

(1)甲方收取的代理手续费及代垫费用，可在收汇后从结汇人民币金额中扣除，扣除后余额以人民币形式在结汇后七个工作日内划给乙方；必要时甲方可随时凭费用单据向乙方收取为乙方代垫的各类费用，乙方同意在收到甲方为乙方代垫费用的单据后七个工作日内付清，逾期每天按代垫费用的　　%向甲方支付滞纳金。

(2)乙方向甲方预付人民币　　元，甲方在收汇后与乙方结算。

(3)或采取其他结算方式及期限：

五、双方权利和义务：

(一)甲方权利和义务：

续表

5.1 甲方根据本协议书的约定，与外商签订外销合同(售货确认书)。

5.2 甲方在签订外销合同(售货确认书)前应将外销合同(售货确认书)副本送交乙方，经乙方签字认可。乙方如有异议应于收到外销合同(售货确认书)副本后次日起三个工作日内书面向甲方提出，逾期视为无异议。

凡经乙方认可的外销合同(售货确认书)条款，乙方不得由于条款本身的缺陷引起的损失向甲方要求补偿。

5.3 甲方如对外销合同(售货确认书)作重大的实质性修改或变更，事先需经乙方书面确认。

5.4 外销合同(售货确认书)付款方式为信用证的，由甲方负责根据合同条款审核信用证条款；信用证条款与合同条款不一致的，甲方可以要求开证方修改信用证，如乙方同意接受与合同条款不一致的信用证条款，由此产生的一切后果由乙方承担。

甲方对信用证条款审核完毕后，应及时将信用证要求以书面形式通知乙方备货发运。

5.5 甲方根据乙方提供的资料，按照信用证规定编制托运单据，办理托运手续。事先商定凭甲方通知交货的，甲方应及时将交货时间、地点通知乙方。

5.6 甲方应按 4.3 款经双方商定的方式及期限与乙方结算货款、代理手续费及代垫费用。部分代垫费用一时无法结算的，甲方可先按估计金额向乙方收取，事后按实际金额结算，多退少补。

5.7 出口退税按国家有关规定办理。如乙方需要有甲方办理出口退税适宜，甲方收汇后应根据乙方提供的增值税发票、税收专用缴款书等有关单据办理出口退税手续，退税所得金额按以下方法任选一种处理(在所选方法前打“√”)。

(1)由甲方划交乙方。

(2)双方协议按以下方法处理：

5.8 出口商品如使用商标(包括来样、定牌)，应具备商标使用许可的完备、有效的证件，由甲方负责检验、存查。商标产品甲方不得擅自内销或外销，否则应对此承担责任。

5.9 外商无故不履行部分或全部合同，或拖欠货款长期不付清，甲方应负责向外商催促履约付款，或与乙方商讨采取必要措施，为此发生的一切费用及后果由乙方承担；如客户由乙方指定，乙方已与客户商定解决办法，则依乙方与客户商定的办法处理。

5.10 本协议书签订后，由于非甲方的原因而未能签订外销合同(售货确认书)，甲方免除责任。外销合同(售货确认书)签订后，甲方应认真履行本协议书规定由其承担的义务，否则须赔偿乙方因此造成的损失。

5.11 因外商违约导致本协议书不能部分或全部履行，甲方免除责任，但须及时代乙方对外索赔，并将索赔所得转给乙方。索赔所发生的费用由乙方承担。若因甲方过错未及时对外索赔，损失由甲方承担，若因乙方过错未及时对外索赔，损失由乙方自负。

(二)乙方权利和义务：

5.12 乙方必须在本协议书规定的交货期前备妥委托甲方代理出口的商品，以书面形式通知甲方，并按甲方的要求将商品运到指定地点，送入指定仓库，承担相关的费用。

乙方提供的商品必须符合本协议书规定出口商品的品质标准，同时必须符合我国《知识产权法》有关规定，相应承担法律责任。如果由于乙方逾期交货或所交货物产生质量问题，或因知识产权纠纷而引起外商索赔，则由乙方负全部责任，乙方必须无条件接受索赔结果并支付赔偿金。

5.13 乙方在交货的同时必须提供完整、准确的交货单、装箱单、厂检证或换证凭单、出口包装证明等必备单据，并给予甲方合理的时间制作出口单证，安排托运。乙方需承担由于资料错误引起的后果。

5.14 凡由乙方指定客户时，乙方必须事先将含有客户资料和交易条件等的书面文件送交甲方，如交易条件为非信用证项下贸易，乙方还需承担相应责任，甲方免除部分工作和责任：

(1)甲方可以不垫付一切有异议的费用。

(2)外商不履行合同，甲方免除责任。

(3)乙方需预付代理手续费人民币　　　元。

5.15 乙方应收的货款(包括退税利益)，双方议定按下列方式结算：

续表

(1)乙方同意以　　　　(L/C、D/A、D/P 等)方式由甲方向外商收汇，在外销合同(售货确认书)中订明，如非甲方的过错，甲方不承担收汇的风险。 (2)退税：如乙方需要有甲方办理出口退税适宜，乙方应在交货后　　天内向甲方提供增值税发票，税收专用缴款书等必备单据，供甲方办理退税手续，退税所得金额按上述 5.7 规定的方法处理。 5.16 当外商提出索赔时，甲方应及时向乙方转交外商提出的索赔函电复印件及有关证件，乙方收到后应及时弄清情况，通过甲方对外理赔，甲方应及时向乙方通报对外理赔情况。由于乙方的责任，未能及时对外理赔，乙方除承担对外商的一切经济、法律责任外，还应负责赔偿甲方所受到的一切损失。 5.17 发生对外理赔或索赔时，乙方应及时书面委托甲方处理，向甲方提供有效证据及预支有关费用(包括出国费用、律师费、仲裁或诉讼费等)，并承担理赔、索赔后果及因乙方不作为(包括不委托、不付款等)导致的一切后果。 5.18 乙方违反本协议书时，应偿付甲方代垫的费用及利息，支付代理手续费及外销合同(售货确认书)总价　　%的违约金，并承担甲方因此对外承担的责任。 六、因不可抗力事件导致本协议书不能部分或全部履行，当事方必须在事发一周内通知对方，并在 30 天内向对方送交有关机构的书面证明，及时协商处理未尽事宜，逾期视作违约。 七、如需乙方提供担保，应另立担保书，作为本协议书附件；必要时，乙方须提供有效的抵押。 八、双方在执行本协议书过程中如遇争议，应协商解决，如协商无效，任何一方都可向甲方所在地人民法院起诉。(如双方商定仲裁解决的，本条款可改为："……如协商无效，任何一方都可向×××申请仲裁。"其中×××写仲裁机构名称，上海市可供选择的仲裁机构有"中国国际经济贸易仲裁委员会上海分会"及"上海市仲裁委员会"。) 九、双方需约定的其他事项。 十、本协议书未尽事宜双方友好协商解决。 十一、本协议书正本一式两份，经双方签字盖章后生效。 甲方(盖章)　　　　乙方(盖章) 法定代表人或　　　　法定代表人或 其代理人(签名)　　　　其代理人(签名)

第二节　进口贸易业务方式

一、代理进口的概念

代理进口不同于自营进口的最大特征是外贸企业处于中介服务地位，与委托单位没有购销关系。它是外贸企业接受委托企业的委托，订立代理合同，用委托单位的资金进口商品，原价转给委托单位，只收取代理手续费，外方付来的佣金、索赔款全部退给委托单位，不负担盈亏。虽然在国内外都有以外贸单位自己的名义对外订货的，但实质都是代理关系。

二、代理进口业务流程

代理进口业务流程如图 3－2 所示。

1. 受理委托进口业务，资信调查

(1)了解委托方的经营情况

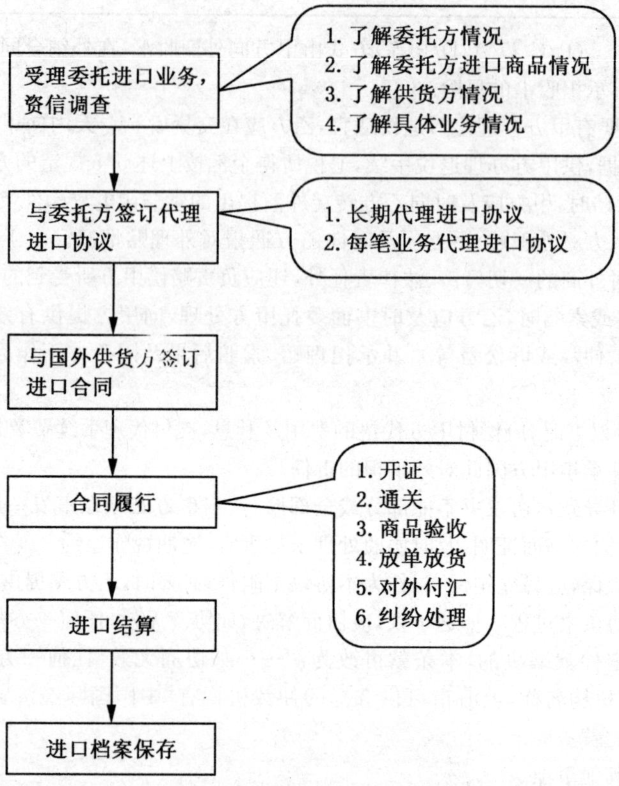

图 3—2 代理进口业务流程

业务员要深入企业了解委托方的经营情况，包括企业的生产设备、生产周期、销售、库存、资金回收等具体细节，与委托方经常保持沟通，时刻掌握各种动态变化。尤其对开立远期信用证的用户，如资金尚不能完全到位的业务，必须提供有效的担保或抵押，货权不得以任何形式转移他人。

(2)了解委托方进口商品的基本情况

对于进口的货物，业务员必须掌握一定的商品知识，要注意收集与本公司经营范围有关的商品及市场的信息，了解商品的特性、用途、质量、标准，国内国际市场销售价格的波动情况，是否存在反倾销现象，严防国内外客户串通诈骗外贸企业，严禁“四自三不见”（自带客户、自带货源、自带汇票、自行报关；不见进口产品、不见供货货主、不见外商）的业务方式。对于一些大宗商品，由于市场需求较广，可适当灵活掌握其业务进程。但是，对于一些具有较强专业性的商品，鉴于供求关系的原因，一定要严格把握好业务操作过程，杜绝漏洞，防范风险。

公司在代理进口业务时必须由代理单位签订进口合同、办理制单、购汇、付汇及报关手续，并对所办单据的真实性负责，禁止无证购汇、以假单证向银行申请购汇或套购外汇的行为。

(3)了解供货方的基本情况

在合同执行过程中，必须掌握供货方的基本情况，对于金额较大的业务，可通过网络、咨询公司等途径对国外客户进行资信调查，以了解其业务背景或通过银行信用及保险公司提供信用保险，以最大限度减少我进口方的风险，并且用“走出去、请进来”的方式增进彼此的了解，提高信任度，从而开拓业务。

(4)了解具体业务情况

在合同执行过程中，业务员要注意金融形势的变化及成交币种的选定，控制汇率风险，对商业信誉欠佳的国家和客户要审慎处之。对每笔业务必须全程跟踪，对客户和货源的真诚性、可靠性具有审慎的判断。

对业务的各项要素如付款方式、单证的正确性有完整的概念，并做好有关记录，随时掌握各种动态变化。加强与有关部门经常保持联系，根据不同商品的特性，尽可能多地掌握有关专业知识。工作中要加强责任心，本着对客户对企业负责的态度，发现问题，查出原因，及时调整，避免差错，提高效益。

2. 与委托方签订代理进口协议(见表3—3)

(1)代理进口协议分类

1)长期代理协议

鉴于与客户的长期合作，彼此间建立了良好的贸易关系，取得了互相间的信任，并且有着较好的发展前景，可根据业务的需要签订长期的代理协议，以此来约定双方的权利和义务。

2)每笔业务代理协议

对于一些初次合作的客户，由于双方还有待进一步熟悉和了解，可先就每一笔业务根据具体情况签订较为具体详细的协议，以此来确保业务的顺利进行。

(2)代理进口协议签订的原则

1)为了更好地适应市场经济发展的需要，进一步发展外贸业务，强化企业内部的管理，增强活力，提高效益，防范风险，实现管理的规范化，根据国家的有关规定，在许可的经营范围内，进行各项进口业务活动，以获取效益为主要目的。

2)在经营活动中，原则上外贸公司不承担任何风险，不垫付资金，但对产品情况、市场情况、行业情况、销售对象、付款方式应作具体分析，把握好各个环节，以便业务顺利进行。

3)在收取费用方面，可通过进出口双方协商，一般按到岸价的百分比收取代理费，同时认真考虑风险和利益的平衡，审慎处之。

(3)控制防范风险的措施

1)在签订代理进口协议时应体现公平、合理的原则，按照代理进口协议的有关规定明确双方的权、责、利。协议条款要明确、清晰，不能用含糊、模棱两可的字句，要符合国家有关法规。在具体执行合同中，要充分按照协议办理，如有变化则必须另签补充协议。为强化监控机制，各级经营人员均有授权签约的金额和结算方式的限制。

2)在确定保证金收取比例时，要充分考虑进口商品变现的可能性、进口商品的通用性和专业性、市场价格波动幅度、进口价格合理性等因素，避免进口商品销售渠道狭窄、变现困难，控制市场价格下降幅度大于保证金额所造成的经济损失，防止国内外不法客商恶意串通欺诈。

3)对即期信用证支付方式，应收取合同金额的一定百分比的保证金(如20%～30%)，余额需在公司收到国外全套议付单证前三个工作日内支付给公司，如有逾期情况发生，则要及时汇报，积极采取相应的措施。

4)对远期信用证支付方式，委托方在开证前支付我方一定百分比的保证金(如30%)，货物到港后，需办理公司货物进仓手续，货权归属公司，委托方在销售货物时需带货款提货，如暂时不能付清货款而需提货的则需提供有效的担保和抵押，货款未清前不得将物权以任何形式转移他人。

3. 与国外供货方签订进口合同

(1)进口委托方与受托方签订进口合同的职责

1)根据委托方的要求与供货方签订完整的进口合同,代理方主要负责审核合同的商务条款,以维护进口方的利益。

2)委托方负责有关技术参数、质量要求的认定,并对进口商品价格、价格条款、交货期、运输方式等予以确认。

3)进口合同的签订是法律程序,务必认真仔细。进口合同应尽量做CIF条款,争取我方投保。

(2)协议合同正副本的流转

1)按有关规定双方签订的代理进口协议、支付佣金协议、对外签订的进口合同,原则上使用公司版本,由公司统一编号,由双方加盖公章和签字后成效。

2)合同协议正本二份,双方各执一份,正本一份交存档,复印件一般三份,业务、财务、储运各一份。

3)业务部门按委托客户及合同编号建立相关卷宗。管理部门也应建立相关卷宗,以便办理结算、交单、储运等手续。

4)业务结束后有关资料交档案部门。

4. 合同履行

(1)开证

企业可以根据其真实合法的进口付汇需求提前购汇存入其经常项目外汇账户。金融机构为企业办理付汇或开证手续时,应当审核企业填写的申报单证,并按以下规定审核相应有效凭证和商业单据:

1)以信用证、托收方式结算的,按国际结算惯例审核有关商业单据;

2)以货到付款方式结算的,审核对应的进口货物报关单或进口合同或发票;

3)以预付货款方式结算的,审核进口合同或发票。

在按有关规定签订合同对外开证时,业务员务必认真审核信用证中有关条款,尤其是付款方式、货物的接运工作、流转程序。对主要单证的审核尤为关键,发现问题及时采取措施。

(2)装船通知

根据合同或信用证规定,国外客户在装运货物后,应立即向进口方发出装船通知。其主要目的有二:其一,让进口方及时掌握货物动向,做好接货准备;其二,如是进口方负责保险,应立即向保险公司投保或用协议形式办理预约保险手续(当价格条款为CFR或FOB时尤为重要)。

(3)通关

1)代理进口原则上由公司负责报关,公司应选择信誉、质量较好的报关公司。报关前委托方单位必须将关税、增值税款汇入公司账号,业务员要验证报关手续的合法性,证实货物的关税、增值税确实按国家规定缴清,并负责督促报关公司办妥各项通关手续。

2)在通关过程中,要严格控制进口商品税率归类和进口商品的价值,提防不法委托方将进口商品价格压低或将进口商品归类到低税率一类,以达到偷、漏国家税收的目的,同时还需防止将进口商品价值报高,以此偷逃外汇。代理进口企业必须如实申报进口商品,防止他人利用公司在海关良好的信誉达到其偷逃税款的目的。如有违规操作,将会降低海关对公司信誉的评审级别，从而增加公司运作成本，损害公司利益。

(4)商品验收

业务员必须及时为用户办好进口商品的验收工作，配合做好“法定检验”的进口商品的检验工作，发现破损、短缺，须及时联系保险公司，如发现供货商责任问题，应做好有关证明材料的收集工作，及时与委托方共同商讨索赔事宜，协助用户办理各类进口证件如许可证、机电申请证明等。

(5)放单放货

凡因种种原因资金未足额到位、税款未缴清的，提单或货物一律不得发放，业务员必须跟踪货物，通知船公司或仓库不得放货。进口商品无论存放在公司指定仓库或外借仓库都必须严格遵守有关规定。

1)进出仓一定要凭单证，即物权凭证。

2)单证务必有公司管理部门签章，如财务部门签字及由办公室加盖提货专用章等。

3)任何人不得私自开白条去仓库领取货物。

(6)对外付汇

代理进口业务项下，委托方可凭委托代理协议将外汇划转给代理方，也可由代理方购汇。

财务部门收到全套进口单证经初审后，应交业务员复审，如核对无误且用户已按协议金额付款的，则业务员及时通知财务，财务通过银行对外付款。如未全额付款，则催用户补足缺额部分，然后按全额付款手续办理；如发现单证不符，需通知委托方，并得到书面确认，否则可拒付货款或采取其他措施。

(7)纠纷处理

如发生纠纷，业务员首先要详细了解案情，及时汇报，保护好公司利益，及时采取有效措施，做好各项工作。如无法用协商解决，则按协议中双方约定的仲裁方法处理。

5. 进口结算

(1)进口放单时，业务员须与财务部核对货款、代理费以及其他费用是否到账，确保各项费用的安全收取。

(2)根据委托方要求开具发票，税金如由委托方直接支付，财务部门可开普通发票；如由公司代付，需开增值税发票。

(3)财务清算应提供结算清单，详细描述金额的组成情况。

6. 进口档案归档

(1)进口档案必须是合同履行完成后，方可立卷归档，档案中含合同、代理协议、预付款保函、信用证、付款凭证、进口批文、发票、装箱单、商检证、函电、担保书等全套进口文件。

(2)业务部门或档案部门负责卷内文件材料的完整性，档案按年统一编目。

表 3—3　　委托代理进口协议书(供参照)

协议书编号：
签订日期：　　年　　月　　日
签订地点：

甲方(受托方)：　　　　公司
乙方(委托方)：

续表

经双方友好协商，就乙方委托甲方代理进口的有关事项达成如下协议：

一、乙方委托甲方代理进口，具体内容如下：

1.1 品名：

1.2 规格：

1.3 单位：

1.4 数量(允许　%增减)：

1.5 单价(允许　%增减)：每　　美元(FOB　　，CIF　　，CFR　　)

1.6 总金额(允许　%增减)：　　　　美元

1.7 品质标准

1.8 包装

1.9 装运地

1.10 装运方式(船运、空运、陆运或多式联运)

1.11 装船期限

1.12 其他

1.13 以上条款如有变动，以进口合同及经双方认可的修改文件为准。

二、甲方接受乙方委托，同意以自己的名义代理以下工作(不需要的不列入)：

(1)受托申领许可证　(2)受托办理机电产品进口登记

(3)对外签约　(4)对外开证

(5)配舱、保险　(6)进口报关、商检

(7)对外议付　(8)涉外索赔、理赔

(9)涉外仲裁、诉讼　(10)其他

三、交货方式(任选一种，在所选方式前打"√")：

3.1 甲方提货后送至乙方指定的交货地点，运输等费用由乙方承担。

3.2 乙方凭甲方递交的提货单，自行到指定地点提货，运输等费用自理。

四、进口来源国及客户由　　(甲/乙)方指定，客户名称：　　　。

五、费用及结算：

5.1 甲方以代理进口商品的实际付汇总金额，按实际付汇日外汇牌价折成人民币计算，向乙方收取　%代理手续费。

5.2 甲方在本协议书签订后　　个工作日内，根据中国人民银行与商务部的有关规定，按以下办法向乙方收取代理进口保证金(在所选办法前打"√")：

(1)收取全额代理进口保证金。

(2)其他：

5.3 乙方应在进口合同对外付款日前　　个工作日，凭甲方通知，将全额货款及代理手续费，扣除已支付的代理进口保证金后，划入甲方账户。

如甲方为对外远期付款，货物到港后甲方可在乙方提供经甲方认可的银行担保或其他可靠担保的情况下，将有关货物凭证交乙方先行提货。

5.4 外汇结算标准：按甲方对外付款日外汇卖出价计算。

5.5 在进口合同执行中发生的关税，增值税以及报关、商检、银行、保险、港务、港监、卫生检疫、动植物检疫等一切费用均由乙方承担。

六、双方权利和义务

(一)甲方权利和义务：

6.1 甲方参照乙方签订的有效委托书的内容对外询价，最终报价单需经乙方书面确认，并以进口合同为准。

续表

6.2 甲方以自己的名义代乙方对外签订进口合同。 6.3 甲方在签订进口合同前应将进口合同副本送交乙方，经乙方签字认可。乙方如有异议应于收到进口合同副本后次日起三个工作日内书面向甲方提出，逾期视为无异议。 凡经乙方认可的进口合同条款，乙方不得由于条款本身的缺陷引起的损失向甲方要求补偿。 6.4 甲方负责开证、买汇、付汇、收单、审单，并将信用证副本或对外付款期限、到货情况等及时通知乙方。 6.5 甲方如对进口合同或 L/C 作重大的实质性修改或变更，事先需经乙方书面确认。 6.6 甲方根据中国人民银行与商务部的有关规定，向乙方收取代理进口保证金。 6.7 如乙方未能按本协议书规定如期付清货款及代理手续费，甲方可视情况暂时不交付货物凭证，所有责任由乙方承担；必要时甲方可依法申请处分货物，以所得款项及代理进口保证金抵扣进口货款，税金及有关费用、利息等，尚不足以抵扣上列费用的，乙方应予偿付。 6.8 由于非甲方的原因而未能签订进口合同的，本协议书自行终止，甲方免除责任。 6.9 因不可抗力、外商违约或诈骗以及运输、邮电等非甲方的原因造成的风险使进口合同或本协议书不能履行或不能完全履行，甲方免除责任。但外商违约时，甲方应根据乙方的书面委托及有效证据对外索赔，将进程及时通报乙方，并向乙方转付委托索赔所得款项。索赔所发生的有关费用(包括出国费用、律师费、仲裁或诉讼费等)由乙方承担。如乙方不愿就外商违约造成的损失对外索赔或在进口合同规定的索赔期限内不提供费用及必要协助，甲方可自行承担费用和风险，对外索赔，由此产生的损益由甲方自行承担。 6.10 甲方应认真履行本协议书规定由其承担的义务，否则须赔偿对乙方造成的损失，并对外承担责任。 (二)乙方权利和义务： 6.11 乙方委托甲方代理进口，必须先签订委托书。 6.12 乙方对签字确认的进口合同承担履约责任。 6.13 必要时，乙方可参与对外谈判。 在乙方参与对外谈判条件下，商务条款内容由甲方负责，技术条款内容由乙方负责，据此进口商品发生质量问题则由乙方承担相应责任。 6.14 乙方应按本协议书的规定向甲方支付代理进口手续费及全额代理进口保证金，或应甲方要求对保证金不足部分提供担保。 6.15 乙方应按合同规定期限付清货款、代理手续费并及时付清进口合同履行中应由乙方承担的费用。 6.16 乙方自行申请配额、许可证并办理机电产品进口登记的，应向甲方提供配额批准通知、许可证、机电产品进口登记表或其他进口商品必须具备的证件。 6.17 乙方自行提货的，签收提单等货物单证之后，货物因任何原因造成的损失以及因此造成甲方的损失，由乙方承担。 6.18 发生索赔与理赔时，乙方应在索赔期内及时书面委托甲方处理，并提供有效证据及预支有关费用(包括出国费用、律师费、仲裁或诉讼费等)，并承担索赔与理赔结果以及因不作为(包括不委托、不支付费用、不提供证据等)造成的一切后果。 6.19 乙方不按本协议书及进口合同履行义务，造成对外违约时应偿付甲方垫付的一切费用及利息，支付代理手续费及进口合同总价 2%的违约金，并承担甲方因此对外承担的责任。 6.20 如进口合同的卖方由乙方自行确定，一旦该外商违约或有任何欺诈行为，应由乙方自行承担全部责任和损失。 6.21 如需乙方提供担保，应另立担保书，作为本协议书附件；必要时乙方需提供有效的抵押。 七、本协议书系双方根据我国外贸代理的有关法律、法规签订，在任何情况下双方之间不产生外贸代理进口之外的任何国内购销合同关系、国内加工承揽合同关系或其他合同关系。

续表

八、双方在执行本协议书过程中如遇争议，应协商解决，如协商无效，任何一方都可向甲方所在地人民法院起诉。（如双方商定仲裁解决的，本条款可改为："……如协商无效，任何一方都可向×××申请仲裁"。其中×××写仲裁机构名称，上海市可供选择的仲裁机构有"中国国际经济贸易仲裁委员会上海分会"及"上海市仲裁委员会"。） 九、双方需约定的其他事项。 十、本协议书未尽事宜双方友好协商解决。 十一、本协议书正本一式两份，经双方签字盖章后生效。 甲方（盖章）　　　　　　　　乙方（盖章） 法定代表人或　　　　　　　　法定代表人或 其代理人（签名）　　　　　　其代理人（签名）

第四章 国际贸易单证制作

国际贸易作为商业行为，绝大多数表现为商品和资金的双向或多向的交流，而由于商品的单证化和资金的单证化，以致在国际贸易实务中，贸易的最终完成往往是以单证交流的形式来实现的。大量的单证工作，有些是为完成进出口程序而设置的管理性单证，如进出口许可证、报关单证、报检单证等；有些则用于对外交货和外汇结算，这一类单证与国际运输、金融、保险以及海关、检验检疫、港口的业务操作和程序转换有密切关系，涉及各种国际法规和惯例，在外贸业务中有很强的专业性。

单证工作技术性强、政策性强、操作的规范性强，从事单证工作者必须掌握对外贸易的基础知识、国际金融知识和单证知识等。

随着计算机网络技术和通信技术的飞速发展，随着互联网和电子商务在国际贸易中的广泛应用，电子数据交换、电子资金转账、电子表单等电子商务活动在国际贸易中发挥着越来越重要的作用。由于进出口单证的繁杂多样以及单证之间的关联性，传统的打字机以及单张单证票据的缮制已远远满足不了国际贸易业务的需要。为顺应国际贸易发展的需要，伴随着信息技术和网络技术的发展，进出口单证的电子化不仅必要，而且成为可能。

提高单证质量，对保证安全、迅速收汇有着十分重要的意义，特别是在信用证付款条件下，实行的是单据和货款对流的原则，如果单证不相符、单单不一致，银行与进口商就可能拒收单据和拒付货款，因此，缮制结汇单据时，要求做到以下几点：

一是正确。单据内容必须正确，既要符合信用证的要求，又要能真实反映货物的实际情况。各单据填制的内容之间不能相互矛盾。在信用证业务中，单据的重要性集中体现在单据与信用证条款的一致、单据与单据之间彼此一致。

二是完整。单据的种类、份数应符合信用证的规定，不能缺少，单据本身的内容，应当完备，不能出现项目短缺情况。

三是及时。制单制作应及时，以免错过交单日期或信用证有效期。

四是简明。单据内容应按信用证要求和国际惯例填写，力求简明，切勿加列不必要的内容。

五是整洁。单据的布局要美观大方，缮写或打印的字迹要清楚醒目，单据表面要洁净，更改的地方要加盖校对章。一些重要单据如提单、汇票以及单据的主要项目如金额、件数、数量和重量等，不宜改动。

六是规范。单据的布局、字体的大小、内容的填制都必须规范。

在国际贸易进出口业务中，必须处理大量的单证。进口与出口的单证基本相同，只是业务的角度不同。本节以出口单证为例进行说明。有关出口单据根据其用途的不同，可以分为托运报关单据和收汇结汇单据，由于我国国际贸易主要以海运为主，就以海运为例进行说明。凡是用于托运货物或者报关的单据都称为托运报关单证，凡是用于出口结汇的单据都称为收汇结汇单证，如图 4－1 所示。

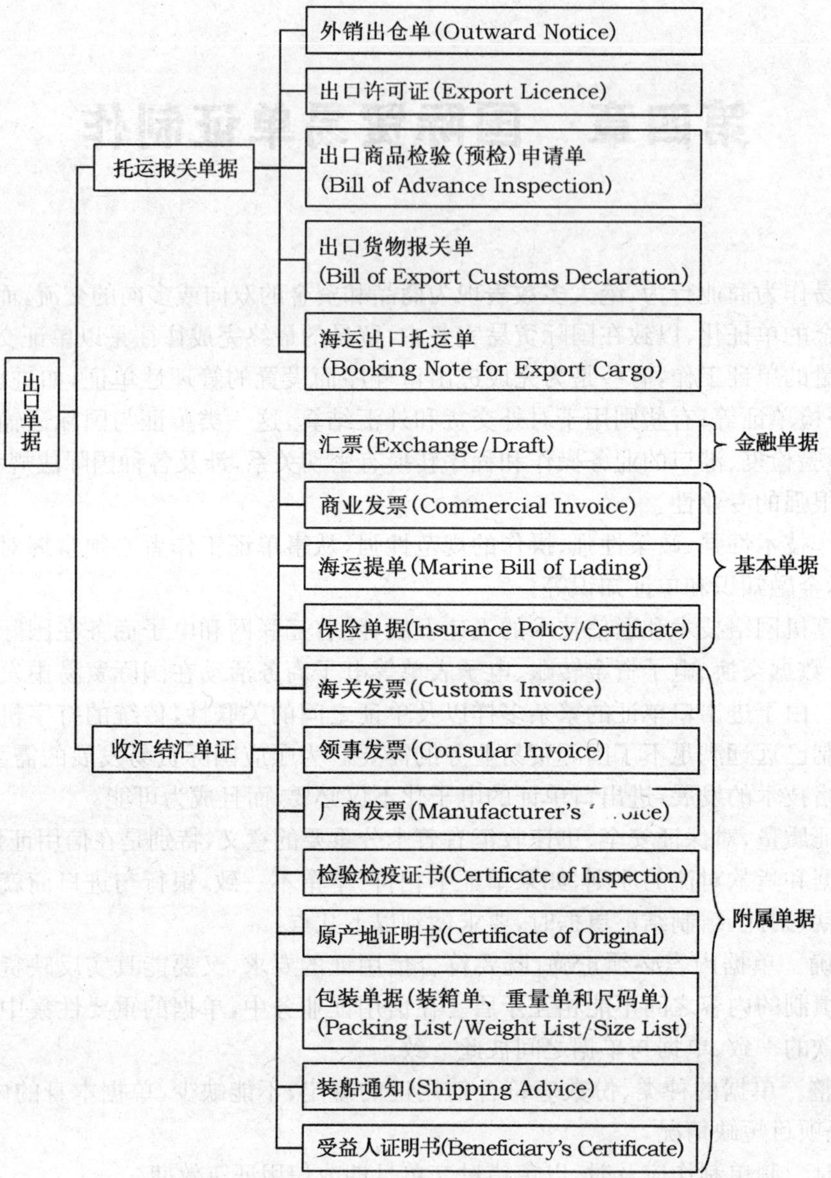

图 4—1　出口单据分类

第一节　商业发票

一、商业发票的作用和基本内容

商业发票(Commercial Invoice)简称发票(Invoice)，是出口贸易结算单据中一项最重要的单据之一，是出口商对进口商开出的发货清单，也是装运货物的总说明，所以一切单据以它为中心。

1. 商业发票的作用

(1)可供进口商了解和掌握装运货物的全面情况

发票是一笔交易的全面叙述，它详细列明了该装运货物的货物名称、商品规格、装运数量、价格条款、商品单价、商品总值等全面情况，为进口商提供识别该批货物的订单项所属。进口商可以依据出口商提供的发票，核对签订合同的项目，了解和掌握合同的履约情况，进行验收。

(2)作为进口商记账、进口报关、海关统计和报关纳税的依据

发票是销售货物的凭证，对进口商来说，需根据发票逐笔记账，按时结算货款。同时，进口商在清关时需向当地海关当局递交出口商的发票，海关凭以核算税金、验关放行和统计之用。

(3)作为出口商记账、出口报关、海关统计和报关纳税的依据

出口商凭以发票的内容，逐笔登记入账。在货物装运前，出口商需向海关递交商业发票，作为报关发票，海关凭以核算税金，并作为验关放行和统计的凭证之一。

(4)在不用汇票的情况下，发票可替代汇票作为付款的依据

在即期付款不出具汇票的情况下，发票可作为买方支付货款的依据，替代汇票进行结算。在光票付款的方式下，因为没有货运单据跟随，也经常跟随商业发票起着证实装运货物和交易情况的作用。

另外，一旦发生保险索赔时，发票可起到作为货物价值的证明等作用。

2. 商业发票的格式

商业发票没有统一规定的格式，每个出具商业发票的单位都有自己的发票格式。虽然格式各有不同，但是，商业发票填制的项目大同小异。一般来说，商业发票应具备以下主要内容：

(1)首文部分

首文部分应列明发票的名称、发票号码、合同号码、发票的出票日期和地点，以及船名、装运港、卸货港、发货人、收货人等。

(2)本文部分

发票的本文主要包括唛头、商品名称、货物数量、规格、单价、总价、毛重/净重等内容。

(3)结文部分

发票的结文一般包括信用证中要求加注的特别条款或文句。

发票的结文还包括发票的出票人签字。发票的出票人签字一般在发票的右下角，一般包括两部分内容：一是出口商的名称(信用证的受益人)；二是出口公司经理或其他授权人的手签，有时也可用手签图章代替手签。

但是，有些国家规定，写在签署人签字以下的文字内容无效。因此，应特别注意，发票的各项内容应列在签署人签字之上。

二、商业发票的格式和缮制

商业发票的格式如表 4－1 所示。

表 4－1 商业发票

Commercial Invoice

<table>
<tr><td rowspan="2">1.出口商 Exporter
HAIXING INTERNATIONAL TRADING CO.，LTD.
NO.763，ZHULI ROAD,DALIAN，CHINA</td><td colspan="2">4.发票日期和发票号 Invoice date and No.
20131112　1300015</td></tr>
<tr><td>5.合同号 Contract No.
1303025</td><td>6.信用证号 L/C No.</td></tr>
</table>

续表

<table>
<tr><td colspan="2">2.进口商 Importer
NORTH AMERICAN SPORT SHOES INC.
15030 VENTURA BLVD. NO. 19－411 CALIFORNIA, UNITED STATES 91403</td><td colspan="3">7.原产地国 Country/region of origin
CHINA

8.贸易方式 Trade mode
ORDINARY TRADE</td></tr>
<tr><td colspan="2">3.运输事项 Transport details
FROM DALIAN TO SAN FRANCISCO</td><td colspan="3">9.交货和付款条款 Terms of delivery and payment
CIF SAN FRANCISCO
T/T</td></tr>
<tr><td>10.运输标志和集装箱号
Shipment marks; Container No.</td><td>11.包装类型及件数；商品编码；商品描述
Number and kind of packages; Commodity No.; Commodity description</td><td>12.数量
Quantity</td><td>13.单价
Unit price</td><td>14.金额
Amount</td></tr>
<tr><td>NASSI
1303025
SAN FRANCISCO
CN:1－740</td><td>BATMAN CAR
2013 NEWEST 4CH RC HELICOPTER</td><td>1 200PCS
5 000PCS</td><td>USD10.50
USD8.50</td><td>USD12 600.00
USD42 500.00</td></tr>
<tr><td colspan="5">自由处置区
Free disposal

TOTAL QUANTITY: 6200PCS IN 740 CARTONS
WE CERTIFY THAT THE CONTENTS OF THIS INVOICE ARE TRUE AND CORRECT.</td></tr>
<tr><td colspan="5">15. 总值(用数字和文字表示) Total amount (in figure and word)
TOTAL: USD 55 100.00
TOTAL AMOUNT: SAY U.S.DOLLARS FIFTY FIVE THOUSAND ONE HUNDRED ONLY</td></tr>
<tr><td colspan="2">自由处置区
Free disposal</td><td colspan="3">16.出口商签章
Exporter stamp and signature

HAIXING INTERNATIONAL TRADING CO., LTD.

朱钟林</td></tr>
</table>

下面对应标准商业发票(国标 GB/T 15310.1－2009《国际贸易出口单证格式第 1 部分：商业发票》)的样本，分 16 个项目加以说明，如表 4－2 所示。

表 4－2

项目	内容	要点提示
1.商业发票 Commercial invoice	标题	商业发票的中英文名称印在格式的最上方中间。
2. 出口商 Exporter	出口方的名称和地址	其出口申报手续可由其结关代理人或其他授权人完成，出口申报一方也可包括制造商、卖主或其他人。 发票以信用证开证申请人的名称为抬头人(可转让信用证除外)。如果信用证上有指定的抬头人，则按来证规定填制。其名称和地址(有时包括电传号码、传真号码等)应严格按照信用证的具体要求加打在发票上。

续表

项目	内容	要点提示
3. 进口商 Importer	进口方的名称和地址	其进口申报手续可由其结关代理人或其他授权人完成，进口申报一方也可包括货主或货物托运人。 信用证项目下，除非另有规定，一般为开证申请人。
4. 运输事项 Transport details	商业目的的运输信息	货物实际的起讫口岸和转运地点以及运输工具（必要时加列运输工具名称）。
5. 发票日期和发票号 Invoice date and No.	卖方为商业发票指定的参考号以及签发商业发票的日期 日期的格式为：YYYY-MM-DD	发票编码是出口商制作发票的编号，这是发票中不可缺少的内容之一。 发票的日期就是发票的制作日期，也应理解为发票的签发日期。一般情况下，发票的日期应略早于汇票日期，同时不能迟于信用证的有效期。 发票的日期应在运输单的出单日期之前。
6. 合同号 Contract No.	买卖双方所签订的合同参考号	发票中应反映进出口双方贸易合同的号码。信用证中经常规定要在发票上加注合同号码。
7. 信用证号 L/C No.	买方的信用证号码	信用证要求在发票上加注信用证号码时，应将其加注在发票上。
8. 原产地国 Country/region of origin of	根据税则标准、数量限制标准或任何其他与贸易有关措施，生产或制造货物的国家（地区）	当生产或制造货物的国家（地区）出现不一致时，应在自由处置区说明。
9. 贸易方式 Trade mode	根据国际贸易惯例在合同中指明贸易方式	
10. 交货和付款条款 Terms of delivery and payment	买卖双方商定的卖方根据该条款交货给买方的条款，以及双方商定的付款条款	
11. 运输标志和集装箱号 Shipment marks; Container No.	标识单件包装物的标志和编号，以及由于运输目的，给一个或分别处理的几个集装箱中的每一个集装箱所指定的序号	唛头是货物装运的标记。发票上的唛头应与信用证中规定的唛头完全一致。信用证如无指定，出口商可自行设计唛头，唛头以简明、易于识别为原则。唛头内容包括名称的缩写、合同号（或发票号）、目的港、件数等部分。
12. 包装类型及件数；商品编码；商品描述 Number and kind of packages; Commodity No.; Commodity description	货物所呈现的外观形式的描述，以及一票发运中单件货物的数量，这些货物或是未加包装，或是已包装但不拆包无法分割；商品的编码，以及商品的描述	发票上的商品名称应与信用证中规定的商品名称一致。 货物的品质规格是出口商交货的标准，发票上一般应标明所装货物的品质规格情况。 标明商品的包装情况。 代码表示：采用 H. S.《海关进出口商品分类代码》。
13. 数量 Quantity	量的数值	发票中列明的货物的数量（件、个、条、双等）和重量应与信用证中货物描述的数量和重量完全一致，并与提单等基本单据中货物的数量和重量一致。
14. 单价 Unit price	计算商品金额用的单位数量价	发票的单价一般包括计价单位、计价货币、价格条款和单价金额等内容。发票的单价应与信用证中规定的货物单价一致。
15. 金额 Amount	单项货物或服务的金额	

续表

项目	内容	要点提示
16. 总值(用数字和文字表示) Total amount(in figure and word)	根据交货条款卖方开出的用数字和文字表示的总发票金额	总值是经计算后得出的发票的总金额。如果信用证规定在发票金额中扣除佣金或折扣,则应列式予以扣除。有的信用证要求将价格的各组成部分分别列明,发票中也应予以照办,并注意各项之和需等于总值。
17. 出口商签章 Exporter stamp and signature	由出口商签章	
18. 自由处置区 Free disposal	给出所需的但未能纳入指定栏目的补充信息	国外来证有时要求加注各种费用金额、特定号码、有关证明句,一般可将这些内容打在自由处置区,大致有这样几种:加注运费、保险费和FOB金额;注明如进口证号、布鲁塞尔税则号码、配额许可证号码等特定号码;缮打证明句,如澳大利亚来证要求加注原料来源证明句等。 凡是要求在商业发票上加注"证明所列内容真实无误"或类似字样时,即出具"证实发票"或"签证发票"(certified invoice),则需将发票下端的"E.& O.E."字样删去。"E.& O.E."是由"Error & Omission Excepted"省略而来,即"错漏当查"或"错误遗漏不在此限"。

第二节　包装单据

包装单据(Packing Documents)是指一切记载或描述商品包装情况的单据,是商业发票的补充单据,也是货运单据中的一项重要单据。除散装货物外,包装单据多为不可缺少的文件。进口地海关验货、公证行检验、进口商核对货物时,都以包装单据为依据,使其了解包装件号内的具体内容和包装情况。根据不同商品按信用证条款提供适当的包装单据,应以既能符合信用证的规定为银行所接受,又能满足客户的要求为原则。

一、包装单据种类

根据不同商品有不同的包装单据,常用的有以下几种:

1. 装箱单

装箱单(Packing List/Packing Slip)[如表4－3所示(国标GB/T 15310.1－2009《国际贸易出口单证格式第2部分:装箱单》)]又称包装单,重点说明商品每件包装的详细情况,表明货物的名称、规格、数量、唛头、箱号、件数和重量,以及包装情况,尤其对不定量包装的商品要逐件列出每件包装的详细情况。对定量箱装,每件都是统一的重量,则只需说明总件数多少,每箱多少重量、合计多少重量,如果信用证来证条款要求提供详细包装单,则必须提供尽可能详细的装箱内容,描述每件包装的细节,包括商品的货号、色号、尺寸搭配、毛净重及包装的尺码等内容。

2. 重量单

重量单(Weight List/Weight Note)是在除装箱单上提供的内容外,尽量详细地表明商品每箱毛重、净重及总重量的情况,供买方安排运输、存仓时参考。重量单一般起码要具备编号及日期、商品名称、唛头、毛重、净重、皮重、总件数等内容。

3. 尺码单

尺码单(Measurement List)偏重于说明货物每件的尺码和总尺码,即在装箱单内容的基础上再重点说明每件不同规格项目的尺码和总尺码。如果货物不是每件统一尺码的应逐件列明每件的尺码。

4. 其他包装单据

其他还有花色搭配单(Assortment List)、包装说明(Packing Specification)、详细装箱单(Detailed Packing List)、包装提要(Packing Summary)、重量证书(Weight Certificate/Certificate of Weight)、磅码单(Weight Memo)等。

表 4—3

装箱单

Packing List

<table>
<tr><td colspan="2">1. 出口商 Exporter
SHANGHAI DONGHAO CO.,LTD.
66 ZHONGSHAN ROAD (E.1) SHANGHAI CHINA</td><td colspan="3">3. 装箱单日期 Packing List Date
20140308</td></tr>
<tr><td colspan="2" rowspan="2">2. 进口商 Importer
BEDROSIAN TILE AND MARBLE
4286 N.GOLDEN STATE BLVD
FRESNA,CA 93722—6316</td><td colspan="2">4. 合同号 Contract No.
0600301</td><td>5. 信用证号 L/C No.
06998877654231</td></tr>
<tr><td colspan="3">6. 发票日期和发票号 Invoice date and No.
20140308　　I0638928</td></tr>
<tr><td>7. 运输标志和集装箱号 Shipment marks; Container No.</td><td>8. 包装类型及件数;商品编码;商品描述 Number and kind of packages;Commodity No.;Commodity description</td><td>9. 毛重 kg Gross weight</td><td>10. 净重 kg Net weight</td><td>11. 体积 M³ Cube</td></tr>
<tr><td>BEDROSIAN
LONG BEACH
S/C NO. 0600301
NO.1～660</td><td>HONEY ONYX 12×12 POL 660 CARTONS
7920PCS</td><td>20 000</td><td>19 208</td><td>16.72</td></tr>
<tr><td colspan="5">TOTAL:660 CARTONS
G.W.20000KGS
N.W.19208KGS
CBM:16.72

自由处置区
Free disposal

12. 出口商签章
Exporter stamp and signature
SHANGHAI DONGHAO CO.,LTD.
诸少华</td></tr>
</table>

二、装箱单的缮制

下面对应标准装箱单的样本,就装箱单的缮制分 12 个项目加以说明,如表 4—4 所示。

表 4—4

项目	内容	要点提示
1. 装箱单 Packing List	标题	装箱单的中英文名称印在最上方中间。

续表

项目	内容	要点提示
2. 出口商 Exporter	出口方的名称和地址	其出口申报手续可由其结关代理人或其他授权人完成，出口申报一方也可包括制造商、卖主或其他人。
3. 进口商 Importer	进口方的名称和地址	其进口申报手续可由其结关代理人或其他授权人完成，进口申报一方也可包括货主或货物托运人。
4. 装箱单日期 Packing List Date	签发装箱单的日期	
5. 合同号 Contract No.	买卖双方所签订的合同参考号	
6. 信用证号 L/C No.	买方的信用证号码	
7. 发票日期和发票号 Invoice date and No.	卖方为商业发票指定的参考号以及签发商业发票的日期 日期的格式为：YYYYMMDD	
8.运输标志和集装箱号 Shipment marks; Container No.	标识单件包装物的标志和编号，以及由于运输目的，给一个或分别处理的几个集装箱中的每一个集装箱所指定的序号	唛头制作要符合合同和信用证的规定，与发票的唛头一致。
9. 包装类型及件数；商品描述 Number and kind of packages;Commodity No.;Commodity description	货物所呈现的外观形式的描述，以及一票发运中单件货物的数量，这些货物或是未加包装，或是已包装但不拆包无法分割；商品的编码，以及商品的描述	
10. 毛重 kg Gross weight	包括包装物但不包括承运人设备的货物重量（质量）	货物规格不同要分别列出，并累计总重量。
11. 净重 kg Net weight	不包括包装物在内的货物实际重量（质量）	货物规格不同要分别列出，并累计总重量。
12. 体积 M^3 Cube	由件、包或运输设备的长、宽、高最大值乘积得出的计量值	货物规格不同要分别列出，并累计总尺码。
13. 出口商签章 Exporter stamp and signature	由出口商签章	
14. 自由处置区 Free disposal	给出所需的但未能纳入指定栏目的补充信息	

三、包装单据缮制应注意的事项

(1)包装单据名称应与信用证内规定名称一致,因为包装单据的内容,既包括包装的商品内容,也包括包装的种类和件数,每件毛重、净重及毛重、净总重量,每件尺码和总尺码(体积)。

(2)毛重和净重应列明每件毛重和净重,总的毛重和净重数字必须与发票和运输单据、产地证、出口许可证的数字相符。

(3)如果信用证规定要列明内包装情况(Inner Packing),必须在单据中充分表示出来。例如:信用证规定,每件装一胶袋、每打装一盒、每 10 打装一纸箱,则须证明"Packing each piece in a poly bag, one dozen in a cardboard box and then 10 dozens in a carton"。

(4)重量单如冠以"Certificate of Weight"(重量证明)以加注:"We certify that the weights are true and correct"的证明句为好。

(5)进口商把商品转售给第三方时一般只交付包装单和货物,不会透露自己的购买成本,因此装箱单据一般不显示货物的单价和总价。

(6)为了符合信用证不接受联合单据的要求,可以利用装箱单分别冠以重量单、尺码单的单据,一次缮制,按照信用证规定的份数分别提供给银行。

第三节 海关进出口货物报关单

报关工作的程序分为申报、查验、征税和放行 4 个阶段。进出口货物报关单是报关员代表报关单位向海关办理货物进出境手续的主要单证。按照《中华人民共和国海关进出口货物申报管理规定》(以下简称《货物申报管理规定》)和《报关单填制规范》的要求,完整、准确、有效地填制进出口货物报关单是报关人员执业所必备的基本技能。

一、进出口货物报关单概述

1. 进出口货物报关单的定义

进出口货物报关单是指进出口货物的收发货人或其代理人,按照海关规定的格式对进出口货物的实际情况作出的书面申明,以此要求海关对其货物按适用的海关制度办理报关手续的法律文书。

2. 进出口货物报关单的分类

按货物的流转状态、贸易性质和海关监管方式的不同,进出口货物报关单可分为以下几种类型:

(1)按进出口状态分

1)进口货物报关单;

2)出口货物报关单。

(2)按表现形式分

1)纸质报关单;

2)电子数据报关单。

(3)按海关监管方式分

1)进料加工进(出)口货物报关单;

2)来料加工及补偿贸易进(出)口货物报关单;

3)一般贸易及其他贸易进(出)口货物报关单。

(4)按用途分

1)报关单录入凭单，指申报单位按海关规定的格式填写的凭单，即申报单位提供给预录入单位的原始数据报关单，用作报关单预录入的依据。该凭单的编号规则由申报单位自行决定。

2)预录入报关单，指预录入单位按照申报单位填写的报关单凭单录入、打印由申报单位向海关申报，海关尚未接受申报的报关单。

3)报关单证明联，指海关在核实货物实际进出境后按报关单格式提供的，用作进出口货物收发货人向国税、外汇管理部门办理退税手续的证明文件。

3. 进出口货物报关单各联的作用

纸质进口货物报关单一式五联，分别是：海关作业联、海关留存联、企业留存联、海关核销联、进口付汇证明联。

纸质出口货物报关单一式六联，分别是：海关作业联、海关留存联、企业留存联、海关核销联、出口收汇证明联、出口退税证明联。

(1)进出口货物报关单海关作业联和留存联

进出口货物报关单海关作业联和留存联是报关员配合海关查验、缴纳税费、提取或装运货物的重要单据，也是海关查验货物、征收税费、编制海关统计以及处理其他海关事务的重要凭证。

(2)进出口货物报关单收汇、付汇证明联

进口货物报关单付汇证明联和出口货物报关单收汇证明联，是海关对已实际进出境的货物所签发的证明文件，是银行和国家外汇管理部门办理售汇、收汇和付汇及核销手续的重要依据之一。

对需办理进口付汇核销或出口收汇核销的货物，进出口货物的收发货人或其代理人应当在海关放行货物或结关以后，向海关申领进口货物报关单进口付汇证明联或出口货物报关单出口收汇证明联。

(3)进出口货物报关单加工贸易核销联

进出口货物报关单海关核销联是指接受申报的海关对已实际申报进口或出口的货物所签发的证明文件，是海关办理加工贸易合同核销、结案手续的重要凭证。加工贸易的货物进出口后，申报人应向海关领取进出口货物报关单海关核销联，并凭以向主管海关办理加工贸易合同核销手续。

(4)出口货物报关单出口退税证明联

出口货物报关单出口退税证明联是海关对已实际申报出口并已装运离境的货物所签发的证明文件，是国家税务部门办理出口货物退税手续的重要凭证之一。

对可办理出口退税的货物，出口货物发货人或其代理人应当在载运货物的运输工具实际离境，海关收到载货清单(俗称“清洁舱单”)、办理结关手续后，向海关申领出口货物报关单出口退税证明联。对不属于退税范围的货物，海关均不予签发该联。

4. 进出口货物报关单的法律效力

《海关法》规定：“进口货物的收货人、出口货物的发货人应当向海关如实申报，交验进出口许可证件和有关单证。”

进出口货物报关单及其他进出境报关单(证)在对外经济贸易活动中具有十分重要的法律

效力，是货物的收发货人向海关报告其进出口货物实际情况及适用海关业务制度、申请海关审查并放行货物的必备法律文书。它既是海关对进出口货物进行监管、征税、统计以及开展稽查、调查的重要依据，又是出口退税和外汇管理的重要凭证，也是海关处理进出口货物走私、违规案件及税务和外汇管理部门查处骗税、逃套汇犯罪活动的重要书证。因此，申报人对所填报的进出口货物报关单的真实性和准确性应承担法律责任。

二、进出口货物报关单的填制内容和要求

1. 海关对进出口货物报关单填制的一般要求

进出境货物的收发货人或其代理人向海关申报时，必须填写并向海关递交进出口货物报关单。申报人在填制报关单时，应当依法如实向海关申报，对申报内容的真实性、准确性、完整性和规范性承担相应的法律责任。

(1)报关人必须按照《海关法》、《货物申报管理规定》和《报关单填制规范》的有关规定和要求，向海关如实申报。

(2)报关单的填报必须真实，做到“两个相符”：一是单、证相符，即所填报关单各栏目的内容必须与合同、发票、装箱单、提单以及批文等随附单据相符；二是单、货相符，即所填报关单各栏目的内容必须与实际进出口货物情况相符，不得伪报、瞒报、虚报。

(3)报关单的填报要准确、齐全、完整、清楚，报关单各栏目内容要逐项详细准确填报(打印)，字迹清楚、整洁、端正，不得用铅笔或红色复写纸填写；若有更正，必须在更正项目上加盖校对章。

(4)不同批文或合同的货物、同一批货物中不同贸易方式的货物、不同备案号的货物、不同提运单的货物、不同征免性质的货物、不同运输方式或相同运输方式但不同航次的货物等，均应分单填报。一份原产地证书只能对应一份报关单。同一份报关单上的商品不能同时享受协定税率和减免税。在一批货物中，对于实行原产地证书联网管理的，如涉及多份原产地证书或含非原产地证书商品，应分单填报。

(5)在反映进出口商品情况的项目中，需分项填报的主要有下列几种情况：商品编号不同的、商品名称不同的、原产国(地区)/最终目的国(地区)不同的。

(6)已向海关申报的进出口货物报关单，如原填报内容与实际进出口货物不一致而又有正当理由的，申报人应向海关递交书面更正申请，经海关核准后，对原填报的内容进行更改或撤销。

2. 进出口货物报关单的填制

中华人民共和国海关进出口货物报关单的格式如表4－5a、表4－5b所示。

表4－5a　　中华人民共和国海关进口货物报关单

预录入编号：　　　　　　　　海关编号：

进口口岸	备案号	进口日期	申报日期
经营单位	运输方式	运输工具名称	提运单号
发货单位	贸易方式	征免性质	征免比例
许可证号	起运国(地区)	装货港	境内目的地

续表

批准文号	成交方式	运费	保费	杂费
合同协议号	件数	包装种类	毛重(千克)	净重(千克)
集装箱号	随附单据			用途
标记唛码及备注				

项号	商品编号	商品名称、规格型号	数量及单位	原产国(地区)	单价	总价	币制	征免
税费征收情况								

录入员	录入单位	兹声明以上申报无讹并承担法律责任	海关审单批注及放行日期(签单) 审单 审价
报关员		申报单位(签章)	征税 统计
单位地址			查验 放行
邮编	电话	填制日期	

表 4—5b 中华人民共和国海关出口货物报关单

预录入编号： 海关编号：

出口口岸	备案号	进口日期	申报日期
经营单位	运输方式	运输工具名称	提运单号
发货单位	贸易方式	征免性质	结汇方式
许可证号	起运国(地区)	指运港	境内货源地

续表

批准文号	成交方式	运费	保费	杂费
合同协议号	件数	包装种类	毛重(千克)	净重(千克)
集装箱号	随附单据			生产厂家
标记唛码及备注				

项号	商品编号	商品名称、规格型号	数量及单位	最终目的国(地区)	单价	总价	币制	征免

税费征收情况		
录入员　录入单位	兹声明以上申报无讹并承担法律责任	海关审单批注及放行日期(签单) 审单　审价
报关员	申报单位(签章)	征税　统计
单位地址		查验　放行
邮编　电话	填制日期	

海关总署公告 2008 年第 52 号(关于再次修订《中华人民共和国海关进出口货物报关单填制规范》)对报关单的填制作出了新的规范，修订后的《中华人民共和国海关进出口货物报关单填制规范》自 2008 年 10 月 1 日起执行。下面对应进出口货物报关单的样本，就报关单的缮制分 48 个项目加以说明，如表 4—6 所示。

表 4—6

栏目	内容和要点提示
1. 预录入编号	本栏目填报预录入报关单的编号，预录入编号规则由接受申报的海关决定。
2. 海关编号	本栏目填报海关接受申报时给予报关单的编号，一份报关单对应一个海关编号。报关单海关编号为 18 位，其中第 1～4 位为接受申报海关的编号(海关规定的《关区代码表》中相应海关代码)，第 5～8 位为海关接受申报的公历年份，第 9 位为进出口标志(“1”为进口，“0”为出口；集中申报清单“I”为进口，“E”为出口)，后 9 位为顺序编号。在海关 H883/EDI 通关系统向 H2000 通关系统过渡期间，后 9 位的编号规则同 H883/EDI 通关系统的要求，即 1～2 位为接受申报海关的编号(海关规定的《关区代码表》中相应海关代码的后 2 位)，第 3 位为海关接受申报公历年份 4 位数字的最后 1 位，后 6 位为顺序编号。

续表

栏目	内容和要点提示
3. 进口口岸/出口口岸	本栏目应根据货物实际进出境的口岸海关，填报海关规定的《关区代码表》(见表4—7)中相应口岸海关的名称及代码。特殊情况填报要求如下： 进口转关运输货物应填报货物进境地海关名称及代码，出口转关运输货物应填报货物出境地海关名称及代码。按转关运输方式监管的跨关区深加工结转货物，出口报关单填报转出地海关名称及代码，进口报关单填报转入地海关名称及代码。 在不同海关特殊监管区域或保税监管场所之间调拨、转让的货物，填报对方特殊监管区域或保税监管场所所在的海关名称及代码。 其他无实际进出境的货物，填报接受申报的海关名称及代码。
4. 备案号	本栏目填报进出口货物收发货人在海关办理加工贸易合同备案或征、减、免税备案审批等手续时，海关核发的《中华人民共和国海关加工贸易手册》、电子账册及其分册(以下统称《加工贸易手册》)、《进出口货物征免税证明》(以下简称《征免税证明》)或其他备案审批文件的编号。 一份报关单只允许填报一个备案号。具体填报要求如下： (一)加工贸易项下货物，除少量低值辅料按规定不使用《加工贸易手册》及以后续补税监管方式办理内销征税的外，填报《加工贸易手册》编号。 使用异地直接报关分册和异地深加工结转出口分册在异地口岸报关的，本栏目应填报分册号；本地直接报关分册和本地深加工结转分册限制在本地报关，本栏目应填报总册号。 加工贸易成品凭《征免税证明》转为减免税进口货物的，进口报关单填报《征免税证明》编号，出口报关单填报《加工贸易手册》编号。 对加工贸易设备之间的结转，转入和转出企业分别填制进、出口报关单，在报关单“备案号”栏目填报《加工贸易手册》编号。 (二)涉及征、减、免税备案审批的报关单，填报《征免税证明》编号。 (三)涉及优惠贸易协定项下实行原产地证书联网管理(香港CEPA、澳门CEPA，下同)的报关单，填报原产地证书代码“Y”和原产地证书编号。 (四)减免税货物退运出口，填报《减免税进口货物同意退运证明》的编号；减免税货物补税进口，填报《减免税货物补税通知书》的编号；减免税货物结转进口(转入)，填报《征免税证明》的编号；相应的结转出口(转出)，填报《减免税进口货物结转联系函》的编号。 (五)涉及构成整车特征的汽车零部件的报关单，填报备案的Q账册编号。
5. 合同协议号	本栏目填报进出口货物合同(包括协议或订单)编号。
6. 进口日期/出口日期	进口日期填报运载进口货物的运输工具申报进境的日期。 出口日期指运载出口货物的运输工具办结出境手续的日期，本栏目供海关签发打印报关单证明联用，在申报时免予填报。 无实际进出境的报关单填报海关接受申报的日期。 本栏目为8位数字，顺序为年(4位)、月(2位)、日(2位)。
7. 申报日期	申报日期指海关接受进出口货物收发货人、受委托的报关企业申报数据的日期。以电子数据报关单方式申报的，申报日期为海关计算机系统接受申报数据时记录的日期。以纸质报关单方式申报的，申报日期为海关接受纸质报关单并对报关单进行登记处理的日期。 申报日期为8位数字，顺序为年(4位)、月(2位)、日(2位)。本栏目在申报时免予填报。
8. 经营单位	本栏目填报在海关注册登记的对外签订并执行进出口贸易合同的中国境内法人、其他组织或个人的名称及海关注册编码。 特殊情况下填制要求如下： (一)进出口货物合同的签订者和执行者非同一企业的，填报执行合同的企业。 (二)外商投资企业委托进出口企业进口投资设备、物品的，填报外商投资企业，并在标记唛码及备注栏注明“委托某进出口企业进口”。 (三)有代理报关资格的报关企业代理其他进出口企业办理进出口报关手续时，填报委托的进出口企业的名称及海关注册编码。

续表

栏目	内容和要点提示
9. 收货单位/发货单位	(一)收货单位填报已知的进口货物在境内的最终消费、使用单位的名称,包括: 1. 自行从境外进口货物的单位。 2. 委托进出口企业进口货物的单位。 (二)发货单位填报出口货物在境内的生产或销售单位的名称,包括: 1. 自行出口货物的单位。 2. 委托进出口企业出口货物的单位。 (三)收发货单位已在海关注册登记的,本栏目应填报其中文名称及海关注册编码;未在海关注册登记的,本栏目应填报其中文名称及组织机构代码;未在海关注册登记且没有组织机构代码的,本栏目应填报"NO"。使用《加工贸易手册》管理的货物,报关单的收、发货单位应与《加工贸易手册》的"经营企业"或"加工企业"一致;减免税货物报关单的收、发货单位应与《征免税证明》的"申请单位"一致。①
10. 申报单位	自理报关的,本栏目填报进出口企业的名称及海关注册编码;委托代理报关的,本栏目填报经海关批准的报关企业名称及海关注册编码。 本栏目还包括报关单左下方用于填报申报单位有关情况的相关栏目,包括报关员、报关单位地址、邮政编码和电话号码等栏目。
11. 运输方式	运输方式包括实际运输方式和海关规定的特殊运输方式。前者指货物实际进出境的运输方式,按进出境所使用的运输工具分类;后者指货物无实际进出境的运输方式,按货物在境内的流向分类。 本栏目应根据货物实际进出境的运输方式或货物在境内流向的类别,按照海关规定的《运输方式代码表》(见表4—8)选择填报相应的运输方式。 (一)特殊情况填报要求如下: 1. 非邮件方式进出境的快递货物,按实际运输方式填报; 2. 进出境旅客随身携带的货物,按旅客所乘运输工具填报; 3. 进口转关运输货物,按载运货物抵达进境地的运输工具填报;出口转关运输货物,按载运货物驶离出境地的运输工具填报; 4. 不复运出(入)境而留在境内(外)销售的进出境展览品、留赠转卖物品等,填报"其他运输"(代码"9"); (二)无实际进出境货物在境内流转时填报要求如下: 1. 境内非保税区运入保税区货物和保税区退区货物,填报"非保税区"(代码"0"); 2. 保税区运往境内非保税区货物,填报"保税区"(代码"7"); 3. 境内存入出口监管仓库和出口监管仓库退仓货物,填报"监管仓库"(代码"1"); 4. 保税仓库转内销货物,填报"保税仓库"(代码8); 5. 从境内保税物流中心外运入中心或从中心运往境内中心外的货物,填报"物流中心"(代码"W"); 6. 从境内保税物流园区外运入园区或从园区运往境内园区外的货物,填报"物流园区"(代码"X"); 7. 从境内保税港区外运入港区(不含直通)或从港区运往境内港区外(不含直通)的货物,填报"保税港区"(代码"Y"),综合保税区比照保税港区填报; 8. 从境内出口加工区、珠澳跨境工业区珠海园区(以下简称"珠海园区")外运入加工区、珠海园区或从加工区、珠海园区运往境内区外的货物,区外企业填报"出口加工区"(代码"Z"),区内企业填报"其他运输"(代码"9");
11. 运输方式	9. 境内运入深港西部通道港方口岸区的货物,填报"边境特殊海关作业区"(代码"H"); 10. 其他境内流转货物,填报"其他运输"(代码"9"),包括特殊监管区域内货物之间的流转、调拨货物,特殊监管区域、保税监管场所之间相互流转货物,特殊监管区域外的加工贸易余料结转、深加工结转、内销等货物。

① 海关总署公告2013年第30号《关于修改进出口货物报关单填制规范》修订。

续表

栏目	内容和要点提示
12. 运输工具名称	本栏目填报载运货物进出境的运输工具名称或编号。填报内容应与运输部门向海关申报的舱单(载货清单)所列相应内容一致。具体填报要求如下： (一)直接在进出境地或采用“属地申报，口岸验放”通关模式办理报关手续的报关单填报要求如下： 1. 水路运输：填报船舶编号(来往港澳小型船舶为监管簿编号)或者船舶英文名称。 2. 公路运输：填报该跨境运输车辆的国内行驶车牌号，深圳提前报关模式的报关单填报国内行驶车牌号+“/”+“提前报关”。 3. 铁路运输：填报车厢编号或交接单号。 4. 航空运输：填报航班号。 5. 邮件运输：填报邮政包裹单号。 6. 其他运输：填报具体运输方式名称，如管道、驮畜等。 (二)转关运输货物的报关单填报要求如下： 1. 进口 (1)水路运输：直转、提前报关填报“@”+16位转关申报单预录入号(或13位载货清单号)；中转填报进境英文船名。 (2)铁路运输：直转、提前报关填报“@”+16位转关申报单预录入号；中转填报车厢编号。 (3)航空运输：直转、提前报关填报“@”+16位转关申报单预录入号(或13位载货清单号)；中转填报“@”。 (4)公路及其他运输：填报“@”+16位转关申报单预录入号(或13位载货清单号)。 (5)以上各种运输方式使用广东地区载货清单转关的提前报关货物填报“@”+13位载货清单号。 2. 出口 (1)水路运输：非中转填报“@”+16位转关申报单预录入号(或13位载货清单号)。如多张报关单需要通过一张转关单转关的，运输工具名称字段填报“@”。 中转货物，境内水路运输填报驳船船名；境内铁路运输填报车名(主管海关4位关别代码+“TRAIN”)；境内公路运输填报车名(主管海关4位关别代码+“TRUCK”)。 (2)铁路运输：填报“@”+16位转关申报单预录入号(或13位载货清单号)，如多张报关单需要通过一张转关单转关的，填报“@”。 (3)航空运输：填报“@”+16位转关申报单预录入号(或13位载货清单号)，如多张报关单需要通过一张转关单转关的，填报“@”。 (4)其他运输方式：填报“@”+16位转关申报单预录入号(或13位载货清单号)。 (三)采用“集中申报”通关方式办理报关手续的，报关单本栏目填报“集中申报”。 (四)无实际进出境的报关单，本栏目免予填报。
13. 航次号	本栏目填报载运货物进出境的运输工具的航次编号。 具体填报要求如下： (一)直接在进出境地或采用“属地申报，口岸验放”通关模式办理报关手续的报关单 1. 水路运输：填报船舶的航次号。 2. 公路运输：填报运输车辆的8位进出境日期[顺序为年(4位)、月(2位)、日(2位)，下同]。 3. 铁路运输：填报列车的进出境日期。 4. 航空运输：免予填报。 5. 邮件运输：填报运输工具的进出境日期。 6. 其他运输方式：免予填报。 (二)转关运输货物的报关单 1. 进口 (1)水路运输：中转转关方式填报“@”+进境干线船舶航次。直转、提前报关免予

续表

栏目	内容和要点提示
13. 航次号	填报。 (2)公路运输:免予填报。 (3)铁路运输:“@”+8位进境日期。 (4)航空运输:免予填报。 (5)其他运输方式:免予填报。 2. 出口 (1)水路运输:非中转货物免予填报。中转货物:境内水路运输填报驳船航次号;境内铁路、公路运输填报6位启运日期[顺序为年(2位)、月(2位)、日(2位)]。 (2)铁路拼车拼箱捆绑出口:免予填报。 (3)航空运输:免予填报。 (4)其他运输方式:免予填报。 (三)无实际进出境的报关单,本栏目免予填报。
14. 提运单号	本栏目填报进出口货物提单或运单的编号。 一份报关单只允许填报一个提单或运单号,一票货物对应多个提单或运单时,应分单填报。 具体填报要求如下: (一)直接在进出境地或采用“属地申报,口岸验放”通关模式办理报关手续的 1. 水路运输:填报进出口提单号。如有分提单的,填报进出口提单号+“*”+分提单号。 2. 公路运输:免予填报。 3. 铁路运输:填报运单号。 4. 航空运输:填报总运单号+“_”+分运单号,无分运单的填报总运单号。 5. 邮件运输:填报邮运包裹单号。 (二)转关运输货物的报关单 1. 进口 (1)水路运输:直转、中转填报提单号。提前报关免予填报。 (2)铁路运输:直转、中转填报铁路运单号。提前报关免予填报。 (3)航空运输:直转、中转货物填报总运单号+“_”+分运单号。提前报关免予填报。 (4)其他运输方式:免予填报。 (5)以上运输方式进境货物,在广东省内用公路运输转关的,填报车牌号。 2. 出口 (1)水路运输:中转货物填报提单号;非中转货物免予填报;广东省内汽车运输提前报关的转关货物,填报承运车辆的车牌号。 (2)其他运输方式:免予填报。广东省内汽车运输提前报关的转关货物,填报承运车辆的车牌号。 (三)采用“集中申报”通关方式办理报关手续的,报关单填报归并的集中申报清单的进出口起止日期[按年(4位)月(2位)日(2位)]。 (四)无实际进出境的,本栏目免予填报。
15. 贸易方式(监管方式)	本栏目应根据实际对外贸易情况按海关规定的《监管方式代码表》(见表4-9)选择填报相应的监管方式简称及代码。一份报关单只允许填报一种监管方式。 特殊情况下加工贸易货物监管方式填报要求如下: (一)进口少量低值辅料(即5 000美元以下,78种以内的低值辅料)按规定不使用《加工贸易手册》的,填报“低值辅料”。使用《加工贸易手册》的,按《加工贸易手册》上的监管方式填报。 (二)外商投资企业为加工内销产品而进口的料件,属非保税加工的,填报“一般贸易”。 外商投资企业全部使用国内料件加工的出口成品,填报“一般贸易”。 (三)加工贸易料件结转或深加工结转货物,按批准的监管方式填报。 (四)加工贸易料件转内销货物以及按料件办理进口手续的转内销制成品、残次品、半成品,应填制进口报关单,填报“来料料件内销”或“进料料件内销”;加工贸易成

续表

栏目	内容和要点提示
15. 贸易方式（监管方式）	品凭《征免税证明》转为减免税进口货物的，应分别填制进、出口报关单，出口报关单本栏目填报“来料成品减免”或“进料成品减免”，进口报关单本栏目按照实际监管方式填报。 （五）加工贸易出口成品因故退运进口及复运出口的，填报“来料成品退换”或“进料成品退换”；加工贸易进口料件因换料退运出口及复运进口的，填报“来料料件退换”或“进料料件退换”；加工贸易过程中产生的剩余料件、边角料退运出口，以及进口料件因品质、规格等原因退运出口且不再更换同类货物进口的，分别填报“来料料件复出”、“来料边角料复出”、“进料料件复出”、“进料边角料复出”。 （六）备料《加工贸易手册》中的料件结转转入加工出口《加工贸易手册》的，填报“来料加工”或“进料加工”。 （七）保税工厂加工贸易进出口货物，根据《加工贸易手册》填报“来料加工”或“进料加工”。 （八）加工贸易边角料内销和副产品内销，应填制进口报关单，填报“来料边角料内销”或“进料边角料内销”。 （九）加工贸易进口料件不再用于加工成品出口，或生产的半成品（折料）、成品因故不再出口，主动放弃交由海关处理时，应填制进口报关单，填报“料件放弃”或“成品放弃”。
16. 征免性质	本栏目应根据实际情况按海关规定的《征免性质代码表》（见表4－10）选择填报相应的征免性质简称及代码，持有海关核发的《征免税证明》的，应按照《征免税证明》中批注的征免性质填报。一份报关单只允许填报一种征免性质。 加工贸易货物报关单应按照海关核发的《加工贸易手册》中批注的征免性质简称及代码填报。特殊情况填报要求如下： （一）保税工厂经营的加工贸易，根据《加工贸易手册》填报“进料加工”或“来料加工”。 （二）外商投资企业为加工内销产品而进口的料件，属非保税加工的，填报“一般征税”或其他相应征免性质。 （三）加工贸易转内销货物，按实际情况填报（如一般征税、科教用品、其他法定等）。 （四）料件退运出口、成品退运进口货物填报“其他法定”（代码“0299”）。 （五）加工贸易结转货物，本栏目免于填报。
17. 征税比例/结汇方式	进口报关单本栏目免予填报。 出口报关单填报结汇方式，按海关规定的《结汇方式代码表》（见表4－11）选择填报相应的结汇方式名称或代码。
18. 许可证号	本栏目填报以下许可证的编号：进（出）口许可证、两用物项和技术进（出）口许可证、两用物项和技术出口许可证（定向）、纺织品临时出口许可证、出口许可证（加工贸易）、出口许可证（边境小额贸易）。 一份报关单只允许填报一个许可证号。
19. 启运国（地区）/运抵国（地区）	启运国（地区）填报进口货物启运发出直接运抵我国或者在运输中转国（地）未发生任何商业性交易的情况下运抵我国。 运抵国（地区）填报出口货物离开我国关境直接运抵或者在运输中转国（地区）未发生任何商业性交易的情况下最后运抵的国家（地区）。 不经过第三国（地区）转运的直接运输进出口货物，以进口货物的装货港所在国（地区）为启运国（地区），以出口货物的指运港所在国（地区）为运抵国（地区）。 经过第三国（地区）转运的进出口货物，如在中转国（地区）发生商业性交易，则以中转国（地区）作为启运/运抵国（地区）。 本栏目应按海关规定的《国别（地区）代码表》（见表4－12）选择填报相应的启运国（地区）或运抵国（地区）中文名称及代码。 无实际进出境的，填报“中国”（代码“142”）。

续表

栏目	内容和要点提示
20. 装货港/指运港	装货港填报进口货物在运抵我国关境前的最后一个境外装运港。 指运港填报出口货物运往境外的最终目的港；最终目的港不可预知的，按尽可能预知的目的港填报。 本栏目应根据实际情况按海关规定的《港口航线代码表》(见表 4－13)选择填报相应的港口中文名称及代码。装货港/指运港在《港口航线代码表》中无港口中文名称及代码的，可选择填报相应的国家中文名称或代码。 无实际进出境的，本栏目填报“中国境内”(代码“142”)。
21. 境内目的地/境内货源地	境内目的地填报已知的进口货物在国内的消费、使用地或最终运抵地，其中最终运抵地为最终使用单位所在的地区。最终使用单位难以确定的，填报货物进口时预知的最终收货单位所在地。 境内货源地填报出口货物在国内的产地或原始发货地。出口货物产地难以确定的，填报最早发运该出口货物的单位所在地。 本栏目按海关规定的《国内地区代码表》(见表 4－14)选择填报相应的国内地区名称及代码。
22. 批准文号	进口报关单中本栏目免予填报。 出口报关单中本栏目填报出口收汇核销单编号。
23. 成交方式	本栏目应根据进出口货物实际成交价格条款，按海关规定的《成交方式代码表》(见表 4－15)选择填报相应的成交方式代码。 无实际进出境的报关单，进口填报“CIF”，出口填报“FOB”。
24. 运费	本栏目填报进口货物运抵我国境内输入地点起卸前的运输费用，出口货物运至我国境内输出地点装载后的运输费用。进口货物成交价格包含前述运输费用或者出口货物成交价格不包含前述运输费用的，本栏目免于填报。 运费可按运费单价、总价或运费率三种方式之一填报，注明运费标记(运费标记“1”表示运费率，“2”表示每吨货物的运费单价，“3”表示运费总价)，并按海关规定的《货币代码表》(见表 4－16)选择填报相应的币种代码。 运保费合并计算的，填报在本栏目。
25. 保费	本栏目填报进口货物运抵我国境内输入地点起卸前的保险费用，出口货物运至我国境内输出地点装载后的保险费用。进口货物成交价格包含前述保险费用或者出口货物成交价格不包含前述保险费用的，本栏目免于填报。 保费可按保险费总价或保险费率两种方式之一填报，注明保险费标记(保险费标记“1”表示保险费率，“3”表示保险费总价)，并按海关规定的《货币代码表》选择填报相应的币种代码。 运保费合并计算的，本栏目免于填报。
26. 杂费	本栏目填报成交价格以外的、按照《中华人民共和国进出口关税条例》相关规定应计入完税价格或应从完税价格中扣除的费用。可按杂费总价或杂费率两种方式之一填报，注明杂费标记(杂费标记“1”表示杂费率，“3”表示杂费总价)，并按海关规定的《货币代码表》选择填报相应的币种代码。 应计入完税价格的杂费填报为正值或正率，应从完税价格中扣除的杂费填报为负值或负率。
27. 件数	本栏目填报有外包装的进出口货物的实际件数。特殊情况填报要求如下： (一)舱单件数为集装箱的，填报集装箱个数。 (二)舱单件数为托盘的，填报托盘数。 本栏目不得填报为“0”，裸装货物填报为“1”。
28. 包装种类	本栏目应根据进出口货物的实际外包装种类，按海关规定的《包装种类代码表》(见表 4－17)选择填报相应的包装种类代码。
29. 毛重(千克)	本栏目填报进出口货物及其包装材料的重量之和，计量单位为千克，不足 1 千克的填报为“1”。

续表

栏目	内容和要点提示
30. 净重(千克)	本栏目填报进出口货物的毛重减去外包装材料后的重量,即货物本身的实际重量,计量单位为千克,不足1千克的填报为"1"。
31. 集装箱号	本栏目填报装载进出口货物(包括拼箱货物)集装箱的箱体信息。一个集装箱填一条记录,分别填报集装箱号(在集装箱箱体上标示的全球唯一编号)、集装箱的规格和集装箱的自重。非集装箱货物填报为"0"。
32. 随附单证	本栏目根据海关规定的《监管证件代码表》(见表4-18)选择填报除本规范第18条规定的许可证件以外的其他进出口许可证件或监管证件代码及编号。 本栏目分为随附单证代码和随附单证编号两栏,其中代码栏应按海关规定的《监管证件代码表》选择填报相应证件代码;编号栏应填报证件编号。 (一)加工贸易内销征税报关单,随附单证代码栏填写"C",随附单证编号栏填写海关审核通过的内销征税联系单号。 (二)含预归类商品报关单,随附单证代码项下填写"R",随附单证编号项下填写××关预归类书××号。 (三)1. 优惠贸易协定项下进出口货物均按以下要求填报: "Y"为原产地证书代码。优惠贸易协定代码选择"01"、"02"、"03"、"04"、"05"、"06"、"07"、"08"、"09"、"10"、"11"填报。 "01"为"亚太贸易协定"项下的进出口货物; "02"为"中国—东盟自贸区"项下的进出口货物; "03"为"内地与香港紧密经贸关系安排"(香港CEPA)项下的进口货物; "04"为"内地与澳门紧密经贸关系安排"(澳门CEPA)项下的进口货物; "05"为"对非洲特惠待遇"项下的进口货物; "06"为"台湾农产品零关税措施"项下的进口货物; "07"为"中巴自贸区"项下的进出口货物; "08"为"中智自贸区"项下的进出口货物; "09"为"对也门等国特惠待遇"项下的进口货物; "10"为"中新(西兰)自贸区"项下的进出口货物; "11"为"中新(加坡)自贸区"项下的进出口货物。 2. 具体填报要求如下: (1)实行原产地证书联网管理的,随附单证代码栏填写"Y",随附单证编号栏的"〈 〉"内填写优惠贸易协定代码。例如,香港CEPA项下进口商品,应填报为:"Y"和"〈03〉"。一票进口货物中如涉及多份原产地证书或含有非原产地证书商品,应分单填报。 (2)未实行原产地证书联网管理的,随附单证代码栏填写"Y",随附单证编号栏"〈 〉"内填写优惠贸易协定代码+":"+需证商品序号。例如,"亚太贸易协定"项下进出口报关单中第1项到第3项和第5项为优惠贸易协定项下商品,应填报为:"〈01:1-3,5〉"。①
33. 用途/生产厂家	进口货物本栏目填报用途,应根据进口货物的实际用途按海关规定的《用途代码表》(见表4-19)选择填报相应的用途代码。 出口货物本栏目填报其境内生产企业。
34. 标记唛码及备注	本栏目填报要求如下: (一)标记唛码中除图形以外的文字、数字。 (二)受外商投资企业委托代理其进口投资设备、物品的进出口企业名称。 (三)与本报关单有关联关系的,同时在业务管理规范方面又要求填报的备案号,填报在电子数据报关单中"关联备案"栏。 加工贸易结转货物及凭《征免税证明》转内销货物,其对应的备案号应填报在"关联备案"栏。 减免税货物结转进口(转入),报关单"关联备案"栏应填写本次减免税货物结转所申请的《减免税进口货物结转联系函》的编号。

① 海关总署2009年第6号公告《关于修订进出口货物报关单的填制要求》修订。

续表

栏目	内容和要点提示
34. 标记唛码及备注	减免税货物结转出口(转出),报关单"关联备案"栏应填写与其相对应的进口(转入)报关单"备案号"栏中《征免税证明》的编号。 (四)与本报关单有关联关系的,同时在业务管理规范方面又要求填报的报关单号,填报在电子数据报关单中"关联报关单"栏。 加工贸易结转类的报关单,应先办理进口报关,并将进口报关单号填入出口报关单的"关联报关单"栏。 办理进口货物直接退运手续的,除另有规定外,应当先填写出口报关单,再填写进口报关单,并将出口报关单号填入进口报关单的"关联报关单"栏。 减免税货物结转出口(转出),应先办理进口报关,并将进口(转入)报关单号填入出口(转出)报关单的"关联报关单"栏。 (五)办理进口货物直接退运手续的,本栏目填报《准予直接退运决定书》或者《责令直接退运通知书》编号。 (六)申报时其他必须说明的事项填报在本栏目。
35. 项号	本栏目分两行填报及打印。第一行填报报关单中的商品顺序编号;第二行专用于加工贸易、减免税等已备案、审批的货物,填报和打印该项货物在《加工贸易手册》或《征免税证明》等备案、审批单证中的顺序编号。 优惠贸易协定项下实行原产地证书联网管理的报关单,第一行填报报关单中的商品顺序编号,第二行填报该项商品对应的原产地证书上的商品项号。 加工贸易项下进出口货物的报关单,第一行填报报关单中的商品顺序编号,第二行填报该项商品在《加工贸易手册》中的商品项号,用于核销对应项号下的料件或成品数量。其中第二行特殊情况填报要求如下: (一)深加工结转货物,分别按照《加工贸易手册》中的进口料件项号和出口成品项号填报。 (二)料件结转货物(包括料件、制成品和半成品折料),出口报关单按照转出《加工贸易手册》中进口料件的项号填报;进口报关单按照转进《加工贸易手册》中进口料件的项号填报。 (三)料件复出货物(包括料件、边角料、来料加工半成品折料),出口报关单按照《加工贸易手册》中进口料件的项号填报;如边角料对应一个以上料件项号时,填报主要料件项号。料件退换货物(包括料件、不包括半成品),进出口报关单按照《加工贸易手册》中进口料件的项号填报。 (四)成品退换货物,退运进境报关单和复运出境报关单按照《加工贸易手册》原出口成品的项号填报。 (五)加工贸易料件转内销货物(以及按料件办理进口手续的转内销制成品、半成品、残次品)应填制进口报关单,填报《加工贸易手册》进口料件的项号;加工贸易边角料、副产品内销,填报《加工贸易手册》中对应的进口料件项号。如边角料或副产品对应一个以上料件项号时,填报主要料件项号。 (六)加工贸易成品凭《征免税证明》转为减免税货物进口的,应先办理进口报关手续。进口报关单填报《征免税证明》中的项号,出口报关单填报《加工贸易手册》原出口成品项号,进、出口报关单货物数量应一致。 (七)加工贸易料件放弃或成品放弃,本栏目应填报《加工贸易手册》中的进口料件或出口成品项号。半成品放弃的应按单耗折回料件,以料件放弃申报,本栏目填报《加工贸易手册》中对应的进口料件项号。 (八)加工贸易副产品退运出口、结转出口或放弃,本栏目应填报《加工贸易手册》中新增的变更副产品的出口项号。 (九)经海关批准实行加工贸易联网监管的企业,按海关联网监管要求,企业需申报报关清单的,应在向海关申报进出口(包括形式进出口)报关单前,向海关申报"清单"。一份报关清单对应一份报关单,报关单上的商品由报关清单归并而得。加工贸易电子账册报关单中项号、品名、规格等栏目的填制规范比照《加工贸易手册》。
36. 商品编号	本栏目应填报由《中华人民共和国进出口税则》确定的进出口货物的税则号列和《中华人民共和国海关统计商品目录》确定的商品编码,以及符合海关监管要求的附加编号组成的10位商品编号。

续表

栏目	内容和要点提示
37. 商品名称、规格型号	本栏目分两行填报及打印。第一行填报进出口货物规范的中文商品名称，第二行填报规格型号。 具体填报要求如下： (一)商品名称及规格型号应据实填报，并与进出口货物收发货人或受委托的报关企业所提交的合同、发票等相关单证相符。 (二)商品名称应当规范，规格型号应当足够详细，以能满足海关归类、审价及许可证件管理要求为准，可参照《中华人民共和国海关进出口商品规范申报目录》中对商品名称、规格型号的要求进行填报。 (三)加工贸易等已备案的货物，填报的内容必须与备案登记中同项号下货物的商品名称一致。 (四)对需要海关签发《货物进口证明书》的车辆，商品名称栏应填报“车辆品牌＋排气量(注明 cc)＋车型(如越野车、小轿车等)”。进口汽车底盘不填报排气量。车辆品牌应按照《进口机动车辆制造厂名称和车辆品牌中英文对照表》中“签注名称”一栏的要求填报。规格型号栏可填报“汽油型”等。 (五)由同一运输工具同时运抵同一口岸并且属于同一收货人、使用同一提单的多种进口货物，按照商品归类规则应当归入同一商品编号的，应当将有关商品一并归入该商品编号。商品名称填报一并归类后的商品名称；规格型号填报一并归类后商品的规格型号。 (六)加工贸易边角料和副产品内销，边角料复出口，本栏目填报其报验状态的名称和规格型号。 (七)进口货物收货人以一般贸易方式申报进口属于《需要详细列名申报的汽车零部件清单》(海关总署 2006 年第 64 号公告)范围内的汽车生产件的，应按以下要求填报： 1. 商品名称填报进口汽车零部件的详细中文商品名称和品牌，中文商品名称与品牌之间用“/”相隔，必要时加注英文商业名称；进口的成套散件或者毛坯件应在品牌后加注“成套散件”、“毛坯”等字样，并与品牌之间用“/”相隔。 2. 规格型号填报汽车零部件的完整编号。在零部件编号前应当加注“S”字样，并与零部件编号之间用“/”相隔，零部件编号之后应当依次加注该零部件适用的汽车品牌和车型。 汽车零部件属于可以适用于多种汽车车型的通用零部件的，零部件编号后应当加注“TY”字样，并用“/”与零部件编号相隔。 与进口汽车零部件规格型号相关的其他需要申报的要素，或者海关规定的其他需要申报的要素，如“功率”、“排气量”等，应当在车型或“TY”之后填报，并用“/”与之相隔。 汽车零部件报验状态是成套散件的，应当在“标记唛码及备注”栏内填报该成套散件装配后的最终完整品的零部件编号。 (八)进口货物收货人以一般贸易方式申报进口属于《需要详细列名申报的汽车零部件清单》(海关总署 2006 年第 64 号公告)范围内的汽车维修件的，填报规格型号时，应当在零部件编号前加注“W”，并与零部件编号之间用“/”相隔；进口维修件的品牌与该零部件适用的整车厂牌不一致的，应当在零部件编号前加注“WF”，并与零部件编号之间用“/”相隔。其余申报要求同上条执行。
38. 数量及单位	本栏目分三行填报及打印。 (一)第一行应按进出口货物的法定第一计量单位填报数量及单位，法定计量单位以《中华人民共和国海关统计商品目录》中的计量单位为准。 (二)凡列明有法定第二计量单位的，应在第二行按照法定第二计量单位填报数量及单位。无法定第二计量单位的，本栏目第二行为空。 (三)成交计量单位及数量应填报并打印在第三行。 (四)法定计量单位为“千克”的数量填报，特殊情况下填报要求如下： 1. 装入可重复使用的包装容器的货物，应按货物扣除包装容器后的重量填报，如罐装同位素、罐装氧气及类似品等。 2. 使用不可分割包装材料和包装容器的货物，按货物的净重填报(即包括内层直接包装的净重重量)，如采用供零售包装的罐头、化妆品、药品及类似品等。

续表

栏目	内容和要点提示
38. 数量及单位	3. 按照商业惯例以公量重计价的商品，应按公量重填报，如未脱脂羊毛、羊毛条等。 4. 采用以毛重作为净重计价的货物，可按毛重填报，如粮食、饲料等大宗散装货物。 5. 采用零售包装的酒类、饮料，按照液体部分的重量填报。 (五)成套设备、减免税货物如需分批进口，货物实际进口时，应按照实际报验状态确定数量。 (六)根据《商品名称及编码协调制度》归类规则，零部件按整机或成品归类的，法定计量单位是非重量的，其对应的法定数量填报“0.1”。 (七)具有完整品或制成品基本特征的不完整品、未制成品，根据《商品名称及编码协调制度》归类规则应按完整品归类的，按照构成完整品的实际数量填报。 (八)加工贸易等已备案的货物，成交计量单位必须与《加工贸易手册》中同项号下货物的计量单位一致，加工贸易边角料和副产品内销、边角料复出口，本栏目填报其报验状态的计量单位。 (九)优惠贸易协定项下进出口商品的成交计量单位必须与原产地证书上对应商品的计量单位一致。 (十)法定计量单位为立方米的气体货物，应折算成标准状况(即摄氏零度及1个标准大气压)下的体积进行填报。 有关计量单位代码表(见表4—20)。
39. 原产国(地区)/最终目的国(地区)	原产国(地区)应依据《中华人民共和国进出口货物原产地条例》、《中华人民共和国海关关于执行〈非优惠原产地规则中实质性改变标准〉的规定》以及海关总署关于各项优惠贸易协定原产地管理规章规定的原产地确定标准填报。同一批进口货物的原产地不同的，应分别填报原产国(地区)。进口货物原产国(地区)无法确定的，填报“国别不详”(代码“701”)。 最终目的国(地区)填报已知的出口货物的最终实际消费、使用或进一步加工制造国家(地区)。不经过第三国(地区)转运的直接运输货物，以运抵国(地区)为最终目的国(地区)；经过第三国(地区)转运的货物，以最后运往国(地区)为最终目的国(地区)。同一批出口货物的最终目的国(地区)不同的，应分别填报最终目的国(地区)。出口货物不能确定最终目的国(地区)时，以尽可能预知的最后运往国(地区)为最终目的国(地区)。 本栏目应按海关规定的《国别(地区)代码表》选择填报相应的国家(地区)名称及代码。
40. 单价	本栏目填报同一项号下进出口货物实际成交的商品单位价格。无实际成交价格的，本栏目填报单位货值。
41. 总价	本栏目填报同一项号下进出口货物实际成交的商品总价格。无实际成交价格的，本栏目填报货值。
42. 币制	本栏目应按海关规定的《货币代码表》选择相应的货币名称及代码填报，如《货币代码表》中无实际成交币种，需将实际成交货币按申报日外汇折算率折算成《货币代码表》列明的货币填报。
43. 征免	本栏目应按照海关核发的《征免税证明》或有关政策规定，对报关单所列每项商品选择海关规定的《征减免税方式代码表》(见表4—21)中相应的征减免税方式填报。 加工贸易货物报关单应根据《加工贸易手册》中备案的征免规定填报；《加工贸易手册》中备案的征免规定为“保金”或“保函”的，应填报“全免”。
44. 税费征收情况	本栏目供海关批注进(出)口货物税费征收及减免情况。
45. 录入员	本栏目用于记录预录入操作人员的姓名。
46. 录入单位	本栏目用于记录预录入单位名称。
47. 填制日期	本栏目填报申报单位填制报关单的日期。本栏目为8位数字，顺序为年(4位)、月(2位)、日(2位)。
48. 海关审单批注及放行日期(签章)	本栏目供海关作业时签注。

本规范所述尖括号(〈〉)、逗号(，)、连接符(—)、冒号(：)等标点符号及数字都必须使用非中文状态下的半角字符。

表 4—7 关区代码

关区代码	关区名称	关区代码	关区名称	关区代码	关区名称	关区代码	关区名称
100	北京关区	2300	南京海关	4900	长沙关区	6000	汕头海关
101	机场单证	2301	连云港关	4901	衡阳海关	6001	汕关货一
102	京监管处	2302	南通海关	4902	岳阳海关	6002	汕关货二
103	京关展览	2303	苏州海关	4903	衡关郴办	6003	汕关行邮
104	京一处	2304	无锡海关	4904	常德海关	6004	汕关机场

注：表格中仅列出部分数据样式，下述表 4—8 至表 4—21 同。

表 4—8 运输方式代码

运输方式代码	运输方式名称
0	非保税区
1	监管仓库
2	江海运输
3	铁路运输
4	汽车运输
5	航空运输
6	邮件运输
7	保税区
8	保税仓库
9	其他运输
Z	出口加工

表 4—9 监管方式代码

监管方式代码	监管方式简称	监管方式全称
0110	一般贸易	一般贸易
0130	易货贸易	易货贸易
0214	来料加工	来料加工装配贸易进口料件及加工出口货物
0243	来料以产顶进	来料加工成品以产顶进
0245	来料料件内销	来料加工料件转内销
0255	来料深加工	来料深加工结转货物
0258	来料余料结转	来料加工余料结转
0265	来料料件复出	来料加工复运出境的原进口料件
0300	来料料件退换	来料加工料件退换
0320	不作价设备	加工贸易外商提供的不作价进口设备

表 4—10　　征免性质代码

征免性质代码	征免性质简称	征免性质全称
101	一般征税	一般征税进出口货物
201	无偿援助	无偿援助进出口物资
299	其他法定	其他法定减免税进出口货物
301	特定区域	特定区域进口自用物资及出口货物
307	保税区	保税区进口自用物资
399	其他地区	其他执行特殊政策地区出口货物
401	科教用品	大专院校及科研机构进口科教用品
403	技术改造	企业技术改造进口货物
406	重大项目	国家重大项目进口货物

表 4—11　　结汇方式代码

结汇方式代码	结汇方式名称
1	信汇
2	电汇
3	票汇
4	付款交单
5	承兑交单
6	信用证
7	先出后结
8	先结后出
9	其他

表 4—12　　国别地区代码

国别(地区)代码	中文国(地区)名	英文国(地区)名	优/普税率标记
100	亚洲	Asia	
101	阿富汗	Afghanistan	H
102	巴林	Bahrain	L
103	孟加拉国	Bangladesh	L
104	不丹	Bhutan	H
105	文莱	Brunei	M
106	缅甸	Myanmar	L
107	柬埔寨	Cambodia	L
108	塞浦路斯	Cyprus	L

续表

国别(地区)代码	中文国(地区)名	英文国(地区)名	优/普税率标记
109	朝鲜	Korea,DPR	L
110	香港	Hong Kong	L
111	印度	India	L
112	印度尼西亚	Indonesia	L
113	伊朗	Iran	L
114	伊拉克	Iraq	L
115	以色列	Israel	L
116	日本	Japan	L
117	约旦	Jordan	L

表 4—13　　港口航线代码

港口中文名称	港口英文名称	航线	国家代码	港口代码
阿富汗	Afghanistan	3	101	101
喀布尔	KABOL	3	101	1001
巴林	Bahrian	3	102	102
曼纳马	MANAMA	3	102	1004
孟加拉国	Bangladesh	3	103	103
吉大港	CHITTAGONG	3	103	1007
不丹	Bhutan	3	104	104
文莱	Brunei	2	105	105
斯里巴加湾市	BANDAR SERI BEGAWAN	2	105	1010
缅甸	Burma	2	106	106
若开	AKYAB	2	106	1012
柬埔寨	Democratic Kampuchea	2	107	107
磅逊	KOMPONG SOM	2	107	1018
金吉	PHNOM PENH	2	107	1019
金边	PNOM-PENH	2	107	1020
塞浦路斯	Cyprus	6	108	108
吉兰丹	KELANTAN	6	108	1021
朝鲜	Korea,DPR	1	109	109
海州	HAEJU	1	109	1030
兴南	HUNGNAM	1	109	1031

续表

港口中文名称	港口英文名称	航线	国家代码	港口代码
香港	Hong Kong	1	110	1039
印度	India	3	111	111
加尔各答	CALCUTTA	3	111	1044
孟买	BOMBAY	3	111	1045
印度尼西亚	Indonesia	3	112	112
万隆	BANDUNG	2	112	1089
伊朗	Iran	6	113	113
阿巴丹	ABADAN	3	113	1180
伊拉克	Iraq	3	114	114
巴格达	BAGHDAD	3	114	1193
以色列	IARAEL	3	115	115
阿什杜德	ASHDOD(IS DUD)	3	115	3455
日本	Japan	16	116	116
广岛	HIROSHIMA	16	116	1230
大阪	OSAKA	16	116	1303
约旦	Jordan	5	117	117
亚喀巴	AQABA	5	117	1359

表 4—14　　国内地区代码

地区代码	地区名称	地区性质标记
11019	东城区	9
11029	西城区	9
11039	崇文区	9
11049	宣武区	9
11053	北京电子城科技园区	B
11059	朝阳区	9
31019	黄浦区	2
31043	上海漕河泾新兴技术开发区	B
31049	徐汇及其他区	2
31052	上海经济技术开发区	3

表 4—15　　成交方式代码

成交方式代码	成交方式名称
1	CIF
2	C&F
3	FOB
4	C&I
5	市场价
6	垫仓

表 4—16　　货币代码

货币代码	货币符号	货币名称	货币代码	货币符号	货币名称
110	HKD	港元	304	DEM	德国马克
113	IRR	伊朗里亚尔	305	FRF	法国法郎
116	JPY	日本元	306	IEP	爱尔兰镑
118	KWD	科威特第纳尔	307	ITL	意大利里拉
121	MOP	澳门元	309	NLG	荷兰盾
122	MYR	马来西亚林吉特	312	ESP	西班牙比赛塔
127	PKR	巴基斯坦卢比	315	ATS	奥地利先令
129	PHP	菲律宾比索	318	FIM	芬兰马克
132	SGD	新加坡元	326	NOK	挪威克朗
136	THB	泰国铢	330	SEK	瑞典克朗
142	CNY	人民币	331	CHF	瑞士法郎
143	TWD	台币	332	SUR	俄罗斯卢布
201	DZD	阿尔及利亚第纳尔	398	ASF	清算瑞士法郎
300	EUR	欧元	501	CAD	加拿大元
301	BEF	比利时法郎	502	USD	美元
302	DKK	丹麦克朗	601	AUD	澳大利亚元
303	GBP	英镑	609	NZD	新西兰元

表 4—17　　包装种类代码

包装方式代码	包装方式代码
1	木箱
2	纸箱
3	桶装
4	散装

续表

包装方式代码	包装方式代码
5	托盘
6	包
7	其他

表 4—18 **监管证件代码**

监管证件代码	监管证件名称
1	进口许可证
2	汽车进口许可证
4	出口许可证
5	定向出口商品许可证
7	重要工业品或外商或自动登记证明
8	禁止出口商品
9	禁止进口商品

表 4—19 **用途代码**

用途代码	用途名称
1	外贸自营内销
2	特区内销
3	其他内销
4	企业自用
5	加工返销
6	借用
7	收保证金
8	免费提供
9	作价提供
10	货样广告品
11	其他
13	以产顶进

表 4—20 **计量单位代码**

计量单位代码	计量单位名称
001	台
002	座
003	辆
004	艘

续表

计量单位代码	计量单位名称
005	架
006	套
007	个
008	只
009	头
010	张
011	件
012	支
013	枝
014	根
015	条
016	把
017	块
018	卷
019	副
020	片

表 4－21　　征减免税方式代码

征减免税方式代码	征减免税方式名称
1	照章征税
2	折半征税
3	全免
4	特案
5	征免性质
6	保证金
7	保函
8	折半补税
9	全额退税

相关链接

海关总署公告 2014 年第 12 号
《关于增列海关监管方式代码的公告》

为促进跨境贸易电子商务零售进出口业务发展，方便企业通关，规范海关管理，实现贸易统计，决定增列海关监管方式代码，现将有关事项公告如下：

一、增列海关监管方式代码“9610”，全称“跨境贸易电子商务”，简称“电子商务”，适用于境内个人或电子商务企业通过电子商务交易平台实现交易，并采用“清单核放、汇总申报”模式办理通关手续的电子商务零售进出口商品（通过海关特殊监管区域或保税监管场所一线的电子商务零售进出口商品除外)。

二、以"9610"海关监管方式开展电子商务零售进出口业务的电子商务企业、监管场所经营企业、支付企业和物流企业应当按照规定向海关备案,并通过电子商务通关服务平台实时向电子商务通关管理平台传送交易、支付、仓储和物流等数据。

上述规定自2014年2月10日起实施。

第四节　汇　票

一、商业汇票的内容

1. 商业汇票必须具备的内容

汇票作为一种要式证券,必须具备下列几项内容:

(1)表明"汇票"的字样;

(2)无条件支付的委托;

(3)确定的金额;

(4)付款人名称;

(5)收款人名称;

(6)出票日期;

(7)出票人签章。

汇票上未记载前款规定事项之一的,汇票无效。汇票一般不得涂改。

商业汇票的样张,如图4—2所示:

凭　ROYAL BANK OF CANADA　信用证
Drawn under CANADA　*L/C No.*1736830M05401
日期
dated 030328 支取 *Payable with interest @* ____ % 按 ____ 息 ____ 付款
号码　上海
No. IEB030305113 Exchange *for* USD39652.86 *Shanghai*……………………20………
见票 ____ 日后(本汇票之副本未付)付交　金额
At *** *sight of this* FIRST *of Exchange* (*Second of exchange*
being unpaid) *Pay to the order of* BANK OF CHINA *the sum of*
SAY U.S. DOLLARS THIRTY NINE THOUSAND SIX HUNDRED AND FIFTY TWO AND CENTS EIGHTY SIX ONLY
1
款已收讫
Value received

此致:ROYAL BANK OF CANADA　上海东浩国际商务有限公司
To TRADE SERVICE CENTRE　SHANGHAI EAST BEST INTERNATIONAL
TORONTO ONTARIO M5J 1J1　BUSINESS DEVELOPMENT CO., LTD.
(签字)

图4—2　商业汇票的样张

2. 其他记载事项的设置

除了上述必备内容外，可因交易需要设置其他记载事项。如：

(1)利息条款。

(2)复本汇票条款；按有无复本划分汇票分为正本汇票(First Exchange)和副本汇票(Second Exchange)，但一定要标明付一不付二或付二不付一。

(3)无追索权条款。

(4)出票条款。

二、商业汇票的缮制

下面对应标准商业汇票的样本，就商业汇票的缮制分12个项目加以说明，如表4—22所示。

表4—22

项目	填写内容
1. 出票依据 Drawn under	如为信用证支付方式，应填写开证行的完整名称；如为托收方式，应填D/P或D/A。
2. 信用证号码 L/C No.	填写信用证号。
3. 开证日期 Date of issuance	填上信用证开立的日期。
4. 年息 Payable with interest @ …% per annum	这一栏由结汇银行填写，用以清算企业与银行间利息费用。
5. 号码 No.	一般填商业发票的号码，以核对发票与汇票中相关内容，或者填汇票本身的顺序编号。
6. 小写金额 Amount in figures	由货币符号和阿拉伯数字组成，例如：美元二千零六元三十美分，写为：USD 2 006.30。 填写时应注意以下各点： ①信用证没有特别规定，其金额应与发票金额一致。无证托收的汇票金额和发票金额一般均应一致。 ②如信用证金额规定汇票金额为发票金额的百分之几，例如97%，那么发票金额应为100%，汇票金额为97%，其差额3%一般理解为应付佣金。 ③如信用证规定部分以《贷记通知单》(Credit Note)扣除应付佣金，那么发票金额开100%，而汇票金额应是发票金额减去《贷记通知单》金额后的余额。 ④如信用证规定部分信用证付款，部分托收，应各分做两套汇票：信用证下支款的按信用证允许的金额支取，以银行为付款人，托收部分的以买方为付款人，发票金额是两套汇票相加的和。
7. 汇票交单日期和地点 Date and address	一般是提交议付的日期，该日期往往由议付行填写。该日期不能迟于信用证的有效期，也不得早于各单据的出单日期。出票地点一般应是议付地点。
8. 汇票期限 At…sight	如为即期汇票，在At与Sight之间打下"*****"符号，如为远期汇票，则应按信用证上规定的时间填制在此。例如："60 days after"，见票后六十天付款；"30 days after"，出票日后三十天付款；"45 days after"，提单日后四十五天付款。 计算汇票的时间，不包括见票日、出票日等，即常说的"算尾不算头"。
9. 受款人 Pay to the order of…	在信用证方式下，通常都是填由受益人或出口人所委托的某家银行(议付行)的指示作为受款人。例如，通过中国银行议付的就填"Bank of China"。

续表

项目	填写内容
10. 汇票金额的大写 Amount in words	汇票上的金额小写和大写必须一致。由货币名称和英文文字组成，习惯上在大写数字前加“Say”和大写数字后加“Only”字样。例如： Say U.S. Dollars two Thousand and Six and Cents Thirty Only. Say U.S. Dollars two Thousand and Six and 30/100 Only. Say U.S. Dollars two Thousand and Six and Point Thirty Only. Say U.S. Dollars two Thousand and Six & Cents Thirty Only. Say U.S. Dollars two Thousand and Six & 30/100 Only. Say U.S. Dollars two Thousand and Six & Point Thirty Only.
11. 付款人 Payer	根据信用证汇票条款中所规定的付款人填写，如信用证规定：DRAFT DRAWN ON US，则这里付款人应填开证行的名称及地址。如信用证规定：DRAFT DRAWN ON APPLECANT，则这里付款人应填开证申请人的名称及地址。
12. 出票人 Drawer	汇票右下方应由出票人签字盖章。在信用证方式下，出票人一般是信用证上指定的受益人，并应与发票上的签署人相一致。 按有无复本划分，汇票分成正本汇票（First Exchange）和副本汇票（Second Exchange），但一定要标明付一不付二（Second/First Unpaid）或付二不付一（First/Second Unpaid）。

第五节　保险单据

保险单据是保险人对被保险人之间的契约。它具体规定了保险人与被保险人的权利和义务，在保险标的物遭受险别责任范围内的损失时，它是被保险人索赔和保险人理赔的主要依据。在 CIF 和 CIP 等交货条件中，它又是卖方必须向买方提供的出口单据之一。

保险单证包括保险公司签发的承保凭证，也包括货主按买方开列信用证规定的向国外保险公司寄发的投保通知书。

保险单据（货物运输保险单）如表 4—23 所示。

表 4—23

Beijing 2008　PICC　中国人保财险

北京2008年奥运会保险合作伙伴
OFFICIAL INSURANCE PARTNER OF THE BEIJING 2008 OLYMPIC GAMES

货物运输保险单
CARGO TRANSPORTATION INUSRANCE POLICY

总公司设于北京　　一九四九年创立
Head Office Beijing　　Established in 1949

发票号（INVOICE NO.）　　保单号次
合同号（CONTRACT NO.）　　POLICY NO.
信用证号（L/C NO.）
被保险人：
INSURED ________________

中国人民财产保险有限公司（以下简称“本公司”）根据被保险人的要求，由被保险人向本公司缴付约定的保险费，按照本保险单承保险别和背面所载条款与下列特款承保下述货物运输保险，特立本保险单。

THIS POLICY OF INSURANCE WITNESSES THAT PICC PROPERTY AND CASUALTY COMPANY LIMITED (HEREINAFTER CALLED “THE COMPANY”) AT REQUEST OF THE INSURED AND IN

CONSIDERATION OF THE AGREED PREMIUM PAID TO THE COMPANY BY THE INSURED, UNDERTAKES TO INSURANCE. THE UNDERMENTIONED GOODS IN TRANSPORTATION SUBJECT TO THE CONDITIONS OF THIS POLICY AS PER THE CLAUSES PRINTED OVERL AND OTHER SPECIAL CLAUSES ATTACHED HEREON.

标记 MARKS & NOS.	包装及数量 QUANTITY	保险货物项目 DESCRIPTION OF GOODS	保险金额 AMOUNT INSURED

总保险金额：
TOTAL AMOUNT INSURED____________________

保费：PREMIUM________ 启运日期：DATE OF COMMENCEMENT________ 装载运输工具：PER CONVEYANCE________

自 FROM____________ 经 VIA____________ 至 TO____________

承保险别：
CONDITIONS

所保货物，如发生保险单项下可能引起索赔的损失或损坏，应立即通知本公司代理人查勘。如有索赔，应向本公司提交保单正本（本保险单共有____份正本）及有关文件。如一份正本已用于索赔，其余正本自动失效。

IN THE EVENT OF LOSS OR DAMAGE WHICH MAY RESULT IN A CLAIM UNDER THIS POLICY, INNEDIATE NOTICE MUST BE GIVER TO THE COMPANY'S AGENT AS MENTIONED HEREUNDER CLAIMS, IF ANY ONE OF THE ORIGINAL POLICY WHICH HAS BEEN ISSUED IN ___ ORIGINAL TOGETHER WITH THE RELEVENT DOCUMENTS SHALL BE SURRENDERED TO THE COMPANY.IF ONE OF THE ORIGINAL POLICY HAS BEEN ACCOMPLISHED. THE OTHERS TO BE VOID.

中国人民财产保险股份有限公司宁 波 市 分 公 司
PICC Property and Casualty Company Limited, Ningbo

赔款偿付地点
CLAIM PAYABLE AT/IN____________ ________________

出单日期
ISSUING DATE____________ GENERAL MANAGER

一、保险单据类别

1. 保险单（Insurance Policy）

保险单俗称大保单，是一种正规的保险合同，是保险人根据被保险人的要求，表示已经接受承保责任而出具的一种文件，其背面附有关于保险人的责任范围以及保险人与被保险人的各自权利、义务等方面的详细条款。保险单应具有的内容有：保险人的名称、被保险人（投保人）的名称、被保险货物的名称、包装和数量或重量、唛头和号码、运输工具、开航日期、保费和费率、保险的起讫地点、承保险别、保险币制和金额、赔款偿付地点，出具保险单的日期、背书、保险单份数等项目。保险单如同指示性的海运提单一样，也可由投保人按照信用证规定或由被保险人背书后随物权的转移而转让。目前，国内保险公司均出具保险单作为出口贸易的保险凭证。

2. 预约保险合同(Open Cover)

预约保险合同又称统保单，是一种长期性的货物运输保险合同。在合同中规定承保货物的范围、险别、费率、责任、赔款处理等项目，凡属于合同中约定的运输货物，在合同有效期内自动承保。

预保合同的好处是可以减少逐批投保、逐笔签订保险单的手续，并可防止因漏保或迟保而造成的无法弥补的损失，因为货物在未投保前业已出险，再向保险公司投保，保险公司是不接受的。习惯上投保人对每笔属于预保合同内的货物出运前要向保险公司填送启运通知书一式两份，由保险公司盖章退还一份，作为结算保费和处理赔款的依据。但是，投保人漏保、迟保，在补办手续后保险公司仍予承担赔偿责任。而且国外保险公司对预保合同往往给予优惠费率，因此业务比较正常的进出口商与保险公司之间都订有预保合同。订立预保合同的进口商在开列进口货物信用证中都明确规定预约投保号码和保险公司名称，寄送的预约保单应注明货物名称、数量、发票金额、船名、起讫港口、开航日期等，以便保险公司掌握情况和结算保险费。预约投保书的抄件则被列为交银行议付的单据之一。

3. 保险通知书或保险声明书(Insurance Declaration)

在CFR、CPT或FOB出口交易中，保险由进口商办理。进口商通常与国外保险公司订有预约保险合同，所以按CFR、CPT或FOB合同，开来的信用证往往要求出口商在货物出运时向其指定的保险公司发出保险声明书或保险通知书(Insurance Declaration)，通知货物名称、数量、发票金额、船名、起讫港口、开航日期，并列明进口商名称及其预约保险合同号码。正本在装运时寄进口商或其指定的保险公司，副本作为议付单据使用。

近年来，为了简化手续，有的出口公司已征得银行的同意，以商业发票代替上述格式，但必须在该发票上加注“Insurance Declaration”，以及信用证规定的内容。

值得注意的是，有些信用证所订条款要求提供“Acknowledgement of the Insurance Declaration”，这就要求出口商不仅要发出保险声明书，而且要得到对方的回执。由于回执需要从国外寄回，需要较长一段邮寄时间，如把它作为结汇单证之一，势必影响及时结汇，对出口方是很不利的，原则上我国不予接受。所以，对此要求应修改为由出口商提供的保险通知书副本为议付单证之一(Copy of Shipper's Insurance Declaration)。

4. 批单(Endorsement)

批单是指在保险单已经签发后，因原保险内容不符信用证或合同的要求，保险公司应投保人要求而签发更改保险单内容的凭证。它具有变更、补充原保险单内容的作用。保险单一经批改，保险公司需按批改后的内容来承担责任。因此，批单是保险单不可分割的一部分。

更改内容如涉及投保金额的增加和保险责任范围的扩大，保险公司只有在证实货物未发生出险事故的情况下才同意办理(日常工作中，保险单已寄往国外开证行或国外客户，一时无法退回，才出批单予以更正)。

批单原则上需粘贴在保险单上，并加盖骑缝章，作为保险单不可分割的一部分。

5. 其他保险证明书

为了配合我国出口结汇，我国保险公司还可以签发与保险业务有关的某些证明和单据，例如：保险公司证明书，证明其身份或其他可予证明的事项；保险公司的保费收据(Premium Receipt)。

我国对拉丁美洲智利等国家出口的 CIF 交易，发票上除列明金额总值外，还需列明 FOB 和运费、保险费金额，并提供保险公司出具的保费收据作为证明。

二、保险单据的具体填制要求

下面对应标准保险单据的样本，就保险单据的缮制分 18 个项目加以说明，如表 4－24 所示。

表 4－24

项目	填写内容
1. 发票号 INVOICE No.	投保货物的商业发票号码。
2. 保单号次 POLICY No.	保险公司指定的编号。
3. 合同号 CONTRACT No.	投保货物的合同号码。
4. 信用证号 L/C No.	投保货物的信用证号码。
5. 被保险人 INSURED	按照保险利益的实际关系人填写。在出口信用证方式下，必须与信用证受益人一致。如信用证规定须过户给银行或第三者，则在投保人之后打上"Held to the order of ×××"；如无规定，即以出口商为被保险人，由出口商在背面加具空白背书。
6. 标记、 MARKS & NOS.	应该与提单上所载的标记符号相一致，特别要与刷在货物外包装上的实际标记符号一样，以免发生赔案时，引起检验、核赔、确定责任的混乱。
7. 包装及数量 QUANTITY	货物最大包装件数和种类。 参照投保单或出口货物明细单缮打，要将包装的性质，如箱、包、件、捆以及数量都写清楚。
8. 保险货物项目 DESCRIPTION OF GOODS	可使用大类货物名称（如 cotton piece goods，canned goods），但应与提单、产地证所列货名相一致。
9. 保险金额 AMOUNT INSURED	按信用证规定加成，小数点后尾数一律进为整数，大写与小写金额必须一致。投保及赔款的货币名称、赔偿地点必须与信用证完全相同。如发票价为 FOB 带保险或 CFR，应将运费、保费相应加上去，再另行加成。保险合同是补偿性合同，被保险人不能从保险赔偿获得超过实际损失的赔付，因此溢额投保（如过高的加成、明显偏离市场价格的投保金额等）是不能得到全部赔付的。
10. 总保险金额 TOTAL AMOUNT INSURED	保险金额大写，币别和金额应与上述小写金额保持一致。
11. 保费：PREMIUM	一般只写"按照约定"（As arranged），但信用证要求标明保费及费率时，则应写上具体数字及费率。
12. 启运日期 DATE OF COMMENCEMENT	由于具体开行日期不易掌握，海运用"As per B/L"，其他可填"As per Airway Bill"或"As per Cargo Receipt"等。
13. 装载运输工具 PER CONVEYANCE	海运需写船名，并注明航次如投保时已明确需在中途转船，则在第一程船名后加打第二程船名，如第二程船名未能预知，则在第一程船后写上"&/OR STEAMERS"。
14. 起讫地点 FROM…VIA…TO…	参照提单，如中途转船需注明"with transhipment"。航程或路线中如到目的地的路线有两条，要写上"自×××经×××至×××"。

续表

项目	填写内容
15. 承保险别 CONDITIONS	指保险人的责任范围。险别内容必须与信用证保险条款相一致，要与买卖合同上所列保险条件相符合，如有特别要求也在这一栏填写。
16. 保险查勘代理人 SURVEYING AGENT	保险公司在目的地或就近地区代理人：应有详细地址，以便收货人在出险后与其联系和索赔。
17. 赔款偿付地点 CLAIM PAYABLE AT/IN	保险赔款的支付地点。
18. 出单日期和地点 ISSUING DATE/PLACE	投保日期应在开航前或运输工具开行前。保单日期必须早于运输单据日期，为便于掌握，保险公司应按投保单或出口货物明细单所列日期作为保单日期。签发地点一般为受益人所在地。
19. 保险人签章 SIGNATURE	保险人或其代理人签章。

第六节　原产地证明书

一、原产地证明书的概念

原产地证明书(certificate of origin)简称产地证，是一种证明货物原产地和制造地的文件。在国际贸易中，出口商是应进口商的要求而提供的。它是进口国确定关税待遇、进行贸易统计、实行数量限制和控制从特定国家进口的主要依据之一。

我国对外贸易中原产地证明书由国家出入境检验检疫部门设在地方的出入境检验检疫机构、中国国际贸易促进委员会及其分会，以及国家商务主管部门指定的其他机构。

二、原产地证明书的种类

我国签发的原产地证书主要有一般原产地证、普惠制原产地证书、出口纺织品原产地证书和优惠贸易协定原产地证书等。

一般原产地证由国家质量监督检验检疫总局及设在地方的出入境检验检疫机构或中国国际贸易促进委员会及其分会签发。一般原产地证是产品国籍的证明文件，进口国据此对进口国产品给予不同的关税待遇或限制。

普惠制原产地证书是根据普惠制给惠国要求受惠国政府机构签发的。我国普惠制原产地证书由国家质量监督检验检疫总局及设在地方的出入境检验检疫机构签发。

出口纺织品原产地证书是纺织品设限进口国家对纺织品实施配额管制的一种手段和依据，用以证明出口纺织品的产地属性。出口纺织品原产地证书由商务部及地方商务主管部门签发。

上述产地证虽然都用于证明货物的产地，但使用范围和格式不同。

优惠贸易协定原产地证书由国家质量监督检验检疫总局及设在地方的出入境检验检疫机构或中国国际贸易促进委员会及其分会签发。

1. 一般原产地证书

一般原产地证书格式(如表 4－25 所示)和填写说明：

表 4—25　一般原产地证书格式

ORIGINAL

<table>
<tr><td colspan="3">1. Exporter
SHANGHAI EAST BEST INTERNATIONAL BUSINESS DEVELOPMENT CO., LTD.
ROOM 26C-D EAST TOWER NO.668 BEIJING ROAD(E)
SHANGHAI 200001, CHINA</td><td colspan="3" rowspan="2">Certificate No.　C14110B000010015

CERTIFICATE OF ORIGIN
OF
THE PEOPLE'S REPUBLIC OF CHINA</td></tr>
<tr><td colspan="3">2. Consignee
KITATEAU STORES INC.
50 WEST 34TH STREET,
NEW YORK, NY 10001</td></tr>
<tr><td colspan="3">3. Means of transport and route
FROM SHANGHAI, P. R. OF CHINA TO NEW YORK, U.S.A. BY VESSEL</td><td colspan="3" rowspan="2">5. For certifying authority use only</td></tr>
<tr><td colspan="3">4. Country/region of destination
U.S.A.</td></tr>
<tr><td>6. Marks and numbers</td><td colspan="2">7.Number and kind of packages; description of goods</td><td>8.H.S.Code</td><td>9.Quantity</td><td>10.Number and date of invoices</td></tr>
<tr><td>KSI
IEBOOS
NEW YORK
C.No.1—3</td><td colspan="2">LADIES SKIRIS
3(THREE)CARTONS
* *
L/C NO.:I736830M05401</td><td>6202</td><td>5.5 KGS
GROSS</td><td>IEB030305012
DATED
AUG.20,2014</td></tr>
<tr><td colspan="3">11. Declaration by the exporter
The undersigned hereby declares that the above details and statements are correct, that all the goods were produced in China and that they comply with the Rules of Origin of the People's Republic of China.

SHANGHAI, AUG. 20,2014　张明
Place and date, signature and stamp of authorized signatory</td><td colspan="3">12. Certification
It is hereby certified that the declaration by the exporter is correct.

SHANGHAI, AUG. 20,2014　林芳
Place and date, signature and stamp of certifying authority</td></tr>
</table>

一般原产地证，简称产地证(C.O.)，是指中华人民共和国出口货物原产地证明书(CERTIFICATE OF ORIGIN OF THE PEOPLES REPUBLIC OF CHINA)。中国原产地证明书的格式由原外经贸部统一规定，其颜色为浅蓝色，采用国际单证标准 A4 规格，其规格为 297mm×210mm，重量 60 克，无碳纸印刷，印有纽索图案。证书使用的文种为英文，每套份数一式四份，即一份正本，三份副本。

中国原产地证明书共有 12 栏(不包括右上角证书名称和证书号码栏)。具体填制方法如表 4—26 所示：

表 4—26

项　目	填写内容
1. Exporter 出口商	出口商名称、地址、国别。一般填信用证的受益人,此栏必须填写,不得留空。公司名称一定要写全称。地址要填明详细地址,包括街道名称、门牌号码。若经其他国家或地区需填写转口商名称时,可在出口商后面加填英文“VIA”,然后再填转口商名称、地址和国家。
2. Consignee 收货人	收货人名称、地址、国别。一般应填明最终收货人名称、地址、国家,一般是开证申请人或信用证上规定的提单通知人,但往往由于贸易的需要,不知道最终收货人是谁,或者由于信用证规定所有单证收货人一栏留空,则为了方便外贸的需要此栏可写上“TO ORDER”或“TO WHOM IT MAY CONCERN”(致有关人)。
3. Means of transport and route 运输方式及路线	一般应填明装货港、到货港及运输方式(如海运、空运、陆运)。如需转运也应注明转运地,有时还可填上装运的时间。
4. Country/region of destination 目的国(地区)	填货物最终运抵港,注意不要填中间商国家的名称。最终目的港即最终进口国,一般与最终收货人或最终目的地港国别一致。
5. For certifying authority use only 签证机构使用栏	出口申报单位应将此栏留空。签证机构根据需要加注内容。例如:后发证书、证书更改、证书丢失、重新补发、声明××××号证书作废等情况。
6. Marks and numbers 唛头及包装号码	此栏按照发票或提单上所列唛头填具完整的图案、文字标记或包装号码。货物如系散装或无唛头,则应填无唛头,英文为“NO MARK”简写为“N/M”。如唛头多此栏填不下,可填写在第 7、8、9、10 栏空白处。如还填不下,则可另加附页,并在第 6 栏中填上“SEE ATTACHMENT”(见附件),写上原证号,附件页用纸应小于证书尺寸,裁减整齐后贴在证书背面中间,由签证机构授权签证人手签,加盖骑缝章。唛头如系复杂图案或几何图形,也可复印下来贴在背面。
7. Number and kind of packages; description of goods 包装件数和种类、货物描述	商品名称应填具体名称,不得用概括性词语表达,要同发票、提单上品名相一致。 包装数量及种类要求填明多少包、桶、袋等,并在包装数量的阿拉伯数字后用括号加上大写的英文数字。如货物系散装,填写的商品名称后要加注“散装”(IN BULK),商品名称等项列完后,应在末行加上表示结束的符号“* * * * * * * * * * *”,以防止再添加内容。国外信用证有时要求填具合同号码、信用证号码等,可加在此栏结束符号下方的空白处。
8. H.S.Code 商品编码	应按照商品在《商品名称和编码协调制度》(Harmonized Commodity Description & Coding System)中的四位数编码填写。
9. Quantity 数量	应以商品的正常计量单位填,如“只”、“件”、“打”、“双”等。以重量计算的则填毛重,只有净重的,填净重亦可,但要标上“N.W.”。
10. Number and date of invoices 发票号及日期	此栏不得留空,必须照正式商业发票填具。该栏日期应早于或同于实际出口日期,为避免月份、日期的误解,月份一律用英文缩写 JAN、FEB、MAR 等表示。发票内容必须与证书所列内容和货物完全相符。
11. Declaration by the exporter 出口商申明	申请单位的手签人员应在此栏签字,加盖中英文对照的印章,填上申报地点、时间。该日期不能早于发票日期(一般与发票日期相同),同时不能迟于第 12 栏签证机关的日期。
12. Certification 签证机构证明	填签署地点、日期及授权签证人手签、商检机构印章。此栏签发日期不得早于发票日期(第 10 栏)、申报日期(第 11 栏)但不迟于提单日期,手签人的字迹必须清楚。手签与签证章在证面上位置不得重合。

有关一般原产地证明书的其他注意事项：中国原产地证明书一律用打字机缮制，正面要保持清洁、整齐；缮制证书一般使用英文，如信用证有特殊要求必须使用其他文种的，也可接受。

2. 普惠制原产地证明书 FORM A

普惠制原产地证明书 FORM A 证书的格式和填制说明如表 4－27 所示：

表 4－27　**普惠制原产地证明书 FORM A 证书的格式**

ORIGINAL

<table>
<tr><td colspan="3">1. Goods consigned from (Exporter's business name, address, country)
SHANGHAI EAST BEST INTERNATIONAL BUSINESS DEVELOPMENT CO., LTD.
ROOM 26C－D EAST TOWER No.668 EAST BEIJING RD. SHANGHAI CHINA</td><td colspan="3" rowspan="2">Reference No. G14110B000010028

GENERALIZED SYSTEM OF PREFERENCES
CERTIFICATE OF ORIGIN
(Combined declaration and certificate)
FORM A
Issued in THE PEOPLES REPUBLIC OF CHINA
(country)
See Notes overleaf</td></tr>
<tr><td colspan="3">2. Goods consigned to (Consignee's name, address, country)
QEILERS INC.
505 BAY STREET, 10/FL., TORONTO, ONTARIO
CANADA M5H 2Y4</td></tr>
<tr><td colspan="3">3. Means of transport and route (as far as known)
FROM SHANGHAI, CHINA TO VANCOUVER, CANADA BY VESSEL</td><td colspan="3">4. For official use</td></tr>
<tr><td>5. Item number</td><td>6. Marks and numbers of packages</td><td>7. Number and kind of packages; description of goods</td><td>8. Origin criterion (see Notes overleaf)</td><td>9. Gross weight or other quantity</td><td>10. Number and date of invoices</td></tr>
<tr><td>1</td><td>SEE ATTACHMENT</td><td>176 (ONE HUNDRED AND SEVENTY SIXS CARTON) OF CPU UPPER WITH PU SOLE

ONE HUNDRED AND SEVENTY SIX (176) CTNS OF FOOTWEAR (PU UPPER WITH PU SOLE)
* *
L/C NO.: DC HTO644325</td><td>"P"</td><td>1066PAIRS</td><td>IEB030300530
OCT.27, 2014</td></tr>
<tr><td colspan="3">11. Certification
It is hereby certified, on the basis of control carried out, that the declaration by the exporter is correct.

SHANGHAI, OCT.28, 2014　林芳

Place and date, signature and stamp of certifying authority</td><td colspan="3">12. Declaration by the exporter
The undersigned hereby declares that the above details
and statements are correct, that all the goods
were produced in ---------- CHINA ----------
(country)
and that they comply with the origin requirements specified for those goods in the Generalized System of
Preferences for goods exported to
CANADA

(importing country)
SHANGHAI, OCT.28, 2014　张明

Place and date, signature and stamp of authorized signatory</td></tr>
</table>

普惠制原产地证明书 FORM A 共有 12 栏，各栏目的填写方法如表 4—28 所示：

表 4—28

项目	填写内容
1. Goods consigned from 出口商的名称、地址、国别	例如：SHANGHAI ×××× IMP. & EXP. CORP. 6，ZHONGSHAN ROAD，SHANGHAI，CHINA。 注意：此栏是带有强制性的，应填明在中国境内的出口商详细地址，包括街道名、门牌号码等。
2. Goods consigned to 收货人的名称、地址、国别	例如：E. G. JEBSON &JESSEN，LANGE MUHREN 9，F-2000，HAMBURG，F.R.G。 注意：一般应填给惠国最终收货人名称，即信用证上规定的提单通知人或特别声明的收货人，如最终收货人不明确，可填发票抬头人，但不要填中间转口商的名称。在特殊情况下，欧洲、瑞典的进口商要求将此栏留空，也可以接受。
3. Means of transport and route 运输方式及路线（就所知而言）	例如：FROM SHANGHAI TO HAMBURG BY SEA FREIGHT。 注意：一般应填装货、到货地点（始发港、目的港）及运输方式（如：海运、陆运、空运、陆海联运等）。如系转运商品，应加上转运港，如"VIA HONGKONG"。
4. For official use 供官方使用	此栏由签证当局填具，出口公司应将此栏留空。商检机构根据签证需要，如是"后发"，加盖"ISSUED RETROSPECTIVELY"红色印章，如是签发"复本"，应在此栏注明原发证书的编号和签证日期并声明原发证书作废，其文字是：THIS CERTIFICATE IS IN REPLACEMENT OF CERTIFICATE OF ORIGIN NO. … DATED … WHICH IS CANCELLED，并加盖"DUPLICATE"红色印章。正常情况下，此栏空白。 注意：日本一般不接受"后发"证书，除非有不可避免的原因。
5. Item number 商品顺序号	在收货人、运输条件相同的情况下，如同批出口货物有不同品种，则可按不同品种、发票号等分列"1"、"2"、"3"等。单项商品，此栏可不填。
6. Marks and numbers of packages 唛头及包装号	按发票上唛头填具完整的图案文字标记及包装号。 例如：J&J 6-4065 HAMBURG No.1-160 注意：如货物无唛头，应填"N/M"。如唛头过多，此栏不够，可填在第 7、8、9、10 栏的空白处。如还不够，则另加附页，打上原证号，并由检验检疫机构授权签证人手签、加盖签证章。
7. Number and kind of packages; description of goods 包装数量及种类，商品说明	例如：160（ONE HUNDRED & SIXTY）CARTONS OF WORKING GLOVES。 注意：请勿忘记填上包装种类及数量，并在包装数量的阿拉伯数字后用括号加上大写的英文数字，如：上例商品名称应具体填明，其详细程序应能在 H. S. 的四位数字中准确归类。不能笼统填"MACHINE"、"METER"、"GARMENT"等。但商品的商标、牌名（BRAND）、货号（ART. No.）也可不填，因这些与国外海关税则无关。商品名称等项列完后，应在末行加上表示结束的符号，以防止加填伪造内容。国外信用证有时要求填具合同、信用证号码等，可加在此栏结束符号下方的空白处。
8. Origin criterion（see Notes overleaf） 原产地标准	此栏用字最少，却是国外海关审证的核心项目。对含有进口成分的商品，因情况复杂，国外要求严格，极易弄错而造成退证，应认真审核。 现将一般规定说明如下：

续表

项目	填写内容
8. Origin criterion (see Notes overleaf) 原产地标准	(1)"P":完全是中国原产的商品,无进口成分。 (2)"W":含有进口成分的商品,但符合原产地标准。 (3)"F":出口到加拿大的商品,含有进口成分(占产品出厂价的40%以下)。 (4)"Y":出口至俄罗斯、白俄罗斯、哈萨克斯坦、乌克兰、捷克和斯洛伐克的,进口成分的价值不超过商品离岸价50%的,填"Y",并在"Y"下方加注该商品进口成分的价值占商品离岸价的百分比。 注意:含有进口成分的商品,发往挪威、瑞士、欧盟15国、波兰和日本国时,都填写"W",并在字母下面标上产品的 H.S. 税则号。例如:"W"96.01。发往加拿大的商品,只填"F"即可,发往澳大利亚、新西兰的商品,此栏可以留空。
9. Gross weight or other quantity 毛重或其他数量	例如:3200DOZ 或 6270KGS。 注意:此栏应以商品的正常计量单位填,如"只"、"件"、"匹"、"双"、"台"、"打"等。以重量计算的则填毛重,只有净重的,填净重亦可,但要标上"N.W."(NET WEIGHT)。
10. Number and date of invoices 发票号及日期,必须照正式商业发票填具。	例如:SK530016 18,JAN,1996。 注意:此栏不得留空,为避免月份、日期的误解,月份一律用英文缩写 JAN、FEB、MAR 等表示。发票内容,必须与证书所列内容和货物完全相符。
11. Certification 为签证当局的证明	签署地点、日期。 例如:SHANGHAI JAN 20,1996,及授权签证人手签、商检机构印章。 注意:签证当局只签一份正本,不签署副本。此栏签发日期不得早于发票日期(第10栏)和申报日期(12栏)但不要迟于提单日期,手签人的字迹必须清楚。手签与签证章在证面上的位置不得重合。
12. Declaration by the exporter 出口商的申明	生产国的横线上应填"CHINA"(中国)。进口国横线上的国名一定要填正确。进口国一般与最终收货人或目的港的国别一致。如果难以确定,以第3栏目的港国别为准。例如:ITALY(进口国必须是给惠国)。凡货物运往欧洲联盟范围内,进口国不明确时,进口国可填"EC"或"EU"。 申请单位的手签人员应在此栏签字,加盖中英文对照的印章,填上申报地点、时间。例如:SHANGHAI JAN.19,1998。 在证书正本和所有副本上盖章时避免覆盖进口国名称和手签人姓名(注意时间不得早于发票日期)。 注意:国名应是正式的和全称的。

产地证标题栏(右上角),填上签证当局所编的证书号;在证头横线上方填上"在中华人民共和国签发"(ISSUED IN THE PEOPLE'S REPUBLIC OF CHINA),国名必须填打外文全称,不得简化。

3. 亚太贸易协定原产地证书(申报和证书合一)

我国与《亚太贸易协定》其他成员国之间的《亚太贸易协定》项下进出口货物,企业申请亚太贸易协定原产地证书。

成员国名单为中国、韩国、印度、孟加拉、斯里兰卡和老挝(孟加拉和老挝为最不发达成员国)。

(1)亚太贸易协定原产地证书的格式

亚太贸易协定原产地证书的英文和中文参考格式如表4-29和表4-30所示:

表 4—29　　**亚太贸易协定原产地证书**

CERTIFICATE OF ORIGIN

Asia-Pacific Trade Agreement

(Combined declaration and certificate)

<table>
<tr><td colspan="3">1. Goods consigned from:
(Exporter's business name, address, country)</td><td colspan="3">Reference No.
Issued in ……………
(Country)</td></tr>
<tr><td colspan="3">2. Goods consigned to:
(Consignee's name, address, country)</td><td colspan="3">3. For Official use</td></tr>
<tr><td colspan="6">4. Means of transport and route:</td></tr>
<tr><td>5. Tariff item number:</td><td>6. Marks and numbers of Packages:</td><td>7. Number and kind of packages/description of goods:</td><td>8. Origin criterion (see notes overleaf)</td><td>9. Gross weight or other quantity:</td><td>10. Number and date of invoices:</td></tr>
<tr><td colspan="3">11. Declaration by the exporter:
The undersigned hereby declares that the above details and statements are correct: that all the goods were produced in
………………………………
(Country)
and that they comply with the origin requirements specified for these goods in the Asia－Pacific Trade Agreement for goods exported to
………………………………
(Importing Country)
………………………………
Place and date, signature of authorized Signatory</td><td colspan="3">12. Certificate
It is hereby certified on the basis of control carried out, that the declaration by the exporter is correct.
………………………………
Place and date, signature and Stamp of Certifying Authority</td></tr>
</table>

表 4—30　　**原产地证书　亚太贸易协定(中文文本仅供参考)**

(申报和证书合一)

<table>
<tr><td colspan="3">1. 货物运自(出口人名称、地址、国家):</td><td colspan="3">编号:
……签发
(国家)</td></tr>
<tr><td colspan="3">2. 货物运至(收货人名称、地址、国家):</td><td colspan="3">3. 官方使用</td></tr>
<tr><td colspan="6">4. 运输工具及路线</td></tr>
<tr><td>5. 税则号列</td><td>6. 包装唛头及编号</td><td>7. 包装件数及种类;货物描述</td><td>8. 原产地标准(见背页说明)</td><td>9. 毛重或者其他数量</td><td>10. 发票编号及日期</td></tr>
</table>

续表

11. 出口人声明	12. 证明
下列签字人证明上述资料及申明正确无讹,所有货物产自 …… (国家) 且符合亚太贸易协定原产地规则的相关规定,该货物出口至 …… (进口国) …… 申报地点、日期及授权签字人的签字	根据所实施的监管,兹证明上述出口商的申报正确。 …… 地点和日期,签字和签证机构印章

(2)背页填制说明

1)总原则

享受关税减让优惠的货物必须符合以下条件:

①属于《亚太贸易协定》进口成员国关税减让优惠产品清单的范围。

②符合《亚太贸易协定》原产地规则。同批货物中的每项商品均要符合该规则。

③符合《亚太贸易协定》原产地规则中的直接运输条款规定。一般情况下,货物必须按照本《办法》第十一条的规定从出口国直接运输到进口国。

2)表格各栏应填写的内容

第1栏:货物出口人。注明出口人的全称、地址和国家。需与发票上的出口人名称一致。

第2栏:货物收货人。注明收货人的全称、地址和国家。该收货人名称必须与发票上的进口人名称一致。如果属于第三方贸易,应该注明“凭背书”字样。

第3栏:官方使用。由签发证书机构填写。

第4栏:运输工具和线路。详细注明出口货物的运输工具和路线。如果信用证等单证未详细列明时,应注明“空运”或者“海运”字样;如果货物运输途中经过第三国时,应当按照下列方式注明:例如,“空运”、“从老挝至印度途经曼谷”。

第5栏:税则号列。注明各项商品的4位H.S.编码。

第6栏:包装唛头及编号。注明包装上的唛头及编号。应当与货物包装上的唛头及编号相一致。

第7栏:包装件数及种类;货物名称。注明出口货物名称。应当与发票上的名称相符。准确的货物名称有助于进口国海关快速清关。

第8栏:原产地标准。享受关税减让优惠的货物必须符合《办法》①第四条规定,即在出口成员国完全获得或者生产的;或者在出口成员国非完全获得或者生产的符合《办法》第五条、第六条或者第七条规定的。

①完全获得或者生产的:在第8栏中填写字母“A”。

②非完全获得或者生产的:在第8栏中应当按照下列方式填写:

a. 如果符合《办法》第五条第一款规定的原产地标准,则在第8栏中填写字母“B”。在字母“B”的后面填上使用非成员国原产或不明原产地的材料、零件或产物的总价值,以在出口货

① 《中华人民共和国海关〈亚太贸易协定〉项下进出口货物原产地管理办法》(海关总署令第177号)。

物船上交货价格(FOB价格)中所占的百分比表示,(如"B"50%)。

b. 如果符合《办法》第七条第一款规定的原产地标准,则在第8栏中填写字母"C"。在字母"C"的后面填上在出口成员国原产成分的累计总和,以在出口货物船上交货价格(FOB价格)中所占的百分比表示,(如"C"60%)。

c. 如果符合原产地规则《办法》第五条第三款或者第七条第二款规定的特殊比例标准,则在第8栏中填写字母"D"。

第9栏:毛重或者其他数量。注明货物毛重或其他数量(如件数、千克)。

第10栏:发票编号及日期。注明发票编号及日期。随附发票上的日期不应当迟于原产地证书格式正式启用的日期。

第11栏:出口人声明。"出口人"是指发货人,该发货人可以是贸易商也可以是制造商。声明中应当注明原产国、进口国、地址和日期,该栏目应当由公司授权人员签名。

第12栏:证明。本栏目由签证机构签章确认。

第七节 运输单据

一、托运单据的概念

出口企业委托货运代理人向承运人或其代理办理海运、陆运、空运等出口运输业务称作托运。托运时出口企业必须缮制托运单据。托运的单据分成两类:

一类是基本单据,即通常每批托运货物都必须具备的单据,主要有托运单、出口货物报关单、商业发票、装箱单以及货物出仓提货单等。

另一类是在基本单据以外,根据国家规定,按不同商品、不同业务性质、不同国别地区需向海关交验的各类单据,主要有:

(1)属法定检验检疫的货物应提交出口口岸出入境检验检疫局出具的"出境货物通关单"。

(2)属国家出口管理和限制的货物应提供商务主管部门批准出具的"出口许可证"。

(3)出口到有配额限制的国家和地区的货物,应提供商务主管部门批准出具的"配额许可证"。

(4)来料加工、进料加工复出口业务应提供来料加工手册和进料加工手册。

(5)化工品出口应提供化学分子式、结构式和用途的证明书。

(6)其他一些有特殊规定的证书。例如:文物出口证书、精神药物出口准许证、出口农药登记证明、麻醉药品出口准许证、有毒化学品环境管理放行通知单、非军事枪药出口批件以及核价证明书等。

二、托运单据的应用和作用

出口托运单是办理出口运输最关键的一种单据,承运人按出口托运单所列的运输资料和数据安排运输和出具运输单据,它是出口运输管理最直接的依据。不同形式的运输方式使用不同格式的出口托运单,主要分为三类:

1. 海运出口托运单/装货单

(1)海运出口托运单

海运出口托运单是出口公司向外运公司提供出运货物的必要资料,是外运公司向船公司订舱配载以及外轮公司与出口仓库或生产厂家之间往来提货的依据。

海运出口托运单样式如表 4—31 所示。

表 4—31　　　　　　海运出口托运单

托运人

Shipper

编号　　　　　　　　　　船名

No.__________________S/S________________

目的港

For________

标记及号码 Marks & Nos.	件数 Quantity	货名 Description of Goods	重量千克 Weight Kilos	
			净 Net	毛 Gross
			运费付款方式	
共计件数（大写） Total Number of Packages in Writing				

运费计算			尺码 Measurement		
备注					
抬头		可否转船		可否分批	
通知		装期		有效期	提单张数
		金额			
收货人		银行编号		信用证号	

制单日期____年____月____日

(2)装货单

装货单样式如表 4—32 所示。

表 4—32 装货单

中国外轮代理公司

CHINA OCEAN SHIPPING AGENCY

装货单 SHIPPING ORDER

装货单号码 ______ 日期 ______ 海关编号 Ves. ______

1 S/O# 2 Date 3 Customs

船名 ______ 航次 ______ 装往地点 ______

4 S. S 5 Voy 6 Destination

托运人 ______

7 Shipper

受货人 ______

8 Consignee

通知 ______

9 Notify

续表

10 标记及号码 Marks and Numbers	11 件数 Quantity	12 货 名 Description of Goods	13 重量 Weight		14 尺 码 Measurement
			净 Net	毛 Gross	
15 合计 Total:			16 共重 合计 Total:		
Say					

请将上述完好之状况货物，予以装船，并希签署收货单为荷。

Please receive on board the above mentioned goods in good order and condition and sign the accompanying receipt for the same.

17 装入何舱

Stowed ______

18 实 收

Received ______

19 理货员签名

Tallied By ______

20 代理人

As agents

全套装货单通常由一式三联组成：

第 1 联留底(Counter foil)，外轮代理公司存栏的单据，供缮制装货清单用。

第 2 联装货单正本(Original)，又称关单，俗称下纸货，是由船公司或外轮代理公司签发给托运人，凭以命令船长将承运货物装船的单据，也是海关凭以验货放行的证件。其作用是：①船公司确认承运货物的证明。装货单一经签发，意味着船公司接受托运货物的承运，运输合同即告成立，船货双方均受其约束。如果因船方责任货物装不上船而被退关，船方将承担由此造成的一切损失责任。②船公司或其代理综合平衡给船方的装货通知或指令。托运人将装货单及货物交给承运人指定的仓库或船舶，理货人员按积载计划由装卸工人分票装船后，将装船数量、装舱部位及装船日期填在装货单上，交船方留存备查。③是出口报关的必要单证之一。海关查验货物后，在装货单上签印海关放行章，船方方可凭以装船。

第3联为收货单(Mate's Receipt)，船公司签发给托运人的、表明货物已收到并装妥的单据，一般由船上大副签署，又称大副收据。其作用在于：①划分船、货双方责任的重要依据。货物装上船时，理货人员负责检查并记录货物的"识别标记、包装、重量、尺码以及状态方面的任何缺陷"，尤其要对包装的任何损坏，以及防护方面的缺陷、旧箱、标记模糊等加以批注，当装载完毕时主管装货的船方人员根据理货记录签署大副收据，并加上有关货物状态的各项批注，表明船东已按收据上列明状态收到货物，并将承担风险。如大副收据上含包装松动、货物损坏等不良批注，船方或承运人对货运途中的损失概不负责，保险公司也不予赔偿。②是托运人凭以向船方换取正式提单的凭证。大副收据不是特权凭证，它是比提单低一级的单据。经大副签字的大副收据退还托运人，托运人凭此向外轮代理公司付清运费后，换取已装船提单。如果大副收据上有不良批注，承运人将如实地将该批注转注到提单上，这种提单即为不清洁提单。可见，大副收据(收货单)是将来处理索赔案件时承运人据以免责的重要依据，也是制作提单的重要依据。

装货单填制的栏目和事项如表4—33所示。

表4—33

项目	填写内容
1. 装货单号码 S/O#	为提单号码。
2. 日期(Date)	为防止与提单签发日期相混淆，出口公司一般不填写该栏目。
3. 海关编号 Customs Ves. #	填发票号码，使装货单、收货单与出口报关单三单号码统一，保证发票填写内容与实际付货情况完全一致，也方便于查寻、对照。
4. 船名 S/S	根据船公司或其代理签发的托运单中的船名填写。如需转船，则列明，对符号"/"间隔列出第一程与第二程船的船名。如为预订船只，装船时发生变化，应在单据上作相应修改，或待装船时才填写该栏，避免造成单据与实际不符。
5. 航次 Voy.	按托运单填写。实际中同船名不同航次的情况经常发生，一般放弃该栏目的填写。
6. 装往地点 Destination	填目的港名称，而不是最终目的地名。如需转运，以符号"/"间隔表示出装运港和转运港的地点；如目的港为选择港，应在港名前/后加注"Option"字样。
7. 托运人 Shipper	应与提单的"Shipper"一致。一般为L/C的受益人(合同的卖方)。若货物直接从制造产地装运，可填制造厂商的名称，有时也可以外运机构(第三方)作为托运人。
8. 受货人 Consignee	与托运单中"收货人"一栏的填写方法一致。
9. 通知人 Notify	与托运单中相关栏目的填写方法一致。同时要注意：如L/C中有规定，应严格按规定的名称、地址填写，否则会给货到后的通知带来麻烦；如来证中未作出明确规定，应填写开证申请人的名称、地址；如来证中要求两个或两个以上的公司为通知人，应照规定填写，若栏内填不下，可在结尾部分作上记号"*"，然后在填写货名栏目的空白地方注上同样的记号，接着应填写的内容，这一方法同样适用于其他栏目的填写。
10. 唛头 Marks & Numbers	即货物的运输标志，运输全过程中货物的收发、验发、装卸都以此区分和识别。

续表

项目	填写内容
11. 件数 Quantity	对散装货,该栏填"In bulk";对裸装货和包装货,应详细列明最大包装数量。若出口货物有若干种,而包装方式、包装材料完全不同,则应先填写每种货物的最大包装件数。但应注意不要把整机和零件的数量加在一起填写,而应分开。货物如属托盘运输,该栏则填托盘的数量,并在括号内加注货物包装的件数。
12. 货名 Description of Goods	英文之外需加中文,英文货名是制作提单的依据,应按信用证或合同的货名填制。
13. 重量 Weight Kilos	运输上一般以毛重为主,除非是裸装货或信用证规定要在运输单据上表明净重的,或一些港口(如卡拉奇)规定舱单上必须注明净重的,需另提供净重。重量是计算船只受载吨位的基础资料,必须正确,习惯上以千克为单位,如使用托盘,毛重应包括托盘的重量在内。
14. 尺码 Measurement	以立方米为单位,用以计算货物占用舱位的体积。每件货物的体积以长、宽、高相乘而得,如使用托盘应以托盘加上货物的长、宽、高相乘而得。
15. 合计 Total	数量一栏若有 2 个或 2 以上不同货物名称,应填写各货物的数量之和。如:A 商品有 100C/S,B 商品有 20Bd/s,则该栏中填 120 件。货物如系托盘运输,则重量以千克为单位,尺码以立方米为单位,同时加注以下三个项目:成组货物的总重量及总尺码(包括托盘);托盘的长宽、高和重量;成组货物(包括托盘)长、宽、高和重量。
16. 共重 Total	指不同货名的货物的毛、净重和尺码的总和。
17. 装入何舱 Stowed	指货物所装的具体舱位,以便装卸和整理,该栏由理货公司填写,如果货物装在甲板上,该栏填写舱面,但这样的单据银行一般不接受,除非 L/C 有允许装舱面的条款。 此外,实收、理货员签名、代理人与大副签名栏目均留给理货公司和外轮代理公司填写。

2. 集装箱货物托运单

集装箱货物托运单又称"场站收据",是集装箱(罐)运输专用出口单据,标准格式为 13 联一套,中心是第 5 联正联的装货单和第 7 联的场站收据(Dock Receipt),与散货运输托运单性质相同套打缮制,各联作用如下:

第 1 联　货主留底。

第 2 联　船代理留底。

第 3 联　运费通知(1)。

第 4 联　运费通知(2)。

第 5 联　装货单——场站收据副本(第 5 联正联)。

第 5 联附页　缴纳出口货物港务费申请书(第 5 联副联)。

第 6 联　场站收据副本——大副联(COPY OF DOCK RECEIPT (FOR CHIEF OFFICER))。

第 7 联　场站收据(Dock Receipt)。

第 8 联　货代理留底。

第 9 联　配舱回单(1)。

第 10 联　配舱回单(2)。

第 11 联　空白联(由货主机动使用)。

第 12 联　空白联(由货主机动使用,如有需要,空白联可由货主自行增加)。

集装箱货物托运单除了第 6 联场站收据副本——大副联(COPY OF DOCK RECEIPT (FOR CHIEF OFFICER))颜色是粉红色的以及第 7 联场站收据(Dock Receipt))颜色是淡黄色的外,其他 11 联的颜色都是白色的。

集装箱货物托运单的格式和相关内容及填制如表 4－34 和表 4－35 所示。

表 4－34　　集装箱货物托运单

Shipper（发货人）		D/R NO.（编号）
Consignee（收货人）		集装箱货物托运单 货主留底
Notify Party（通知人）		第一联
Pre-carriage by（前程运输）	Place of Receipt（收货地点）	
Ocean Vessel（船名）　Voy. No.（航次）	Port of Loading（装货港）	
Port of Discharge（卸货港）	Place of Delivery（交货地点）	Final Destination for the merchant's Reference（目的地）

Particulars Furnished by Merchants（托运人提供详细情况）

Container No.（集装箱号）	Seal No.（封志号）Marks & Nos.（标记与号码）	No. of Containers or P'kgs.（箱数或件数）	Kind of packages: Description of Goods（包装种类与货名）	Gross Weight 毛重（千克）	Measurement 尺码（立方米）

TOTAL NUMBER OF CONTAINERS OR PACKAGES (IN WORK)
集装箱数或件数合计（大写）

FREIGHT & CHARGES（运费与附加费）	Revenue Tons（运费吨）	Rate（运费率）	Per（每）	Prepaid（运费预付）	Collect（到付）

Ex. Rate:（兑换率）	Prepaid at（预付地点）	Payable at（到付地点）	Place of Issue（签发地点）
	Total Prepaid（预付总额）	No. of Original B(S)/L（正本提单份数）	

Service Type on Receiving □－CY，□－CFS， □－DOOR	Service Type on Delivery □－CY，□－CFS， □－DOOR	Reefer—Temperature Required（冷藏温度） ℉　℃	
TYPE OF GOODS（种类）	□Ordinary，□Reefer，□Dangerous，□Auto （普通）（冷藏）（危险品）（裸装车辆） □Liquid，□Live Animal，□Bulk，□ （液体）（活动物）（散货）＿＿＿	危险品	Class: Property: IMDG Code Page: UN NO.
可否转船：	可否分批：		
装　期：	效　期：		
金额：			
制单日期：			

表 4—35　　集装箱货物托运单的内容及填制

项目	填写内容
1. 编号 D/R No.	一般列在提单的右上角，填写将要签发的集装箱提单号码。
2. 托运人 Shipper	一般为出口企业，也就是信用证中的受益人。
3. 收货人 Consignee	通常采用指示收货人(TO ORDER 或 TO ORDER OF…)的方式填写。
4. 通知人 Notify party	一般按信用证规定填写货物的进口人或其代理人的名称及详细地址，有的港口要加上邮政信箱号。
5. 前程运输 Pre-carriaged by	联合运输过程中装货港装运前的运输工具。
6. 收货地点 Place of Receipt	指前段运输的接货地点。
7. 船名、航次 Ocean vessel, Voy. No.	应填写货物所装船舶的船名、航次。
8. 装货港 Port of Loading	填写具体的装货港口。
9. 卸货港 Port of Discharge	应填写货物实际卸下的港口名称。要注意的是，世界上不同的国家有着相同名称的港口，如是同名港口须加注国名。如属于选择卸货港提单，如伦敦/鹿特丹/汉堡选卸，在此栏上填写"OPTION LONDON/ROTTERDAM/HAMBURG"，收货人必须在船舶到达第一卸货港前船公司规定的时间内通知船方卸货港，否则船方可任意选择其中任何一卸货港。卸货港最多不得超过三个，而且这几个卸货港必须在同一条航线上。
10. 交货地点 Place of Delivery	填船公司或承运人的交货地。如交货地就是目的港，则此栏空白。
11. 目的地 Final Destination for the Merchant's Reference	货物实际到达的目的地。
12. 集装箱号和铅封号 Container No. Seal No.	填写装载货物的集装箱号，在集装箱号后加注海关查验封箱的铅封号。如为拼箱货，关封号码不注亦可。
13. 标记与号码 Marks & Nos.	如信用证规定有唛头则应按信用证上的规定制作。信用证没有规定的可按发票上所列。如无唛头的散装货应注明"N/M"或"IN BULK"字样。
14. 箱数或件数 No. of Containers or P'kgs	如为托运人装箱的整箱货，可以只注明集装箱箱数，如"2 containers"，只要海关已对集装箱封箱，承运人对集装箱内的内容和数量不负责任。如需注明箱内小件数量，数量前应加"said to contain…"。如是拼箱货物，填写总外包装件数。根据装船的实际情况填写包装情况及总外包装件数。纸箱(Carton)、木箱(Wooden case)、袋装(Bag)、纸板箱(Cardboard box)等，不可笼统填为件(Packages)。
15. 包装种类与货名 Kind of Packages; Description of Goods	包装种类有纸箱(Carton)、木箱(Wooden case)、袋装(Bag)、纸板箱(Cardboard box)等。UCP600 单据中的货物可使用统称，但不得与信用证规定的描述相矛盾。
16. 毛重(千克) Gross Weight	同装箱单上货物的总毛重。
17. 尺码(立方米) Measurement	以立方米为体积单位，小数要保留三位数。

续表

Freight & Charges	Prepaid	Collect	RECEIVED the goods or the containers. vans, trailers. pallet units or other packages said to contain goods herein mentioned in apparent good order and condition, except as otherwise indicated to be transported delivered or transshipped as provided herein. All of the provisions written printed or stamped on either side hereof are part of this bill of lading contract. Declared Cargo Value $ ______________ As Agent for the Carrier Stamp and Authorized Signature

表 4—37　　海运提单的内容及填制

项目	填写内容
1. 托运人 Shipper	一般为出口企业，也就是信用证中的受益人。同时，UCP600 第 14 条 K 款明示：显示在任何单据中的货物的托运人或发货人不必是信用证的受益人。（k. The shipper or consignor of the goods indicated on any document need not be the beneficiary of the credit.）
2. 收货人 Consignee	这是提单中的重要栏目，应严格按照信用证规定填制，一般分为三种： ①指示性抬头：即在收货人栏内有指示（Order）字样的，意即承运人凭指示付货。这种做法的提单称为“指示提单”，它可以通过指示人的背书进行转让。 ②记名式抬头：直接写明收货人名称，如 Consigned To ×××。这种做法的提单称为直接提单（Straight B/L），或称“记名提单”，它的特点是收货人已经确定，不得转让。 ③不记名抬头：如 To bearer，这种提单不需背书即可流通转让。
3. 被通知人 Notify party	一般按信用证规定填货物的进口人或其代理人的名称及详细地址，有的港口要加上邮政信箱号。如果是记名提单或收货人指示提单，而且收货人又有详细地址的，此栏可以不填。如果信用证没有规定，则正本提单可以不填，但副本提单仍要将收货人的详细名称、地址填明，以便承运人通知。
4. 收货地 Place of receipt	货物如需转运，填写收货的港口名称或地点；如无转运，则空白此栏。
5. 提单号码 B/L No.	一般列在提单的右上角，这个号码与装货单、大副收据或场站收据的号码是一致的。
6. 船名、航次 Ocean vessel, Voyage No.	应填写货物所装船舶的船名、航次。
7. 装货港 Port of loading	要填具体的装货港口。如有转运，填中转港名称；如无转运，填装运港名称。
8. 卸货港 Port of discharge	应填写货物实际卸下的港口名称。要注意的是，世界上不同的国家有着相同名称的港口，如是同名港口须加注国名。如属于选择卸货港提单，如伦敦/鹿特丹/汉堡选卸，在此栏上填写“OPTION LONDON/ROTTERDAM/HAMBURG”，收货人必须在船舶到达第一卸货港前船公司规定的时间内通知船方卸货港，否则船方可任意选择其中任何一卸货港。卸货港最多不得超过三个，而且这几个卸货港必须在同一条航线上。
9. 交货地 Place of delivery	填船公司或承运人的交货地。如交货地就是目的港，则此栏空白。

续表

项目	填写内容
10. 唛头 Shipping Marks	提单上的唛头必须与其他单据上的相一致。如信用证规定有唛头则应按信用证上的规定制作。信用证没有规定的可按发票上所列。如无唛头的散装货应注明"N/M"或"IN BULK"字样。
11. 货物包装及件数 Number and kind of packages	按货物装船的实际情况填写包装情况及总外包装件数。纸箱(Carton)、木箱(Wooden case)、袋装(Bag)、纸板箱(Cardboard box)等,不可笼统填为件(Packages)。一张提单有几种不同包装也应分别列明,在总数及大写部分则可以使用Packages。托盘及集装箱也可作为包装填列,裸装有捆(Bundle)、件(Package);散装为批量(In bulk)。
12. 货物名称 Description of Goods	UCP600单据中的货物可使用统称,但不得与信用证规定的描述相矛盾。凡危险品必须写明化学名称,注明国际海上危险品运输规则号码(Imco code page)、联合国危规号码(Un code No.)、危险品等级(Class No.)。冷藏货物注明所要求的温度。
13. 货物毛重及尺码 Gross weight/Measurement	同装箱单上货物的总毛重和总尺码要一致。除信用证另有规定者外,一般以公吨为重量单位,以立方米为体积单位,小数要保留三位数。
14. 运费和费用 Freight & Charges	提单要按信用证规定加注运费条款,即运费预付"FREIGHT PREPAID"或运费到付"FREIGHT TO COLLECT或FREIGHT PAYABLE AT DESTINATION",并且注意与所用贸易术语的一致性,如CIF或CFR填写前者,FOB填写后者。
15. 货物总包装件数的大写 Total number of containers or packages (in words)	此栏的内容要与第12栏一致。
16. 正本提单份数 Number of original Bs/L	正本提单份数应按信用证规定签发,一般是1~3份,并用大写数字如ONE、TWO、THREE,如L/C仅规定Full set可按习惯做两份正本,UCP600施行后,一份正本也可视为Full set。正本提单都要提交银行作为议付单据。
17. 装船批注的日期和签署 Date, By	根据UCP600规定,如果提单上没有预先印就"已装船"(SHIPPED ON BOARD)字样的,则必须在提单上加注装船批注(ON BOARD NOTATION),装船批注中所显示的日期即视为货物的装运日期。
18. 提单的签发地点和签发日期 Place and date of issue	除备运提单外均为装货完毕日期,装货日期不得迟于信用证规定的装运期,提单的签发地点应按装运地点填列。

4. 装运通知

装运通知(Shipping Note)是出口方订妥仓位或货物装船完毕后发给进口方的有关装运情况的通知,以便收货人做好接货的准备。

在FOB、CFR或FCA、CPT条件下成交的合同的买方提供办理货物保险的凭证。通常,卖方在货发前2天或货发后马上(24小时内)将所装货物的详细情况电告买方,以便买方能及时投保,或在CIF情况下做好接货准备或筹措资金。

装运通知的格式如表4—38所示。

表 4—38

装运通知

Shipping Note

<table>
<tr><td colspan="2" rowspan="2">1. 出口商 Exporter
KOKMAX INDUSTRIAL LTD.
86 ZHONGSHAN ROAD, SHENZHEN 518128 CHINA
TEL:+0086—755—68952814
FAX:+0086—755—68952816</td><td colspan="2">4. 发票号 Invoice No.
KI11003</td></tr>
<tr><td>5. 合同号 Contract No.
KSC11003</td><td>6. 信用证号 L/C No.
30—0038—556987</td></tr>
<tr><td colspan="2" rowspan="2">2. 进口商 Importer
THT TRADE CO., LTD.
405 KINGS ROAD, CHELSEA, LONDON, UNITED KINGDOM SW10 0BB
TEL: 0044 — 208 — 5647894 FAX: 0044 — 208 — 7594888</td><td colspan="2">7. 运输单证号 Transport document No.
YMSHNSH0001678</td></tr>
<tr><td colspan="2">8. 价值 Value
USD136435.20</td></tr>
<tr><td colspan="2">3. 运输事项 Transport details
FROM SHENZHEN, CHINA TO LONDON, UNITED KINGDOM BY SEA</td><td colspan="2">9. 装运口岸和日期 Port and date of shipment
SHENZHEN, CHINA
20141020</td></tr>
<tr><td>10. 运输标志、集装箱号
Shipment marks; Container No.</td><td colspan="3">11.包装类型及件数、商品编码、商品描述
Number and kind of packages; Commodity No.; Commodity description</td></tr>
<tr><td>THT
KI11003
LONDON
C/NO.1—380</td><td colspan="3">ART.NO. K78902
METAL DIECAST TOYS METAL RC CAR
1:43 CAR
48 PCS/CTN
TOTAL QUANTITY: 18240PCS
TOTAL: 380 CARTONS
TOTAL: G.W.9120KGS
TOTAL: N.W.8360KGS
TOTAL: 45.600CBM
H.S.CODE: 95030082
VESSEL'S NAME: YM MARCH/17W
CONTAINER NO.TTNU5879631 YMLU2837730</td></tr>
<tr><td colspan="2"></td><td colspan="2">12. 出口商签章
Exporter stamp and signature
KOKMAX INDUSTRIAL LTD.

洪新海</td></tr>
</table>

下面对应标准装运通知(国标 GB/T 15310.1—2009《国际贸易出口单证格式第 3 部分:装运通知》)的样本,分 12 个项目加以说明,如表 4—39 所示。

表 4—39

项目	内容	要点提示
1. 装运通知 Shipping Note	标题	装运通知的中英文名称印在格式的最上方中间。
2. 出口商 Exporter	出口方的名称和地址	其出口申报手续可由其结关代理人或其他授权人完成,出口申报一方也可包括制造商、卖主或其他人。

续表

项目	内容	要点提示
3. 进口商 Importer	进口方的名称和地址	其进口申报手续可由其结关代理人或其他授权人完成，进口申报一方也可包括货主或货物托运人。
4. 运输事项 Transport details	商业目的的运输信息	货物实际的起讫口岸和转运地点以及运输工具(必要时加列运输工具名称)。
5. 发票号 Invoice No.	卖方为商业发票指定的参考号	
6. 合同号 Contract No.	买卖双方所签订的合同参考号	
7. 信用证号 L/C No.	买方的信用证号码	
8. 运输单证号 Transport document No.	运输单证的号码	
9. 价值 Value	货物的价值	
10. 装运口岸和日期 Port and date of shipment	装运货物的口岸和日期	
11. 运输标志、集装箱号 Shipment Marks; Container No.	标识单件包装物的标志和编号，以及由于运输目的，给一个或分别处理的几个集装箱中的每一个集装箱所指定的序号	
12. 包装类型及件数、商品编码、商品描述 Number and kind of packages; Commodity No.; Commodity description	货物所呈现的外观形式的描述，以及一票发运中单件货物的数量，这些货物或是未加包装，或是已包装但不拆包无法分割；商品的编码，以及商品的描述	标明商品的包装情况。 代码表示：采用 H. S.《海关进出口商品分类代码》。
13. 出口商签章 Exporter stamp and signature	由出口商签章	
14. 自由处置区 Free disposal	给出所需的但未能纳入指定栏目的补充信息	

第五章 信用证的审核和操作

第一节 信用证的释读

一、MT 700 样式

1. 背景资料

ABC Company，Kaerntnerstrasse 3，Vienna，从 Amdam Company（PO Box 123，Amsterdam）进口啤酒，采用跟单信用证方式。

ABC Co.的银行是 Oesterreichische Laenderbank，Vienna。

Amdam Co. 的银行是 Bank Mees en Hope，Amsterdam。

除上述信息外，跟单信用证资料如表 5－1 所示。

表 5－1

Type of Credit	IRREVOCABLE
Documentary Credit Number	12345
Date of Issue	17 May 2013
Expiry Date	30 July 2013
Place of Expiry	Advising Bank
Amount	Euro 100 000
Advising Bank	Amsterdam-Rotterdam Bank Amsterdam
Available With	Advising Bank By sight payment
Shipment	400 000 Bottles of beer Packed 12 to an export carton FCA Amsterdam
Against presentation of the following documents through the Advising Bank	Signed Commercial Invoice in Quintuplicate Forwarding Agent's Certificate of Receipt，showing goods addressed to Applicant.
Documents are to be presented within 6 days after the date of issuance of the Forwarding Agent's Certificate of Receipt（FCR）.	
Confirmation is requested.	
Taking in charge at Amsterdam for transportation to Vienna.	

续表

Transhipment and partial shipments are permitted.
The documentary credit has been pre-advised on 10 May 2013.

2. 信息处理流程

信息处理流程如图 5－1 所示。

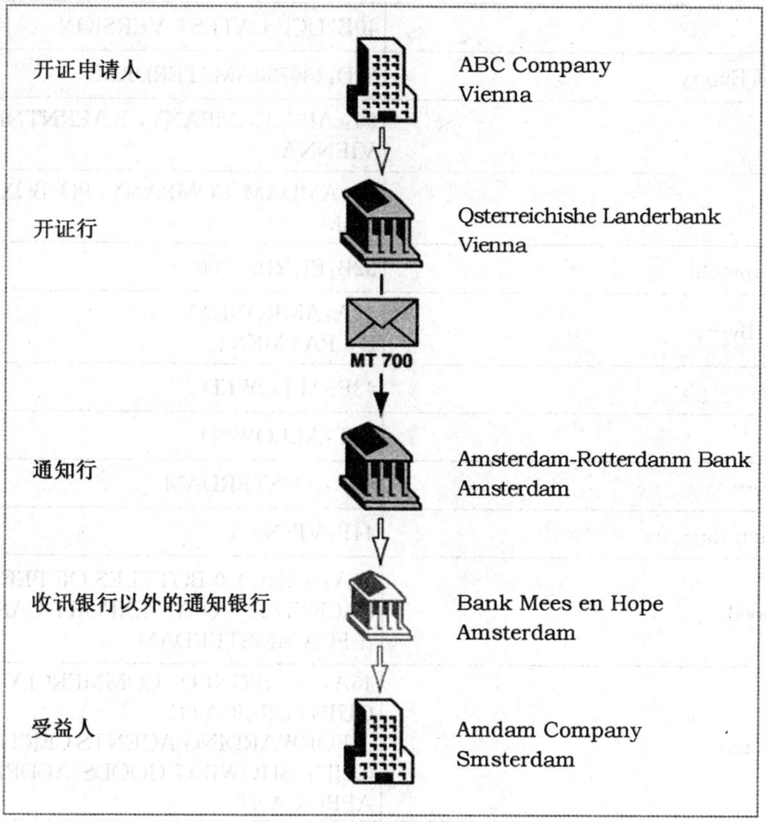

图 5－1　信息处理流程

3. SWIFT 信息

SWIFT 信息的相关内容如表 5－2 所示。

表 5－2

Explanation	Format
Sender	OELBATWW
Message Type	700
Receiver	AMRONL2A
Information	
Sequence of Total	27:1/1

续表

Explanation	Format
Form of Documentary Credit	40A:IRREVOCABLE
Documentary Credit Number	20:12345
Reference to Pre-Advice	23:PREADV/130510
Date of Issue	31C:130517
Applicable Rules	40E:UCP LATEST VERSION
Date and Place of Expiry	31D:130730AMSTERDAM
Applicant	50: ABC COMPANY, KAERNTNERSTRASSE, 3, VIENNA
Beneficiary	59: AMDAM COMPANY, PO BOX 123, AMSTER-DAM
Currency Code/Amount	32B:EUR100 000
Available With…By…	41A:AMRONL2A BY PAYMENT
Partial Shipments	43P:ALLOWED
Transhipment	43T:ALLOWED
Taking in Charge…	44A:AMSTERDAM
For Transportation to…	44B:VIENNA
Description of Goods	45A:+400,000 BOTTLES OF BEER PACKED 12 TO AN EXPORT CARTON +FCA AMSTERDAM
Documents Required	46A: + SIGNED COMMERCIAL INVOICE IN QUINTUPLICATE +FORWARDING AGENTS CERTIFICATE OF RE-CEIPT SHOWING GOODS ADDRESSED TO THE APPLICANT
Period for Presentation	48:WITHIN 6 DAYS OF ISSUANCE OF FCR
Confirmation Instructions	49:CONFIRM
"Advise Through" Bank	57A:MEESNL2A
End of Message Text/Trailer	

二、MT 707 样式

1. 跟单信用证

(1)项目背景

Solvia AB. PO Box 123, Upsala, Sweden, imports computer and electrical parts from Proquinal S.A., 48 rue de la Bourse, Brussels, under a documentary credit, issued on 17 May 2013.

The documentary credit is in US dollars.

Solvia AB banks with Skandinaviska Enskilda Banken，Stockholm.

Proquinal S.A. banks with Generale Bank，Brussels.

跟单信用证的相关信息如表 5—3 所示。

表 5—3

Type of Credit	IRREVOCABLE
Documentary credit Number	DC.IMP 3410/3444
Expiry Date	30 July 2013
Place of Expiry	Brussels
Amount	US Dollars 31 500
Available With	Advising Bank by acceptance of Beneficiary's draft drawn at 30 days after bill of lading date on Generale Bank
Shipment of	
1	2209 b-4，cpu 16k memory 6 i/o slots 177—2200—74
1	2219 b-gr，12″crt (64×16) u/l keyboard with single minidiskette with controller
1	ap 101 additional minidiskette drive
2	2291 w-2 gr，120 char.sec. printer，12 pitch 132 char per line
1	2209 b-4 cpu 16k memory 6 i/o slots
1	2229 b-cr 12″ crt (64×16) u/l keyboard console with contr.
1	2291 w-2-gr. line printer
1	2269d 1/2，2,5 mb-p + 2,5 mb-r disk drive
1 memory rom	210—6298
1 power regulator	210—0341
1 rom t-loading	210—6705
1 power supply regulator	210—6756
1 coss interface	210—7068
1 ribbon assy	279—0181
2 hub lamp assy	726—1021
1 air filter	726—0414
cif Stockholm	

跟单信用证所需文件和特别要求如表 5—4 所示。

表 5—4

- Signed Commercial Invoice in Sevenfold.
- 2/3 clean on board ocean bills of lading marked freight prepaid consigned to the order of beneficiaries and endorsed in blank，marked notify applicant with full name and address，dated not later than 21 July 2013.
- copy certificate of origin showing goods of Belgian origin.
- copy consular invoice mentioning import registration number 123.
- 1/2 insurance policy for 110 percent of invoice value，covering all risks and war risks and srcc as per inst-

续表

itute cargo clauses, including warehouse to warehouse clause. ● packing list in 4 copies. ● copy of airmail letter addressed to the applicant showing that one original of all documents have been sent directly to them within three days after bill of lading date. ● the certificate of origin may also indicate that goods are of EEC origin instead of Belgian origin. ● drafts are to be marked as drawn under this documentary credit. ● documents must be presented within 10 days after bill of lading date. ● please advise beneficiaries adding your confirmation. ● all documents must be forwarded to us in one lot. ● all charges are for account of the beneficiary except commission related to the acceptance of the draft.
Shipment is from Antwerp to Stockholm.
At maturity of the draft, reimbursement is to be claimed at Manufacturers Hanover Trust Company, New York.
Transhipment and partial shipments are not allowed.

(2)信息处理流程

信息处理流程如图 5—2 所示。

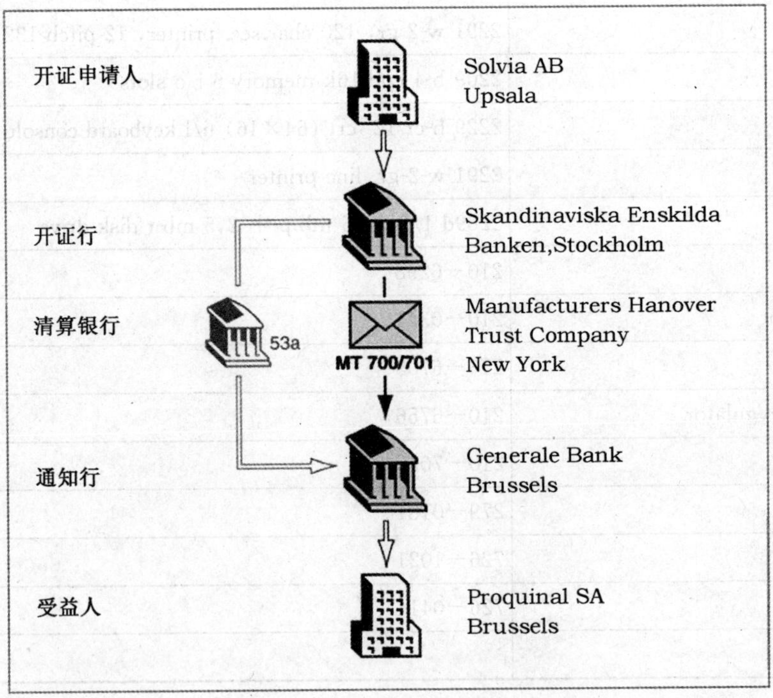

图 5—2 信息处理流程

(3)SWIFT 信息

1)Message A MT 700

Note: The number of characters in the following messages does not exceed the maximum input message length. Three messages are used to illustrate the use of the fields of the MT 700/701,相关信息如表 5—5 所示。

表 5—5

Explanation	Format
Sender	ESSESESS
Message Type	700
Receiver	GEBABEBB
Message Text	
Seq. of Total	27:1/3
Form of D/C	40A:IRREVOCABLE
D/C Number	20:DC.IMP 3410/3444
Expiry Date	31D:130730BRUSSELS
Applicant	50:SOLVIA AB PO BOX 123 UPSALA, SWEDEN
Beneficiary	59:PROQUINAL S.A. 48 RUE DE LA BOURSE BRUSSELS
Curr/Amount	32B:USD31500,
Available With… By…	41A:GEBABEBB BY ACCEPTANCE
Drafts at…	42C:30 DYS AFTER BLADING
Drawn on…	42A:GEBABEBB36A
Partial Shipment	43P:NOT ALLOWED
Transhipment	43T:NOT ALLOWED
Loading…	44A:ANTWERP
Transport…	44B:STOCKHOLM
Additional Conditions	47A:+THE CERTIFICATE OF ORIGIN MAY ALSO INDICATE THAT GOODS ARE OF EEC ORIGIN INSTEAD OF BELGIAN ORIGIN +DRAFTS ARE TO BE MARKED AS DRAWN UNDER THIS DOCUMENTARY CREDIT
Charges	71B:ALL CHARGES FOR THE BENEFICIARY'S ACCOUNT EXCEPT COMMISSION RELATED TO THE ACCEPTANCE OF THE DRAFT
Period for Presentation	48:DOCUMENTS MUST BE PRESENTED WITHIN 10 DAYS AFTER BILL OF LADING DATE
Confirm Inst.	49:CONFIRM
Reimbursement	53A:MAHAUS33
Instructions	78:ALL DOCUMENTS MUST BE FORWARDED TO US IN ONE LOT
End of Message Text/Trailer	

2)Message B MT 701

相关信息如表 5—6 所示。

表 5—6

Explanation	Format
Sender	ESSESESS
Message Type	701
Receiver	GEBABEBB
Message Text	
Seq. of Total	27:2/3
D/C Number	20:DC.IMP 3410/3444
End of Message Text/Trailer	45B:+1 2209 B-4,CPU 16K MEMORY 6 I/O SLOTS 177—2200—74 +1 2219 B-GR，12 IN CRT（64 X 16）U/L KEYBOARD WITH SINGLE MINIDISKETTE WITH CONTROLLER +1 AP 101 ADDITIONAL MINIDISKETTE DRIVE +2 2291 W-2 GR，120 CHAR.SEC. PRINTER，12 PITCH 132 CHAR PER LINE +1 2209 B-4 CPU 16K MEMORY 6 I/O SLOTS +1 2229 B-CR 12 IN CRT（64 X 16）U/L KEYBOARD CON-SOLE WITH CONTR +1 2291 W-2-GR. LINE PRINTER +1 2269D 1/2，2,5 MB-P + 2,5 MB-R DISKDRIVE +1 MEMORY ROM 210—6298 +1 POWER REGULATOR 210—0341 +1 ROM T-LOADING 210—6705 +1 POWER SUPPLY REGULATOR 210—6756 +1 COSS INTERFACE 210—7068 +1 RIBBON ASSY 279—0181 +2 HUB LAMP ASSY 726—1021 +1 AIR FILTER 726—0414 +CIF STOCKHOLM

3)Message C MT 701

相关信息如表 5—7 所示。

表 5—7

Explanation	Format
Sender	ESSESESS

续表

Explanation	Format
Message Type	701
Receiver	GEBABEBB
Message Text	
Seq. of Total	27:3/3
D/C Number	20:DC.IMP 3410/3444
Documents Required	46B:+SIGNED COMMERCIAL INVOICE IN SEVENFOLD + 2/3 CLEAN ON BOARD OCEAN BILLS OF LADING MARKED FREIGHT PREPAID CONSIGNED TO THE ORDER OF BENEFICIARY'S AND ENDORSED IN BLANK, MARKED NOTIFY APPLICANT WITH FULL NAME AND ADDRESS, DATED NOT LATER THAN 21 JULY 2013 +COPY CERTIFICATE OF ORIGIN SHOWING GOODS OF BELGIAN ORIGIN +COPY CONSULAR INVOICE MENTIONING IMPORT REGISTRATION NUMBER 123 +1/2 INSURANCE POLICY FOR 110 PERCENT OF INVOICE VALUE, COVERING ALL RISKS AND WAR RISKS AND SRCC AS PER INSTITUTE CARGO CLAUSES, INCLUDING WAREHOUSE TO WAREHOUSE CLAUSE +PACKING LIST IN 4 COPIES +COPY OF AIRMAIL LETTER ADDRESSED TO THE APPLICANT SHOWING THAT ONE ORIGINAL OF ALL DOCUMENTS HAVE BEEN SENT DIRECTLY TO THEM WITHIN THREE DAYS AFTER BILL OF LADING DATE
End of Message Text/Trailer	

2. 跟单信用证修改

(1)项目背景

On 21 May 2013, Skandinaviska Enskilda Banken subsequently notifies Generale Bank of the following changes to the terms and conditions of the documentary credit issued on 17 May 2013:

- The expiry date of the credit has been extended to 30 September 2013.
- The amount of the credit has been increased by USD 3 250 to USD 34 750.
- The bill of lading is to be issued not later than 20 September 2013.

(2)信息处理流程

信息处理流程如图 5—3 所示。

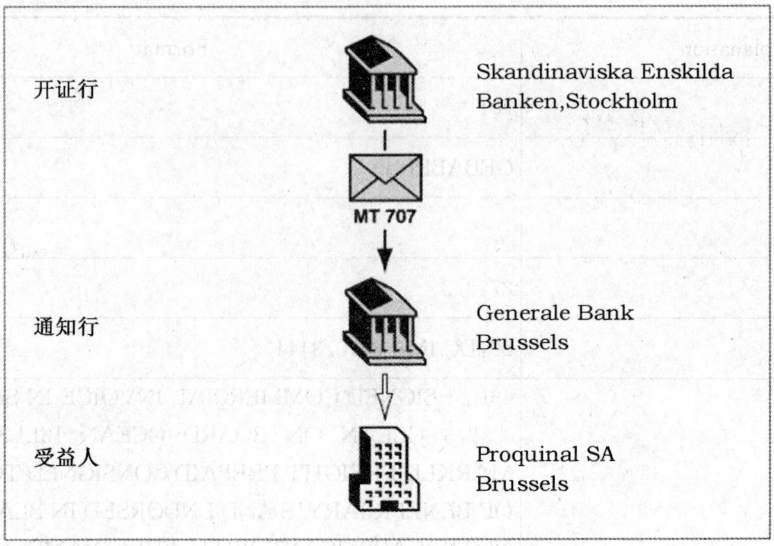

图 5—3 信息处理流程

(3)SWIFT Message

相关信息如表 5—8 所示。

表 5—8

Explanation	Format
Sender	ESSESESS
Message Type	707
Receiver	GEBABEBB
Message Text	
Sender's Reference	20:DC.IMP 3410/3444
Receiver's Reference	21:NONREF
Date of Issue	31C:130517
Date of Amendment	30:130521
Number of Amendment	26E:01
Beneficiary	59:PROQUINAL S.A. 48 RUE DE LA BOURSE BRUSSELS
New Date of Expiry	31E:130930
Increase of D/C	32B:USD 3 250.00
New D/C Amount	34B:USD 34 750.00
Narrative	79:BILLS OF LADING TO BE ISSUED NOT LATER THAN 20 SEPTEMBER 2013
End of Message Text/Trailer	

第二节 信用证内容的审核

一、对信用证表面完整性进行审核

一般来说，通知行会对信用证表面完整性进行审核，但作为业务员收到信用证也要对信用证表面完整性进行审核。

(1)查核信用证是否缺页等。

(2)查核信用证全套正、副本是否完整一致。若来证对偿付寄单方式仅在信用证正本上有表示，则应在副本上补齐。

二、对信用证遵循惯例进行审核

UCP600 第 1 条称：“跟单信用证统一惯例，2007 年修订版，国际商会第 600 号出版物，适用于所有在正文中表明按本惯例办理的跟单信用证(包括本惯例适用范围内的备用信用证)。除非信用证中明确修改或排除，本惯例对一切当事人均具有约束力。”

如果信用证注明“This letter of credit is subject to UCP600”，除非另有规定，处理信用证业务的一切当事人都受 UCP600 的约束。

三、对有关责任银行的资信进行审核

注意审核开证行、保兑行、转让行的资信。其信誉和资历应结合来证金额大小通盘考虑。具体方法是通过对开证行、保兑行和转让行的资历、性质、在该国的地位以及所在地的政局、经济情况、是否受美国政府经济制裁等因素进行审核，也对其与同银行的往来关系和往来记录等进行审核。

如审核认为接受来证可能有风险，银行会提醒受益人，建议其视具体情况采取以下措施：

(1)由其他大银行保兑；

(2)由偿付行确认偿付；

(3)要求加列电索条款；

(4)若信用证规定允许分批装运，则应尽可能分批出运，以减少风险。

如无法确定开证行资信与风险的大小，应向银行代理行管理部门咨询后再作决定。

四、对信用证条款进行审核

(1)若来证不符合我国政策或带有歧视性条款，应对外提出交涉并要求修改。

(2)若来证中带有软条款，银行会加以注明，提醒受益人注意。如：信用证附加生效条件、受益人无法控制或不易执行的信用证条款等。对于这些软条款，出口商要非常重视，考虑其风险性和可行性。

(3)若来证中有含糊不清、条款不完整、单据与单据之间、单据内容自身相矛盾的条款，应在通知信用证时出口商要直接联系开证申请人要求开证行修改或明确。

(4)对来证中的偿付条款进行审核。来证中如存在偿付路线和索汇路线迂回、环节多以及其他影响及时收汇的条款，要及时联系开证行予以修改。应特别注意，如信用证开证行所在国

家或地区属于被美国政府经济制裁或其中内容(如产地、起运港、卸货港)涉及被制裁国家、地区的,偿付路线应避开美国。

(5)对转让来证条款进行审核。若转让行对所转让的信用证不承担任何责任,而要求将信用证项下有关单据寄往该行,由第一受益人更换单据,须待其收到原开证行付款后才向寄单行付款。对此类来证,银行一般会在来证上提示上述情况,出口商要注意及联系修改。对于转让行不负任何责任,证下单据可直接寄开证行的,可按一般来证审核。

(6)对信用证中费用条款进行审核。如现定费用由受益人承担,如不愿承担,受益人要直接联系开证申请人要求开证行修改。

(7)对于某些条款不足以构成开证行确定的付款承诺的信用证,受益人可委托通知行,可要求开证行予以澄清。

五、对信用证货币和金额进行审核

来证货币必须是可自由兑换的货币,来证金额的大小写应一致,如有问题,受益人要联系开证申请人要求开证行修改,或由银行联系开证行请其明确。

六、对银行责任条款进行审核

若信用证中指定银行作为付款/承兑/延期付款/保兑银行,须按有关规定决定银行是否承担有关责任。

七、信用证的到期日、到期地点和交单期的审查

信用证中均须规定一个到期日及一个付款、承兑交单地点。议付信用证尚须规定一个议付交单地点(自由议付信用证除外)。规定的付款、承兑或议付的到期日,将视为提交单据的到期日。到期日决定了信用证的有效期,单据应在此日期前向信用证规定的到期地点提交,否则将被视为单证不符。

如信用证注明的有效期限为“1个月”、“6个月”或类似规定,但未指明自何日起算,则开证行开立信用证的日期即视为起算日。

到期地点应与信用证的兑付方式一致,并与信用证中指定向其提示单据的银行所在地相符。

除规定一个交单日期外,凡要求提交运输单据的信用证,尚须规定一个在装运日后按信用证规定必须交单的特定期限。如未规定该期限,则默认交单期为装运日后21天,同时还要结合信用证的到期日考虑。不管信用证规定的交单期是多少天,单据都不得迟于信用证的到期日提交。

如信用证的到期日或交单期限,或运输单据日后交单期限的最后一天,适逢接受单据的银行因不可抗力以外的原因而中止营业,即属正常的节假日或停业日,则规定的到期日及或(/)装运日后一定期限内交单的最后一天,将顺延至该银行开业的第一个营业日。

信用证的议付有效到期地一般应在我国境内。

八、对信开信用证审查注意点

信开信用证上固定的条款和信用证空白处、边缘处及背面加打、缮写或橡胶戳加注的文句,都是信用证条款的组成部分,同样要认真审查。对大额信开信用证,应视开证行

资信情况决定是否联系开证行加押证实；对有疑问的信开信用证，应联系开证行加押证实。

九、对信用证付款责任的审查

信用证的开证行，必须有明确的保证付款责任条款。如信用证经由第三家银行保兑或确认偿付，保兑行与确认偿付行承担的责任也必须明确。信用证由第三家银行中转，应审查中转行的责任条款，如中转行承担保证付款的责任，可按中转行的资信掌握；如中转行除转递信用证外，不负其他任何责任，则仍按原开证行的资信掌握。

十、对转让信用证的审核

来证系可转让信用证，若由国外第一受益人通过转让行转给国内第二受益人，除按一般单证范围进行审核外，还要注意：该证是否第一次转让？转让行是否承担责任？资信如何？等等。如转让行对来证不负担责任，而要求信用证项下有关单据直接寄送该行，应由第一受益人更换单据，待原开证行付款后，才能收到货款和费用。对此类来证，通知行要在来证上注明上述情况，提请受益人注意修改。对于转让行不负任何责任，单据也不要求寄该行，而直接寄送开证行的情况，可按一般单证要求处理。对于可转让信用证，受益人要求转让给其他公司执行的，可按一般单证要求处理。

第三节　跟单信用证方式下单据的审核

作为国际结算的主要手段之一，跟单信用证是指凭跟单汇票或凭单据付款的信用证。在跟单信用证业务中，有关各当事人处理的是单据，而不是货物。因此，理解和掌握单据审核的要点，就成为信用证审核中的重要内容之一。

依据信用证条款，按照单证一致、单单一致、表面相符的原则以及国际商会《跟单信用证统一惯例》的规定合理、谨慎地审核单据。审单时，对信用证及其修改的内容必须逐字逐句阅读，根据信用证上规定的条款，逐条与单据核对，务必做到"单证一致"；以发票为中心，与其他单据对照审核，单据与单据之间有关的内容必须相符，务必做到"单单一致"。最后，依次审核各种单据各自应有的内容是否齐全，包括单据的名称、基本内容及特殊内容、单据签发人名称、签章、出单日期等。

一、国际商会关于单据的有关规定

1. 银行审核单据时应仅以单据为基础决定其在表面上是否相符

信用证是开证行作出的有条件的付款承诺，而该条件是提交的单据为相符单据（Complying Presentation）。该条件适用于受益人与开证行、保兑行以及被指定银行之间，也适用于保兑行、被指定银行与开证行之间，同时，开证行能否从申请人处得到偿付也取决于该条件是否得到满足。因此，开证行、保兑行以及被指定银行必须对单据进行审核。审核单据的首要标准要求银行在审单时应仅以单据为基础决定单据表面是否相符。"仅以单据为基础"、"表面相符"进一步赋予了银行独立于当事人基础交易之外的地位，银行以自己独特的方法遵循相关惯例及实务标准审查单据表面的记载即属足够，不需要去探究单据背后的实际情况，这既是信用证独立性的要求，也是独立性的体现。

2. 银行应遵守审单时限的规定

审单时限对信用证当事人有重要的意义。开证行、保兑行必须在规定的审单时限内完成审单工作并发出拒绝或接受单据的通知，如果超过这个时限，银行将失去拒绝接受不相符单据的权利，从而失去《跟单信用证统一惯例》(以下简称《统一惯例》)对其权利的保护。欲快速收回货款的信用证受益人无权要求被指定行、开证行或保兑行在审单时限内进行承付或议付；如果被拒付，应尽早获取拒付通知有利于受益人在第一时间内与申请人协商要求其放弃不符点接受单据，从而加速回款，使交易能够顺利结束；如果申请人坚持不符点，也有利于其争取时间要求承运人将已发出的货物载回或采取其他行动最大限度地避免损失。对申请人来说，在已提货的情形下，其通常希望对开证行的偿付尽量延后，而在货物已到港需凭单提货的情形下，其往往又希望银行能够早日释放单据。可见，在明确的审单期限规则指引下，银行完成审单工作、发出拒付或同意付款的通知，有利于各方当事人按自己的角色、按时间要求对交易中的下一个环节采取行动或进行准备。

UCP600 规定审单时限为"从收到单据的第二日起不超过五个营业日"。值得一提的是，UCP600 对审单时限增加了"该期限不因单据提交日恰逢信用证到期日或最迟交单日或在其后而被缩减或受到其他影响"的规定。在现行规则下，一些银行如果在信用证规定的最迟交单日后或信用证到期后收到单据，往往不再审单，直接认定为单据不符。增加的规定表明，即使超过了最迟交单日或信用证有效期提交单据，银行也应遵守相应的时限对整套单据进行审查并完成后续工作。另外，该规定也意味着不因交单日在信用证有效期或最迟交单日当天或之后而剥夺银行五个营业日期限的权利。

3. 单据最迟必须自装运日后 21 个日历日内提交，但不得迟于信用证到期日

按照 UCP500 第 43 条的规定，要求运输单据的信用证应以装运日为起点规定一个交单期限，如果信用证未规定上述期限，则单据应在装运日后 21 个日历日内提交。与 UCP500 不同，UCP600 没有要求信用证应对交单期限做出规定，直接明确地规定包含有运输单据的交单应不迟于装运日后的第 21 个日历日。UCP600 没有要求信用证应就交单期做出规定，但假如信用证进行了明确规定，应视为当事人对 UCP600 第 14 条 c 款的排除适用，应遵守信用证的要求。UCP500 与 UCP600 中的表述方式不同，但实际上两者是异曲同工。实务中，开证申请人对交单时间非常看重。随着航运速度的加快，货物先于单据到港，造成滞港的情形非常频繁。为避免失去市场时机，一旦发生滞港情形，许多申请人往往通过提供提货担保的方式先行提货，因此，开证申请人、在提出开立信用证申请时往往都会对交单时间做出要求，在信用证中加入相应条款。

除了遵守信用证中关于交单期的规定，受益人也应注意信用证的有效期，保证交单是在信用证效期内。例如，信用证规定最迟装运日为 5 月 15 日，装运日后 20 天内交单，信用证有效期为 5 月 31 日。货物于 5 月 15 日装船，受益人取得当日签发的已装船提单。6 月 2 日受益人向银行交单，但银行提示受益人信用证已过有效期。按照《统一惯例》的规定，该案例中，受益人最迟应于 5 月 31 日交单。在信用证未要求运输单据的情况下，信用证有效期为 5 月 31 日，则受益人的最迟交单日为 5 月 31 日。

4. 按照信用证的规定、国际标准银行的实务做法以及单据本身的内容，单据内部信息之间、单据之间以及单据与信用证之间不需要完全一样，但必须不冲突

该规定与 UCP600 第 2 条中"相符交单"的定义衔接，具体说明何为相符单据。UCP600 第 2 条中对"相符交单"的定义为：相符交单意为提交的单据符合信用证。该惯例可适用条款以及国际标准银行实务的要求。综合 UCP600 关于"相符"的定义及具体要求，"相符单据"应符合下列条件：

(1)单据符合 UCP600 以及国际标准银行实务的要求

为使单据的制作与审核有章可循,《统一惯例》以大量的篇幅对各种单据最低应满足的要求进行了规定,在信用证适用《统一惯例》的情形下,各种单据的制作与提交均应首先按照《统一惯例》进行,但《统一惯例》作为信用证交易的准绳,其并没有对交易中的所有问题都进行规定。因此,对于《统一惯例》未规定或未明确规定的单据问题,应采用"国际标准银行实务"(International Standard Banking Practice)的做法。UCP600 没有对"国际标准银行实务"作出明确规定。国际商会 2003 年出版了名为"国际标准银行实务"的文件,但是该文件不应被认定为唯一的"国际标准银行实务"。事实上,国际商会公布的政策声明、专家委员会意见以及一些具有先例性质的判例均被适用于信用证实务当中,因此,对"国际标准银行实务"应做宽泛理解。

(2)单据与信用证不冲突

《统一惯例》对各种单据做出了一般性的规定,但要求任何单据以及其具体内容应以信用证为依据。信用证对单据的要求一般都是按照《统一惯例》的规定做出,但有时信用证会修改或排除适用某些条款的规定,因此应根据具体情况分析信用证的要求,保证单据按照信用证的要求制作。

UCP600 要求信用证与单据之间应不冲突(not conflict)而不是完全一致(identical)。这一总原则通过 UCP600 的具体条款得到了印证。例如,要求发票中的货物描述必须与信用证相符(第 18 条 c 款),对发票中的货物描述进行了较高的要求,但是对其他单据中的货物描述,规定只要不与信用证中的描述冲突,可以使用统称(第 14 条 e 款)。这些条款正是信用证与单据之间"不必完全一样但必须不冲突"的体现。

(3)单据之间相互不冲突

UCP500 要求单据之间不能不一致(not inconsistent),UCP600 要求单据之间"不冲突"(not conflict),但是始终没有直接明确要求单据之间"应一致"(consistent)。"单证一致,单单一致"的要求是我国银行界根据国际惯例总结出的审单原则,该原则实际上与《统一惯例》的要求不完全相同。

(4)单据内的信息相互不冲突

要求单据内部信息相互不冲突是 UCP600 的新增内容,但这一规定在实务中已被普遍适用,《统一惯例》将其明文规定。

5. 除商业发票之外的单据中的货物描述可使用统称

关于货物描述,UCP600 对除了商业发票以外的其他单据做了较低要求,规定其他单据中的货物描述可以使用统称,只要不与信用证相冲突。例如,信用证规定"25 wood cases"而在质量证明里却使用"25 Packages"是被允许的。

6. 信用证未规定单据的出单人或内容的情形

在信用证要求的单据当中,从表面上能够证明货物已经装运并在途或到港的单据为运输单据和保险单据。可以说,这两类单据在信用证要求的单据中具有非常重要的地位,因此《统一惯例》对它们的出单人及内容做了详尽的规定。至于商业发票,因其作用主要在于说明受益人发送了信用证要求的货物。价格条件要符合信用证的规定,同时说明受益人支取信用证项下金额的方式(一次或分次支取),因此商业发票的出单人只能是信用证的受益人,《统一惯例》对此也做出了明确规定(只是在可转让信用证中允许有例外)。另外,对于商业发票的内容,即有关货物的描述,《统一惯例》也做出了要求。至于其他的单据,因每一信用证都会要求不同种类的单据,并且申请人要求同一种类单据的目的不尽相同,所以《统一惯例》无法对此类单据的出单人或内容做具体要求。因此，其他单据的出单人和内容应由信用证根据具体情况做出规定，但信用证有时会出现对出单人和内容不做规定的情形。

本条规定，在信用证未就单据的出单人或内容做出规定的情况下，只要提交的单据满足其功能需要，并且符合一致性的要求，银行将接受提交的单据而不考察单据的出单人。

7. 信用证未要求单据的处理

信用证未要求的单据银行将不予理会，并可以将此类单据归还予单据的提交人。

8. 非单据性条件的处理

信用证交易为单据交易，银行的职责在于审核单据，银行将不予理会单据之外的其他条件是否得到满足。

9. 单据的签发日期

通常情况下，信用证受益人在接到信用证以及对信用证条款是否与合同条款一致的审核完毕，认为能够接受所有条款后才会备货、装运、准备各种单据，单据的签发日期一般都是在信用证开立日之后。但是，国际贸易的实际状况较为复杂，合同成立日有可能远早于信用证的开立日。在此之前，受益人就有可能开始备货并完成相关的检验检疫证明或原产地证明等其他工作。UCP600 承袭了 UCP500 第 22 条中"银行将接受出单日期早于信用证开立日期的单据"的规定，表述为"单据的出单日期可以早于信用证开立日的单据"(a document may be dated Prior to the issuance date of the credit)，但是删除了UCP500 中出单日早于信用证开立日的"单据必须在信用证和本惯例规定的时限之内提交"的规定。

信用证项下的单据提交必须遵守时间规定是适用于所有单据的，既然在整体上都已经做出了要求，那么对于出单日早于信用证开立日的单据就不需要再次重复同样的规定。

此外，关于单据的签发日期，UCP600 增加了"单据签发日不得迟于单据的提交日"的规定。正常的单据操作顺序应为先签发各类单据，后提交到银行。单据的签发日期如果晚于提交日，在时间先后顺序上与单据的实际操作情况相矛盾，故签发日晚于提交日的单据不被接受。

10. 关于申请人和受益人的地址和联系信息

UCP600 中关于地址、联系信息进行了放宽规定，再次体现出对"严格一致"原则的松动。UCP600 规定，单据中受益人和申请人的地址不必与信用证或其他单据中的地址相同，但必须与信用证中规定的各自地址在同一国家，同时，诸如传真、电话、电子邮箱等联系信息如果是地址的一部分，银行将不予理会。如果申请人的地址和联系信息被信用证要求出现在各类运输单据的"收货人"或"通知方"栏目中，它们应该与信用证保持一致。"收货人"及"通知方"信息往往被用于承运人或其代理人进行到货通知，因此该信息的准确性对及时提货有重要影响，鉴于此，UCP600 要求它们必须与信用证保持一致。

11. 关于第三人为托运人(shipper)或发货人(consignor)

本条的规定与 UCP500 第 31 条 c 款相似，但是将允许第三方为托运人或发货人的单据范围扩大到了一切单据。根据 UCP500 的规定，运输单据的托运人或发货人可以为受益人以外的第三人，但其他单据中的托运人或发货人是否可做同样处理没有做明确规定。银行和受益人有时会无所适从。为保证单单相符，一般银行会要求其他单据均与运输单据保持一致。UCP600 将这一实务中的做法以文字形式确立，使规则更具操作性。

12. 关于运输单据的出具人

本条是针对 UCP500 第 30 条关于货代(运输行或货运代理，freight forwarder)单据做出的变革性规定。按照UCP500第30条的规定，运输行出具的运输单据是不可接受的。但如果运输行作为承运人或承运人的代理人出具，则可以接受。本条规定，只要运输单据能够满足本惯例第19、20、21、22、23或24条的要求（不包括邮寄单据），运输单据可以由承运人、船东、船长或租船人以外的任何一方出具，虽未专门提到货运代理，但实质上已表达了对其出具或代理出具运输单据事实的接受。

二、适用指南与应对策略

1. 关于信用证未要求单据的退回

受益人提交的信用证未要求的单据可能对申请人有非常重要的作用，因此银行在实务过程中应慎用退回信用证未要求的单据的权利，以免为基础交易双方造成不必要的麻烦。受益人如提交了额外单据，也应主动告知银行将单据传递出去，以免单据被退回后对申请人造成不利影响。

2. 关于非单据性条件

非单据性条件仍然频繁地出现在许多信用证中。申请人对《统一惯例》的认识水平参差不齐，在申请书中难免规定非单据性条件。此时，开证行有责任提醒申请人此类条件无任何效力。虽然这并不是开证行的义务，但是尽职地为申请人利益考虑，是银行在市场竞争中赢得客户的必要手段之一。

3. 关于单据签发日期

现行实务中，单据签发日不得晚于单据提交日的规则已被普遍接受并适用。通常，被指定银行在审单过程中如发现单据不符点，为使自己顺利从开证行得到偿付或帮助受益人顺利收回货款，往往会通知受益人重新制作单据或修改单据。在实践中，许多单据只有修改的机会而不能重新出具，如提单、保险单以及原产地证明等，因此单据的日期不会被改动。重新制作的单据往往是受益人本人出具的单据。UCP600的新规定提醒指定银行或受益人，在换单时务必注意单据的出单日期。

4. 关于全面理解信用证要求的单据

关于信用证要求的单据一般列于SWIFT报文（MT700）中的46（A）项“要求的单据”（Documents Required）中，但有时也会在47（A）项“附件条件”（Additional Requirements）中体现。例如，信用证有时要求受益人发货后就装运日、船名、承运人名称等情况以传真方式通知申请人并要求受益人提交传真的复印件。因此，受益人准备单据时应全面掌握信用证要求的单据。

三、关于正本单据与副本单据的规定

UCP600第17条规定了正本单据和副本单据及其识别问题。

1. 条款内容与特点

本条对如何识别单据为正本或副本设立了规则，同时也对正、副本单据的提交规则做了规定，共计五款内容。

本条的规定体现出以下特点：

(1)成为UCP600单列的一条

关于正副本的区别以及正副本单据的提交，UCP500只通过第20条b款进行了一些要求，UCP600单独列出了一条，说明业内人士对单据正、副本区分的重视。

(2)没有修改业已形成的惯例

UCP600对业已形成的确定单据是正本还是副本的国际惯例没有做改变，只是对在现行制单技术下如何区分正本和副本单据、如何按照惯例和信用证的要求提交正本与副本做了一般规定。

(3)关于单据正副本区分的规定考虑了当代国际贸易中制单技术的发展

UCP500之前的传统惯例认为，只有手写或手打的单据才是正本。对UCP400修改时考虑到了电脑、影印技术在制单技术中的运用，因而专门规定了电脑、影印手段制作的单据也可作为正本的条件。上述规定透露了这样一个信息：在UCP500产生当时，通过手写、手打制单与电脑、复印机制单是并行的，但以手写或手打制单为主。但是在当代，制单技术表现为普遍使用电脑、打印机或复印机的批量制单，考虑到这一些情况，UCP600删除了UCP500中对通过电脑、影印技术产生的单据的专门规定，反而对在手写或手打的单据可接受为正本的条件进行了规定。

2. 区分正副本及提交正、副本单据应遵循的规则

(1)至少应提交一份正本单据。

(2)单据表面有出具人的正本签字、标记、印章或标签的，银行将视为正本单据，除非单据本身表明其不是正本。

(3)除非单据另有标明，银行也将接受为正本的单据包括下列三种：

1)单据看起来有单据出具人手工书写、打字、穿孔签字或印章；

2)单据看起来出自出具人的正本信笺；

3)单据本身标明为正本，除非该标明不适用于所提交的单据。

(4)正本单据可替代副本单据。

(5)信用证用特殊术语表达的多份单据应正确提交正、副本份数。

(6)遵循ISBP中的一些补充规定。

四、汇票审核

汇票作为支取信用证金额的凭证，附在汇票下面的是全套单据，故也称为跟单汇票，它不是单据，而单据却是汇票的附件。

因此，银行需要审核汇票，就像审核其他单据一样，必须符合信用证的规定。银行在审核汇票时，可以从以下几个方面入手：

(1)应有“汇票”字样。根据《日内瓦统一法》，汇票在文字中必须有“汇票”字样出现，而且必须用作成汇票的同种语言来表示。《英国票据法》虽无此要求，但在实务中，注出汇票名称是比较保险的做法，用英语中的“Bill of Exchange”或“Draft”均可。

(2)如果信用证规定了出票条款(draw clause)时，汇票就应列明，以说明该汇票与某银行、某日期开出的某号信用证的关系。出票条款通常包括开证行名称、信用证号及开证日期等三项。汇票上的开证行名称、信用证号及开证日期均应与信用证规定相符。

(3)出票人或签字应与信用证的受益人完全相符。

(4)付款人应符合信用证规定，即不能以申请人作为付款人。即期付款信用证要求汇票时，则汇票付款人是指定付款行。承兑信用证的汇票付款人是指定承兑行，议付信用证要求汇票时，则汇票付款人是议付行以外的一家银行，通常是开证行，议付信用证中规定“以我行为付款人”(draft drawn on us)，即是开证行为付款人。

(5)汇票金额应与商业发票所载金额相同,信用证规定为发票金额的百分之几的(如 draft for 95% invoice value)除外。

(6)汇票金额应不超过信用证金额或信用证项下允许的金额。

(7)汇票金额大小写必须一致,货币必须与信用证所规定的相符。

(8)汇票期限应与信用证中规定的相符。

(9)出票日不能早于发票日和迟于信用证的有效期及交单期。如果同一份汇票项下出具了两套提单,且货物装上了两条不同的船,则交单期应从较早的一份提单日期起算。如果两套提单显示货物是用同一运输工具并经同一路线运往同一目的地,即使每套提单显示不同的装运港和不同的装船日,交单期从最迟的装船日起算。如果同一套提单上有多个装船批注,且所有的装船批注均显示同一批货物从一个信用证允许的地理区域或地区装运上不同的船只,则以最早的装船日来计算交单日期。此外,从道理上讲,汇票的出票日期不应早于信用证规定的任何其他单据的出具日期,因为受益人只有在提供了信用证所要求的全部其他单据的情况下,才有权利在信用证项下提出支款要求(即出票)。

(10)如果汇票要背书,它应能被正确地背书,一般不能作限制性背书。

(11)除非信用证授权,否则,不应开立"无追索权"的汇票。

(12)票面不应有涂改。汇票如有修正和变更,必须在表面由出票人证实。但是,有些国家不接受带有修正和变更的汇票,即使有出票人的证实。虽然国际商会要求不接受该类汇票的国家应在信用证中做如此声明,但是从谨慎合理审核单据的角度看,还是从严掌握为好。

五、发票审核

商业发票作为商业票据的中心单据,连同其他单据如运输单据、保险单据、包装单等都是支持商业发票的货物而开立的。因此,银行在审核商业发票时应小心谨慎。

(1)单据的名称。一般而言,出口商所出具的发票都是商业发票,因此只需在醒目位置标出"Invoice"字样,不必一定写明"Commercial Invoice"。

(2)发票应由信用证指名的受益人开立,如果表示地址,应与信用证要求的地址相同。因此,发票签发人与汇票出票人为同一人。

(3)除非另有规定,发票应将开证申请人作为抬头。

(4)发票不要加注"临时的"(Provisional)、"形式的"(Pro-forma)或类似用语,除非信用证特别准许。

(5)发票合同号要与信用证一致,唛头要符合信用证要求,而且应与表现在其他规定单据上的唛头一致。

(6)关于货物的描述,如名称、品质、单价、数量、重量及包装必须与信用证完全一致。

(7)发票金额不得超过信用证,并与汇票金额相符。发票的币种应与信用证的币种相同。

(8)信用证的金额、数量与单价的增减幅度。"约"或"大约"用于信用证金额或单价时,应解释为允许有关金额或数量或单价有不超过10%的增减幅度。信用证未以包装数量或货物自身件数的方式规定货物数量时,货物数量允许有5%的增减幅度,只要总支取金额不超过信用证金额。

(9)发票上表示的货物数量、重量、尺码、装运、包装、运费或其他有关的运输费用资料等应与其他单据上所载明的相符。

(10)如果信用证和合同中规定的单价含有"佣金"(Commission),发票上应照样填写,不应以“折扣”(Discount)字样代替。如果信用证和合同规定“现金折扣”(Cash Discount)字样，在发票上也应全名照打，不能只写“折扣”或“贸易折扣”(Trade Discount)等字样。

(11)信用证如无特殊规定，发票不许列入仓租、佣金、电报费等额外费用。

(12)发票份数必须与信用证要求的一致。

(13)信用证要求需签字、公证、认证、证实等，应予照办。即如果信用证要求签字的发票，则证明需要单独签字；如果信用证不要求签字的发票，则证明该发票不需签字和注明日期。

(14)确保提交符合信用证要求的发票张数及正、副本。

(15)如果信用证没有具体规定，则发票上应不能有对货物是“用过的”、“旧的”、“重新改造的”、“修整的”的批注。

六、运输单据审核

实际上，国际结算大多是通过信用证或托收项下的运输单据的转移来实现的。这些单据具体反映了与货物有关的当事人，如发货人、承运人、收货人等人之间的权利与义务关系。因此，对运输单据的审核就构成了单据审核的另一重要内容。

(1)确保运输单据种类与信用证规定的相符。

(2)收货人名称应符合信用证要求。对于仅仅作为证明收据的运输单据，往往在信用证中指定开证行本身为收货人；对作为物权凭证的运输单据，也往往在信用证中要求将收货人作成空白抬头、空白背书或开证行指示抬头等。

(3)除信用证另有规定者外，必须为全套(Full Set)的正本运输单据。

(4)运输单据对货物的描述应符合信用证所规定的货物描述，货名、唛头、数量、重量、船名、路线等应与信用证相符。如果有关于货物的描述的话，要与在其他单据上的表示相同。

(5)运输单据上的价格条款或有关运费的记载应与信用证和发票一致。如CIF或CFR，应注明“freight prepaid or paid”，如果注明“freight payable or to be paid”则不能接受。

(6)如果运输单据需要背书，确保它被适当地背书。如提单抬头被写作“to order of shipper”、“shipper's order”或“to order”时，应作空白背书，或作完整背书。

(7)确保运输单据上没有能够使其“瑕疵”或“不清洁”的条款。

七、保险单据审核

国际贸易中的货物运输一般都要远涉重洋，这就有遭受自然灾害或发生责任事故、造成货损的可能。所以，买卖双方总是把保险作为价格条件的一个因素，在合同中规定由谁来投保。保险的作用在于货物所有人在支付一定的保险费后如遇被保货物受损，在合乎保险条款规定的范围内向保险公司取得经济补偿。这对于确保开证行的利益也是至关重要的，所以，银行仍然要严格审核保险单据。

(1)保险单据应由信誉良好的保险公司签发。

(2)应具备法定要件，并由保险公司或保险商或其代理人签发。

(3)保险单据的种类应符合信用证的规定。如果信用证要求的是保险单，保险凭证或预保单项下的保险证明或保险声明就不能接受；如果信用证要求保险凭证或信用证明确要求预保单项下保险证明或保险声明，保险单可作为替代；如果信用证没有明确种类，笼统地要求保险单据，则只要与信用证其他条件及统一惯例各项规定相符的单据都可受理。

(4)确保提交开立的全套保险单据。保险单据如出具一份以上正本，则全部正本均应交银行。也就是说，不管信用证规定或未规定“全套”保险单据，只要保险单上注明了正本的份数，受益人就应向银行如数提交正本保单；如果信用证并无规定全套，保单上也无注明全套份数，按统一惯例受益人可只交一张正本，其余为副本。

(5)保险日期或保险生效日期最迟为货物装船、发运或接受监管的日期。

(6)保险单据上所记载的唛头、号码、船名、航程、装运港、卸货港、起运日期等，必须与运输单据所记载的一致。

(7)保单上填写的发票号码应与承保货物的商业发票号码一致，以体现不同单据间的关联性。

(8)如果被保险人的名称不是保兑行、开证行或买方，应带有适当的背书。

(9)确保货物投保金额及其币种要符合信用证要求或符合 UCP600 的解释。如果信用证规定了最低保险金额，应按其规定投保；如果信用证没有规定，其最低投保金额应是货物的 CIF 价或 CIP 价的金额加 10%。如果从单据中不能确定 CIF 或 CIP 价格，投保金额必须以要求承付或议付的金额，或者以发票上显示的货物总值来计算，两者之中取金额较高者。保险金额的大写与小写应该一致。

(10)除非信用证另有规定，否则保险单据的货币必须与信用证的货币相同。

(11)信用证应该规定所需投保的险别种类及必要的附加险别，应该承保信用证规定的险别。目前，国际货物贸易中通用的保险条款有三种，即“中国保险条款”(China Insurance Clauses, CIC)、“伦敦保险协会条款”(Insurance Cargo Clauses, ICC)和“美国保险协会条款”(American Insurance Cargo Clauses, AICC)。

(12)保险单据涉及的其他资料，应与信用证规定的其他单据一致。

(13)保险单据上注明的赔款偿付地点，应按信用证规定填写。如信用证未规定，应以货物运抵目的地或其邻地为赔付地点；如信用证要求赔付给某一指定公司，应在赔付地点之后加注。

八、产地证书审核

除非信用证另有规定，原产地证书的审核依据 UCP600 第 14 条。

(1)产地证应由信用证指定的机构签署。如果信用证规定由主管当局(Competent Authority)出具产地证时，应申请检验检疫局、贸易促进会或国际商会发出正式的产地证明书。当然，如果信用证没有规定，则由受益人出具的单据也是可以接受的。

(2)根据信用证的要求签字、公证、认证或签证。原产地证书是证明性质的文件，理应签字。也有极少数国家要求很严，凡公证鉴定机构和商会签发的产地证，还要经其出口国的大使馆/领事馆在证书上签字认证，方为有效。

(3)确保产地证上的进口商名称、唛头、货名、件数等资料与信用证条款相符，并与发票和其他单据一致。

(4)确保产地证上记载的产地国家应符合信用证的要求。如果信用证规定了产地国家，产地证应予以注明；如果信用证规定产地为中国某地(如南京)，则产地证应填写“南京，中国”，而不应只写“中国”。

(5)除非信用证另有规定，否则应提供独立的产地证明，不要与其他单据联合使用。在信用证只要求证明商品的产地时，则可以在商业发票上加注：“兹证明装运货物原产地是中国”(We hereby certify that the goods shipped are of Chinese Origin)，这就是产地证明与商业发票的联合格式。但是，当信用证要求提供产地证明书时，就不能在商业发票上加注证明货物产地的联合格式，而要出具单独的产地证，并应签字，加注日期和正当地注明其名称。

(6)产地证和签发日不得迟于提单日期，但可以迟于发票日期。

九、检验证明书的审核

进出口国商品检验证书是商检机构对进出口商品进行检验鉴定后出具的证明文件，是国际贸易中不可缺少的重要凭证。因此，也构成银行审核的重要单据之一。

(1)检验证书应由信用证规定的检验机构出具并签发。检验证书是 UCP600 第 14 条所管辖的单据，在信用证未规定出具人时，可以由任何人包括信用证的受益人出具。如信用证规定了检验证书的出具人，则必须由该指定人出具。

常见的检验证书的签发机构为政府设立的检验机构或国际性的民间公证机构或同业公会等，如我国的出入境检验检疫局(Entry-Exit Inspection and Quarantine of the People's Republic of China)、瑞士通用公证行(Societe Generale de Surveillance S. A.，S. G. S.)、日本海外货物检验株式会社(Overseas Merchandise Inspection Corporation)、美国食品药物管理局(Food and Drug Administration，FDA)、英国劳合社公证行(Lloyd's Surveyor)、法国维里他斯船级社(Bureau Veritas，B.V.)、日本海事鉴定协会(Nippon Kaiji Kyokai，其英文译名为 Japan Marine Surveyors & Sworn Measurer's Association)等。

(2)检验证书的出证日期应略早于提单日期，表示是在货物装船之前检验的结果。由于检验单位对于各种商品都规定了检验的有效期限，如果出证日期太早，交单时就要超过有效期限，则将遭到收货人的异议甚至要求重新检验。有的信用证明确规定：This Certificate should indicate that inspection had been carried out just before loading，就有略早于货物装运的含义。但是，检验日期不得迟于提单日期，因为迟于提单日期意味着货物装运后检验，这与事实矛盾。

(3)检验证书的内容必须与发票或其他单据的记载保持一致，并符合信用证的规定。检验结果只要符合信用证的要求就算合格。

(4)它已正当地注明名称，并签字及注明日期。

(5)除非信用证准许，确保它没有包含关于货物、规格、品质包装等的不利的陈述。

十、包装单、重量单的审核

包装单、重量单是用来补充商业发票票面内容的不足，便于国外买方在货物到达目的港时，供海关检查和核对货物的单据。因此，也构成银行审核的重要单据之一。

(1)单据名称和份数应与信用证要求的一致。

(2)它们应是独立的单据，不要与其他单据联合使用，除非信用证准许。

(3)确保该单据上记载的货物名称、规格、数量及唛头等资料与其他单据所记载的一致。

(4)数量、重量及尺码的小计与合计须加以核对，并须与信用证、提单及发票所记载的内容相符。

(5)出具日期与其他单据不抵触。一般来说，包装单据的出单日期应与发票一致或不早于发票，并且与其他单据不矛盾。

十一、证明信的审核

UCP600 第 14 条 f 款规定：如果信用证要求提示运输单据、保险单据和商业发票以外的单据，但未规定该单据由何人出具或单据的内容。如信用证对此未做规定，只要所提交单据的内容看来满足其功能需要且其他方面与第 14 条 d 款相符，银行将对提示的单据予以接受。

第四节　信用证不符点及其修改

一、审单中常见的实质性不符点

上述就信用证的审核进行了说明，在国际贸易的实践中，常见的信用证不符点有：

(1)汇票付款期限、付款人等内容与信用证条款不符。

(2)汇票金额与发票不符(除非信用证另有规定)。

(3)汇票大小写金额不一致。

(4)发票货物的描述与信用证规定不符。

(5)发票货物数量和金额与信用证规定不符。

(6)发票未按信用证的要求签字、公证、认证等。

(7)运输提单有“不清洁”批注及货装舱面批注。

(8)运输提单收货人、被通知人、装运港和卸货港、运费支付情况等内容与信用证规定不符。

(9)提单未注明承运人名称、身份及签发人身份的表述。

(10)除非信用证另有规定，未提交全套正本提单。

(11)提单上缺已装船批注或批注不正确；提单上注明受租船合约约束或承运船只仅以风帆为动力。

(12)迟期装运。

(13)信用证过有效期。

(14)已过交单期。

(15)保险单据类型与信用证规定不符。

(16)保险的险别与信用证规定不符。

(17)保险货币与来证货币不符。

(18)保额不足。

(19)保单的出单日期或保险责任生效日期迟于提单已装船日、发运日或接受监管日。

(20)缺少信用证规定的单据。

(21)超过信用证金额。

(22)短装、溢装等。

二、银行对于单据不符的处理方法

1. 指定银行对于单据不符的处理方法

(1)表提与电提

指定银行对不符点的处理，总的来说有两种方法，即表提与电提。

1)表提。即受益人的银行在寄单面函上明确注明不符点，这样，单据到开证行后就可以提醒开证行单据有不符点。

2)电提。即对金额较大的单据，或信用证本身规定有偿付行，正点单据就可以直接向偿付行索汇，这时就可以先向开证行发一份“TELEX”或“SWIFT”，提出不符点，请开证行确认接受不符点，授权向偿付行索汇。开证行接到电报会征求申请人意见，再回复受益人的银行，如同意接受不符点，就可以授权受益人的银行议付或付款，并向偿付行索汇；如果不同意接受不符点，受益人的银行就只能把单据寄给开证行，由开证行验单处理。

（2）具体处理方法

具体来说，对于不符点单据，议付行或指定银行有以下几种处理方法：

1）将所有单据退还给受益人更改，以便在信用证有效期内和最迟交单期内再交单。

2）仅仅退还不符单据，做法同上，同时代表受益人安全保管其余单据。

3）在受益人授权下将信用证项下不符单据以等待批准方式寄送给开证行，要求它审查和批准接受单据或拒绝接受单据。

4）如果受益人准许，以电报、电传或电信发至开证行，要求凭不符单据授权付款、承兑或议付。

5）由受益人或其银行出具赔偿担保信，凭以议付、付款或承兑，如果开证行拒绝接受不符单据和拒绝偿付时，任何议付、付款、承兑金额连同利息和有关费用将由担保人偿还。

6）根据实际经验，并征得受益人同意，办理“保留权利”的付款、承兑或议付，即如果开证行凭着不符单据而拒绝偿付时，银行保留对受益人的追索权。

7）寄单托收。采用寄单托收方式，意味着放弃应用 UCP600 规则，完全使用 URC522 托收统一规则，以申请人是否接受单据为主，开证行不承担作用，因为它成了代收行。这应该是受益人最后的选择。

2. 银行对于单据不符的处理方法

UCP600 第 16 条规定：

a. 当按照指定行事的被指定银行、保兑行（如有）或开证行确定提示不符时，可以拒绝兑付或议付。

b. 当开证行确定提示不符时，可以依据其独立的判断联系申请人放弃有关不符点。然而，这并不因此延长第 14 条 b 款中述及的期限。

c. 当按照指定行事的被指定银行、保兑行（如有）或开证行决定拒绝兑付或议付时，必须一次性通知提示人。

通知必须声明：

i. 银行拒绝兑付或议付；

ii. 银行凭以拒绝兑付或议付的各个不符点；

iii. a）银行持有单据等候提示人进一步指示；或

b）开证行持有单据直至收到申请人通知弃权并同意接受该弃权，或在同意接受弃权前从提示人处收到进一步指示；或

c）银行退回单据；或

d）银行按照先前从提示人处收到的指示行事。

d. 第 16 条 c 款中要求的通知必须以电信方式发出，如果不可能以电信方式通知时，则以其他快捷方式通知，但不得迟于提示单据日期翌日起第五个银行工作日终了。

e. 按照指定行事的被指定银行、保兑行（如有）或开证行可以在提供第 16 条 c 款（iii）、a 款或 b 款要求提供的通知后，于任何时间将单据退还提示人。

f. 如果开证行或保兑行未能按照本条款的规定行事，将无权宣称单据未能构成相符提示。

g. 当开证行拒绝兑付或保兑行拒绝兑付或议付，并已经按照本条款发出通知时，该银行有权就已经履行的偿付索取退款及其利息。

第五节 出口信用证的操作

一、信用证的通知、保兑及转通知

1. 信用证通知

通知行审核信用证后，即可缮制信用证通知书(ADVICE OF CREDIT)，见表5—9。对简电信用证，通知行多在通知书上表明此系简电预先通知，待收到邮寄正本后，在信用证正本上加盖橡皮戳，证明该证支用时须同时与简电通知书一并提交银行。对全电信用证，如果仍收到邮寄证实书，通知行无义务与全电电文核对，只是将邮寄证实书转交受益人，并批注：“此为××××年××月××日××号详电信用证通知书的邮寄证实书，仅供参考，单独使用无效。”如果证实书与原电文相抵触，通知行不能以证实书为正确正本，而应照会开证行，经其确认修改后再以书面形式通知受益人。

表5—9 出口信用证通知书

通知行编号：	通知日期：
致：	公司
开证行：	
信用证号：	开证日期
金额：	来证方法
□ 此证项下一切银行费用均由贵公司承担，如不同意，请径洽开证申请人。 □ 此证尚未生效，待收到授权或生效通知后再行通知贵公司。 □ 此证印押不符，待印押核符后再行通知贵公司。 □ 此证已由我行加具保兑，单据提交到我行有效。 □ 此证为简电，待证实书到后发货。	
注意事项： 1. 请将来证条款与所签合同核对，如有不符或需修改，请径洽开证申请人。 2. 简电通知或未生效的信用证。请在收到证实书或生效通知后再发货。 3. 如不接受此证，请自通知日起三个工作日内备函加盖公章连同该证一并退我行。 4. 请注意我行对来证中某些条款的提示。 5. 提交单据时，请将正本信用证连同该通知书一并交与我行。 通知行名称：(加盖业务公章) 银行业务员： 联系电话： 日期：	

注：出口信用证通知书一式两联，银行和客户各留存一联。

如果通知行接到的L/C内容是引用旧开信用证相同条款，通知行可以套证方式通知，直接套用旧证的电开信用证，并按新证条款加以整理。如果旧证已经修改，除特殊情形，通知行应明确：引用旧证将不包括旧证的修改。通知行也可将电报原文连同被引用的旧证抄本（须删除不必要的内容）一并寄交受益人，而不作任何整改。目前，银行不太主张套证方式开证。

2. 信用证保兑

除非信用证另有要求，通知行一般只负责通知信用证，并在通知书上列明："本函仅系信用证通知，并不构成本行对信用证的保兑"（The Letter is merely an advice and does not constitute a confirmation of this credit on the part of this bank.）或"本函仅为信用证通知书并不表示我行任何保证"（This letter is solely an advice of credit and conveys no engagement by us.）。

如果开证行要求通知行加具其保兑，通知行可以酌情照办，也可以不予保兑。如果不保兑，通知行应告知开证行未加保兑通知信用证的事实；如果同意加具保兑，则应在通知书上列明负责文句，并可另向受益人或议付行出具保函。一经保兑，即构成通知行在开证行以外确定的付款承诺。

如果信用证中未要求通知行加具保兑，但受益人提出要求通知行加具保兑，通知行需就此征求开证行意见。若通知行未征询开证行意见，私下应受益人请求出具保函（GUARANTY）或赔偿担保书（LETTER OF INDEMNITY），则实为通知行的"默示保兑"，即保证受益人提交合格单据后，通知行立即无追索权地贴现贷记受益人账户或在预计能收到偿付款项的日期付款。

3. 信用证转通知

如果受益人不在通知行所在地，或申请人指定的通知行与开证行无代理关系，就可能出现一个以上的通知行，第一通知行又称转递行或转出行，将信用证通知受益人的通知行又称为转入行；转出行一般是开证行的代理行，而转入往往与开证行没有往来关系。转出行检验印、押后，将信用证正本转通知转入行，并在通知书上注明：We attach the above mentioned credit in duplicate. Please deliver the original advice to the beneficiary, retaining the duplicate in your file. Please acknowledge receipt of the enclosures.

在转通知方式中，信用证经另一通知行传递往往会延迟或耽误通知时间，影响受益人及时收证。因此，传递行经与受益人联系并征得其同意后可不经转入行直接通知信用证，同时告之开证行。在单据索偿时，受益人可将单据交转递行，或交转入行，再由其交转递行转给开证行提示付款。若为自由议付信用证，转入行可议付并可将单据径寄开证行。

L/C转递中得有关通知费/单据处理费、银行议付费等可在各通知行间按比例分担。

二、信用证的修改与撤销

1. 受益人对信用证的审核和修改

修改信用证的要求可以由开证人提出，也可由受益人提出。要求修改信用证的原因很多，主要有以下几个方面：

（1）信用证内容与合同不符。若属受益人可接受的非实质性出入，可要求申请人修改合同，寄送合同修改书，以完善合同手续；但若为受益人无法接受的实质性出入（如商品品质、数量、包装、金额、贸易术语、交货或装卸地点等交易条件与合同不符），应要求申请人修改信用证。

(2)因船期、舱位等运输工具方面的原因,或因备货过程中出现问题无法按期装运时,要求将信用证展期。

(3)因运输方式或运输途径改变,进出口国有关经济条例、政治局势发生变化,如发生战争等原因,要求改变投保险别和装运条件或要求增减数量及单据,如增加战争险、罢工暴动民变险等。

(4)当信用证规定严于合同时,宜提出修改L/C;反之,可以接受。

出口信用证修改通知书如表5—10所示。

表5—10　　出口信用证修改通知书

通知行编号:		通知日期:
致:		公司
开证行:		
信用证号:		开证日期
金额:	修改日期:	第(　)次修改:

☐ 本次信用证修改费用由贵公司负担,如不接受,请径洽开证申请人。
☐ 本次修改已修改受益人,请贵公司将原信用证及有关附件一并退交我行。
☐ 开证行已将该证撤销,请将原证及有关附件一并退交我行。
☐ 此次修改印押不符,待印押相符后再行通知贵公司。
☐ 此证已由我行加具保兑,单据提交到我行有效。
☐ 此修改我行已延展保兑。

注意事项:

1. 如不接受本次修改,请贵公司务必于通知日起三日内备函加盖公章,连同该修改书一并退我行,限期内未收到贵公司复函,我行即按贵公司同意接受处理。
2. 请公司审核修改内容与原证条款有无矛盾及做不到之处。
3. 一次多项内容修改,贵公司只能全部接受或不接受。
4. 有关该证修改事宜,请贵公司径洽开证申请人。
5. 请将此次修改书附在原证后,避免遗失。

通知行名称:(加盖业务公章)
银行业务员:
联系电话:
日期:

注:出口信用证修改通知书一式两联,银行和客户各留存一联。

2. 信用证的注意事项

除UCP600第38条另有规定外,凡未经开证行、保兑行(如有)及受益人同意,信用证既不能修改也不能撤销。

自发出信用证修改书之时起,开证行就不可撤销地受其发出的修改的约束。保兑行可将其保兑承诺扩展至修改内容,且自其通知该修改之时起,即不可撤销地受到该修改的约束。然而,保兑行可选择仅将修改通知受益人而不对其加具保兑,但必须不延误地将此情况通知开证行和受益人。

在受益人向通知修改的银行表示接受该修改内容之前，原信用证(或包含先前已被接受修改的信用证)的条款和条件对受益人仍然有效。受益人应发出接受或拒绝接受修改的通知。如受益人未提供上述通知，当其提交至被指定银行或开证行的单据与信用证以及尚未表示接受的修改的要求一致时，则该事实即视为受益人已作出接受修改的通知，并从此时起，该信用证已被修改。

通知修改的银行应当通知向其发出修改书的银行任何有关接受或拒绝接受修改的通知。不允许部分接受修改，部分接受修改将被视为拒绝接受修改的通知。修改书中作出的修改除非受益人在某一时间内拒绝接受修改，否则修改将开始生效的条款将被不予置理。

3. 信用证的撤销、退证与注销

不可撤销信用证未经开证行、保兑行、受益人等各主要当事人(可转让情形下包括第二受益人)同意，不可随意撤销。当交易中止、合同失效或取消时，经当事人同意，买方可申请取消信用证，开证行通过原通知行通知受益人取消原证，受益人将原证正本退回并回复开证行受益人已同意撤销该证。通知行应受益人要求，也可主动退回信用证要求撤销。如果信用证金额未用完，受益人要求注销，通知行可相应通知开证行。

若开证行要求撤销信用证，需先征得受益人同意，并收回全套正本信用证(包括修改和有关附件)。若受益人要求撤销信用证，应提交书面委托书和全套正本信用证(包括修改和有关附件)，银行方可办理。凡撤证的函/电通知，银行应在通知面函上注明："请速书面答复银行，是否同意撤销此证，如同意请将此证正本及有关附件全部退回银行，撤证费用由受益人或开证人负担。"待收到全套正本信用证及受益人加盖公章或约定印鉴的书面意见后，电告开证行后办理撤证。

4. 信用证遗失后的处理

信用证如果不慎遗失，受益人将无法凭正本押汇，可以从以下几方面采取措施补救：

(1)登报声明已丢失的信用证作废；

(2)向通知银行申请通告国内各外汇银行，要求各行注意不要接受凭原信用证议付；

(3)受益人遗失正本信用证/修改书，银行只能补办副本；

(4)受益人要求补办副本时，应出具书面申请及担保函，保证承担由此产生的一切责任及风险，加盖公章或约定印鉴；

(5)银行补打信用证或修改书通知面函，加盖通知章并批注"此为补证，非正本，银行不承担责任"；

(6)银行收取处理费用；受益人签收。

三、信用证项下交单程序

银行对信用证项下交单有以下要求：

1. 资格审查

如信用证受益人系首次来银行办理出口议付业务，应提交如下资料：

(1)工商营业执照复印件。

(2)进出口业务经营权批准文件复印件。

(3)隶属关系文件(如有)。

(4)中、英文名称。

(5)法定代表人授权书。上面应列明各类业务被授权人员的签样、企业公章、财务章、业务章印模(如需)，并具体说明各签样及印章的业务授权范围。该授权书必须加盖公章，同时承诺如遇企业经营范围、营业执照内容、企业关停并转及企业被授权人员或各类印模、签样、授权范围等发生变更时，应立即出函通知银行。如未能提供授权书，则要求其办理业务时加盖公章或约定印鉴。

(6)受益人提交的交单议付联系单上需加盖公章或约定印鉴，对于印鉴不符的，银行将联系单及有关资料退回。

2. 签收单据

(1)全套信用证资料(包括正本信用证、正本修改书、有关附件及通知面函等)。

(2)本信用证项下的全套出口单据。

(3)银行统一印制的交单议付联系单(作为受益人委托银行办理信用证项下出单业务的契约，内容应详细、清楚)如表 5－11 所示。

表 5－11　　出口信用证交单委托书

致：　　　　　　　　　　银行　　　　　　　　　　交单日期：

兹向贵行提交出口信用证项下单据，由贵行按下列指示及其他我公司与贵行签订的协议进行处理：

□ 信用证项下验单，收妥款项后向我公司付款。

□ 根据贵行与我公司签署的有关出口押汇协议书，申请办理出口押汇，贵行保留向我公司追索的权利。

□ 信用证项下承兑后，办理无追索权押汇。

请将款项划入我公司以下账户：

□ 人民币账户：　　　　　　　　开户行：

□ 外币账户：　　　　　　　　　开户行：

本次信用证项下交单请按国际商会现行的《跟单信用证统一惯例》办理。

信用证号：　　　　　　　　开证行：

通知行编号：　　　　　　　　核销单号：

装船期：　　　　　效期：　　　　　交单期：

我公司接受本信用证项下□第　次修改　　　□全部修改

发票号：　　　　　　　　发票金额：

本次提交单据名称及数量：

汇票	发票	装箱单	产地证	保险单	运输单据	船公司证明	受益人证明	检验证	装船通知	电抄	出口许可证	数量证	质量证		其他单据

特别指示：

□ 请审核单据，并向开证行寄单收汇。

□ 单据中存在以下不符点：

1.

2.

3.

□ 请向开证行电提不符点，如开证行接受不符点再寄送单据。

□ 我公司担保，请直接寄单至开证行，表提不符点。

□ 我公司担保，请向开证行径寄单据，不表提不符点。

关于交单条款及条件，我公司完全理解并同意接受下列条款及条件：

续表

1. 贵行不以任何方式对我公司承担检查信用证项下的单据是否同信用证要求相符的任何职责、责任或义务。 2. 贵行不因未能发现信用证项下单据同信用证不符而产生的任何后果而对我公司承担任何责任，并且不因此影响贵行在相关融资协议下享有的对我公司的追索权。 3. 贵行无需对各代理银行、代理机构的任何作为、疏忽、违约、休业、无偿还能力或破产等负责。 4. 贵行无需对在汇款或在寄单过程中发生的任何延误或兑换损失等负责。 5. 贵行无需对在传递或代理银行、代理机构受理汇票或单据过程中发生的任何遗失或延误等负责。 公司：(公章) 法定代表人或授权签字人：(签字) 公司联系人： 电话： 日期：
银行签收人： 银行签收日期：

注：本交单委托书一式两联，银行和客户各留存一联。

第六节 进口信用证的操作

一、申请开立信用证

1. 开证申请人资格

(1)开证申请人应具有进出口业务经营权。

(2)开证申请人应被列入外汇局颁布的“对外付汇进口单位名录”。

(3)属于下列情况之一的，开证申请人应提交外汇局核准的“进口付汇备案表”：

1)开证申请人未被列入“对外付汇进口单位名录”的。

2)开证申请人被列入“由外汇局审核真实性的进口单位名单”的。

3)开证申请人注册地在开证行所在地外汇局管辖以外的。

(4)对于第一次办理进口开证业务的客户，还要提交如下资料：

1)工商营业执照复印件。

2)企业经营进出口业务批准文件的复印件。

3)经中国人民银行年审的贷款卡及经核查有效的贷款卡密码。

4)客户隶属关系文件(如有)。

5)客户中、英文名称。

6)法定代表人授权书。上面应列明各类业务被授权人员的签样、企业公章、财务章、业务章印模(如需)，并具体说明各签样及印章的业务授权范围。该授权书必须加盖企业公章，同时承诺如遇企业经营范围、营业执照内容、企业关停并转及企业被授权人员及/或各类印模、签样、授权范围等发生变更时，应立即致函通知银行。如客户未能提供授权书，则要求客户办理业务时加盖公章或约定印鉴。

2. 落实信用证的开证保证

申请人在银行申请开立信用证时，必须落实足额的开证保证。开证保证的形式包括：保证金、授信额度、单笔授信、抵押、质押、其他保证。开证保证形式可以单独使用，也可以混合使用，如信用证有溢装条款，开证保证按上限掌握。

3. 开证申请

开证申请人应提交如下材料：

1)开证申请书(加盖公章或约定印鉴)，见表5—12和表5—13。

2)进口合同正本(如系代理进口，需附代理协议)。

3)国内销售合同(如进口商品用于境内销售的)/出口销售合同(如进口商品用于复出口的)/有关的项目批文及项目的可行性报告(如进口商品属于项目工程进口的)(如需)。

4)进口商品或进口单位涉及我国进口许可管理范围的相关有效凭证(如需)，包括：

①许可证/特定商品登记证明/自动登记证明(进口商品涉及国家配额进口或自动登记的)。

②进料加工复出口登记手册(进口商品属进料加工复出口的)。

③自用物资/原辅材料批准证(进口单位属"三资"企业的)。

5)贸易进口付汇核销单(代申报单)。

6)进口付汇备案表(如需)。

7)购买外汇申请书。

8)其他合规性文件。

表5—12　　**进口开证申请书**

IRREVOCABLE DOCUMENTARY

CREDIT APPLICATION

TO：　　　　Date：

Applicant(full name and address) Tel：　Fax：　Email：		devising Bank(for banker's using only) SWIFT CODE：
Beneficiary(full name and address) Tel：　Fax：　Email：		L/C NO.(for banker's using only) Contract No.
Partial shipment □Allowed □Not Allowed	Transshipment □Allowed □Not Allowed	□Issue by Airmail □Issue by SWIFT □Issue by TELEX □Other
Loading on board/Dispatch/Taking in charge at/From Not later than For transportation to		Amount (both in figures and words)
Description of goods Packing：		Credit available with □By sight payment　□By acceptance □By negotiation　□By deferred payment at against the documents detailed herein □And beneficiary's draft for % of the invoice value at on □FOB　□CIF　□CFR □Or other terms

续表

Documents required:(marked with x) 1.( ) Signed Commercial Invoice in copies indicating L/C No., and contract No. 2.( ) Full set of clean on board ocean Bills of Lading made out to order and blank endorsed, marked freight ( ) to collect/( )prepaid ( ) showing freight amount notifying. 3.( ) Air Waybills showing freigl1t ( ) to collect / ( ) prepaid ( ) indicating freight amount" and consigned to ________. 4.( ) Memorandum issued by ________ consigned to ________. 5.( ) Insurance Policy / Certificate in copies for % of the invoice value showing claims payable in China in currency of the draft, bank endorsed, covering ( ) Ocean Marine Transportation /( ) Air Transportation / ( )Over Land Transportation ( ) All Risks, War Risks. 6.( ) Packing List / Weight Memo in copies indicating quantity / gross and net weights of each package and packing conditions as called for by the L/C. 7.( ) Certificate of Quantity / Weight in copies issued an independent surveyor at the loading port, indicating the actual surveyed quantity /weight of shipped goods as well as the packing condition. 8.( ) Certificate of Quantity in copies issued by ( ) manufacturer / ( ) public recognized surveyor / ( ). 9.( ) Beneficiary's certified copy of FAX dispatched to the accountees with days after shipment advising ( ) name of vessel / ( ) date, quantity, weight and value of shipment. 10.( ) Beneficiary's Certificate certifying that extra copies of the documents have been dispatched according to the contract terms. 11.( ) Shipping Co's Certificate attesting that the carrying vessel is chartered or booked by accountee or their shipping agents: 12.( ) Other documents, if any: a) Certificate of Origin in copies issued by authorized institution. b) Certificate of Health in copies issued by authorized institution. c) other: Additional instructions: 1.( ) All banking charges outside the opening hank are for beneficiary's account. 2.( ) Documents must be presented with days after the date of issuance of the transport documents but within the validity of this credit. 3.( ) Third party as shipper is not acceptable. Short Form / Blank Back B/L is not acceptable. 4.( ) Both quantity and amount % more or less are allowed. 5.( ) Prepaid freight drawn in excess of L/C amount is acceptable against presentation of original charges voucher issued by Shipping Co. / Air line / or it's agent. 6.( ) All documents to be forwarded in one cover, unless otherwise stated above. 7.( ) Other terms, if any:
Account No.: Transacted by Tel: Fax: Email: Applicant:name, signature of authorized person (with seal) 注:进口开证申请书一式两联,银行和客户各留存一联。

表 5—13　　开证申请人声明

________银行: 我公司已办妥一切进口手续,现请贵行按我公司申请书内容开出不可撤销跟单信用证。我公司声明如下: 一、我公司同意贵行按国际商会第 600 号(现版本)出版物《跟单信用证统一惯例》办理该信用证项下一切事宜,并同意承担由此产生的一切责任。 二、我公司保证按时向贵行支付该证项下的货款、贷款、手续费、利息及一切费用等所需的外汇和人民币资金。 三、我公司保证在贵行单到通知书中规定的期限之内通知贵行办理对外付款/承兑,否则贵行可认为我

续表

公司已接受单据并同意付款/承兑。 四、我公司保证在单证表面相符的条件下办理有关付款/承兑手续。如因单证有不符之处而拒绝付款/承兑,我公司保证在贵行单到通知书中规定的日期之前将全套单据如数退还贵行并附书面拒付理由,由贵行按国际惯例确定能否对外拒付。如贵行确定我公司所提拒付理由不成立,或虽然拒付理由成立,但我公司未能退回全套单据,贵行有权主动办理对外付款/承兑,并从我公司账户中扣款。 五、该信用证及其项下业务往来中如因邮、电传递发生遗失、延误、错漏,贵行当不负责。 六、该信用证如需修改,由我公司向贵行提出书面申请,由贵行根据具体情况确定能否办理修改。我公司确认所有修改当由信用证受益人接受时才能生效。 七、我公司在收到贵行开出的信用证、修改书副本后,保证及时与原申请书核对,如有不符之处,保证从接到副本之日起,两个工作日内通知贵行。如未通知,当视为正确无误。 八、如因申请书字迹不清或词意含混而引起的一切后果由我公司负责。 申请人:(公章) 法定代表人或授权签字人:(签字) 年 月 日

注:开证申请人声明一式两联,银行和客户各留存一联。

二、信用证的修改

由于情况的变化或信用证的条款难以执行及信用证条款与交易金额不一致等原因,需要修改信用证条款时,可由开证申请人向银行申请修改。

信用证修改时客户需提交的资料:

(1)修改申请书须加盖公章或约定印鉴,列明要求修改的内容,并注明修改手续费是由开证申请人还是由受益人承担。修改申请书见表 5—14。

(2)有效凭证(若修改信用证的有效期、金额、商品等超出了原有效凭证规定范围的),包括合同及/或有关批文等。

(3)购买外汇申请书(如需)。

(4)有效商业单据(如需)。

表 5—14　进口信用证修改申请书

Letter of Credit Amendment Application

TO:	DATE:
Applicant:	Beneficiary:
L/C No.	No. of Amendment
Issuing Date:	Amount
Please amend the above-mentioned credit as follows: □Shipping date extended to (mm) (dd) (yy) □Expiry date extended to (mm) (dd) (yy)	

续表

□Amount increased by　　　　to □Others: All Other terms and conditions remain unchanged. Banking charges are for account of □beneficiary □applicant Transacted by　　　　　　　　Tel: Fax:　　　　　　　　　　　　Email: Applicant: name, signature of authorized person (with seal)

注:进口开证申请书一式两联,银行和客户各留存一联。

三、来单处理

银行接受开证申请人的委托,按照《跟单信用证统一惯例》开出信用证,就承担了凭单据付款的第一责任。因此,银行对信用证项下的付款、承兑或拒付,均应以所收到的单据是否符合信用证的规定为标准。在处理这项工作时,既要维护银行的对外声誉,也要保障国内进口单位的权益。

银行收到开出的信用证项下单据后,调出信用证档案,将来单情况进行登记,主要内容包括信用证号、来单日期、金额、来单行及编号等。对议付行议付通知书或付款行索汇通知书(简称"面函")进行审核;按"单证一致,单单一致,表面相符"的原则认真审核证下单据。对受益人提交的单据进行全面审核,以确定银行是否承担付款/承兑的责任,具体如下:

(1)提交单据是否在信用证规定的交单期及有效期内。

(2)来单面函所载付款期限与汇票期限是否符合信用证的规定。

(3)汇票金额或索汇金额是否符合信用证规定。

(4)付款指示是否明确、合理。

(5)单据的种类、份数与随附的单据是否相符。

(6)是否注有不符点或凭保议付。

(7)如信用证规定限制指定银行议付/付款/承兑/延期付款,单据是否由指定银行提交。

开证行审核单据后,缮制进口信用证来单通知书(见表5—15),注明来单情况及银行初审情况,交复核人员复审确认后,在1个工作日内以快捷的方式将有关单据复印件随同进口来单通知书通知开证申请人;对于使用授信开证的情况,应同时通报有关授信部门。如需将正本全套单据交申请人,则应与客户签署有关协议,明确双方责任,同时在将单据或复印件交给客户时应验明客户身份并建立签收制度。

表 5—15 进口信用证来单通知书

致： 公司 来单日期：

我行已收到下述信用证项下单据一套，请贵公司审核并确认是否接受单据。

信用证号： 合同号：
银行来单编号： 寄单行编号：
汇票金额： 寄单行费用：
来单次数： 信用证期限：

单据：

种类	汇票	发票	装箱单	品质证	保险单	运单	证明信	电抄	其他	
份数										

如贵公司接受单据，请于　　个工作日之内来我行办理付款/承兑项，并换取全套单据。
如贵公司不接受单据，请于　　个工作日之内通知我行并列述所有不符点。

银行名称：(加盖业务公章)
业务员：

开证人接到有关单据后，要认真审核，审核后填写进口信用证来单确认书(见表 5—16)交银行。

表 5—16 进口信用证来单确认书

致： 银行 贵行来单日期：

我公司已审核下述信用证项下单据。

信用证号： 合同号：
银行来单编号： 寄单行编号：
汇票金额： 寄单行费用：
来单次数： 信用证期限：

单据：

种类	汇票	发票	装箱单	品质证	保险单	运单	证明信	电抄	其他	
份数										

□我公司同意接受单据，请从我公司__________账户中付款。
□我公司同意接受单据，承兑到期日__________。
□经审核单据，发现如下不符点，提出拒付。
不符点：

单位名称：(公章)
法定代表人或授权签字人：(签字)
联系人：
日期：

第六章　成本核算

成本核算是外贸公司经营活动非常重要的方面。本章给出了成本核算的主要方法，特别是对那些从事外贸代理的公司如何确定代理条件下的利润提出了一些具体的计算方法。为了便于理解，本章安排了大量的实例。

第一节　进出口商品价格确定

一、商品的作价原则

在确定进出口商品价格时，必须遵循下列三项原则：

1. 参考国际市场价格水平作价

国际市场价格水平是商品在国际市场上买卖的价格依据，我们可以通过下面三种途径来参考：

(1)商品交易所的价格；

(2)国际组织或国际公司在媒体上公布的价格；

(3)各国的外贸、海关统计的价格。

2. 要结合国别、地区政策作价

在参照国际市场价格水平的同时，还应结合我国的外交政策，恰当地运用国别、地区政策作价。

3. 要结合购销意图作价

进出口商品价格在国际市场价格水平的基础上，可根据购销意图来确定成交价格的大致水平，可略高或略低于国际市场价格。

二、成本核算

1. 加强成本核算的重要性

在价格掌握上，要注意加强成本核算，以提高经济效益，防止出现不计成本、不计盈亏和单纯追求成交量的偏向。尤其在出口方面，强调加强成本核算，掌握出口总成本、出口销售外汇(美元)净收入和人民币净收入的数据，并计算和比较各种商品出口的盈亏情况，更有现实意义。

为加强成本核算，有必要了解相关术语的解释。

出口总成本是指出口商品的进货成本加上出口前的一切费用和税金。出口销售外汇净收入是指出口商品按 FOB 价出售所得的外汇净收入。出口销售人民币净收入是指出口商品的 FOB 价按当时外汇牌价折成人民币的数额。

根据出口商品成本的数据，可以更好地计算出口商品盈亏率、出口商品换汇成本和出口创汇率。

2. 主要经济指标

(1)换汇成本

出口商品换汇成本是指以某种商品的出口总成本与出口所得的外汇净收入之比，得出用多少人民币换回1美元。出口换汇成本高于外汇牌价，则出口亏损；反之，则说明出口有盈利。计算公式如下：

$$出口商品换汇成本=\frac{出口商品总成本(人民币元)}{出口销售外汇净收入(美元)}$$

出口外汇净收入指的是扣除运费和保险费后的FOB价格。

出口商品总成本(退税后)＝出口商品购进价(含增值税)＋费用－出口退税收入

退税收入＝出口商品购进价(含增值税)÷(1＋增值税率)×退税率

(2)出口商品盈亏率

出口商品盈亏率是指出口商品的盈亏额与出口总成本的比率。

$$出口商品盈亏率=\frac{出口人民币净收入-出口总成本}{出口总成本}$$

其中：　出口人民币净收入＝FOB出口外汇净收入×银行外汇买入价

出口盈亏额＝出口人民币净收入－出口商品总成本(退税后)

(3)计算出口创汇率

出口创汇率是指加工后成品出口的外汇净收入与原材料外汇成本的比率。如原材料为国产品，其外汇成本可按原料的FOB出口价计算；如原料是进口的，则按该原料的CIF价计算。通过出口的外汇净收入与原料外汇成本的对比，则可以看出成品出口的创汇情况，从而确定出口成品是否有利。特别是在进料加工的情况下，核算出口创汇率这项指标，更有必要。

$$出口创汇率=\frac{成品出口外汇净收入-原料外汇成本}{原料外汇成本}\times 100\%$$

【实例6－1】

某外贸公司出口一批商品，国内进货价共10 000元人民币，加工费支出1 500元人民币，商品流通费是1 000元人民币，税费支出为100元人民币，该批商品出口销售外汇净收入为1 800美元。试计算：(1)该批商品的出口总成本是多少？(2)该批商品的出口销售换汇成本是多少？(3)该商品的出口销售盈亏率是多少？(USD100＝RMB 809.23)

解：

(1)出口总成本＝进货成本＋出口前一切费用＋出口前的一切税费

＝10 000＋1 500＋1 000＋100

＝12 600(元人民币)

(2)出口商品换汇成本＝出口总成本/出口销售外汇净收入

＝(10 000＋1 500＋1 000＋100)/1 800

＝7.00(元人民币/美元)

(3)出口商品盈亏率＝(出口销售人民币净收入－出口总成本)/出口总成本×100％

＝[1 800×8.092 3－(10 000＋1 500＋1 000＋100)]/(10 000＋1 500＋1 000＋100)×100％

＝15.60％

【实例 6—2】

某公司向美国出口某商品，外销价为每吨 500 美元 CIF 纽约，支付运费为 65 美元，保险费为 7 美元。如果该公司收购该商品的收购价为每吨2 800元人民币，且国内直接和间接费用另加 17%。试计算该商品的出口总成本、出口销售外汇净收入和出口换汇成本。假若当期银行外汇牌价为 1 美元合8.092 3元人民币，试计算该笔出口的盈亏率。

解：(1)出口总成本＝2 800×(1＋17%)＝3 276(元人民币)

(2)出口外汇净收入＝500－(65＋7)＝428(美元)

(3)出口换汇成本＝3 276/428≈7.65(元人民币/美元)

(4)出口人民币净收入＝428×8.092 3＝3 463.50(元人民币)

(5)出口盈亏率＝(3 463.5－3 276)/3 276×100%≈5.72%

【实例 6—3】

某外贸公司出口一批商品1 000只，出口单价 17.30 美元 CIF 伦敦，CIF 总价17 300美元，其中运费2 160美元、保险费 112 美元。进价每只人民币 117 元，总计人民币117 000元(含增值税 17%)，费用定额率 10%，出口退税率 9%。试计算：(1)该批商品的出口销售换汇成本是多少？(2)该商品的出口销售盈亏额是多少？(3)该商品的出口销售盈亏率是多少？(USD100＝RMB 809.23)

解：

$$(1)\text{出口商品换汇成本}=\frac{117\ 000+(117\ 000\times 10\%)-[117\ 000\div(1+17\%)\times 9\%]}{17\ 300-2\ 160-112}$$

$$=119\ 700\div 15\ 028$$

$$=7.965(\text{元人民币/美元})$$

$$(2)\text{出口销售盈亏额}=(17\ 300-2\ 160-112)\times 8.092\ 3-\{117\ 000+(117\ 000\times 10\%)-[117\ 000\div(1+17\%)\times 9\%]\}$$

$$=15\ 028\times 8.092\ 3-119\ 700$$

$$=121\ 611.08-119\ 700=1\ 911.08(\text{元人民币})$$

(3)出口销售盈亏率＝1 911.08/119 700×100%≈1.60%

3. 价格构成

(1)价格的表示方法

进出口合同中的价格条款，一般包括商品的单价(unit price)和总值或总金额(total amount)两项基本内容。单价通常由四个部分组成，即包括计量单位、单位价格金额、计价货币和贸易术语四项内容。例如，US＄150 Per Metric Ton CIF New York(每吨 150 美元 CIF 纽约)。总值或总金额是单位和数量的乘积，也就是一笔交易的货款总金额。总值所使用的货币必须与单价所使用的货币一样。总值除使用阿拉伯数字填写外，一般还用文字表示。

进出口贸易中常用的计价货币，如表 6—1 所示。

表 6—1　　常用货币名称、代码

货币名称	货币代码
澳大利亚元	AUD
奥地利元	ATS
加拿大元	CAD

续表

货币名称	货币代码
人民币元	CNY
欧元	EUR
港元	HKD
日元	JPY
挪威克朗	NOK
英镑	GBP
瑞典克朗	SEK
美元	USD

常用的计量单位，如表 6—2 所示。

表 6—2　　常用的计量单位

名称	计量单位
重量	gram，g. 克；　kilogram，kg.千克； ounce，oz. 盎司；　pound，lb.磅； metric ton，M/T 吨
个数	piece，pc.个/只；　pair，pr.对/副；　dozen，doz.打；　gross，gr.罗； set 台/套；　arton，ctn.纸箱；　case 箱；　package，pkg.件
长度	metre，m. 米/公尺；　foot，ft.英尺；　yard，yd. 码
面积	square metre，sq.m.平方米；　square foot，sq.ft.平方英尺； square yard，sq.yd.平方码
体积	cubic metre，cu.m.立方米；　cubic foot，cu. ft.立方英尺； cubic yard，cu. yd.立方码
容积	litre，l.升；　gallon，gal.加仑；　bushel，bu.蒲式耳

(2)价格的构成要素

出口商品价格的构成包括成本、费用和预期利润三大要素。

1)成本(cost)

出口商品的成本主要包括生产成本、加工成本和采购成本。

①生产成本：制造商生产某一产品所需的投入。

②加工成本：加工商对成品或半成品进行加工所需的成本。

③采购成本：贸易商向供应商采购商品的价格，也称进货成本。

对于自营进出口企业来说，需要了解的主要是生产成本和加工成本。对于从事出口业务的贸易公司来说，需要了解的主要是采购成本。在出口价格中，成本占的比重最大，因而成为价格中的重要组成部分。

2)费用(expenses/charges)

由于进出口贸易通常为跨越国界的买卖，其间所要发生的费用远比一般国内所进行的交易复杂。在出口商品价格中，费用所占的比重虽然不大，但因其内容繁多，且计算方法又不尽相同，因而成为价格核算中较为复杂的一个方面。

出口业务中通常会发生的费用有：

①包装费(packing charges)：通常包括在采购成本之中，但如果客户对货物的包装有特殊的要求，由此产生的费用就要作为包装费另加。

②仓储费(warehousing charges)：需要提前采购或另外存仓的货物往往会发生仓储费用。

③国内运输费(inland transport charges)：出口货物在装运前所发生的内陆运输费用，通常有卡车运输费、内河运输费、路桥费、过境费及装卸费等。

④认证费(certification charges)：出口商办理出口许可证、配额、产地证明以及其他证明所支付的费用。

⑤港区港杂费(port charges)：出口货物在装运前在港区码头所需支付的各种费用。

⑥商检费(inspection charges)：出口商品检验机构根据国家的有关规定或出口商的请求对货物进行检验所发生的费用。

⑦捐税(duties and taxes)：国家对出口商品征收、代收或退还的有关税费，通常有出口关税、增值税等。

⑧垫款利息(interest)：出口商自国内采购至收到国外进口商付款期间因垫付资金所产生的利息。

⑨业务费用(operating charges)：又称为经营管理费，是指出口商在经营中发生的有关费用，如通信费、交通费、交际费等。

⑩银行费用(banking charges)：出口商委托银行向国外客户收取货款、进行资信调查等所支出的费用。

⑪出口运费(freight charges)：货物出口时支付的海运、陆运或空运费用。

⑫保险费(insurance premium)：出口商向保险公司购买货运保险或信用保险所支付的费用。

⑬佣金(commission)：出口商向中间商支付的报酬。

3)预期利润(expected profit)

利润是企业赖以生存的根本，预期利润是出口价格三要素之一。在出口交易中，利润对于贸易商无疑是最重要的部分。

了解出口价格的构成要素，掌握成本、利润和出口交易中各种费用的含义和计算方法，对于准确核算出口价格是十分重要的。

三、价格换算方法

在国际贸易中，不同的贸易术语表示其价格构成因素不同，即包括不同的从属费用。例如：FOB术语中不包括从装运港至目的港的运费和保险费；CFR术语中则包括从装运港至目的港的通常运费；CIF术语中除包括从装运港至目的港的通常运费外，还包括保险费。

常用的FOB、CFR和CIF三种价格的换算取决于保险费的计算。出口贸易中，在以CIF(或CIP)术语成交的情况下，出口方就需要进行保险费的核算。由于保险金额的计算是以CIF(或CIP)货价为基础的，因此，对外报价时各种贸易术语的报价之间需要进行转换。

1. FOB、CFR和CIF三种术语的换算

(1)FOB价换算为其他价

1)CFR价＝FOB价＋运费

2)CIF价＝(FOB价＋运费)/(1－投保加成×保险费率)

(2)CFR 价换算为其他价

1)FOB 价＝CFR 价－运费

2)CIF 价＝CFR 价/(1－投保加成×保险费率)

(3)CIF 价换算为其他价

1)FOB 价＝CIF 价×(1－投保加成×保险费率)－运费

2)CFR 价＝CIF 价×(1－投保加成×保险费率)

2. FCA、CPT 和 CIP 三种术语的换算

(1)FCA 价换算为其他价

1)CPT 价＝FCA 价＋运费

2)CIP 价＝(FCA 价＋运费)/(1－保险加成×保险费率)

(2)CPT 价换算为其他价

1)FCA 价＝CPT 价－运费

2)CIP 价＝CPT 价/(1－保险加成×保险费率)

(3)CIP 价换算为其他价

1)FCA 价＝CIP 价×(1－保险加成×保险费率)－运费

2)CPT 价＝CIP 价×(1－保险加成×保险费率)

【实例 6－4】

我方对外报价为每吨1 000美元 CIF 新加坡，而外商还盘为 902 美元 FOB 上海。经查该货物由上海运至新加坡每吨运费为 88 美元，保险费率合计为 0.95%。试问单纯从价格角度上讲，我方可否接受该项还盘？

解：将我方报价 CIF 新加坡换算成 FOB 中国口岸价格，其结果是：

FOB 价＝CIF 价×(1－投保加成×保险费率)－运费

＝1 000×(1－110%×0.95%)－88

＝901.55(美元)

而外商报价为 FOB 上海 902 美元，二者相差无几，可以接受外商还盘。

【实例 6－5】

某商品的出口价为每件 CFR 旧金山 100 美元，买方提出改报 CIF 价，并要求按 CIF 价的 110%投保水渍险和战争险，总保险费率为 1.2%。求 CIF 报价。

解：CIF 价＝CFR 价/(1－投保加成×保险费率)

＝100/(1－110%×1.2%)

≈101.34(美元)

第二节　佣金和折扣

在国际贸易中，磋商交易和计算价格时，有时会涉及佣金和折扣。正确掌握、运用佣金和折扣，可达到扩大销售、增加经济效益的目的。

一、佣金

1. 佣金的含义

佣金是代理人或经纪人(中间商)为委托人进行交易而收取的报酬。在国际货物买卖中，

通常表现为出口商付给销售代理人、进口商付给购买代理人的酬金。因此，它适用于与中间商所签订的合同含佣价。

佣金分为明佣和暗佣两种。明佣是指佣金在价格条件中标明或在附注中表示出佣金率。暗佣是指双方在洽谈交易时，对佣金的给予已达成协议，但却约定不在合同中表示出来。在这种情况下的价格条款中，佣金由一方当事人按约定另付。

2. 佣金的表示方法

(1)以文字来说明

如：每吨 200 美元 CIF 纽约包括 3%佣金(US$ 200 per metric ton CIF New York including 2% commission)。

(2)在贸易术语上加注佣金的缩写英文字母“C”和佣金的百分比来表示

如：每吨 200 美元 CIFC3%纽约(US$ 200 per metric ton CIFC3% New York)。

(3)用绝对数表示

如：每吨佣金 25 美元(each metric ton commission 25 US dollars)。

3. 佣金的计算与支付方法

(1)佣金的计算

按国际贸易习惯，佣金一般是按交易额(即发票金额)为基础进行计算的。在国际贸易中，计算佣金的方法不一，有的按成交金额约定的百分比计算，也有的按成交商品的数量来计算，即按每一单位数量收取若干佣金计算。在我国进出口业务中，计算方法也不一致，按成交金额和成交商品的数量计算的都有。在按成交金额计算时，有的以发票总金额作为计算佣金的基数，有的则以 FOB 总值为基数来计算佣金。如按 CIF 成交，而以 FOB 值为基数计算佣金时，则应从 CIF 中减去运费和保险费，求出 FOB 值，然后以 FOB 值乘以佣金率，即得出佣金额。

关于计算佣金的公式如下：

$$佣金额=含佣价\times 佣金率$$

$$净价=含佣价-佣金额$$

上述公式也可写成：

$$净价=含佣价\times(1-佣金率)$$

假如已知净价，则含佣价的计算公式应为：

$$含佣价=\frac{净价}{1-佣金率}$$

佣金除了逐笔计算后结付外，为了促使代理商更多地推销商品，也有在代理合同中约定，一定时期内累计的推销数量或金额按累进的佣金率汇总支付佣金的做法，即销售额越多，佣金率越高。

如果销售有折扣，应该减去折扣后再计算佣金。如发票上加列利息等其他费用的情况，也应剔除后计算佣金。

【实例 6-6】

以 FOB 净价为基数计算佣金的方法。

如一批出口商品的成交金额按 FOB 条件为10 000美元，佣金率为 3%，则佣金为：

$$佣金额=含佣价\times 佣金率$$

$$=10\,000\times 3\%=300(美元)$$

【实例 6－7】

采用 CFR 价格条件的成交金额，而以 FOB 净价为基数计算佣金的方法。

佣金＝(CFR 成交金额－运费)×佣金率

如采用 CFR 成交的出口货物金额为10 000美元，运费占发票金额的 10%，佣金率为 5%，那么以 FOB 净价为基数计算出来的佣金应为：

佣金＝(10 000－10 000×10%)×5%＝450(美元)

【实例 6－8】

采用 CIF 价格条件的成交金额，而以 FOB 净价为基数计算佣金的方法。

佣金＝(CIF 成交金额－保险费－运费)×佣金率

如采用 CIF 价格条件成交的金额为10 000美元，其中运费占总金额的 10%，保险费占总金额的 5%，佣金为 3%，则以 FOB 净价为基数计算的佣金应为：

佣金＝[10 000－10 000×(10%＋5%)]×3%
＝8 500×3%＝255(美元)

【实例 6－9】

以买卖双方的成交金额为基数计算佣金的方法。

如买卖双方以 CIF 价成交，金额为10 000美元，佣金率为 3%，则：

佣金＝CIF 价×佣金率＝10 000×3%＝300(美元)

【实例 6－10】

我国某公司出口某商品1 000箱，对外报价为每箱 20 美元 FOBC 3%广州，外商要求将价格改报为每箱 CIFC 5%汉堡。已知运费为每箱 1 美元，保险费为 FOB 价的 0.8%，请问：

①要维持出口销售外汇净收入不变，CIFC 5%应改报为多少？

②已知进货成本为 160 元人民币/箱，每箱的商品流通费为进货成本的 3%，出口退税率为 17%，该商品的出口销售盈亏率及换汇成本是多少？(USD100＝RMB809.23)

解：①已知公式：含佣价＝净价/(1－佣金率)，则：净价＝含佣价×(1－佣金率)

FOB＝20×(1－3%)＝19.40(美元)

②已知公式：含佣价＝净价/(1－佣金率)，则：CIFC 5%＝(FOB＋运费＋保险费)/(1－5%)

CIFC 5%＝(19.40＋19.40×0.8%＋1)/(1－5%)＝21.64(美元)

③已知公式：出口商品盈亏率＝(出口销售人民币净收入－出口总成本)/出口总成本×100%，代入公式得：

出口商品盈亏率＝19.40×8.092 3－(160＋160×3%－160×17%)/(160＋160×3%
－160×17%)×100%
＝14.09%

④已知公式：出口商品换汇成本＝出口总成本/出口外汇销售净收入，代入公式得：

出口商品换汇成本＝(160＋160×3%－160×17%)/19.40＝7.09(元人民币/美元)

(2)佣金的支付方法

佣金的支付一般有两种类型：一种是由中间代理商直接从货价中扣除佣金；另一种是在委托人收清货款之后，再按事先约定的期限和佣金比率，另行付给中间代理商。中间商的职责是促成交易，负责联系和督促实际买户履约，协助解决履约过程中可能发生的问题，以使合同得以圆满地履行。因此，出口企业通常是在收到全部货款后再支付给中间代理商。

在实际操作中,佣金有三种支付方式。

1)票扣:在发票上减除佣金。在信用证上规定有扣除佣金的字句的采用票扣方式。

2)汇付:有卖方收到全部货款后再向中间代理商汇付佣金。通常我国采用汇付形式,这是目前支付佣金时使用最多的一种方式。

3)议扣:在信用证议付时扣除佣金。出口方交单时汇票上开足全部货款金额并规定议付银行在议付单据时扣除佣金。这是上述汇付形式的收后再付的简化,汇付行只汇付不含佣款,佣金由开证行径付中间商。

一般来说,暗佣多采用汇付及议扣方式。

佣金支付的三种方式如图6—1所示。

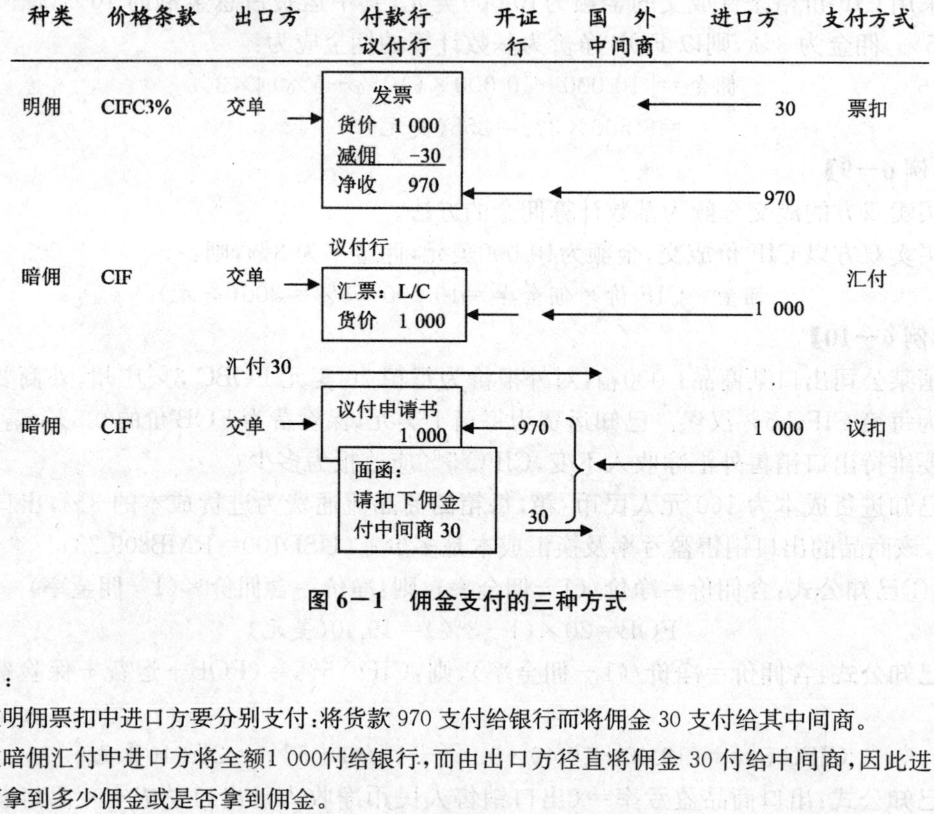

图6—1 佣金支付的三种方式

说明:

1)在明佣票扣中进口方要分别支付:将货款970支付给银行而将佣金30支付给其中间商。

2)在暗佣汇付中进口方将全额1 000付给银行,而由出口方径直将佣金30付给中间商,因此进口方不知道中间商拿到多少佣金或是否拿到佣金。

3)在议扣中,出口方在请国内议付银行垫付货款时,填写1 000并委托银行代付国外佣金30。国内议付行在向国外开证行索款时另加一张封面函件,委托直付30,从而国外开证行虽向进口方收取全额1 000但只向出口方支付净货款970,而由其将30支付中间商。这样,进口方对中间商所得佣金也不知情。

二、折扣

1. 折扣的含义

折扣是指卖方按原价给予买方一定百分比的减让,即在价格上给予适当的优惠。凡在价格条款中明确规定折扣率的做法称作明扣;凡交易双方就折扣问题已达成协议,而在价格条款中都不明示折扣率的做法称作暗扣。

折扣直接关系到商品的价格,货价中是否包括折扣和折扣率的大小都影响商品价格。折扣率越高,则价格越低。

2. 折扣的规定办法

(1)用文字明确表示

如:CIF 东京每吨 100 美元,折扣 3%(US$100 per metric ton CIF TOKYO less 3% discount)。

(2)用绝对数表示

如:每吨折扣 3 美元(Each metric ton discount 3 US dollars)。

3. 折扣的计算和支付方法

(1)折扣的计算

折扣通常是以成交额或发票金额为基础计算出来的。例如,CIF 东京每吨 100 美元,折扣 2%,则卖方的实际净收入为每吨 98 美元。

其计算方法如下:

折扣额=总价(或含折扣价)×折扣率

净价=总价-折扣额

(2)折扣的支付方法

折扣一般是在买方支付货款时预先予以扣除。也有的折扣金额不直接从货价中扣除,而按暗中达成的协议另行支付给买方,这种做法通常在给暗扣或回扣时采用。

【实例 6-11】

某商品以每吨 520 美元 CIF 东京,含折扣 2%的价格对外成交,请计算出每吨扣除折扣的净收入为多少?

解: 我方单位商品净收入=520×(1-2%)=509.6(美元)

【实例 6-12】

某商品以每吨1 000美元 CIF 东京,折扣 2%,求卖方实际支付给买方的折扣和卖方实际收回的净收入。

解: 折扣=1 000×2%=20(美元)

净收入=1 000-20=980(美元)

有关价格对含佣或给予折扣未作表示,通常应理解为不含佣或不给折扣的价格。不含佣或不给折扣的价格称为净价(net price),即卖方可照价全数收款,不需另外支付佣金或扣除折扣。有时,需加上"净价"(net)字样。例如:每吨 200 美元 CIF 纽约净价(US$ 200 per metric ton CIF New York net)。

关于成本核算,【实例 6-13】提供了综合练习。

【实例 6-13】

我国某出口商品对外报价为每吨1 200美元 FOB 上海,对方来电要求改报 CIFC5%伦敦。试求:CIFC 5%伦敦价为多少?(已知保险费率为 1.68%,运费合计为 9.68 美元,USD100=RMB809.23)

解:先利用:CIF=(FOB+运费)/(1-投保加成×保险费率),可求得 CIF 价为:

CIF=(1 200+9.68)/(1-110%×1.68%)=1 236.46(美元)

再利用:含佣价=净价/(1-佣金率),可求得 CIFC 5%价为:

CIFC 5%=CIF/(1-佣金率)=1 232.46/(1-5%)=1 297.32(美元)

第三节　海运运费计算办法

一、班轮运费

1. 班轮运费的构成

公式：

运费＝运费基数×分级运费率＋附加费

基本运费和附加费如图 6－2 所示。

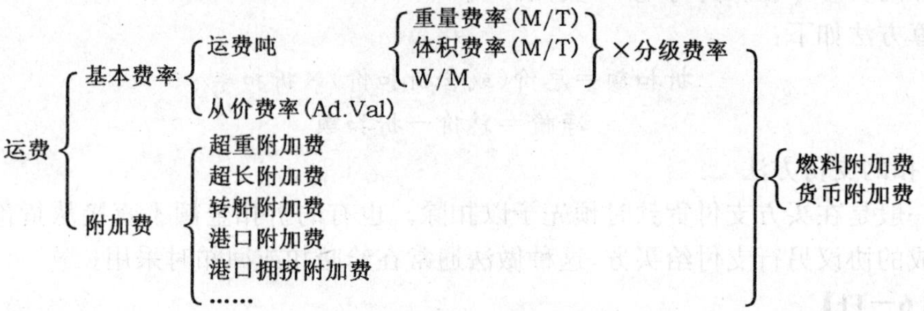

图 6—2　基本运费和附加费

班轮运输费用简称班轮运费，是班轮公司为运输货物而向货主收取的费用，包括货物从装运港至目的港的海上运费以及货物的装卸费。班轮运费包括基本运费和附加费两部分。基本运费是指货物在预定航线的各基本港口之间进行运输所规定的运价，是构成全程运费的主要部分。基本运费的计收标准，通常按不同商品分为下列几种：

(1)按货物的毛重计收，即以重量吨（weight ton）为计算单位计收，在运价表内用“W”表示。

(2)按货物的体积计收，即以尺码吨（measurement ton）为计算单位计收，在运价表内用“M”表示。

以上两种计算运费的重量吨和尺码吨统称为运费吨（freight ton）。

(3)按商品的价格（FOB 总值）计收，即按从价运费收取，在运价表内用“A. V.”或“Ad. Val”（拉丁文，意即从价）表示。

(4)按货物的毛重或体积，由船公司选择中收费较高的一种计收运费，在运价表中用“W/M”表示。

(5)按货物的重量、体积或价值三者中选较高的一种计收运费，在运价表中用“W/M or A. V.”表示。

(6)按货物的毛重或体积选择其高者，再加上从价费计收，在运价表中用“W/M plus ad val.”表示。

(7)按货物的件数计收。

(8)对大宗低值货物，采用船、货双方临时议定运价的办法。

此外，班轮公司对同一包装、同一票货物或同一提单内出现混装情况时，计收运费的原则是就高不就低。具体收取办法如下：

(1)不同商品混装在同一包装内,全部运费一般按其中收费较高者收取。

(2)同一票货物,如包装不同,其计费标准和等级也不同,如托运人未按不同包装分别列明毛重和体积,则全票货物均按收费较高者计收运费。

(3)同一提单内有两种以上的货名,如托运人未分别列明不同货物的毛重和体积,则全部货物均按收费较高者计收运费。

按运费吨计价的货物一般分为 20 个等级,第 1 级货物运费率最低,第 20 级货物运费率最高。

班轮运费中的附加费的名目繁多,其中包括:超长及超重附加费、选择卸货港附加费、变更卸货港附加费、燃油附加费、港口拥挤附加费、绕航附加费、转船附加费和直航附加费等。上述基本运费和各种附加费,均按班轮运价表计算。

【实例 6—14】

上海东浩国际商务公司出口柴油机一批,共 15 箱,每箱重量为 0.49 吨,总体积为 10.676 立方米。由上海装中国远洋运输公司轮船(班轮),经中国香港转船至苏丹港。

已知:查阅货物分级表,柴油机属于 10 级货,计算标准为 W/M;在中国内地—香港航线费率表中查出 10 级货从上海运至香港的费率为 25 美元,香港中转费为 13 美元;再从香港—红海航线费率表中查出 10 级货的费率为 95 美元;最后查附加费率表,了解到苏丹港要收港口拥挤附加费,费率为基本运费的 10%。试计算 A 公司应付船公司运费为多少?

解:

$$\text{总毛重}=15\times 0.49=7.35(\text{吨})$$

$$\text{运费吨的运价}=25+13+95+95\times 10\%=142.5(\text{美元})$$

$$\text{总运费}=10.676\times 142.5=1\ 521.33(\text{美元})$$

2. 集装箱货物运费

运费率表内的集装箱整箱运费除另有说明外均为 CY/CY 费率。

(1)整箱货运费。整箱(Full Container Load,FCL)是指货方自行将货物装满整箱以后,以箱为单位托运的集装箱。这种情况通常在货主有足够货源装载一个或数个整箱时采用,除有些大的货主自己备有集装箱外,一般都是向承运人或集装箱租赁公司租用一定的集装箱。空箱运到工厂或仓库后,在海关人员的监管下,货主把货装入箱内、加锁、铅封后交承运人并取得站场收据,最后凭收据换取提单或运单。

整箱货不论集装箱内所装货物数量多少,均按箱内货物的等级及计费标准计收集装箱运费。但有一种包箱费率,论箱计费,不论货物,称为混统包箱费率;另一种大类包箱费率,则只粗分四个等级。

两种或两种以上不同等级、不同计费标准或相同等级不同计费标准或不同等级相同计费标准的货物作为整箱货装在同一集装箱内,其包箱运费按运费收入高者计收。

以“W/M”为计费标准的货物,其包箱运费按高者计收。

以“Ad. Val”为计费标准的货物,其包箱运费按箱内货物离岸价值的从价运费计收,但不应低于 20 级货物的运费。

(2)拼箱货运费。拼箱(Less Than Container Load,LCL)是指承运人(或代理人)接受货主托运的数量不足整箱的小票货运后,根据货类性质和目的地进行分类整理。把去同一目的地的货,集中到一定数量拼装入箱。由于一个箱内有不同货主的货拼装在一起,所以称作拼箱。这种情况在货主托运数量不足装满整箱时采用。拼箱货的分类、整理、集中、装箱(拆箱)、交货等工作均在承运人码头集装箱货运站或内陆集装箱转运站进行。

拼箱货按其等级和计费标准计收运费,不足 1 吨者,按其商品等级的一运费吨计收运费。

以“Ad. Val”为计费标准的货物，其拼箱货运费按箱内货物 FOB 价格的从价货运费计收，但应不低于 20 级货物的运费。

(3)特种箱运费。如挂衣箱运费，承运人接受场到场(CY/CY)挂衣箱的运输。由承运人提供挂衣箱，箱子具备挂装服装所必备的木制或金属横梁、箱内壁衬垫及绳索，挂衣箱运费较普通货箱运费高 10%。

(4)集装箱站处理费(CFS Handling Charge)。由承运人或其代理人在集装箱站接货，并提取空箱、装箱、积载、理货、铅封并将重箱送至装货港集装箱堆场，此间发生的费用为集装箱站处理费。例如：USD 120/20′，USD 240/40′，USD 5/FT。

该费用可根据国内各港口具体情况浮动。

【实例 6－15】

A 公司出口商品共 100 箱，每箱的体积为 30cm×60cm×50cm，毛重为 50 千克，查运费表得知该货为 9 级，计费标准为 W/M，基本运费为每运费吨 105USD，另收燃油附加费 25%。试计算：该批货物的运费是多少美元？

解：　　　　　　　　　$30cm\times60cm\times50cm=0.09m^3$

因为 0.09＞0.05，且基本运费的计收方法是 W/M，所以应选择 $0.09m^3$ 来计算运费。代入公式得：

运费＝计费运费×基本运费×商品数量×(1＋各种附加费率)

＝0.09×105×100×(1＋25%)

＝1 181.25(美元)

【实例 6－16】

A 公司出口货物共 200 箱，对外报价为每箱 340 美元 CFR 神户，日本商人要求将价格改报为 FOB 价。试求每箱货物应付的运费及应改报的 FOB 价为多少？(已知该批货物每箱的体积为 45cm×35cm×30cm，毛重为 40 千克，商品的计费标准为 W/M，每运费吨基本运费为 100 美元，到神户港需加收燃油附加费 20%)。

解：(1)　　　　　　　　$45cm\times35cm\times30cm=0.047\ 25m^3$

因为0.047 25＞0.04，且基本运费的计收办法是 W/M，所以应选择 $0.047\ 25m^3$ 计算运费。

单位运费＝计费标准×基本运费×(1＋各种附加费率)

＝0.047 25×100×(1＋20%)

＝5.67(美元)

(2)应该报的 FOB 价是：

FOB＝CFR－运费＝340－5.67＝334.33(美元)

【实例 6－17】

A 公司向纽约某进口商出口自行车 100 箱，每箱 1 件，每箱体积是 20cm×50cm×120cm，计收运费的标准为 M，基本运费为每运费吨 280HKD，另加收港口拥挤费 10%。问：该批商品的运费是多少？

解：该批货物的运费为：

运费＝计费标准×某个运费×商品数量×(l＋各种附加费率)

＝0.2×0.5×1.2×280×100×(1＋10%)

＝0.12×280×100×1.1＝3 696(港元)

相关链接

集装箱海运出口费率表

海运集装箱费率表有不同的形式，实际业务中最为常见的集装箱货物海运出口费率表为FAK(Freight for All Kinds)费率表，即不分货物级别统一收取运费，如表6—3所示：

表6—3 单位：美元

装运港 PORT OF LOADING	货物种类 COMMODITIES	拼箱 LCL(W/M)	20英尺集装箱 20′FCL	40英尺集装箱 40′FCL
黄埔 HUANGPU	普通货物 GENERAL CARGO	63.00	800.00	1 450.00
	半危险品 SEMI-HAZARDOUS	86.00	1 250.00	2 300.00
	全危险品 HAZARDOUS		1 550.00	2 850.00
	冷藏货物 REEFER		2 200.00	4 050.00
	普通货物 GENERAL CARGO	78.00	1 100.00	2 050.00
	半危险品 SEMI-HAZARDOUS	97.00	1 450.00	2 700.00
	全危险品 HAZARDOUS		1 850.00	3 400.00
	冷藏货物 REEFER		2 700.00	5 000.00

此外，还有以下两种费率表。一是FCS(Freight for Class)费率表，即按不同的货物等级收取不同的运费，如表6—4所示：

表6—4 单位：美元

等级 CLASS	LCL W/M	CY/CY	
		20′	40′
1—7	55.00	770.00	1 460.00
8—10	58.00	820.00	1 560.00
11—15	61.00	870.00	1 650.00
16—20	64.00	920.00	1 750.00
CHEMICALS,N.H.	61.00	870.00	1 650.00
SEMI-HAZARDOUS	68.00	1 200.00	2 280.00
HAZARDOUS		1 650.00	3 100.00
REEFER		2 530.00	4 800.00

二是FCB(Freight for Class & Basis)费率表，即按不同的货物等级以及计算标准收取不同的运费，如表6—5所示：

表 6—5　　单位：美元

等级 CLASS	计算标准 BASIS	拼箱 CFS/CFS	CY/CY 整箱	
			20′	40′
1—7	M	90.00	1 750.00	3 500.00
8—10		94.00	1 900.00	3 800.00
11—15		101.00	2 050.00	4 100.00
16—20		107.00	2 200.00	4 400.00
1—7	W	118.00	1 750.00	3 500.00
8—10		127.00	1 900.00	3 800.00
11—15		136.00	2 050.00	4 100.00
16—20		145.00	2 200.00	4 400.00
CHEMICAL	W/M	128.00	2 050.00	4 100.00
SEMI—HAZARDOUS CARGO	W/M	166.00	2 550.00	5 100.00
HAZARDOUS CARGO	W/M	224.00	3 550.00	7 100.00
REEFER CARGO	W/M	246.00	3 900.00	7 850.00

二、租船运输

租船通常是指包租整船而言，大宗货物一般都采用租船运输。租船方式主要包括定程租船和定期租船两种，前者是指按航程租赁船舶，后者是指按期限租赁船舶。不论是按航程或按期限租船，船、租双方都要签订租船合同，以明确双方的权利和义务。

1. 定程租船

在定程租船方式下，船方必须按租船合同规定的航程完成货物运输任务，并负责船舶的经营管理及其在航行中的各项费开支；租船人则应支付双方约定的运费，程租船的运费一般按装运货物的数量计算，也有按航次包租总金额计算的，至于货物在港口的装卸费用，究竟由船方抑或租方负担，应在租船合同中作出明确规定。

2. 定期租船

按期限租船时，船租双方的权利与义务应在期限船合同中订明，船方应提供适航的船舶，关于船员薪金、伙食等费用以及保持船舶具有适航价值而产生的有关费用，均由船方负担。在船舶的出租期间，租船人可根据租船合同规定的航行区域自由使用和调动船舶，但船舶经营过程中产生的燃料费、港口费、装卸费和垫舱物料费等项开支，均应由租船人负担。关于定期租船的租金，一般是按租期每月每吨若干金额计算。

3. 程租船运输费用

(1)程租船的装卸费。程租船运输情况下，有关货物的装卸费用由租船人和船东协商确定后在程租船合同中作出具体规定。具体做法主要有以下四种：

1)船方负担装货费和卸货费，又可称为“班轮条件”。

2)船方管装不管卸(free out，F.O.)，即船方负担装货费，不负担卸货费。

3)船方管卸不管装(free in，F.I.)，即船方负担卸货费，不负担装货费。

4)船方装和卸均不管(free in and free out,F.I.O.)。

(2)装卸时间、滞期费和速遣费。在程租船运输情况下,装卸货时间的长短影响船舶的使用周期和在港费用,直接关系到船方利益。因而,在程租船合同中,除需规定装卸货时间外,还需规定一种奖励处罚措施,以督促租船人实现快装快卸。

装卸时间或称装卸期限,是指租船人承诺在一定期限内完成装卸作业,它是程租船合同的一项重要内容。装卸期限可用若干日表示,也可用装卸率表示,即平均每天装卸若干吨;此外,还要规定哪些时间应算为工作日,哪些时间除外。装卸时间的计算通常有以下几种:

1)按日(days)或连续日或时(running or consecutive days/hours),是指时间连续满 24 小时就算 1 日或连续日。

2)按工作日(working days),是指按港口习惯,属于正常工作的日期。

3)按晴天工作日(weather working days),是指既是工作日,又是适宜装卸的天气才计算为装卸时间。

4)连续 24 小时晴天工作日(weather working days of consecutive 24 hours)。

在规定的装卸期限内,如果租船人未能完成装卸作业,为了弥补船方的损失,对超过的时间租船人应向船方支付一定的罚款,这种罚款称为“滞期费”或“延滞费”;反之,如果租船人在规定的装卸期限内,提前完成装卸作业,则所节省的时间船方要向租船人支付一定的奖金。这种奖金称为速遣费。后者一般为前者的 1/2。

【实例 6－18】

A 公司出口化肥120 000吨,租船合同对装卸条件的规定如下:①连续 24 小时晴天工作日,星期六、日和节假日除已使用者不算。②每一工作日装货2 000吨,6 天装卸完毕。滞期一天罚款5 000美元,速遣奖励减半。装货时间如表 6－6 所示:

表 6－6　　装货时间

日期	星期	工作记录
7 月 15 日	四	8 时到 24 小时工作
7 月 16 日	五	0 时到 24 小时工作
7 月 17 日	六	0 时到 18 小时工作
7 月 18 日	日	8 时到 24 小时加班(有 4 小时下雨停工)
7 月 19 日	一	8 时到 24 小时加班(有 3 小时下雨停工)
7 月 20 日	二	0 时到 5 小时装货

试计算:应付的滞期费或应得的速遣费是多少?

解:约定工作时间＝6×24＝144(小时)

实际工作时间＝16＋24＋18＋12＋13＋5＝88(小时)

速遣费＝(144－88)/24×2 500＝5 833.33(美元)

第四节　保险费计算办法

一、保险金额

按照国际保险市场的习惯做法,出口货物的保险金额一般按 CIF 货价另加 10%计算,这增加的10%称作保险加成，也就是买方进行这笔交易所付的费用和预期利润。保险金额计算的公式是：

保险金额＝CIF货值×(1＋加成率)

二、保险费

保险费率(Premium Rate)是由保险公司根据一定时期、不同种类的货物的赔付率，按不同险别和目的地确定的。

保险费则根据保险费率表按保险金计算，其计算公式是：

保险费＝保险金额×保险费率

【实例6－19】

金茂进出口公司以每件15美元向美国杰盛公司出口连衣裙2 000打。货物出口前，由金茂进出口公司向中国人民保险公司投保水渍险、包装破裂险及淡水雨淋险。水渍险、包装破裂险及淡水雨淋险的保险费率分别为0.6%、0.1%和0.3%，按发票金额110%投保。试计算：该批货物的投保金额和保险费。

解：　投保金额＝CIF总值×110%

＝15×12×2 000×110%

＝396 000(美元)

保险费＝投保金额×保险费

＝396 000×(0.6%＋0.1%＋0.3%)

＝3 960(美元)

第五节　出口报价

一、出口报价核算

上述分别就成本核算的相关内容进行了阐述，下面就有关出口报价的内容进行介绍。所谓出口报价，是出口商向国外客户出售某商品报出的价格。在计算价格时，首先需要明确价格的构成，即所报价格由哪些部分组成，然后需要了解各组成部分的计算方法，也就是出口成本、各项费用以及利润的计算依据，最后将各部分加以合理的汇总即可。

由于在国际贸易中，FOB、CIF和CFR价格是最常用的贸易术语，因此下面就这三种价格核算进行阐述。

1. FOB价格核算

FOB价＝出口成本＋预期利润额

＝实际购货成本＋单位产品国内总费用＋预期利润额

或：

FOB价＝实际购货成本＋单位产品国内总费用＋佣金＋预期利润额

2. CFR价格核算

CFR价格＝出口成本＋出口运费＋预期利润额

或：

CFR价＝实际购货成本＋单位产品国内总费用＋单位产品出口运费＋佣金＋预期利润额

3. CIF 价格核算

CIF 价＝出口成本＋出口运费＋运输保险＋预期利润额

或：

CIF 价＝实际购货成本＋单位产品国内总费用＋单位产品出口运费＋运输保险费＋佣金＋预期利润额

下面通过一个具体的案例来说明出口报价核算操作。

二、出口报价核算应用实例

金茂进出口公司收到韩国进口商求购某商品 18 吨的询盘，该商品国内的进货价为每吨5 800元人民币（含增值税 17%）；出口包装费每吨 520 元；该批货物国内运杂费计1 150元；出口商检费 320 元；报关费 100 元；港区港杂费 980 元；其他各种费用共计1 500元。金茂进出口公司向银行贷款的年利率为 7.5%；预计垫款时间 2 个月；银行手续费率为 0.5%（按成交价格计），出口该商品的退税率为 13%；海洋运费从装运港上海至韩国釜山一个 20 英尺集装箱的包箱费率是1 000美元，用户要求按 CIF 成交价的 110%投保，保险费率 0.85%；韩国商人要求在报价中包括 3%的佣金，若金茂进出口公司的预期利润是 10%（以成交金额计），人民币对美元汇率为 6.80∶1。试报出每吨出口商品的 FOB、CFR 和 CIF 价格。（为保持数据的相对准确性，运算过程保留四位小数，最终报价保留两位小数）

解：

(1)实际购货成本＝购货价格－出口退税额

＝5 800×(1＋17%－退税率)÷(1＋17%)

＝5 800×(1＋17%－13%)÷(1＋17%)

＝5 155.555 6(元/吨)

费用：

国内费用＝520＋(1 150＋320＋100＋980＋1 500)÷18＋5 800×7.5%÷6

＝520＋225＋72.5

＝817.50(元人民币/吨)(注:贷款利息通常根据进货成本来核算)

银行手续费＝报价×0.5%

客户佣金＝报价×3%

出口运费＝1 000÷18×6.80＝377.778 1(元)

出口保费＝CIF 价×110%×0.85%

利润＝报价×10%

(2)FOB 报价(折成美元)

FOB 报价＝实际购货成本＋国内费用＋佣金＋银行手续费＋预期利润

＝5 155.555 6＋817.50＋报价×3%＋报价×0.5%＋报价×10%

FOBC3%＝(5 155.555 6＋817.50)÷(1－3%－0.5%－10%)÷6.80

＝5 973.055 6÷0.865÷6.80

＝1 015.48(美元/吨)

(3)CFR 报价

CFR 报价＝实际购货成本＋国内费用＋出口运费＋佣金＋银行手续费＋预期利润

＝5 155.555 6＋817.50＋377.778 1＋报价×3%＋报价×0.5%＋报价×10%

CFRC 3％＝(5 155.555 6＋817.50＋377.778 1)÷(1－3％－0.5％－10％)÷6.80

＝6 350.833 4÷0.865÷6.80

＝1 079.71(美元/吨)

(4)CIF 报价

CIF 报价＝实际购货成本＋国内费用＋出口运费＋出口保险费

＋佣金＋银行手续费＋预期利润

＝5 155.555 6＋817.50＋377.778 1＋报价×110％×0.85％

＋报价×3％＋报价×0.5％＋报价×10％

CIFC 3％＝(5 155.555 6＋817.50＋377.778 1)

÷(1－110％×0.85％－3％－0.5％－10％)÷6.80

＝6 350.833 4÷0.855 65÷6.80

＝1 091.50(美元/吨)

通过以上计算，18 吨香菇的出口报价如下：

US＄1 015.48PER METRIC TON FOBC 3％ SHANGHAI

US＄1 079.71PER METRIC TON CFRC 3％ BUSAN

US＄1 091.50PER METRIC TON CIFC 3％ BUSAN

第七章　加工贸易

第一节　加工贸易的流程

加工贸易的流程如下：签订合同；商务主管部门申请加工贸易业务批准证和加工贸易加工企业生产能力证明；国税局备案批准证备案（来料加工除外）；海关加工贸易手册设立手续、货物进出口报关、加工贸易货物核销；申办《加工贸易业务批准证》的核销，需要的话要设立加工贸易银行保证金台账。加工贸易的流程如图7－1所示。

一、《加工贸易业务批准证》等商务主管部门申请办理

根据《外经贸部关于印发〈加工贸易审批管理暂行办法〉的通知》（〔1999〕外经贸管发第314号）的规定，各省级商务（外经贸）主管部门负责管理、审批本地区的加工贸易业务，并可根据实际需要授予部分地（市）和县（市）级商务（外经贸）主管部门加工贸易审批权，并报商务部备案。重要敏感商品和关税配额管理商品，由经营企业注册地省级加工贸易审批机关审批，暂不得将审批权下放。

1. 申办《加工贸易业务批准证》

经营企业申请开展加工贸易业务时，必须提供下列证明文件和材料：

（1）经营企业出具的书面申请报告及加盖经营企业的《加工贸易业务批准证申请表》，见表7－1。

（2）经营企业进出口经营权批准文件（或外商投资企业批准证书）和工商营业执照（复印件）。

（3）加工企业注册地县级以上商务主管部门出具的加工企业生产能力证明（正本），加工企业的工商营业执照（复印件）。

（4）经营企业对外签订的进出口合同（正本）。

（5）经营企业与加工企业签订的加工协议（合同）正本。

（6）审批机关认为需要出具的其他证明文件和材料。

根据《关于开展全国加工贸易企业经营状况和生产能力核查的通知》（商贸字〔2003〕69号）和《商务部办公厅关于使用新〈加工贸易企业经营状况和生产能力证明〉格式的通知》（商办机电函〔2005〕39号）的规定，从事加工贸易业务的企业，必须填报《加工贸易企业经营状况及生产能力证明》。对于加工贸易经营企业委托异地企业开展加工业务的，由加工企业所在地加工贸易主管部门负责出具《生产能力证明》。

该证明分为三种格式：表一《加工贸易经营状况》（见表7－2）由进出口经营企业填报；表二《加工贸易经营状况及生产能力证明》（见表7－3）由各类有进出口经营权的生产型企业（含外商投资企业）填报；表三《加工贸易生产能力证明》（见表7－4）由无进出口经营权、承接委托

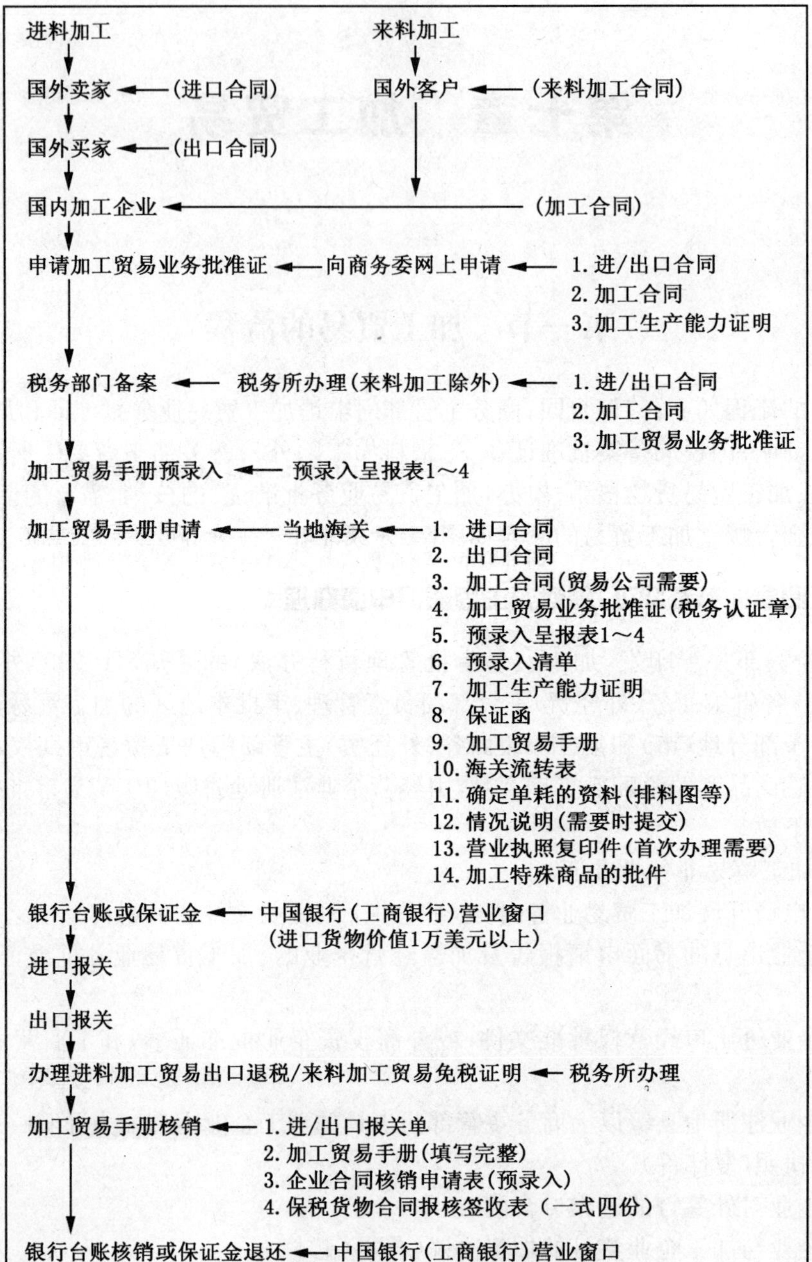

注:上述需提交文件均应盖上单位公章(报关单和预录入清单除外)。

图 7—1　加工贸易流程

加工贸易业务的企业填报。每家企业根据自己的性质选择以上表格中的一份进行在线填报,并可以下载“Word 空白表”或“Excel 空白表”自行保存。

填报表一、表二和表三的各类企业不得重复提交电子数据。一旦发生误操作,请立即与所在地加工贸易审批主管部门联系更改,或与中国国际电子商务中心技术人员联系,删除错误数据后由企业重新填报。

表 7—1 **加工贸易业务批准证申请**

1. 经营企业名称：		4. 加工企业名称：	
2. 经营企业类型： 经营企业编码：		5. 加工企业类型： 加工企业编码：	
3. 加工贸易类型：进料加工		6. 出口制成品返销截止日期：	
进料加工	7. 进口合同号：	来料加工	10. 合作外商：
	8. 出口合同号：		11. 合同号：
	9. 客供辅料合同号：		12. 加工费(美元)：
13. 进口主要料件(详细目录见清单)：		16. 出口主要制成品(详细目录见清单)：	
14. 进口料件总值(美元)：		17. 出口制成品总值(美元)：	
15. 进口口岸：		18. 出口口岸：	
19. 加工企业地址、联系人、地址		20. 加工地主管海关：	
21. 加工企业生产能力审查单位：		22. 经营企业银行基本账户账号：	
23. 国产料件总值(美元)：		24. 深加工结转金额	转入(美元) 转出(美元)
25. 备注		26. 发证机关签章： 27. 发证日期： 年 月 日	

企业所在地的商务主管部门若不具有加工贸易业务审批权(如区县外经贸局)，由企业自行下载表格送所在地商务主管部门审核，审核通过后，企业填报电子数据发送至所在地上一级加工贸易审批机关。

表一和表二中，“出口结汇额”为货物出口后实际收回的外汇金额，“进口售汇额”为进口原材料时实际支付的外汇金额，“进出口结售汇余额”为“出口结汇额”与“进口售汇额”之间的差额；“进料加工结汇”为进料加工项下制成品出口后实际收回外汇金额，“进料加工售汇”为进料加工项下进口料件实际支付的外汇金额，“进料加工结售差额”为“进料加工结汇”与“进料加工售汇”之间的差额。

该证明有效期自填报之日起为一年。

表 7－2　　加工贸易经营状况

<table>
<tr><td colspan="7">企业名称：</td></tr>
<tr><td colspan="3">进出口企业代码：</td><td colspan="2">海关注册编码：</td><td colspan="2">法人代表：</td></tr>
<tr><td colspan="3">外汇登记号：</td><td colspan="2">联系电话：</td><td colspan="2">联系传真：</td></tr>
<tr><td colspan="3">税务登记号：</td><td colspan="2">邮政编码：</td><td colspan="2">工商注册日期：　年　月　日</td></tr>
<tr><td colspan="7">基本账号及开户银行：</td></tr>
<tr><td colspan="7">地址：</td></tr>
<tr><td colspan="7">企业类型(选中划“√”)：□1. 国有企业　□2. 外商投资企业　□3. 其他企业</td></tr>
<tr><td colspan="7">海关分类评定级别(选中划“√”))：□A 类　□B 类　□C 类　□D 类　(以填表时为准)</td></tr>
<tr><td colspan="7">是否对外加工装配服务公司或外经发展公司的加工企业　□是　□否</td></tr>
<tr><td>(外商投资企业填写)(万＄)</td><td>注册资本：</td><td>累计实际投资总额(截至填表时)：</td><td colspan="2">实际投资来源地：(按投资额度或控股顺序填写前五位国别/地区及累计金额)
1.
2.
3.
4.
5.</td><td colspan="2">外商本年度拟投资额：
外商下年度拟投资额：</td></tr>
<tr><td>(非外商投资企业填写)(万￥)</td><td>注册资本：</td><td>资产总额(截至填表时)：</td><td colspan="2">净资产额(截至填表时)：</td><td colspan="2">本年度拟投资额：
下年度拟投资额：</td></tr>
<tr><td colspan="3">研发机构：
□改进型　□自主型　□核心　□外围</td><td colspan="4" rowspan="2">是□　否□　世界 500 强公司投资(选择“√”)
(根据美国《财富》杂志年评结果，主要考察投资主体)</td></tr>
<tr><td colspan="3">研发机构投资总额(万＄)：</td></tr>
<tr><td colspan="7">产品技术水平：□A 世界先进水平　□B 国内先进水平　□C 行业先进水平</td></tr>
<tr><td colspan="7">累计获得专利情况：　1. 国外(　　个)　2. 国内(　　个)</td></tr>
<tr><td colspan="3">企业员工总数：</td><td colspan="4">文化程度：1. 本科以上(　　)　2. 高中、大专(　　)
3. 初中及以下(　　)
(在括号内填入人数)</td></tr>
<tr><td colspan="7">经营范围：(按营业执照)</td></tr>
<tr><td rowspan="11">上年度</td><td colspan="2">营业额(万￥)：</td><td colspan="4">利润总额(万￥)：</td></tr>
<tr><td colspan="2">纳税总额(万￥)：</td><td colspan="4">企业所得税(万￥)：</td></tr>
<tr><td colspan="2">工资总额(万￥)：</td><td colspan="4">个人所得税总计(万￥)：</td></tr>
<tr><td colspan="2">加工贸易进出口额(万＄)：</td><td colspan="2">出口额(万＄)：</td><td colspan="2">进口额(万＄)：</td></tr>
<tr><td colspan="2">进料加工进出口额(万＄)：</td><td colspan="2">出口额(万＄)：</td><td colspan="2">进口额(万＄)：</td></tr>
<tr><td colspan="2">来料加工进出口额(万＄)：</td><td colspan="2">出口额(万＄)：</td><td colspan="2">进口额(万＄)：</td></tr>
<tr><td colspan="2">加工贸易合同份数：</td><td colspan="2">进料加工合同份数：</td><td colspan="2">来料加工合同份数：</td></tr>
<tr><td colspan="2">进出口结售汇差额(万＄)：</td><td colspan="2">出口结汇额(万＄)：</td><td colspan="2">进口售汇额(万＄)：</td></tr>
<tr><td colspan="2">进料加工结售汇差额(万＄)：</td><td colspan="2">进料加工结汇(万＄)：</td><td colspan="2">进料加工售汇(万＄)：</td></tr>
<tr><td colspan="2">加工贸易转内销额(万＄)：</td><td colspan="2">内销补税额(万￥含利息)：</td><td colspan="2">来料加工(万＄工缴费)：</td></tr>
<tr><td colspan="6">内销主要原因：1. 国外市场方面　2. 国外企业方面　3. 国外法规调整　4. 客户
(可多项选择) 5. 国内市场方面　6. 国内企业方面　7. 国内法规调整　8. 产品质量</td></tr>
</table>

续表

<table>
<tr><td rowspan="4">上
年
度</td><td colspan="2">深加工结转总额(万＄)：</td><td>转出额(万＄)：</td><td>转进额(万＄)：</td></tr>
<tr><td colspan="4">本企业采购国产料件额(万￥)：(不含深加工结转料件和出口后复进口的国产料件)</td></tr>
<tr><td colspan="2">国内上游配套企业家数：</td><td colspan="2">国内下游用户企业家数：</td></tr>
<tr><td colspan="4">直接出口订单来源：□A 跨国公司统一采购　□B 进口料件供应商　□C 自有客户　□D 其他客户</td></tr>
<tr><td colspan="5">上年度加工贸易主要进口商品(按以下分类序号选择“√”,每类可多项选择)
大类：□1. 初级产品　□2. 工业制成品
中类：□A 机电　□B 高新技术　□C 纺织品　□D 工业品　□E 农产品　□F 化工产品
小类：□a 电子信息　□b 机械设备　□c 纺织服装　□d 鞋类　□e 旅行品、箱包　□f 玩具
□g 家具　□h 塑料制品　□I 金属制品　□j 其他　□k 化工产品</td></tr>
<tr><td colspan="5">上年度加工贸易主要出口商品(按以下分类序号选择“√”,每类可多项选择)
大类：□1. 初级产品　□2. 工业制成品
中类：□A 机电　□B 高新技术　□C 纺织品　□D 工业品　□E 农产品　□F 化工产品
小类：□a 电子信息　□b 机械设备　□c 纺织服装　□d 鞋类　□e 旅行品、箱包　□f 玩具
□g 家具　□h 塑料制品　□i 金属制品　□j 其他　□k 化工产品</td></tr>
<tr><td colspan="2">企业承诺：以上情况真实无讹并承担法律责任</td><td>法人代表签字：</td><td colspan="2">企业盖章
年　月　日</td></tr>
<tr><td colspan="2">商务部门审核意见：</td><td>审核人：</td><td colspan="2">审核部门签章
年　月　日</td></tr>
<tr><td colspan="5">备注：</td></tr>
</table>

说明：①有关数据如无特殊说明均填写上年度数据；

②如无特别说明，金额最小单位为“万美元”和“万元”；

③涉及数值、年月均填写阿拉伯数字；

④进出口额、深加工结转额以海关统计或实际发生额为准；

⑤此证明自填报之日起有效期为一年。

表 7—3　　加工贸易经营状况及生产能力证明

<table>
<tr><td colspan="5">企业名称：</td></tr>
<tr><td colspan="2">进出口企业代码：</td><td colspan="2">海关注册编码：</td><td>法人代表：</td></tr>
<tr><td colspan="2">外汇登记号：</td><td colspan="2">联系电话：</td><td>联系传真：</td></tr>
<tr><td colspan="2">税务登记号：</td><td colspan="2">邮政编码：</td><td>工商注册日期：　年　月　日</td></tr>
<tr><td colspan="5">基本账号及开户银行：</td></tr>
<tr><td colspan="5">经营企业地址：</td></tr>
<tr><td colspan="5">加工企业地址：</td></tr>
<tr><td colspan="5">企业类型(选中划“√”)：□1. 国有企业　□2. 外商投资企业　□3. 其他企业</td></tr>
<tr><td colspan="5">海关分类评定级别(选中划“√”)：□A 类　□B 类　□C 类　□D 类　(以填表时为准)</td></tr>
<tr><td>(外商投资企业填写)(万＄)</td><td>注册资本：</td><td>累计实际投资总额(截至填表时)：</td><td>实际投资来源地：(按投资额度或控股顺序填写前五位国别/地区及累计金额)
1.
2.
3.
4.
5.</td><td>外商本年度拟投资额：

外商下年度拟投资额：</td></tr>
</table>

续表

<table>
<tr><td colspan="2">(非外商投资企业填写)(万￥)</td><td>注册资本：</td><td>资产总额(截至填表时)：</td><td>净资产额(截至填表时)：</td><td>本年度拟投资额：
下年度拟投资额：</td></tr>
<tr><td colspan="4">研发机构数量：
□改进型 □自主型 □核心 □外围</td><td colspan="2" rowspan="2">是□ 否□ 世界500强公司投资(选择“√”)
(根据美国《财富》杂志年评结果，主要考察投资主体)</td></tr>
<tr><td colspan="4">研发机构投资总额(万＄)：</td></tr>
<tr><td colspan="6">产品技术水平：□A世界先进水平 □B国内先进水平 □C行业先进水平</td></tr>
<tr><td colspan="6">累计获得专利情况： 1. 国外(　　个) 2. 国内(　　个)</td></tr>
<tr><td colspan="3">企业员工总数：</td><td colspan="3">文化程度：1. 本科以上(　　) 2. 高中、大专(　　)
3. 初中及以下(　　)
(在括号内填入人数)</td></tr>
<tr><td colspan="6">经营范围：(按营业执照)</td></tr>
<tr><td rowspan="17">上年度</td><td colspan="2">营业额(万￥)：</td><td colspan="3">利润总额(万￥)：</td></tr>
<tr><td colspan="2">纳税总额(万￥)：</td><td colspan="3">企业所得税(万￥)：</td></tr>
<tr><td colspan="2">工资总额(万￥)：</td><td colspan="3">个人所得税总计(万￥)：</td></tr>
<tr><td colspan="2">加工贸易进出口额(万＄)：</td><td colspan="2">出口额(万＄)：</td><td>进口额(万＄)：</td></tr>
<tr><td colspan="2">进料加工进出口额(万＄)：</td><td colspan="2">出口额(万＄)：</td><td>进口额(万＄)：</td></tr>
<tr><td colspan="2">来料加工进出口额(万＄)：</td><td colspan="2">出口额(万＄)：</td><td>进口额(万＄)：</td></tr>
<tr><td colspan="2">加工贸易合同份数：</td><td colspan="2">进料加工合同份数：</td><td>来料加工合同份数：</td></tr>
<tr><td colspan="2">进出口结售汇差额(万＄)：</td><td colspan="2">出口结汇额(万＄)：</td><td>进口售汇额(万＄)：</td></tr>
<tr><td colspan="2">进料加工结售汇差额(万＄)：</td><td colspan="2">进料加工结汇(万＄)：</td><td>进料加工售汇(万＄)：</td></tr>
<tr><td colspan="2">加工贸易转内销额(万＄)：</td><td colspan="2">内销补税额(万￥含利息)：</td><td>来料加工(万＄工缴费)：</td></tr>
<tr><td colspan="5">内销主要原因：□1. 国外市场方面 □2. 国外企业方面 □3. 国外法规调整 □4. 客户
(可多项选择) □5. 国内市场方面 □6. 国内企业方面 □7. 国内法规调整 □8. 产品质量</td></tr>
<tr><td colspan="2">深加工结转总额(万＄)：</td><td colspan="2">转出额(万＄)：</td><td>转进额(万＄)：</td></tr>
<tr><td colspan="5">本企业采购国产料件额(万￥)：(不含深加工结转料件和出口后复进口的国产料件)</td></tr>
<tr><td colspan="3">国内上游配套企业家数：</td><td colspan="2">国内下游用户企业家数：</td></tr>
<tr><td colspan="5">直接出口订单来源：□A跨国公司统一采购 □B进口料件供应商 □C自有客户 □D其他客户</td></tr>
<tr><td colspan="6">上年度加工贸易主要进口商品(按以下分类序号选择“√”，每类可多项选择)
大类：□1. 初级产品 □2. 工业制成品
中类：□A机电 □B高新技术 □C纺织品 □D工业品 □E农产品 □F化工产品
小类：□a电子信息 □b机械设备 □c纺织服装 □d鞋类 □e旅行品、箱包 □f玩具
□g家具 □h塑料制品 □i金属制品 □j其他 □f化工产品</td></tr>
<tr><td colspan="6">上年度加工贸易主要出口商品(按以下分类序号选择“√”，每类可多项选择)
大类：□1. 初级产品 □2. 工业制成品
中类：□A机电 □B高新技术 □C纺织品 □D工业品 □E农产品 □F化工产品
小类：□a电子信息 □b机械设备 □c纺织服装 □d鞋类 □e旅行品、箱包 □f玩具
□g家具 □h塑料制品 □i金属制品 □j其他 □f化工产品</td></tr>
</table>

续表

生产能力	厂房面积：（平方米）	仓库面积：（平方米）	生产性员工人数：
	生产加工范围：		
	生产规模：（主要产出成品数量及单位）		
	累计生产设备投资额（万＄）：（截至填表时）		
	上年度生产设备投资额（万＄）：		
	累计加工贸易进口不作价设备额（万＄）：（截至填表时）		
企业承诺：以上情况真实无讹并承担法律责任		法人代表签字：	企业盖章 年 月 日
商务部门审核意见：		审核人：	审核部门签章 年 月 日
备注：			

说明：①有关数据如无特殊说明均填写上年度数据；

②如无特别说明，金额最小单位为"万美元"和"万元"；

③涉及数值、年月均填写阿拉伯数字；

④只统计本企业既为经营企业又为加工企业的加工贸易业务，受委托的从事加工贸易业务由相关经营企业统计；

⑤进出口额、深加工结转额以海关统计或实际发生额为准；

⑥此证明自填报之日起有效期为一年。

表7—4　　加工贸易生产能力证明

企业名称：			
企业代码：	海关注册编码：		法人代表或企业负责人：
外汇登记号：	联系电话：		联系传真：
税务登记号：	邮政编码：		工商注册日期：　年　月　日
基本账号及开户银行：			
地址：			
企业类型（选中划"√"）：□1. 国有企业　□2. 外商投资企业　□3. 其他企业			
海关分类评定级别（选中划"√"）：□A类　□B类　□C类　□D类　（以填表时为准）			
注册资本（万￥）：	资产总额（万￥）：（截至填表时）	净资产额（万￥）：（截至填表时）	本年度拟投资额（万￥）： 下年度拟投资额（万￥）：
研发机构数量：□改进型　□自主型 □核心　□外围			
研发机构投资总额（万＄）：			
产品技术水平：□A世界先进水平　□B国内先进水平　□C行业先进水平			
累计获得专利情况：　1. 国外（　　个）　2. 国内（　　个）			

续表

<table>
<tr><td colspan="2">企业员工总数：</td><td colspan="2">文化程度：1. 本科以上（　　） 2. 高中、大专（　　） 3. 初中及以下（　　）
（在括号内填入人数）</td></tr>
<tr><td colspan="4">经营范围：（按营业执照）</td></tr>
<tr><td rowspan="14">上年度</td><td colspan="2">总产值（万￥）：（进料加工企业填写）</td><td>出口额（万＄）：（来料加工企业填写）</td></tr>
<tr><td colspan="2">营业额（万￥）：（进料加工企业填写）</td><td>工缴费（万＄）：（来料加工企业填写）</td></tr>
<tr><td colspan="3">利润总额（万￥）：</td></tr>
<tr><td>纳税总额（万￥）：</td><td colspan="2">企业所得税（万￥）：</td></tr>
<tr><td>工资总额（万￥）：</td><td colspan="2">个人所得税总计（万￥）：</td></tr>
<tr><td>加工贸易进口料件总值（万＄）：</td><td colspan="2">加工贸易出口成品总值（万＄）：</td></tr>
<tr><td>进料加工合同数量：</td><td colspan="2">来料加工合同数量：</td></tr>
<tr><td>进料加工进口料件总值（万＄）：</td><td colspan="2">进料加工出口成品总值（万＄）：</td></tr>
<tr><td>加工贸易转内销额（万＄）：</td><td colspan="2">内销补税额（万￥，含利息）：</td></tr>
<tr><td colspan="3">内销主要原因：□1. 国外市场方面　□2. 国外企业方面　□3. 国外法规调整　□4. 客户
（可多项选择）□5. 国内市场方面　□6. 国内企业方面　□7. 国内法规调整　□8. 产品质量</td></tr>
<tr><td>深加工结转转入料件总值（万＄）：</td><td colspan="2">深加工结转转出料件总值（万＄）：</td></tr>
<tr><td>国内上游配套企业家数：</td><td colspan="2">国内下游用户企业家数：</td></tr>
<tr><td colspan="3">本企业采购国产料件额（万＄）：</td></tr>
<tr><td colspan="4">上年度加工贸易主要投入商品（按以下分类序号选择“√”，每类可多项选择）
大类：□1. 初级产品　□2. 工业制成品
中类：□A 机电　□B 高新技术　□C 纺织品　□D 工业品　□E 农产品　□F 化工产品
小类：□a 电子信息　□b 机械设备　□c 纺织服装　□d 鞋类　□e 旅行品、箱包　□f 玩具
□g 家具　□h 塑料制品　□i 金属制品　□j 其他　□f 化工产品</td></tr>
<tr><td colspan="4">上年度加工贸易主要产出商品（按以下分类序号选择“√”，每类可多项选择）
大类：□1. 初级产品　□2. 工业制成品
中类：□A 机电　□B 高新技术　□C 纺织品　□D 工业品　□E 农产品　□F 化工产品
小类：□a 电子信息　□b 机械设备　□c 纺织服装　□d 鞋类　□e 旅行品、箱包　□f 玩具
□g 家具　□h 塑料制品　□i 金属制品　□j 其他　□f 化工产品</td></tr>
<tr><td rowspan="4">生产能力</td><td colspan="2">厂房面积：（平方米）</td><td>仓库面积：（平方米）</td></tr>
<tr><td colspan="3">生产规模：（主要产出成品数量及单位）</td></tr>
<tr><td colspan="3">累计生产设备投资额（万美元）：（截至填表时）</td></tr>
<tr><td colspan="3">累计加工贸易进口不作价设备额（万美元）：（截至填表时）</td></tr>
<tr><td colspan="2">企业承诺：以上情况真实无讹并愿承担法律责任</td><td>法人代表签字：</td><td>企业盖章
年　月　日</td></tr>
<tr><td colspan="2">商务部门审核意见：</td><td>审核人：</td><td>审核部门签章
年　月　日</td></tr>
<tr><td colspan="4">备注：</td></tr>
</table>

说明：①有关数据如无特殊说明均填写上年度数据；

②如无特别说明，金额最小单位为“万美元”和“万元”；

③涉及数值、年月均填写阿拉伯数字；

④进出口额、深加工结转额以海关统计或实际发生额为准；

⑤此证明自填报之日起有效期为一年。

2. 申办《加工贸易业务批准证》变更及延期

(1)经营企业必须按《加工贸易业务批准证》规定的期限加工、返销制成品并办理核销手续。如因客观原因确需延长制成品返销期限或撤销合同,企业须提供有关证明材料,须在规定的制成品返销期限内报原审批机关批准。

(2)延期一般不超过两次,每次延长期限一般不超过6个月。经营企业必须按《加工贸易业务批准证》规定的内容加工出口,如因客观原因确需变更部分项目内容,企业须提供有关证明材料,须在《加工贸易业务批准证》规定的期限内报原审批机关批准。

3. 申办《加工贸易保税进口料件内销批准证》

(1)经营企业申请加工贸易保税进口料件内销,必须具备下列条件之一:

1)外商因故与经营单位协商,要求中止执行原已签订的出口合同,经营企业能够提供有关证明,并且从价格等方面考虑,很难再签订新的出口合同。

2)因国际市场价格下跌,经营企业继续执行原已签订的开价出口合同,将遭受严重的经营损失,并且能够提供已与外商达成的中止执行合同的协议。

3)进口料件已投入加工使用,但加工的制成品质量不符合已签订的出口合同规定的标准,并且经营企业能够提供出口商品质量检验部门或国内质量监督部门出具的相应证明。

4)因改进加工工艺、降低单耗而产生一部分余料,或由于加工工艺的技术要求而不可避免地产生了数量合理的边角料,并且经营企业未能够提供生产行业主管部门的有关证明。

5)因不可抗力致使已签订的出口合同无法执行。

6)具备其他要求内销的正当理由。

(2)经营企业申请加工贸易保税进口料件内销,必须在规定的制成品返销截止日期以前向规定的商务主管部门提出申请,并提供如下材料:

1)详细陈述已核销情况和转内销原因的内销申请报告(原件);

2)《加工贸易业务批准证》(正本);

3)加工贸易进出口合同(复印件);

4)《海关加工贸易登记手册》(正本);

5)《进口料件申请备案清单》和《出口制成品及对应进口料件消耗备案清单》(正本);

6)《加工贸易保税进口料件内销批准证申请表》及申请内销的加工贸易保税进口料件清单(需注明商品名称、商品代码、规格、数量、金额)。

7)审批机关认为需要出具的其他证明文件和材料。

4. 申办《加工贸易业务批准证》的核销

经营企业在出口核销后的30天内须将海关的核销通知单报原审批机关核销备案。对逾期未能办理核销备案的企业,审批机关要查清原因,并暂停批准其开展新的加工贸易业务。

5. 申办地图制品、音像制品、印刷品的加工贸易

(1)以加工贸易方式生产出口地图制品、地球仪和其他附有地图的产品,企业须通过省级测绘部门向国家测绘局申请审核批准,并向其提供样品备案。

以加工贸易方式出口音像制品(录有内容的录音带、录像带、唱片、激光唱盘和激光视盘等)、印刷品(报纸、期刊、图书),企业须向省级新闻出版行政机关申请审核批准,并向其提供样

品备案。

(2)对出口产品涉及地图制品、地球仪和其他附有地图的加工贸易业务，审批机关根据国家测绘局的批准文件进行审批；对出口产品属于音像制品、印刷品的加工贸易业务，审批机关根据省级新闻出版的批准文件进行审批。

6. 审批时间

审批机关在收到企业完备齐全的申请材料后3个工作日内决定批准或不批准。

7. 综合实例

【实例7-1】 加工贸易业务批准证申请

这是一家外商投资企业，单位名称：上海申虹半导体有限公司。企业代码：310004447722。公司地址：中山西路5000号。业务员：张凡。电话：021-77889922。加工企业生产能力审查单位：上海市商务委。加工地主管海关：徐汇海关。经营企业银行基本账户账号：10012314645789412。出口制成品返销截止日期：2014年12月20日。发证日期：2014年6月20日。进料加工进口合同号：SI200404001。出口合同号：SO200404001。

1. 进口料件原产国日本，币别：美元

(1)

商品编码：85412900

耗散功率≥1W的晶体管

规格：C2SC5901-SIE

数量：516 903个

单价：0.105 8

(2)

商品编码：85412900

耗散功率≥1W的晶体管

规格：C2SD1332-SIE

数量：311 753个

单价：0.068 0

(3)

商品编码：85412900

耗散功率≥1W的晶体管

规格：C2SC588系列

数量：10 338 054个

单价：0.061 5

(4)

商品编码：85429000

其他集成电路及微电子组件零件

规格：SLS003063NAO

数量：11 379千克

单价：18.590 1

(5)

商品编码：32149000

非耐火涂面制剂
规格:KMC-120MK-6(13×6.0)
数量:17 028 千克
单价:8.632 4
2. 消费国日本,币别:美元
(1)
商品编码:85412900
耗散功率≥1W 的晶体管
规格:2SD2603
数量:300 000 个
单价:0.22
(2)
商品编码:85412900
耗散功率≥1W 的晶体管
规格:2SC588 系列
数量:10 000 000 个
单价:0.20
(3)
商品编码:85412900
耗散功率≥1W 的晶体管
规格:2SC5978
数量:500 000 个
单价:0.220 0
3.进口料件消耗
(1)
成品 1

耗散功率≥1W 的晶体管	单耗 1.000 00	损耗 3.77
其他集成电路及微电子组件零件	单耗 1.001 00	损耗 5.08
非耐火涂面制剂	单耗 0.001 58	损耗 0

(2)
成品 2

耗散功率≥1W 的晶体管	单耗 1.000 00	损耗 3.27
其他集成电路及微电子组件零件	单耗 1.001 00	损耗 5.08
非耐火涂面制剂	单耗 0.001 58	损耗 0

(3)
成品 3

耗散功率≥1W 的晶体管	单耗 1.000 00	损耗 3.27
其他集成电路及微电子组件零件	单耗 1.001 00	损耗 5.08
非耐火涂面制剂	单耗 0.001 58	损耗 0

此项目在申请后,得到的结果如表 7—5、表 7—6、表 7—7 和表 7—8 所示:

表 7—5　　**加工贸易业务批准证**

<table>
<tr><td colspan="2">1. 经营企业名称：
上海申虹半导体有限公司</td><td colspan="3">3. 加工企业名称：
上海申虹半导体有限公司</td></tr>
<tr><td colspan="2">2. 经营企业类型：外商投资企业
经营企业编码：310004447722</td><td colspan="3">4. 加工企业类型：外商投资企业
加工企业编码：310004447722</td></tr>
<tr><td colspan="2">5. 加工贸易类型：进料加工</td><td colspan="3">6. 出口制成品返销截止日期：
2014 年 12 月 20 日</td></tr>
<tr><td rowspan="3">进料加工</td><td>7. 进口合同号：
SI200404001</td><td rowspan="3">来料加工</td><td colspan="2">10. 合作外商：</td></tr>
<tr><td>8. 出口合同号：
SO200404001</td><td colspan="2">11. 合同号：</td></tr>
<tr><td>9. 客供铺料合同号：</td><td colspan="2">12. 加工费(美元)：</td></tr>
<tr><td colspan="2">13. 进口主要料件(详细目录见清单)：
耗散功率≥1W 的晶体管</td><td colspan="3">16. 出口主要制成品(详细目录见清单)：
耗散功率≥1W 的晶体管</td></tr>
<tr><td colspan="2">14. 进口料件总值(美元)：
＄1 070 663.83</td><td colspan="3">17. 出口制成品总值(美元)：
＄2 196 000.00</td></tr>
<tr><td colspan="2">15. 进口口岸：
上海海关</td><td colspan="3">18. 出口口岸：
上海海关</td></tr>
<tr><td colspan="2">19. 加工企业地址、联系人、地址：
中山西路 5000 号，张凡，021—77889922</td><td colspan="3">20. 加工地主管海关：
徐汇海关</td></tr>
<tr><td colspan="2">21. 加工企业生产能力审查单位：
上海市商务委</td><td colspan="3">22. 经营企业银行基本账户账号：
10012314645789412</td></tr>
<tr><td colspan="2" rowspan="2">23. 国产料件总值(美元)：</td><td colspan="2" rowspan="2">24. 深加工结转金额</td><td>转入(美元)</td></tr>
<tr><td>转出(美元)</td></tr>
<tr><td colspan="2">25. 备注
1. 凭此证批准一个月内办理海关备案及有关事项；
2. 批准证内容变更，需在原审批单位办理批准手续；
3. 涂改无效。</td><td colspan="3">26. 发证机关签章：
同意申请

27. 发证日期：2014 年 6 月 20 日</td></tr>
</table>

表 7—6　　**进口料件申请备案清单**　　金额单位：美元

序号	商品编码	商品名称	规格型号	数量	单位	单价	总值	原产国(地区)
1	85412900	耗散功率≥1W 的晶体管	C2SC5901-SIE	516 903	个	0.105 8	54 703.84	日本
2	85412900	耗散功率≥1W 的晶体管	C2SD1332-SIE	311 753	个	0.068	21 196.09	日本
3	85412900	耗散功率≥1W 的晶体管	C2SC588 系列	10 338 054	个	0.061 5	636 234.86	日本
4	85429000	其他集成电路及微电子组件零件	SLS003063NAO	11 379	千克	18.590 1	211 536.292 7	日本
5	32149000	非耐火涂面制剂	KMC-120MK-6(13×6.0)	17 028	千克	8.632 4	146 992.745 6	日本

续表

序号	商品编码	商品名称	规格型号	数量	单位	单价	总值	原产国(地区)
总计		进口料件总值					1 070 663.828 3	

注:本清单经批准单位盖章有效。

表 7—7　　出口成品申请备案清单

经营单位名称:上海申虹半导体有限公司

加工企业名称:上海申虹半导体有限公司

加工贸易合同号:SO200404001

金额单位:美元

序号	商品编码	商品名称	规格型号	数量	单位	单价	总值	加工费	消费国(地区)	出口口岸
1	85412900	耗散功率≥1W 的晶体管	2SD2603	300 000	个	0.22	66 000	0	日本	上海海关
2	85412900	耗散功率≥1W 的晶体管	2SC588 系列	10 000 000	个	0.20	2 000 000	0	日本	上海海关
3	85412900	耗散功率≥1W 的晶体管	2SC5978	500 000	个	0.26	130 000	0	日本	上海海关
总计		出口成品总值					2 196 000			

注:本清单经批准单位盖章有效。

表 7—8　　出口制成品及对应进口料件消耗备案清单(1)

批准证号:

料件序号	进口料件名称	成品 1		成品 2		成品 3	
		单耗	损耗	单耗	损耗	单耗	损耗
1	耗散功率≥1W 的晶体管					1	3.27
2	耗散功率≥1W 的晶体管	1	3.77				
3	耗散功率≥1W 的晶体管			1	3.27		
4	其他集成电路及微电子组件零件	0.001	5.08	0.001	5.08	0.001	5.08
5	非耐火涂面制剂	0.001 58	0	0.001 58	0	0.001 58	0

续表

料件序号	进口料件名称	成品 1		成品 2		成品 3	
		单耗	损耗	单耗	损耗	单耗	损耗

注:本清单经批准单位盖章有效。第 1～3 个出口成品(共 3 个)。当前出口成品 1 页。

【实例 7－2】 加工贸易企业经营情况及生产能力证明的作成

加工贸易企业经营情况及生产能力证明的作成如表 7－9 所示。

表 7－9　　加工贸易企业经营情况及生产能力证明

企业名称:上海齐整建材有限公司				
进出口企业代码:310004447755		海关注册编码:3111556679		法人代表:李林
外汇登记号:0005219/96－09182		联系电话:021－68559623		联系传真:021－68559624
税务登记号:210113608351353		邮政编码:200009		工商注册日期:1988 年 3 月 8 日
基本账号及开户银行:中国银行漕河泾支行 310077743－019003417756				
经营企业地址:闵行区中山路 888 号				
加工企业地址:闵行区中山路 888 号				
企业类型(选中划"√"):□ 1. 国有企业 ☑ 2. 外商投资企业 □ 3. 其他企业				
海关分类评定级别(选中划"√"):□ A 类 ☑ B 类 □ C 类 □ D 类(以填表时为准)				
(外商投资企业填写)(万$)	注册资本: 400	累计实际投资总额(截至填表时): 400	实际投资来源地:(按投资额度或控股顺序填写前五位国别/地区及累计金额) 1. 韩国 400 2. 3. 4. 5.	外商本年度拟投资额: 外商下年度拟投资额:
(非外商投资企业填写)(万¥)	注册资本:	资产总额(截至填表时):	净资产额(截至填表时):	本年度拟投资额: 下年度拟投资额:

续表

<table>
<tr><td colspan="2">研发机构数量：
☑改进型　□自主型　□核心　□外围</td><td colspan="2" rowspan="2">是□　否☑　世界500强公司投资(选择“√”)
(根据美国《财富》杂志年评结果，主要考察投资主体)</td></tr>
<tr><td colspan="2">研发机构投资总额(万美元)：</td></tr>
<tr><td colspan="4">产品技术水平：☑A世界先进水平　□B国内先进水平　□C行业先进水平</td></tr>
<tr><td colspan="4">累计获得专利情况：　1. 国外(　　个)　2. 国内(　　个)</td></tr>
<tr><td colspan="2">企业员工总数：300</td><td colspan="2">文化程度：1. 本科以上(210)　2. 高中、大专(70)　3. 初中及以下(20)
(在括号内填入人数)</td></tr>
<tr><td colspan="4">经营范围：(按营业执照)</td></tr>
<tr><td rowspan="16">上年度</td><td>营业额(万￥)：12 555</td><td colspan="2">利润总额(万￥)：－185</td></tr>
<tr><td>纳税总额(万￥)：1 100</td><td colspan="2">企业所得税(万￥)：0</td></tr>
<tr><td>工资总额(万￥)：1 350</td><td colspan="2">个人所得税总计(万￥)：270</td></tr>
<tr><td>加工贸易进出口额(万＄)：</td><td>出口额(万＄)：</td><td>进口额(万＄)：</td></tr>
<tr><td>进料加工进出口额(万＄)：</td><td>出口额(万＄)：</td><td>进口额(万＄)：</td></tr>
<tr><td>来料加工进出口额(万＄)：</td><td>出口额(万＄)：</td><td>进口额(万＄)：</td></tr>
<tr><td>加工贸易合同份数：</td><td>进料加工合同份数：</td><td>来料加工合同份数：</td></tr>
<tr><td>进出口结售汇差额(万＄)：</td><td>出口结汇额(万＄)：</td><td>进口售汇额(万＄)：</td></tr>
<tr><td>进料加工结售汇差额(万＄)：</td><td>进料加工结汇(万＄)：</td><td>进料加工售汇(万＄)：</td></tr>
<tr><td>加工贸易转内销额(万＄)：</td><td>内销补税额(万￥含利息)：</td><td>来料加工(万＄)：</td></tr>
<tr><td colspan="3">内销主要原因：□1. 国外市场方面　□2. 国外企业方面　□3. 国外法规调整　□4. 客户
(可多项选择)　□5. 国内市场方面　□6. 国内企业方面　□7. 国内法规调整　□8. 产品质量</td></tr>
<tr><td>深加工结转总额(万＄)：</td><td>转出额(万＄)：</td><td>转进额(万＄)：</td></tr>
<tr><td colspan="3">本企业采购国产料件额(万￥)：(不含深加工结转料件和出口后复进口的国产料件)</td></tr>
<tr><td>国内上游配套企业家数：</td><td colspan="2">国内下游用户企业家数：</td></tr>
<tr><td colspan="3">直接出口订单来源：□A跨国公司统一采购　□B进口料件供应商　□C自由客户　□D其他客户</td></tr>
<tr><td colspan="3"></td></tr>
<tr><td colspan="4">上年度加工贸易主要进口商品(按以下分类序号选择“√”，每类可多项选择)
大类：□1. 初级产品　□2. 工业制成品
中类：□A机电　□B高新技术　□C纺织品　□D工业品　□E农产品　□F化工产品
小类：□a电子信息　□b机械设备　□c纺织服装　□d鞋类　□e旅行品、箱包　□f玩具
□g家具　□h塑料制品　□i金属制品　□j其他　□f化工产品</td></tr>
<tr><td colspan="4">上年度加工贸易主要出口商品(按以下分类序号选择“√”，每类可多项选择)
大类：□1. 初级产品　□2. 工业制成品
中类：□A机电　□B高新技术　□C纺织品　□D工业品　□E农产品　□F化工产品
小类：□a电子信息　□b机械设备　□c纺织服装　□d鞋类　□e旅行品、箱包　□f玩具
□g家具　□h塑料制品　□i金属制品　□j其他　□f化工产品</td></tr>
<tr><td rowspan="6">生产能力</td><td>厂房面积：(平方米)10 000</td><td>仓库面积：(平方米)1 700</td><td>生产性员工人数：45</td></tr>
<tr><td colspan="3">生产加工范围：混凝土外加剂，混凝土地面材料，混凝土防水材料</td></tr>
<tr><td colspan="3">生产规模：(主要产出成品数量及单位)
混凝土外加剂25 000吨，混凝土地面材料10 000吨</td></tr>
<tr><td colspan="3">累计生产设备投资额(万＄)：(截至填表时)100</td></tr>
<tr><td colspan="3">上年度生产设备投资额(万＄)：10</td></tr>
<tr><td colspan="3">累计加工贸易进口不作价设备额(万＄)：(截至填表时)</td></tr>
<tr><td colspan="2">企业承诺：以上情况真实无讹并承担法律责任</td><td>法人代表签字：
李林</td><td>企业盖章
2014年1月3日</td></tr>
</table>

续表

商务部门审核意见：	审核人：	审核部门签章 年　月　日
备注：		

说明：①有关数据如无特殊说明均填写上年度数据；

②如无特别说明，金额最小单位为“万美元”和“万元”；

③涉及数值、年月均填写阿拉伯数字；

④只统计本企业既为经营企业又为加工企业的加工贸易业务，受委托的从事加工贸易业务由相关经营企业统计；

⑤进出口额、深加工结转额以海关统计或实际发生额为准；

⑥此证明自填报之日起有效期为一年。

【实例 7－3】 来料加工合同作成

已知资料：

甲方：上海金茂国际商务有限公司

SHANGHAI JINMAO INTERNATIONAL BUSINESS DEVELOPMENT CO., LTD.

上海北京东路 668 号东楼 26 楼

FLOOR26, EAST TOWER NO.668 BEIJING ROAD(E), SHANGHAI 200001 P.R. CHINA

乙方：PRIME CORPRATION

44－6 YAYO CHOME, NAKANO-KU, TOKYO JAPAN

来料：数量 128M

来料品名及规格：PILE FABRIC 100% POLYESTER

140CM×30M

USD1.132/M

包装：4CTNS

金额：CIF SHANGHAI USD144.90

成品：

数量：180PCS

成品名称及规格：100% POLYESTER LADIES VEST

IMITATED FURS

包装：CARTON

单价：FOB SHANGHAI USD4.50

来料装运期：2014 年 5 月 30 日

来料交付目的港：SHANGHAI

成品装运期：2014 年 8 月 30 日

成品装运目的口岸：TOKYO

付款方式：T/T

合同号码：IE04001001

日期：2014 年 2 月 2 日

根据上述内容合同作成样式如表 7－10 所示：

表 7－10

正 本
ORIGINAL

来料加工合同

CONTRACT

(for business of processing (Party B's) materials into finished products)

合同号码：
CONTRACT NO.:IE04001001

日 期：
DATE：
FEB.,2 2014

甲 方： 上海金茂国际商务有限公司
SHANGHAI JINMAO INTERNATIONAL BUSINESS DEVELOPMENT CO.,LTD.
Party A： 上海北京东路 668 号东楼 26 楼
FLOOR26,EAST TOWER NO.668 BEIJING ROAD(E),SHANGHAI 200001 P.R.CHINA

乙 方：
Party B： PRIME CORPRATION
44－6 YAYO CHOME,NAKANO－KU,TOKYO JAPAN

甲乙双方经过洽谈，达成来料加工下列商品的协议，现订立合同如下：

An agreement is reached on this date between Party A and Party B on the conclusion of the following business of processing Party B's materials into finished products according to the provisions of this contract：

(1) 乙方向甲方负责提供下列原(辅)料，其运输、保险等费用均由乙方负担。

Materials (and finding, if any) to be supplied to Party A by Party B, at Party B's expense, freight and insurance also to be borne contract.

数量 QUANTITY	来料品名及规格 DESCRIPTION	包装 PACKING	金额(包括保险费及运费)AMOUNT (INSURANCE & FREIGHT INCLUDED)	
128M	PILE FABRIC 100% POLYESTER 140CM×30M USD1.132/M	4CTNS	CIF SHANGHAI	USD144.90
				TOTAL USD144.90

来料装运期SHIPMENT：
MAY.,30,2014

来料交付目的港DESTINATION(FOR MATERIALS)：
SHANGHAI CHINA BY SEA/AIR

(2)甲方向乙方提供下列商品：

Finished products to be supplied to Party B by Party A.

数量 QUANTITY	成品名及规格 DESCRIPTION	包装 PACKING	加工费 PROCESSING CHARGES	
			UNIT PRICE	AMOUNT
180PCS	100% POLYESTER LADIES VEST IMITATED FURS	CARTON	FOB SHANGHAI USD4.50	FOB SHANGHAI USD810.00 TOTAL: USD810.00
			TOTAL：	USD954.90

续表

(3) 付款条件 Terms of Payment：T/T
(4) 保险和海运费 Insurance and Freight charge：由乙方负责 TO BE COVERED BY PARTY B.
(5) 成品装运时间 Time of Shipment（subject to materials for processing arriving at Shanghai not later than AUG.30,2014）
(6)成品装运目的口岸 Destination(for finished products) ：TOKYO
(7)凡有关本合同或执行本合同发生争议，由双方友好协商解决。如协商不成，均应提交中国国际经济贸易仲裁委员会上海分会，按照该会的仲裁规则进行仲裁。仲裁裁决是终局的，对双方都有约束力。 All disputes arising from the execution of, or in connection with this Sales Confirmation, shall be settled amicably through friendly negotiation. In case no settlement can be reached through negotiation, the case shall then be submitted to China International Economic and Trade Arbitration Commission, Shanghai Commission for arbitration in accordance with Rules of Arbitration of China International Economic and Trade Arbitration Commission. The award made by the Commission should be accepted as final and binding upon both parties.
甲　方　Party A　　　　乙　方　Party B

二、加工贸易海关手续办理

1. 加工贸易货物手册设立

经营企业应向加工企业所在地主管海关办理加工贸易货物手册的设立手续。经营企业与加工企业不在同一直属海关管辖的区域范围的，应当按照海关对异地加工贸易的管理规定办理手册设立手续。

(1)加工贸易货物手册设立需要提交的单证

经营企业办理加工贸易货物的手册设立，应当向海关如实申报贸易方式、单耗、进出口口岸，以及进口料件和出口成品的商品名称、商品编号、规格型号、价格和原产地等情况，并且提交下列单证：

1)主管部门签发的同意开展加工贸易业务的有效批准文件；

2)经营企业自身有加工能力的，应当提交主管部门签发的《加工贸易加工企业生产能力证明》；

3)经营企业委托加工的，应当提交经营企业与加工企业签订的委托加工合同、主管部门签发的《加工贸易加工企业生产能力证明》；

4)经营企业对外签订的合同；

5)海关认为需要提交的其他证明文件和材料。

经营企业按照规定，提交齐全、有效的单证材料，申报设立手册的，海关应当自接受企业手册设立申报之日起5个工作日内完成加工贸易手册设立手续。

需要办理担保手续的，经营企业按照规定提供担保后，海关办理手册设立手续。

(2)需要提供保证金或者保函后办理手册设立手续的情形

有下列情形之一的，海关应当在经营企业提供相当于应缴税款金额的保证金或者银行、非银行金融机构保函后办理手册设立手续：

1)涉嫌走私，已经被海关立案侦查，案件尚未审结的；

2)由于管理混乱被海关要求整改,在整改期内的。

有下列情形之一的,海关可以要求经营企业在办理手册设立手续时提供相当于应缴税款金额的保证金或者银行、非银行金融机构保函:

1)租赁厂房或者设备的;

2)首次开展加工贸易业务的;

3)加工贸易手册延期两次(含两次)以上的;

4)办理异地加工贸易手续的;

5)涉嫌违规,已经被海关立案调查,案件尚未审结的。

(3)不得办理手册设立手续的情形

加工贸易企业有下列情形之一的,不得办理手册设立手续:

1)进口料件或者出口成品属于国家禁止进出口的;

2)加工产品属于国家禁止在我国境内加工生产的;

3)进口料件不宜实行保税监管的;

4)经营企业或者加工企业属于国家规定不允许开展加工贸易的;

5)经营企业未在规定期限内向海关报核已到期的加工贸易手册,又重新申报设立手册的。

(4)申报内容、提交单证与事实不符的情形

经营企业办理加工贸易货物的手册设立,申报内容、提交单证与事实不符的,海关将按照下列规定处理:

1)货物尚未进口的,海关注销其手册;

2)货物已进口的,责令企业将货物退运出境。(经营企业可以向海关申请提供相当于应缴税款金额的保证金或者银行、非银行金融机构保函,并且继续履行合同。)

已经办理加工贸易货物的手册设立手续的经营企业可以向海关领取加工贸易手册分册、续册。

加工贸易货物手册设立内容发生变更的,经营企业应当在加工贸易手册有效期内办理变更手续。

需要报原审批机关批准的,还应当报原审批机关批准,另有规定的除外。

2.加工贸易货物进出口、加工

经营企业进口加工贸易货物,可以从境外或者海关特殊监管区域、保税监管场所进口,也可以通过深加工结转方式转入。

经营企业出口加工贸易货物,可以向境外或者海关特殊监管区域、保税监管场所出口,也可以通过深加工结转方式转出。

经营企业应当凭加工贸易手册、加工贸易进出口货物专用报关单等有关单证办理加工贸易货物进出口报关手续。

(1)深加工结转

加工贸易企业开展深加工结转的,转入企业、转出企业应当向各自的主管海关申报,办理实际收发货以及报关手续。

有下列情形之一的,加工贸易企业不得办理深加工结转手续:

1)不符合海关监管要求,被海关责令限期整改,在整改期内的;

2)有逾期未报核手册的;

3)由于涉嫌走私已经被海关立案调查,尚未结案的。

加工贸易企业未按照海关规定进行收发货的，不得再次办理深加工结转手续。

(2)外发加工业务

经营企业开展外发加工业务，应当按照外发加工的相关管理规定自外发之日起3个工作日内向海关办理备案手续。

经营企业开展外发加工业务，不得将加工贸易货物转卖给承揽者；承揽者不得将加工贸易货物再次外发。

经营企业将全部工序外发加工的，应当在办理备案手续的同时向海关提供相当于外发加工货物应缴税款金额的保证金或者银行、非银行金融机构保函。

外发加工的成品、剩余料件以及生产过程中产生的边角料、残次品、副产品等加工贸易货物，经营企业向所在地主管海关办理相关手续后，可以不运回本企业。

(3)加工贸易货物专料专用

海关对加工贸易货物实施监管的，经营企业和承揽者应当予以配合。

经海关核准，经营企业可以在保税料件之间、保税料件与非保税料件之间进行串换，但是被串换的料件应当属于同一企业，并且应当遵循同品种、同规格、同数量、不牟利的原则。

来料加工保税进口料件不得串换。

由于加工工艺需要使用非保税料件的，经营企业应当事先向海关如实申报使用非保税料件的比例、品种、规格、型号、数量。

经营企业按照规定向海关申报的，海关核销时应当在出口成品总耗用量中予以核扣。

经营企业进口料件由于质量存在瑕疵、规格型号与合同不符等原因，需要返还原供货商进行退换，以及由于加工贸易出口产品售后服务需要而出口未加工保税料件的，可以直接向口岸海关办理报关手续。

已经加工的保税进口料件不得进行退换。

3. 加工贸易货物核销

经营企业应当在规定的期限内将进口料件加工复出口，并且自加工贸易手册项下最后一批成品出口或者加工贸易手册到期之日起30日内向海关报核。

经营企业对外签订的合同提前终止的，应当自合同终止之日起30日内向海关报核。

经营企业报核时应当向海关如实申报进口料件、出口成品、边角料、剩余料件、残次品、副产品以及单耗等情况，并且按照规定提交相关单证。

经营企业按照规定向海关报核，单证齐全、有效的，海关应当受理报核。

海关核销可以采取纸质单证核销、电子数据核销的方式，必要时可以下厂核查，企业应当予以配合。

海关应当自受理报核之日起30日内予以核销。特殊情况需要延长的，经直属海关关长或者其授权的隶属海关关长批准可以延长30日。

加工贸易保税进口料件或者成品因故转为内销的，海关凭主管部门准予内销的有效批准文件，对保税进口料件依法征收税款并且加征缓税利息，另有规定的除外。

进口料件属于国家对进口有限制性规定的，经营企业还应当向海关提交进口许可证件。

经营企业因故将加工贸易进口料件退运出境的，海关凭有关退运单证核销。

经营企业在生产过程中产生的边角料、剩余料件、残次品、副产品和受灾保税货物，按照海关对加工贸易边角料、剩余料件、残次品、副产品和受灾保税货物的管理规定办理，海关凭有关单证核销。

4. 加工贸易手册管理

经营企业遗失加工贸易手册的，应当及时向海关报告。海关按照有关规定处理后对遗失的加工贸易手册予以核销。

对经核销结案的加工贸易手册，海关向经营企业签发《核销结案通知书》。

经营企业已经办理担保的，海关在核销结案后按照规定解除担保。

加工贸易货物的手册设立和核销单证自加工贸易手册核销结案之日起留存3年。

加工贸易企业出现分立、合并、破产、解散或者其他停止正常生产经营活动情形的，应当及时向海关报告，并且办结海关手续。

加工贸易货物被人民法院或者有关行政执法部门封存的，加工贸易企业应当自加工贸易货物被封存之日起5个工作日内向海关报告。

5.《中华人民共和国海关加工贸易手册》的管理规定

为适应加工贸易新形势的发展需要，进一步规范加工贸易管理，简化企业办理加工贸易手续，决定从2006年1月1日起，启用《中华人民共和国海关加工贸易手册》(以下简称《加工贸易手册》)，原《加工装配和中小型企业补偿贸易进出口货物登记手册》、《中华人民共和国海关进料加工登记手册》和《中华人民共和国海关对外商投资企业履行产品出口合同所需进口料件加工复出口登记手册》(上述三种，以下简称《登记手册》)同时停止使用。2006年1月1日前已备案核发的《登记手册》可继续使用至核销完毕。现将有关事项公告如下：

《加工贸易手册》(见表7—11)分为普通型和加厚型两个版本，主要区别为进出口报关登记页数不同，进出口次数、项目条数较多的企业应选用加厚型。

经营企业需要在《加工贸易手册》封面上填写企业名称和海关注册编码。

关于《加工贸易手册》中"经营企业情况表"：经营期限，指营业执照经营期限；注册地址，指营业执照所批准的地址；加工厂厂址，指实际加工地点；年加工能力，指该公司主要产品年生产量；年进出口额，指公司上一年进出口值；企业管理类别，指海关对企业管理的分类类别；新注册企业为B类。

关于《加工贸易手册》中"加工企业情况表"：若加工企业与经营企业相同，可不填此表。

关于《加工贸易手册》中"货物进口/结转转入报关登记表"和"货物出口/结转转出报关登记表"：填写内容应与报关单相应项目一致；深加工结转与余料结转需在"运提单号"栏目填写手册号。

《加工贸易手册》中：填写内容应与出口报关单相应项目一致；深加工结转与余料结转需在"运提单号"栏目填转入手册号。

关于《加工贸易手册》中"货物内销/放弃登记表"：应在备注栏注明货物处理方式"内销"或"放弃"。

"核销申请表"(见表7—12)一式两份，一份企业自行留存备查，一份交海关办理核销手续。

关于"核销申请表"："项号"是指该料件在手册中的项号；如多于4个成品，企业可按照需要复印申请表后顺序填写；"剩余料件和残次品情况"应注明结转、退运、放弃等处理方式；"边角料/副产品/受灾物资"应注明结转、退运、放弃等处理方式。

《加工贸易手册》应妥善保管，不得买卖、转借或者交与他人非法持有，对违反规定造成违法后果的，经营企业应承担法律责任。对遗失加工贸易手册的，应当及时向海关报告，并承担相应责任。

表 7—11

手册/分册编号________

中华人民共和国海关
加工贸易手册

中华人民共和国　　海关核发

经营企业名称________

海关注册编码________

手册备案有效期________

加工贸易企业须知

1. 本加工贸易手册供经营加工贸易的企业，办理加工贸易合同登记备案（变更）、货物进出口和核销之用。本手册适用进料加工、来料加工等业务。
2. 经营企业应当向加工企业所在地主管海关办理加工贸易货物备案手续。企业办理加工贸易相关业务，按照有关规定需要担保的，企业应按规定办理担保手续。
3. 经营企业办理加工贸易货物备案手续，应当提交下列单证：商务（外经贸）主管部门签发的同意开展加工贸易业务的有效批准文件；商务（外经贸）主管部门签发的《加工贸易企业经营状况及生产能力证明》；经营企业对外签订的合同；经营企业委托加工的，还应当提交经营企业与加工企业签订的委托加工合同；海关认为需要提交的其他证明文件和材料。
4. 已经办理加工贸易货物备案的经营企业可以向海关申领加工贸易手册分册、续册。
5. 经营企业经海关批准可以开展外发加工业务。外发加工应当在加工贸易手册有效期内进行。
6. 经营企业办理货物进出口手续时，应当持加工贸易手册、加工贸易进出口货物专用报关单等有关单证办理加工贸易货物进出口报关手续。
7. 加工贸易货物备案内容发生变更的，经营企业应当在加工贸易手册有效期内按有关规定办理变更手续。需要报原审批机关批准的，还应当报原审批机关批准。
8. 加工贸易出口制成品属于国家对出口有限制性规定的，经营企业应当向海关提交出口许可证件。加工贸易项下的出口产品属于应当征收出口关税的，海关按照有关规定征收出口关税。
9. 加工贸易货物未经海关许可，不得抵押、质押、留置。
10. 未经海关许可并且未缴纳应纳税款、交验有关许可证件，不得擅自将加工贸易货物在境内销售。加工贸易货物因故转为内销的，海关凭商务（外经贸）主管部门准予内销的有效批准文件，对保税进口料件依法征收税款并加征缓税利息；进口料件属于国家对进口有限制性规定的，经营企业还应当向海关提交进口许可证件。
11. 加工贸易企业应当根据《中华人民共和国会计法》及国家有关法律、行政法规、规章的规定，设置符合海关监管要求的账簿、报表及其他有关单证，记录与本企业加工贸易货物有关的进口、存储、销售、加工、使用、损耗和出口等情况。
12. 海关根据监管需要对加工贸易企业进行核查的，企业应当予以配合。
13. 经营企业应当在手册有效期限内将进口料件加工复出口，以及办理料件或成品的内销、深加工结转、余料结转、放弃、退运等海关手续，并自加工贸易手册项下最后一批成品出口或者加工贸易手册有效期限到期之日起 30 日内向海关报核。经营企业对外签订的合同因故提前终止的，应当自合同终止之日起 30 日内向海关报核。报核前必须办结余料结转、征税、退运、放弃等相关手续。
14. 经营企业报核时应当向海关如实申报进口料件、出口成品、边角料、剩余料件、残次品、副产品以及单耗等情况，并向海关提交加工贸易手册、加工贸易进出口货物专用报关单以及海关要求提交的其他单证。
15. 经营企业应妥善保管手册，遗失加工贸易手册的，应当及时向海关报告，并承担相应责任。海关在按照有关规定处理后对遗失的加工贸易手册予以核销。
16. 加工贸易企业出现分立、合并、破产的，应当及时向海关报告，并办结海关手续。加工贸易货物被人民法院或者有关行政执法部门封存的，加工贸易企业应当自加工贸易货物被封存之日起 5 个工作日内向海关报告。
17. 加工贸易企业从事加工贸易，违反海关法律法规的规定，构成走私或者违反海关监管规定行为的，由海关按照《中华人民共和国海关法》和《中华人民共和国海关行政处罚实施条例》的有关规定予以处理；构成犯罪的，依法追究刑事责任。
18. 本须知未尽事项以及与现行法律法规有抵触的，以现行法律、行政法规、规章为准。
19. 本手册由海关统一印制。

经营企业情况表

经营企业名称(海关注册编码)：________________ 经营期限：________

注册地址：________________ 加工厂厂址：________________

注册资本：__________ 年加工能力：__________ 年进出口额(美元)：__________

企业管理类别：__________ 厂房所有权：租赁(　) 自建(　) 其他(　) 厂房租赁期：__________

企业负责人：__________ 办公电话：__________ 手机：__________ 邮箱：__________

经办人：__________ 办公电话：__________ 手机：__________ 邮箱：__________

传　真：__________ 邮　编：__________ 网址：__________

本企业保证手册填报内容真实有效；愿意遵守《中华人民共和国海关法》及相关法律、行政法规、规章，保证合法经营，按期加工复出口，及时办理变更、核销等海关手续；因故转为内销的，及时按规定办理补税等手续。如有违法违规之情事，愿承担一切法律责任。

企业法人或其授权人签字：

企业盖章：

年　月　日

加工企业情况表

企业名称(海关注册编码)：__________ 注册地址：__________

注册资本：__________ 加工设备价值：__________

厂房面积：__________ 年加工能力：__________

企业负责人：________ 办公电话：________ 手机：________

经办人：________ 办公电话：________ 手机：________

传真：________ 邮编：________ 网址：________

本企业愿与经营企业共同承担相应的法律责任。

企业法人或其授权人签字：

企业盖章：

年　　月　　日

注：如经营企业与加工企业相同，可不填此表。

加工贸易合同备案审批表

加工贸易备案(变更)手册情况表粘贴栏
海关批注意见： 海关备案业务联系电话：________________ 海关盖章： 年　　月　　日

货物进口/结转转入报关登记表

报关日期	报关单编号	运提单号/手册编号	货物名称、规格	单位	数量	价值	海关签章	备注

注：深加工结转和余料结转需在运提单号栏注明转出手册编号。

货物出口/结转转出报关登记表

报关日期	报关单编号	运提单号/手册编号	货物名称、规格	单位	数量	价值	海关签章	备注

注：深加工结转和余料结转需在运提单号栏注明转人手册编号。

货物内销/放弃登记表

报关日期	报关单号/凭证号	货名及规格	单位	数量	价值	海关签章	备注

注：备注栏注明货物处理方式"内销"或"放弃"。

核销申请表粘贴栏

《海关合同结案表》和《结案通知书》粘贴栏

封底	

表 7—12

核销申请表

手册编号		进口合同号		实际进口额		出口合同号		实际出口额	

实际进口/转入料件情况							实际出口/转出成品耗料情况									征税内销情况		剩余料件/残次品情况		备注
项号	品名和规格	单位	实际进口数量				成品 1：出口数量：		成品 2：出口数量：		成品 3：出口数量：		成品 4：出口数量：		总耗	数量	总价	数量	处理方式：结转/退运/放弃	
			进口	深加工结转	余料结转	总计	单耗	总耗	单耗	总耗	单耗	总耗	单耗	总耗						

边角料/副产品/受灾货物情况					申报核销单据		缴税情况		本表内容申报无讹，如有不实，本企业愿承担相应的法律责任。			
品名和规格	单位	数量	价值	处理方式	手册数量	主册 续册 分册	关税税额		经营企业盖章 经办人签字	年 月 日	加工企业盖章 经办人签字	年 月 日
					报关单份数	进口 出口	增值税额					
					核销申请表	页	消费税额					
					其他单据				经营企业电话		加工企业电话	

《加工贸易手册》由海关总署负责统一印制，各海关对外出售时按规定每本售价 5 元。

6. 综合实例

【实例 7—4】 填制保税合同备案预录入呈报表

已知条件：

经营单位：上海家具进出口公司

经营单位编码：3121236588

经营单位地址：上海浦东路 888 号　联系人：洪明　联系电话：021-65080888

加工企业：上海金贸家具有限公司

加工企业编码：3153619826

加工企业地址：上海浦东路 888 号　联系人：王聚　联系电话：021-65080999

外商公司：FISHER CO.，LTD. 协议号：CEB030136

贸易方式：来料加工　征免性质：全额免税　贸易国别：美国

保税方法：全额保税

加工种类：家具制造业

进口合同：CB030136

进口总值：18 332.00美元

出口合同：IEB030136

出口总值：37 396.00美元

批准文号：沪商务(2014)来字第 00017 号

审批机关：上海市商务委

进口期限：2014 年 2 月 30 日

出口期限：2014 年 12 月 30 日

进出口口岸：上海

报关员：张贸

填报日期：2014 年 2 月 10 日

加工费：USD 15 366.92

监管费：0.1%

1.进口料件原产国马来西亚(币别：美元)

(1)

商品编码：44092000.90

松木条

规格：45×5×1.8CM　4 000 根

单价：1.04

(2)

商品编码：44092000.90

松木条

规格：39×5×1.8CM　8 000 根

单价：1.04

(3)

商品编码：44092000.90

松木条
规格:44×4×1.3CM　2 000根
单价:1.04
(4)
商品编码:44092000.90
松木条
规格:100×5×1.8CM　400 根
单价:2.02
(5)
商品编码:44092000.90
松木条
规格:39×5×1.8CM　800 根
单价:2.02
(6)
商品编码:44092000.90
松木条
规格:44×4×1.3CM　200 根
单价:2.02
(7)
商品编码:44092000.90
松木条
规格:80×6.5×1.5CM　400 根
单价:2.02

2. 消费国英国(币别:美元)

具体如表 7—13 所示。

表 7—13

序　号	商品编号/品名/规格	数量/单位	单价
1	94016900/椅子/6251	1 000/个	35.82
3	94036091/桌子/6255	20/个	78.43

3. 进口料件消耗

(1)椅子/6251,松木,如表 7—14 所示

表 7—14

品名/规格	单位耗用量	单位损耗率
松木条 45×5×1.8CM	4	0
松木条 39×5×1.8CM	8	0
松木条 44×4×1.3CM	2	0

(2)桌子/6255,松木,如表 7—15 所示。

表 7－15

松木条 80×6.5×1.5CM	20	0

相关报表及填写说明如表 7－16、表 7－17、表 7－18 和表 7－19 所示。

表 7－16　　保税合同备案预录入呈报表的填写说明

1. 经营单位:上海家具进出口公司	2.经营单位编码:3121236588	
3. 经营单位地址:上海浦东路 888 号		
4. 联系人:洪明	5. 联系电话:021－65080888	
6. 加工企业:上海金贸家具有限公司	7. 加工企业编码:3153619826	
8. 加工企业地址:上海浦东路 888 号		
9. 联系人: 王聚	10. 联系电话:021－65080999	
11. 外商公司:FISHER CO.,LTD。	12.协议号:CB030136	
13. 贸易方式:来料加工	14. 征免性质:全额免税	15. 贸易国别:美国
16. 保税方法:全额保税	17. 加工种类:家具制造业	
18. 进口合同:CB030136	19. 进口总值:18 332.00	20. 币制:美元
21. 出口合同:CB030136	22. 出口总值:37 396.00	23. 币制:美元
24. 批准文号:沪商务〔2014〕来字第 00017 号	25.审批机关:上海市商务委	
26. 进口期限:2014 年 1 月 30 日	27. 出口期限:2014 年 10 月 30 日	
28. 进口口岸:上海	29. 出口口岸:上海	
30. 报关员:张贸	31. 填报日期:2014 年 1 月 10 日	
32. 备注: 加工费:USD15 366.92　监管费:0.1%		

表 7－17　　进口料件预录入呈报表

经营单位盖章:　　　　进口合同号:CB030136

1. 序号	2. 商品编号	3. 品名	4. 规格	5. 数量	6. 单位	7. 原产国	8. 单价	9. 总价	10. 币制
1	44092000.90	松木条	45×5×1.8CM	4 000	根	马来西亚	1.04	4 160.00	美元
2	44092000.90	松木条	39×5×1.8CM	8 000	根	马来西亚	1.04	8 320.00	美元
3	44092000.90	松木条	44×4×1.3CM	2 000	根	马来西亚	1.04	2 080.00	美元
4	44092000.90	松木条	100×5×1.8CM	400	根	马来西亚	2.02	810.00	美元
5	44092000.90	松木条	39×5×1.8CM	800	根	马来西亚	2.02	1 621.00	美元
6	44092000.90	松木条	44×4×1.3CM	200	根	马来西亚	2.02	405.00	美元
7	44092000.90	松木条	80×6.5×1.5CM	400	根	马来西亚	2.02	936.00	美元

续表

1. 序号	2. 商品编号	3. 品名	4. 规格	5. 数量	6. 单位	7. 原产国	8. 单价	9. 总价	10. 币制

表 7—18　　出口成品预录入呈报表

经营单位盖章：　　　　出口合同号：IEB030136

1. 序号	2. 商品编号	3. 品名	4. 规格	5. 数量	6. 单位	7. 销售国	8. 单价	9. 总价	10. 币制
1	94016900	椅子	6251	1 000	个	美国	35.82	35 828.00	美元
3	94036091	桌子	6255	20	个	美国	78.43	1 568.00	美元

表 7—19　　单耗预录入呈报表

经营单位盖章：

1. 序号	出口成品		对应进口料件			
	2. 序号	3. 品名　规格	4. 序号	5. 品名　规格	6. 单位耗用量	7. 单位损耗率
	1	椅子/6251，松木	1	松木条 45×5×1.8CM	4	0
			2	松木条 39×5×1.8CM	8	0
			3	松木条 44×4×1.3CM	2	0
	2	桌子/6255，松木	7	松木条 80×6.5×1.5CM	20	0

续表

第二节　加工贸易电子化手册

海关总署于2008年5月29日发布了2008年第40号公告《关于面向广大中小型企业推广H2000电子手册系统中的有关事项》。公告指出："促进加工贸易转型升级，进一步简化海关手续、提高办事效率，海关在推行了H2000电子手册系统的基础上，开发应用了H2000电子化手册系统（以下简称'系统'）。现决定在全国范围面向广大中小型企业推广应用该系统。"

一、电子化手册概述

1. 电子化手册的含义

海关原先推行的"电子手册"和"纸质手册电子化"统称为"电子化手册"。纸质手册电子化是海关适应当前加工贸易新形势、新发展的需要，从简化手续、方便企业的角度出发，运用现代信息技术和先进的管理理念，以加工贸易手册为管理对象，在加工贸易手册备案、通关、核销等环节采用"电子手册＋自动核算"的模式取代现有的纸质手册，并逐步通过与相关部委的联网取消纸质单证作业，最终实现"电子申报、网上备案、无纸通关、无纸报核"的新监管模式。

统一后的保税加工企业电子底账管理，包括电子账册、电子化手册（含分段式管理和以合同为单元常规管理）两种模式。原第二代标准版联网监管H2000电子手册的分段式手册模式仍然保留，形成分段式管理的电子化手册；原第二代标准版联网监管H2000电子手册的非分段式手册模式将不再使用，各海关对已核发的非分段式电子手册核销完毕后，切换到电子化手册模式进行管理。

2. 开展纸质手册电子化改革的意义

为适应新形势，针对不同企业的发展需要，海关不断创新监管模式，从2004年开始推行联网监管模式。目前，海关对加工贸易企业的管理分为三个层次实现信息化管理：一是电子账册（E账册），主要是服务于"零库存"的企业；二是电子手册，主要是针对信息化程度较高的中小型企业；三是"电子手册＋无纸作业"，即纸质手册电子化，主要是解决其余的广大加工贸易企业的信息化需求。至2006年，全国联网监管企业3 696家，占全国加工贸易企业总数的4.6%，2006年联网企业进出口总值占加工贸易进出口总值的53.2%；全国采用纸质手册管理模式的企业76 304家，占全国加工贸易企业总数的95.4%。由于采用电子账册、电子手册管理模式对企业的信息化管理程度要求较高、前期投入费用较大，而大部分中小型企业的信息化管理程度相对较低、资金压力大，因此，能够采用电子账册、电子手册管理模式的加工贸易企业毕竟是少数。随着社会的不断进步，利用现代电子化、网络化手段进行管理已是企业不断发展的必由之路，且采用纸质手册电子化的运营成本相对来说比较低。因此，实行纸质手册电子化改革是广大中小型加工贸易企业的必然选择。

3. 纸质手册电子化改革的核心内容

(1)取消纸质手册

以电子数据取代目前的纸质《加工贸易手册》，以企业 IC 卡或 IKEY 卡作为系统操作的身份认证。

(2)网上作业

若采用企业端录入方式，企业的加工贸易备案、进出口数据申报、数据报核大部分通过网络办理，在企业本地即可完成，仅当企业需提交资料、样品或领取相关单证时，才需要到海关业务现场。

(3)备案资料库管理

改革现有的加工贸易备案模式，通过对加工贸易料件及成品进行预归类，建立企业备案资料库，企业在进行通关手册备案时可直接调用备案资料库数据，以此减少企业在办理电子化通关手册时的审批时间。

4. 纸质手册电子化模式与现有纸质手册模式比较

纸质手册电子化模式与现有纸质手册模式的优劣比较，如表 7—20 所示。

表 7—20　纸质手册电子化模式与现有纸质手册模式的优劣比较

环节类别	纸质手册电子化模式	现有的纸质手册模式
身份认证	通过企业操作员 IC 卡或 IKEY 卡进行身份认证，安全性强	无身份认证，安全性差
备案(变更)	若采用企业端录入方式，实行联网作业，企业到海关的次数减少	企业到海关的次数较多
	备案资料库管理，一次预归类审核	逐本合同进行审核
	不核发纸质手册	需核发纸质手册(企业如遗失纸质手册，需移交缉私部门)
货物进出口	不需提供纸质手册，若采用企业端录入方式，不需到预录入公司录入报关单，企业办事效率高	需要使用及保管纸质手册，企业到海关的次数较多，企业办事效率低
报核、核销	若采用企业端录入方式，实行联网作业，企业到海关的次数减少	企业到海关的次数较多
	自动核对核算，准确、快速	人工核对核算，耗时费力，容易出错
	计算机 24 小时电子审核	人工审批，8 小时工作
数据查询	统一平台，提供相关数据查询及导出功能，方便企业管理	进出口数据分散，管理方式单一，手段滞后

5. 纸质手册电子化的基本系统结构

纸质手册电子化的基本系统结构分成以下三个部分(见图 7—2)：

(1)海关 H2000 纸质手册电子化管理系统；

(2)企业内部计算机管理系统；

(3)中国电子口岸。

二、电子化手册操作程序

1. 实施纸质手册电子化改革的企业应具备的条件

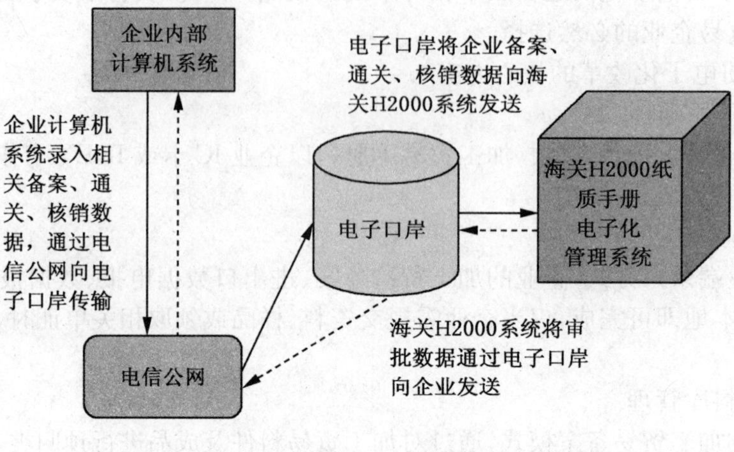

图 7—2　纸质手册电子化的基本系统结构

(1)具备加工贸易经营资格，在海关注册，以出口为主的生产型企业。

(2)企业守法经营，资信可靠，内部管理规范。

2. 纸质手册电子化业务流程

纸质手册电子化业务流程如图 7—3 所示。

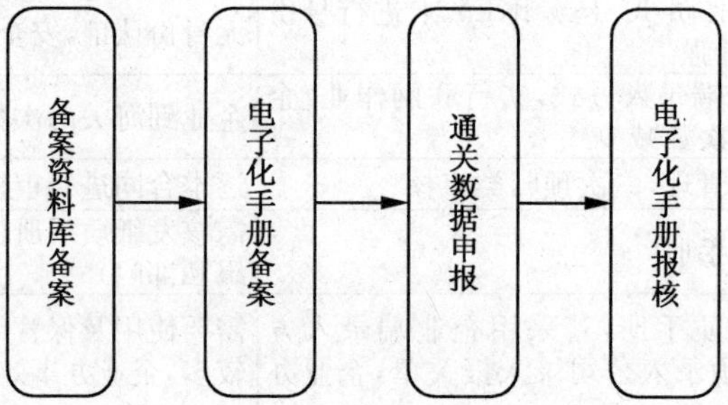

图 7—3　纸质手册电子化业务流程

(1)备案资料库备案

备案资料库备案相当于对料件及成品进行预归类，企业在没有与外商签订加工合同之前，可以将本企业以前曾开展加工的料件及成品，或者以后将可能开展加工的料件及成品向海关进行预归类。

加工贸易企业通过 QUICKPASS 系统(以下简称“QP 系统”)申报所有料件、成品的预归类信息，包括货号、商品编码、商品名称、计量单位及是否主料等数据。海关审批通过后，向企业返回备案资料库编号。

如企业备案资料库的料件、成品需要变更的，可通过 QP 系统的相关功能在网上向海关申报变更数据。

(2)电子化手册备案

1)加工贸易企业通过 QP 系统进行通关备案表头、表体的录入及申报(表体录入时调用备案资料库数据，企业只需根据提示填写料件、成品的部分数据以及单损耗数据)。

2)海关审核通过后，向企业返回审核通过信息，审核不通过的，返回退单信息。

3)企业至海关提交相关单证,海关审核通过后,出具银行台账开设联系单。

4)企业至银行办理台账手续。

5)企业至海关办理银行台账开设联系单回执登记手续,海关登记回执后,系统生成电子化手册。

(3)通关数据申报

企业在 QP 报关申报系统中录入报关单,向海关申报。申报流程同现有的“报关单”通关流程。

(4)电子化手册报核

1)企业的加工贸易合同完成后,通过 QP 系统的纸质手册电子化子系统的数据报核界面,向海关进行电子化手册的报核。

2)海关审批通过后,向企业返回审核通过信息,审核不通过的,返回退单信息。

3)企业根据提示至海关业务现场提交相关单证。

4)海关审核相关单证通过后,对电子化手册进行结案并出具银行台账核销联系单。

5)企业至银行办理台账核销手续。

6)企业至海关办理台账核销联系单回执登记手续,完成电子化手册核销全过程。

说明:一家企业只有一个备案资料库,但可以有多个电子化通关手册;备案资料库可备案商品项数没有限制,即可以无限大;电子化通关手册备案的料件、成品项数均不能超过9 999项。

三、企业实施纸质手册电子化上线业务指引

1. 办理电子口岸入网及制卡手续

手册电子化系统通过电子口岸企业操作员卡实现身份认证和数字签名,企业须使用电子口岸操作员卡登录 QP 系统后才能进入手册电子化系统,开展相关业务。因此,企业须在上线手册电子化系统前,办理电子口岸入网手续以及完成制卡工作。已办理电子口岸入网的企业,可以视操作员卡的数量以及使用情况自行决定是否新增电子口岸操作员卡。

2. 填写情况登记表

企业下载《企业实施手册电子化情况登记表》(见表 7—21)电子文档并编辑填写相关内容后打印,加盖公章,送交数据分中心。数据分中心在收到该表后,根据企业填写的具体内容,为企业向数据中心申请办理手册电子化系统开通手续。

表 7—21　　企业实施手册电子化情况登记表

No:________

<table>
<tr><td>经营单位名称</td><td colspan="4"></td></tr>
<tr><td>经营单位海关编码</td><td colspan="4"></td></tr>
<tr><td>加工单位名称</td><td colspan="4"></td></tr>
<tr><td>加工单位海关编码</td><td colspan="4"></td></tr>
<tr><td>管理对象</td><td></td><td colspan="2">管理对象组织机构代码</td><td></td></tr>
<tr><td>主管海关</td><td></td><td>主管外经局</td><td colspan="2"></td></tr>
<tr><td>企业详细地址</td><td colspan="2"></td><td>邮编</td><td></td></tr>
</table>

续表

企业采集数据方式	□代理录入模式 □自理录入模式 □数据导入模式 □数据导入和报关单自理录入模式		
企业设备准备情况	是否已按照设备软硬件配置要求配置客户端计算机 □是 □否		
企业网络准备情况	客户端计算机是否按照网络配置要求连接网络 □是 □否		
业务联系人		电话/传真	
电子邮件		手机	
技术联系人		电话/传真	
电子邮件		手机	
操作员卡序列号			
经办人签名：______日期：______〈企业加盖公章〉			

说明：管理对象是指企业选择使用经营单位或加工单位的电子口岸操作员卡进行企业物料数据及电子手册数据的操作。此项选填经营单位或加工单位。

本表中所列内容是分中心进行系统安装、配置、维护的必备且关键信息，请认真填写，并加盖企业公章进行确认，因为上述信息错误所造成的后果，由企业自行承担。

3. 数据采集方式选择

企业可以选择以下四种数据采集方式中的一种：

(1)数据采集方式

1)代理录入模式

企业内无需安装任何系统，企业的纸质手册电子化数据和报关单数据由预录入公司代理录入。

2)自理录入模式

企业通过使用电子口岸 QP 系统，自行录入、申报纸质手册电子化数据，报关单数据委托现场专业预录入公司代理录入。如企业需要自理录入报关单，需另外向数据分中心申请开通 QP 系统的报关单录入功能。

3)数据导入模式

企业通过第三方接口软件将企业数据导入并生成纸质手册电子化数据向海关申报，企业的报关单数据委托现场专业预录入公司代理录入。

4)数据导入和报关单自理录入模式

在数据导入模式的基础上，企业同时安装 QP 系统用于开展纸质手册电子化报关单的自理录入和申报业务。

(2)录入方式的比较

四种录入方式的比较，如表 7－22 所示。

表 7—22　　四种录入方式的比较

数据采集方式	特　点
代理录入	企业无需配置相关设备和软件，企业人员无需录入数据，但需往返代理预录入企业处理有关业务，费时费力，不确定的因素多，企业无法自行查阅电子数据，发送数据需向代理预录入公司支付预录入费用，数据需要人工两次录入。
自理录入	企业可自行开展纸质手册电子化数据的预录入和申报工作，可以随时查阅相关的电子数据，但需投入一定的设备和软件的购置和运输费用。
数据导入	对于已有 ERP 系统的企业，可实现纸质手册电子化数据从企业的 ERP 系统导入，减少手工录入数据量及由此产生的差错，可提供满足企业个性化的关务管理及其他资源管理需求的产品，但企业需要购买第三方软件，投入的成本较高，具体投入费用视企业需求而定。
数据导入和报关单自理录入	在数据导入模式的基础上，企业还可以通过 QP 系统开展报关单自理录入和申报业务，但企业需另外支付使用 QP 系统开展报关单业务的相关费用。

四、企业实施纸质手册电子化办理电子口岸手续

1. 新入网企业办理入网手续需要提供的资料

(1)《中华人民共和国组织机构代码证》原件和复印件；

(2)《企业法人营业执照》或《企业营业执照》原件和复印件；

(3)《税务登记证》(如果没有国税登记证则提供《地税登记证》)或《外商投资企业税务登记证》原件和复印件；

(4)《中华人民共和国进出口企业资格证书》、《中华人民共和国货物运输代理企业批准证书》或《中华人民共和国外商投资企业批准证书》中的任意一种的原件和复印件，如不具备则提供其经营单位的上述证书中的一种；

(5)《自理报关企业注册登记证》、《代理报关企业注册登记证》或《专业报关企业注册登记证》中的任意一种的原件和复印件，如不具备则提供其经营单位的自理或代理报关注册登记证明原件及复印件；

(6)《企业加工合同备案表》原件及复印件；

(7)《中国电子口岸企业情况登记表》、《中国电子口岸企业 IC 卡登记表》；

(8)企业操作员卡持卡人的身份证复印件。

2. 填表注意事项

(1)企业需要填写《中国电子口岸企业情况登记表》(每个企业一份)和《中国电子口岸企业 IC/IKEY 卡登记表》(每个 IKEY 一份)。

(2)在填写《中国电子口岸企业情况登记表》及《中国电子口岸企业 IC 卡登记表》中“通过电子口岸办理业务类型”栏目时，请在“加工贸易联网”处打勾；在“向海关申请权限”栏内注明“加工贸易联网监管”，并由海关加工贸易监管处(或主管海关加贸科)盖章确认。

3. 新增电子口岸操作员卡

已入网企业如有需要可新增电子口岸操作员卡(注：一个操作员只能申领一张电子口岸操作员卡(IC 卡、IKEY 卡或报关员 IC 卡)。

企业申请增加操作员 IKEY 卡需提供的资料有：

(1)企业申请报告(需经法人签字，并加盖企业公章)；

(2)《中华人民共和国组织机构代码证》原件和复印件；

(3)企业法人卡(将密码改为:88888888);

(4)如实填写《中国电子口岸企业 IC/IKEY 卡登记表》,并加盖企业公章;

(5)操作员卡持卡人的身份证复印件。

五、企业实施手册电子化自行录入模式所需设备及网络配置要求

1. 企业实施手册电子化系统企业端的技术准备工作

企业实施手册电子化系统企业端的技术准备工作包括以下三方面内容:

(1)客户端及打印机;

(2)电子口岸操作员卡;

(3)网络准备。

系统具体结构如图 7—4 所示。

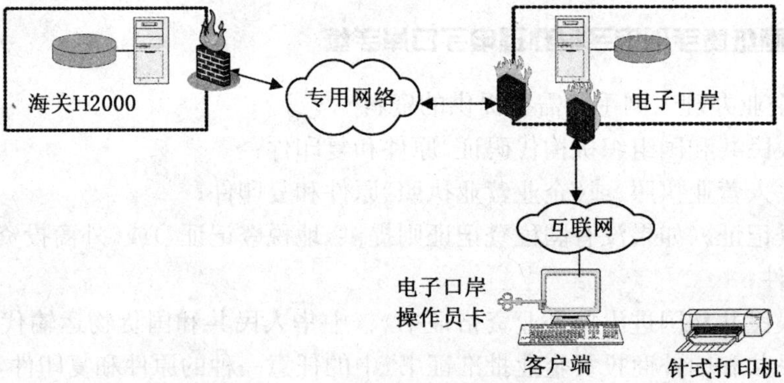

图 7—4 系统结构

2. 客户端计算机软硬件配置要求

客户端计算机用来安装电子口岸 QP 软件,用于企业录入和发送数据。

(1)硬件配置

具体如表 7—23 所示

表 7—23 硬件配置

类 别	客户端计算机配置
CPU	奔腾 P4,1.8G 或更高
内 存	512M 或以上
硬 盘	40G 或以上,5400RPM,2M 缓存,ATA100;至少 20G 空闲空间
接 口	USB,串/并口
网络连接	ADSL 或更快的宽带接入 Internet 方式
外围设备	USB 端口+IKEY 或读卡器+IC 卡+针式打印机等

(2)软件配置

1)操作系统。简体中文 Windows 2000 Professional 并安装系统补丁 SP4,或者简体中文 Windows XP 并安装系统补丁 SP2,以及安装相应 Windows 最新系统补丁。

2)防病毒软件并定期更新病毒库。

3)电子口岸 QP 软件。

上述软件中第1项和第2项由企业安装，第3项由分中心安装。上述软件中除第3项外，其他所有软件的版权由企业提供。（为避免在安装电子口岸相关系统时出现软件冲突，建议客户端是全新的操作系统，同时为了保障企业今后顺利开展手册电子化业务，建议该客户端不要安装其他系统。）

（3）打印机

实施手册电子化系统后，企业可以进行联网报关，如果需要在企业内部打印报关单，企业需要提前准备针式打印机。经过测试的机型为：Star 3200Ⅱ或 Star 350（仅供参考）。

（4）电子口岸操作员卡（IKEY卡或IC卡）

电子口岸操作员卡用来做身份验证和数字签名，企业需使用电子口岸操作员卡在客户端上登录QP系统后才能正常使用手册电子化系统。

3. 网络准备

网络连接方式可以选用ADSL或更快的宽带接入互联网方式，如果企业连接互联网使用了防火墙，请打开客户端计算机访问互联网的80端口。

第三节 加工贸易业务管理

一、加工贸易分类管理

加工贸易分类如图7—5所示。

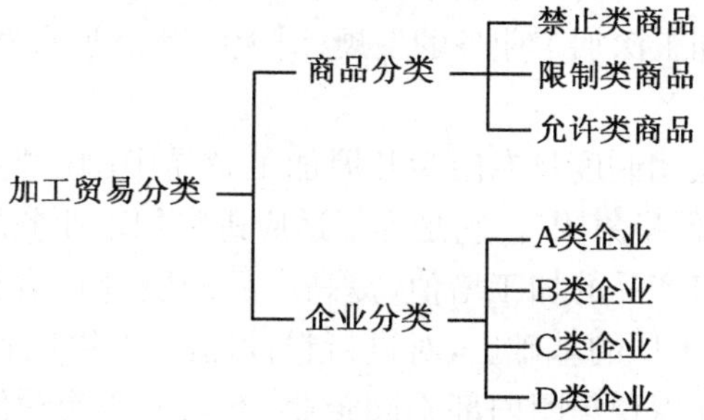

图7—5 加工贸易分类

二、商品分类管理

按商品将加工贸易分为禁止类、限制类和允许类。加工贸易分类管理商品目录由国家经贸委会同商务部、海关总署确定并适当调整，由商务部对外公布。

1. 禁止类

《中华人民共和国对外贸易法》法定禁止进口的商品，以及海关无法实行保税监管的商品。

2. 限制类

进口料件属国内外价差大且海关不易监管的敏感商品。

对限制类商品的加工贸易实行银行保证金台账“实转”。除A类企业外，其他加工贸易企业进口限制类料件时，海关收取保证金，企业在规定的期限内加工出口并办理核销后再将保证金及利息予以退还。

3. 允许类

允许类是指除禁止类和限制类以外的其他商品。除C类企业外，允许类商品的加工贸易继续实行现行银行保证金台账“空转”制度。

三、企业分类管理

海关根据企业的经营管理状况、报关情况、遵守海关法律法规情况，设置A、B、C、D四个管理类别，对企业实施动态的分类管理。企业取得海关登记编码后，海关即可对其进行分类管理。海关对企业分类管理不涉及保税区内加工贸易企业。

企业管理类别与银行保证金有着对应关系。加工贸易经营单位与承接委托加工的生产企业管理类别不一致时，以A、B、C、D为顺序，海关按较后的管理类别采取相应的监管措施。

四、进料加工保税集团管理

《中华人民共和国海关对进料加工保税集团管理办法》是由海关总署制定，于1993年1月10日公布，并于同年2月10日起实施的规范性文件。

制定这份文件的目的是为了支持大中型企业发展国家鼓励出口产品的深加工业务，保证国家税收和各项监管规定、措施的落实。

设立保税集团，必须具备有保税工厂和保税仓库的管理条件，因此保税集团的进出口通关手续比保税工厂和保税仓库更便利，具有“一次报关”、“双重功能”(加工、储存双重功能)、“全额保税”(进料非对口的料件也可以全额保税)的特点。特别是“一次报关”，即进口料件进口时一次报关后，集团内部的深层次加工结转不再层层报关，大大简化了非保税集团进料加工深层次结转繁复的报关手续，有利于进料加工深加工业务的发展，对大中型企业的改革起到了促进作用。

1. 保税集团定义

目前，我国实行的保税集团制度是专门为开展加工贸易中的进料加工业务提供保税服务的一种形式，全称是“进料加工保税集团”。它是为了适应进料加工业务的飞速发展、支持和鼓励对出口产品的深加工、提高出口产品的加工增值、提高产品的质量和档次、增强在国际市场的竞争能力而设立的。海关在保税工厂的基础上，对进口料件需经过多工序、多企业加工，生产同一最终产品出口的情况，实行了在保税集团内部不同企业、不同工序滚动保税的制度(如制作长毛绒玩具，从进口腈纶原料、纺纱、染色、织布，制作长毛绒面料，到裁剪、缝制，生产长毛绒玩具出口)。这一多厂联合、集团保税的形式使得我国保税制度在更高层次、更大范围得以扩展。

进料加工保税集团，是指经海关批准，由一个具有进出口经营权的企业牵头，同行业若干加工企业联合对进口料件进行多层次、多工序连续加工，直至最终产品出口的企业联合体。

保税集团的成员企业应是生产同一最终产品的加工生产企业，成员企业应在同一城市内，并由一个具有进出口经营权的企业作为集团牵头单位。牵头企业代表保税集团向海关负责，并具备向海关缴纳税款的能力，集团内各成员企业应承担有关连带责任。

保税集团企业在进料加工项下进口的料件，海关予以全额保税；对料件和半成品在不同企业、不同工序转接加工，均实行滚动保税监管。保税集团进料加工项下加工成品出口免征出口关税。但如属于国家实行出口许可证商品，应向海关交验出口货物许可证。

2. 保税集团加工贸易管理要点

(1)保税集团所属各加工企业应具备加工生产出口产品的能力，具备保税工厂、保税仓库管理条件，海关实行实地验厂、核实，使保税进口料件的储存、加工置于海关监管之下。

(2)从事多层次保税加工的各加工企业,在办理申请手续时,应订出每一加工工序的耗料定额。海关将严格按照所进口的原材料,各道加工工序,核定每一工序单耗定额和加工成品,按照结转加工层次,分段核销。

(3)保税集团进口的料件和加工的产品,属于海关监管的保税货物,未经海关许可,不得出售、转让、调换、抵押或移作他用。如进口料件或加工成品因故需转为国内销售,牵头企业应报商务主管部门审批和主管海关核准,并按规定补办有关进口手续,补缴税款和缓税利息。

(4)保税集团进口的保税料件,应做到专料专用,料件进口后应存入指定的保税仓库,提取出库加工时,海关按保税仓库有关规定监管,料件进入加工企业加工时,海关按保税工厂有关管理规定监管。加工时如因生产工艺要求将进口料件与国内料件混合加工时,牵头企业应事先向主管海关报明投入进口、国内料件的比例和数(重)量。

保税集团进口的料件,加工的半成品,不准调往非集团成员企业加工使用,特殊情况需报主管海关批准。

(5)保税集团牵头企业应于每季度第一个月的十五日前将上季度进口料件的储存、使用加工及有关产品的实际流向等情况列表报主管海关核查。牵头企业需将集团内各加工企业的各个生产环节和工序使用进口料件的消耗定额每年列表报主管海关备核。

(6)保税集团进口的料件和加工的产品,如在储存、加工、运输过程中发生短少或灭失,除不可抗力原因外,其短少、灭失部分应由牵头企业承担缴纳税款的责任,并由海关按有关规定处理。

(7)海关对保税集团每年进行一次年审,如发现有经营管理混乱或违反海关规定情况的,可令其限期整顿或吊销保税集团证书。

(8)海关会随时派员检查保税进口料件和加工产品的储存、加工、出口等情况,查阅有关账册单据,必要时会派员进驻集团及其成员企业监管,保税集团及其成员企业应予协作配合并提供便利。

五、保税区加工贸易管理

1. 保税区定义

保税区是指经国务院批准在中国境内设立的具有保税加工、储运、转口功能的海关监管的特定区域。

海关在保税区内设立专门机构,按照《中华人民共和国海关法》和《保税区海关监管办法》对进出保税区的货物、运输工具、个人携带物品实施监管。保税区与境内的其他地区之间,应当设置符合海关监管要求的隔离设施,海关实施封闭式管理。对进出保税区的货物、物品、运输工具、人员及区内有关场所,海关有权依照海关法的规定进行检查、查验。在保税区内设立的企业,应当向海关办理注册手续,并依照国家有关法律、行政法规的规定设置账簿、编制报表,凭合法、有效凭证记账并进行核算、记录有关进出保税区货物和物品的库存、转让、转移、销售、加工、使用和损耗等情况。海关在保税区实行稽查制度。

2. 保税区加工贸易管理要点

(1)保税区内企业开展加工贸易,进料加工、来料加工不实行银行保证金台账制度,不收保证金,但需办理进口料件备案手续,实施全额保税。

(2)海关对区内加工企业使用海关监管料件加工的成品,如销往境外的予以免税,销往国内出区时才办理正式进口补税手续。

(3)区内企业使用海关监管的料件开展加工业务,无加工时限要求。

(4)区内加工企业开展加工贸易,生产除国家禁止进出口以及需被动配额及有污染环境、危害国家安全或损害社会公共利益的产品外，原则上不受加工品种和范围以及产品和产业导向的限制。

(5)区外企业委托保税区企业进行加工的，由保税区企业向保税区海关办理委托加工合同登记备案手续，事后核销。

(6)鼓励区内企业开展以出口为导向的加工。同时，也允许区内企业加工成品后销往国内市场。海关按下列原则征税：

区内加工企业全部用境外运入料件加工的制成品销往非保税区时，海关按照制成品征税。

区内加工企业用部分境外运入料件加工的制成品销往非保税区时，海关按照成品中所含的进口料件征税。

(7)区内加工企业委托非保税区企业加工的，应当事先经海关批准，并符合下列条件：

1)在区内拥有生产场所，并已经正式开展加工业务；

2)委托非保税区企业的加工业务，主要工序应当在区内进行；

3)委托非保税区企业加工的期限为六个月，有特殊情况需要延长期限的，应当向海关申请展期，展期期限为六个月；

4)委托非保税区企业加工的，由区外加工企业在加工企业所在地海关办理合同备案手续并设立银行保证金台账。

六、出口加工区加工贸易管理

1. 出口加工区定义

出口加工区是由国务院批准在中华人民共和国境内设立的由海关对加工贸易进出口货物进行封闭式监管的特定区域。海关在出口加工区内设立机构，并依照有关规定对进出加工区的货物及区内相关场所实行 24 小时监管。

出口加工区与中华人民共和国境内的其他地区间，须设置符合海关监管要求的隔离设施及闭路电视监控系统，并经海关总署会同有关部委对加工区的隔离设施验收合格后，方可开展加工区有关业务。

2. 出口加工区加工贸易管理要点

(1)加工贸易货物监管

1)出口加工区区内企业开展加工贸易业务不实行加工贸易银行保证金台账制度。

2)出口加工区区内企业开展加工贸易业务不征收监管手续费。

3)出口加工区内企业开展加工贸易海关不实行《加工贸易手册》管理，使用电子账册管理。实行备案电子账册的滚动累加和核扣，每半年核销一次的管理模式。

4)加工贸易边角料、残次品、废品处理。出口加工区区内企业的加工产品以及在加工生产过程中产生的边角料、残次品、废品等应复运出境。因特殊情况需要运往境内区外时，由企业申请，按以下管理规定办理：

①加工贸易企业申请内销边角料的，商务主管部门免于审批，直接报主管海关核准。主管海关按审定的边角料价格以及其对应进口料件适用的税率计征税款，免征缓税利息。边角料对应的原进口料件属进口许可证件管理的，免领进口许可证件。在加工过程中产生的边角料，如属国家环保部门签发《进口废物批准证书》管理的，免领该批准证书。

②企业需内销残次品的，根据其对应的进口料件价值，每批出区金额在人民币 1 万元(含 1 万元)以下的，商务主管部门免于审批，直接报主管海关核准，由海关对节余料件按规定计征

税款予以核销。属进口许可证件管理的，免领进口许可证件。每批出区金额在人民币 1 万元以上的，由省级商务主管部门按有关内销审批规定审批，海关凭《加工贸易保税进口料件内销批准证》对合同内销的全部节余料件按规定计征税款。属进口许可证件管理的，企业还要按规定向海关补交有关进口许可证件。

③企业因故无法内销或退运而申请放弃边角料、残次品和废品，按下列情况办理：

a.经主管海关核定有使用价值的，由主管海关依照《中华人民共和国海关法》第 30 条第 4 款的规定变卖处理，凭企业放弃该批货物的申请和海关提取变卖处理的有关单证办理核销手续。

b.对无商业价值的边角料和废品等，需运往区外销毁的，应凭管委会和销毁地环保部门的批件，向主管海关办理出区手续，海关凭管委会和销毁地环保部门的批件验放。

c.对按规定需进行销毁处理的，由企业负责销毁，海关凭监销部门的证明材料办理核销手续。必要时，海关可派员监督。

5)委托境内区外企业加工。出口加工区内企业不得委托区外企业进行产品加工，特殊情况下，因技术、工艺达不到产品要求，须委托区外加工企业进行某项工序加工，并在保证加工产品不改变原产品(出区时)基本形态、数量的前提下，经主管海关关长批准，可由接受委托的区外企业比照暂时进口货物的管理规定，向加工区主管海关缴纳货物等值的保证金后办理出区手续。委托区外企业加工的期限为六个月，不得延期。加工完毕后，加工产品(包括残次品、废品)须运回区内，并凭原出区时填写的委托境内区外加工申请书及有关单证，向加工区主管海关办理验放核销手续。

6)其他。技术无法达到产品要求、须将国家禁止出口或统一经营商品运至加工区内进行某项工序加工的，应报经商务部批准，海关比照出料加工管理办法进行监管，其运入加工区的货物，不予签发出口退税报关单。

(2)征免税政策

1)从境外进入加工区的区内生产性的基础设施建设项目所需的机器、设备和建设生产厂房、仓储设施所需的基建物资，予以免税。

2)从境外进入加工区的区内企业生产所需的机器、设备、模具及其维修用零配件，予以免税。

3)从境外进入加工区的区内企业和行政管理机构自用合理数量的办公用品，予以免税。

4)除法律、法规另有规定外，区内企业加工的制成品及其在加工生产过程中产生的边角料销往境外的，免征出口关税。

5)从境外进入加工区的区内企业以及为加工出口产品所需的原材料、零部件、元器件、包装物料及消耗性材料，予以免税。

6)从境外进入加工区的区内企业和行政管理机构自用的交通运输工具、生活消费用品，按进口货物的有关规定办理报关手续，海关予以照章征税。

7)对加工区运往境内区外的货物，海关按照对进口货物的有关规定办理报关手续，并按照制成品征税。如属许可证件管理商品，还应向海关出具有效的进口许可证件(经总署同意进行深加工结转的货物除外)。

第八章　国际贸易管理和业务办理

第一节　货物进出口管理

一、货物进出口管理的依据

货物进出口管理是国家有关部门对进出境货物的实际管理。国家对货物进出口管理的目的是为了发展对外贸易，维护对外贸易秩序，促进社会主义市场经济健康发展，保护民族经济，维护国家安全。

《外贸法》及其配套法规是我国实施货物进出口管理的主要依据。实行货物与技术自由进出口，是中国《外贸法》的基本原则之一。同时，在复杂多变的国际经济环境中，为了更好地利用国际市场，参与国际竞争，充分发挥我国的竞争优势，维护公平竞争环境，《外贸法》还确立了我国对某些货物实行自由、限制、禁止管理的原则和管理制度。

1. 限制和禁止类进出口货物

国家基于下列原因，可以限制或者禁止有关货物的进口或者出口：

(1)为维护国家安全、社会公共利益或者公共道德，需要限制或者禁止进口或者出口的；

(2)为了保护人的健康或者安全，保护动物、植物的生命或者健康，保护环境，需要限制或者禁止进口或者出口的；

(3)为实施与黄金或者白银进出口有关的措施，需要限制或者禁止进口或者出口的；

(4)国内供应短缺或者为有效保护可能用竭的国内资源，需要限制或者禁止出口的；

(5)输往国家或者地区的市场容量有限，需要限制出口的；

(6)出口经营秩序出现严重混乱，需要限制出口的；

(7)为建立或者加快建立国内特定产业，需要限制进口的；

(8)对任何形式的农业、牧业、渔业产品有必要限制进口的；

(9)为保障国家国际金融地位和国际收支平衡，需要限制进口的；

(10)依照法律、行政法规的规定，其他需要限制或者禁止进口或者出口的；

(11)根据我国缔结或者参加的国际条约、协定的规定，其他需要限制或者禁止进口或者出口的。

国务院商务主管部门会同国务院其他有关部门，依照《外贸法》有关规定，制定、调整并公布限制和禁止进出口的货物目录。样式如表 8—1 所示。

表 8-1　　商务部、海关总署公告 2008 年第 96 号《禁止出口货物目录》(第五批)

【发布单位】中华人民共和国商务部、海关总署

【发布文号】公告 2008 年第 96 号

【发布日期】2008-12-11

【实施日期】2009-01-01

根据《中华人民共和国对外贸易法》和《中华人民共和国货物进出口管理条例》，现公布《禁止出口货物目录》(第五批)，本公告自 2009 年 1 月 1 日起施行。

附件：禁止出口货物目录(第五批)

中华人民共和国商务部

中华人民共和国海关总署

二〇〇八年十二月十一日

附件　　禁止出口货物目录(第五批)

序号	商品编号	名　称	备　注
1	3101001910	未经化学处理的森林凋落物	包括腐叶、腐根、树皮、树叶、树根等森林凋落物
2	3101009020	经化学处理的森林凋落物	
3	2703000010	泥炭(草炭)	沼泽(湿地)中，地上植物枯死、腐烂堆积而成的有机矿体(不论干湿)

2. 自由进出口货物

限制与禁止进出口以外的货物为自由进出口的货物。国务院商务主管部门基于监测货物进口情况的需要，可以对部分自由进出口的货物实行进出口自动许可制度。

3. 特殊进出口货物

国家对与裂变、聚变物质或者衍生此类物质的物质有关的货物进出口，以及与武器、弹药或者其他军用物资有关的进出口，可以采取任何必要的措施，维护国家安全。

在战时或者为维护国际和平与安全，国家在货物进出口方面可以采取任何必要的措施。

对文物和野生动物、植物及其产品等货物，其他法律、行政法规有禁止进出口或者限制进出口规定的，依照有关法律、行政法规的规定进出口。

我国对货物进出口实行的管理，是符合 WTO 基本原则的。WTO 的基本原则之一是对货物进出口取消数量限制，实现自由贸易，但允许成员国在某些情况下对某些商品实施进出口限制。我国货物进出口管理在具体管理手段和管理范围上，与 WTO 的规则尚有一定差距，按照中国加入 WTO 的承诺，中国将在规定的过渡期内，实现与国际规则的并轨。

二、货物进出口管理的主要手段

我国通过进出口许可证、进出口配额等手段对货物进出口实施管理。

当代国际贸易发展的主流是自由化和便利化，但不加任何限制的绝对的自由化是不存在的。任何国家对贸易均存在着不同程度的管制，包括关税的和非关税的管理措施。我国加入 WTO 后，在享受 WTO 赋予的权利的同时必须承担相应的义务，按照我国对加入 WTO 的承诺，调整进出口管理办法，使之适应 WTO 的规则。

1. 进出口许可证及管理

(1)进出口许可证

进出口货物许可证是国家管理货物出入境的法律凭证。进出口许可证，包括法律、行政法

规规定的各种具有许可进口或出口性质的证明、文件。它有 3 层含义：

1)进出口货物许可证是国家机关签发的具有法律效力的文件。进出口货物许可证是国家批准特定企业、单位进出口货物的文件。因此，进出口货物许可证不得买卖、转让、伪造和变卖。

2)进出口货物许可证是批准进出口特定货物的文件。它包括品名、数量、规格、成交价格、贸易方式、贸易国别等内容。因此，进出口企业必须严格按照许可证规定的贸易方式等内容进出口特定货物。

3)进出口货物许可证是一种证明文件。因此，凡实行进出口配额许可证管理和进出口许可证管理的商品，各类进出口企业应在进出口前按规定向指定的发证机构申领进出口许可证，海关凭进出口许可证接受申报和验放。

(2)进出口许可证管理

进出口许可证管理是指国家限制进出口目录项下的商品进出口，必须从国家指定的机关领取进出口许可证，没有许可证一律不准进口或出口。

进出口许可证管理，是国家对外经济贸易宏观管理的重要措施，也是海关对进出口货物实施监管的重要依据。它是根据国家的法律、政策和国内外市场的需求，对进出口经营权、经营范围、贸易国别、进出口货物品种、数量、技术等实行全面管理、有效监测、规范货物进出口许可的制度。

2. 进口许可证管理

国家对限制进口的货物实行货物进口许可证制度，对部分自由进口的货物实行进口自动许可制度。

(1)进口许可证制度

国家实行统一的货物进口许可证制度。为了规范进口许可证管理，维护货物进口秩序，促进对外贸易健康发展，根据《外贸法》和《货物进出口管理条例》制定了《货物进口许可证管理办法》。

1)进口许可证管理体制

商务部是全国进口许可证的归口管理部门，负责制定进口许可证管理办法及规章制度，监督、检查进口许可证管理办法的执行情况，处罚违规行为。商务部会同海关总署制定、调整和发布年度《进口许可证管理货物目录》。商务部负责制定、调整和发布年度《进口许可证管理货物分级发证目录》。

商务部授权配额许可证事务局统一管理、指导全国各发证机构的进口许可证签发工作，许可证局对商务部负责。

许可证局及商务部驻各地特派员办事处和各省、自治区、直辖市、计划单列市以及商务部授权的其他省会城市商务厅(局)、外经贸委(厅、局)为进口许可证发证机构，在许可证局统一管理下，负责授权范围内的发证工作。

2)进口许可证的签发原则

①进口许可证签发实行分级管理原则

各发证机构不得无配额、超配额、超发证范围签发进口许可证。

各发证机构应当严格按照商务部发布的年度《进口许可证管理货物目录》和《进口许可证管理货物分级发证目录》的规定，签发相关商品的进口许可证。经营者进口《进口许可证管理货物目录》中的商品，必须到《进口许可证管理货物分级发证目录》指定的发证机构申领进口许可证。

②进口许可证管理实行“一关一证”、“一批一证”制

“一关一证”是指进口许可证只能在一个海关报关。一般情况下，进口许可证为“一批一证”。“一批一证”是指进口许可证在有效期内一次报关使用。

如要实行“非一批一证”，须同时在进口许可证备注栏内打印“非一批一证”字样。“非一批一证”是指进口许可证在有效期内可多次报关使用，但最多不超过12次，由海关在许可证背面“海关验放签注”栏内逐批签注核减进口数量。

③进口许可证发放具有时效性

进口许可证应当在进口管理部门批准文件规定的有效期内签发。凡符合要求的申请，发证机构应当自收到申请之日起3个工作日内发放进口许可证，特殊情况下，最多不超过10个工作日。

进口许可证的有效期为一年。进口许可证当年有效，特殊情况需要跨年度使用时，有效期最长不得超过次年3月31日。进口许可证应当在有效期内使用，逾期自行失效，海关不予放行。进口许可证因故在有效期内未使用的，经营者应当在进口许可证有效期内向原发证机构提出延期申请，但只能延期一次，延期最长不得超过3个月。

3)进口许可证管理的商品范围

国家对限制进口的货物实行进口许可证管理。2006年实行进口许可证管理的货物种类为4种，具体为监控化学品、可作为化学武器的化学品、化学武器关键前体、化学武器原料。

4)发放进口许可证的依据

各发证机构按商务部制定的《进口许可证管理货物目录》和《进口许可证管理货物分级发证目录》范围，签发进口许可证，不同的进口许可证管理商品的发证依据有所区别。

进口企业申领进口许可证时，应按有关规定如实申报，不得弄虚作假，严禁以假文件、假合同等手段骗领进口许可证。

(2)自动进口许可管理

基于监测货物进口情况的需要，国务院商务主管部门和国务院有关经济管理部门可以按照国务院规定的职责划分，对部分属于自由进口的货物实行自动进口许可管理。自动许可制度并不是对货物的进口进行实质性审查，许可部门无权对拟申请的许可予以否决。

1)自动进口许可管理体制

商务部根据监测货物进口情况的需要，对部分进口货物实行自动许可管理，并至少在实施前21天公布其目录。实行自动进口许可管理的货物目录，包括具体货物名称、海关商品编码，由商务部会同海关总署等有关部门确定和调整。该目录由商务部以公告形式发布。

商务部授权配额许可证事务局，商务部驻各地特派员办事处，各省、自治区、直辖市、计划单列市商务主管部门以及部门和地方机电产品进出口机构负责自动进口许可货物管理和《自动进口许可证》的签发工作。

2)自动进口许可管理程序

进口属于自动进口许可管理的货物，进口经营者应当在办理海关报关手续前，向国务院商务主管部门或者国务院有关经济管理部门提交自动进口许可申请。

国务院商务主管部门或者国务院有关经济管理部门应当在收到申请后，立即发放《自动进口许可证》；在特殊情况下，最长不得超过10天。

进口经营者凭国务院商务主管部门或者国务院有关经济管理部门发放的《自动进口许可

证》，向海关办理报关验放手续。海关凭《自动进口许可证》办理验放手续。银行凭《自动进口许可证》办理售汇和付汇手续。

3）申请自动进口许可证应提交的材料

进口经营者申请自动进口许可证，应当提交以下材料：收货人从事货物进出口的资格证书、备案登记文件或者外商投资企业批准证书；自动进口许可证申请表（见表8－2）；货物进口合同；属于委托代理进口的，应当提交委托代理进口协议；对进口货物用途或者最终用户法律法规有特定规定的，应当提交进口货物用途或者最终用户符合国家规定的证明材料；商务部规定的其他应当提交的材料。收货人应当对所提交材料的真实性负责，并保证其有关经营活动符合国家法律规定。

表8－2　　中华人民共和国自动进口许可证申请表

<table>
<tr><td colspan="3">1. 进口商：　　代码：</td><td colspan="3">3. 自动进口许可证申请表号：
自动进口许可证号：</td></tr>
<tr><td colspan="3">2. 进口用户：</td><td colspan="3">4. 申请自动进口许可证有效截止日期：
年　月　日</td></tr>
<tr><td colspan="3">5. 贸易方式：</td><td colspan="3">8. 贸易国（地区）：</td></tr>
<tr><td colspan="3">6. 外汇来源：</td><td colspan="3">9. 原产地国（地区）：</td></tr>
<tr><td colspan="3">7. 报关口岸：</td><td colspan="3">10. 商品用途：</td></tr>
<tr><td colspan="6">11. 商品名称：　　商品编码：　　设备状态：</td></tr>
<tr><td>12. 规格、等级</td><td>13. 单位</td><td>14. 数量</td><td>15. 单价（币别）</td><td>16. 总值（币别）</td><td>17. 总值折美元</td></tr>
<tr><td></td><td></td><td></td><td></td><td></td><td></td></tr>
<tr><td></td><td></td><td></td><td></td><td></td><td></td></tr>
<tr><td></td><td></td><td></td><td></td><td></td><td></td></tr>
<tr><td></td><td></td><td></td><td></td><td></td><td></td></tr>
<tr><td>18. 总计</td><td></td><td></td><td></td><td></td><td></td></tr>
<tr><td colspan="3">19. 备注：

联系人：
联系电话：
申请日期：</td><td colspan="3">20. 签证机构审批意见：</td></tr>
</table>

4）自动进口许可证管理一般实行"一批一证"制

商务部对《自动进口许可证》项下货物原则上实行"一批一证"管理，即同一份《自动进口许可证》不得分批次累计报关使用；对部分货物也可实行“非一批一证”管理，即同一份《自动进口许可证》在有效期内可以分批次累计报关使用，但累计使用不得超过 6 次。

《自动进口许可证》在公历年度内有效，有效期为 6 个月。

3. 出口许可证管理

国家实行统一的货物出口许可证制度。国家对限制出口的货物实行出口许可证管理。为了合理配置资源，规范出口经营秩序，营造公平的贸易环境，履行我国承诺的国际公约和条约，维护国家经济利益和安全，根据《外贸法》和《货物进出口管理条例》，商务部制定了《货物出口许可证管理办法》。

(1)出口许可证管理体制

商务部是全国出口许可证的归口管理部门，负责制定出口许可证管理办法及规章制度，监督、检查出口许可证管理办法的执行情况，处罚违规行为。商务部会同海关总署制定、调整和发布年度《出口许可证管理货物目录》。商务部负责制定、调整和发布年度《出口许可证管理货物分级发证目录》。《出口许可证管理货物目录》和《出口许可证管理分级发证目录》由商务部以公告形式发布。

商务部授权配额许可证事务局统一管理、指导全国各发证机构的出口许可证签发工作，许可证局对商务部负责。

许可证局及商务部驻各地特派员办事处和各省、自治区、直辖市、计划单列市以及商务部授权的其他省会城市商务厅(局)、外经贸委(厅、局)为出口许可证发证机构，在许可证局统一管理下，负责授权范围内的发证工作。

这里所称的出口许可证包括出口配额许可证和出口许可证。凡实行出口配额许可证管理和出口许可证管理的货物，对外贸易经营者应当在出口前按规定向指定的发证机构申领出口许可证，海关凭出口许可证接受申报和验放。出口许可证不得买卖、转让、涂改、伪造和变造。

(2)出口许可证发证依据

1)签发出口许可证的规定

各发证机构按照商务部制定的《出口许可证管理货物目录》和《出口许可证管理分级发证目录》范围，依照下列规定签发出口许可证：

①实行配额许可证管理的出口货物，凭商务部或者各省、自治区、直辖市、计划单列市以及商务部授权的其他省会城市商务厅(局)、外经贸委(厅、局)(以下简称“各地商务主管部门”)下达配额的文件和经营者的出口合同(正本复印件)签发出口许可证。

②实行配额招标的出口货物，凭商务部发布的中标经营者名单、中标数量、《申领配额招标货物出口许可证证明书》或者《配额招标货物转受让证明书》以及中标经营者的出口合同(正本复印件)签发出口许可证。

③易制毒化学品的出口，凭商务部《易制毒化学品出口批复单》和经营者的出口合同(正本复印件)签发出口许可证。

④计算机的出口，凭商务部批准的《出口计算机技术审查表》和经营者的出口合同(正本复印件)签发出口许可证。

⑤监控化学品的出口，凭国家履行禁止化学武器公约工作领导小组办公室批准文件和经营者的出口合同(正本复印件)签发出口许可证。

⑥消耗臭氧层物质的出口，凭国家消耗臭氧层物质进出口管理办公室下发的批准文件和经营者的出口合同(正本复印件)签发出口许可证。

⑦其他实行出口许可证管理的出口货物，凭商务部批准文件及经营者的出口合同（正本复印件）签发出口许可证。

我国企业在国外及香港、澳门地区投资设立的独资、合资和合作企业，需国内供应属于出口许可证管理的货物，发证机构凭商务部批准文件和商务部境外企业批准证书或者商务部境外带料加工装配企业批准证书，按照上述办法签发出口许可证。

经商务部批准具有对外经济技术合作经营资格的企业为履行国（境）外承包工程、劳务合作、设计咨询等项目合同出口的设备（含成套设备）、材料、施工器械及人员自用的生活物资属于出口许可证管理的货物，按照上述办法签发出口许可证。

出口成套设备需运出境外项目自用属于出口许可证管理的货物，按照上述办法签发出口许可证。

2）加工贸易项下的出口许可证管理

加工贸易项下属于出口许可证管理的货物，发证机构按照商务部制定的《出口许可证管理货物目录》和《出口许可证管理分级发证目录》，凭商务部授权的加工贸易审批机关签发的《加工贸易业务批准证》及上述规定的出口批准文件（属于出口配额管理但不使用配额数量的商品凭商务部批件）、海关加工贸易进口报关单和经营者的出口合同（正本复印件）签发出口许可证。

以加工贸易方式出口监控化学品、易制毒化学品、消耗臭氧层物质以及其他国际公约管辖的货物，按照上述规定签发出口许可证。

3）外商投资企业的出口许可证管理

外商投资企业出口属于出口许可证管理的货物，应当按以下规定办理：

①外商投资企业出口属于出口配额管理的货物，发证机构凭商务部下达的外商投资企业出口配额数量签发许可证；出口配额招标管理的货物[①]，应当附带上述规定的有关批准文件。

②涉及易制毒化学品的出口、计算机的出口、监控化学品的出口、消耗臭氧层物质的出口、其他实行出口许可证管理的出口货物和加工贸易项下属于出口许可证管理的货物，按照相应条款规定办理。

4）偿还国外贷款或者补偿贸易的出口许可证管理

偿还国外贷款或者补偿贸易项下属于出口许可证管理的货物，发证机构按商务部制定的《出口许可证管理货物目录》和《出口许可证管理分级发证目录》，凭商务部下达的偿还国外贷款或者补偿贸易的出口配额签发出口许可证。未办理备案登记的法人、其他组织或者个人从事偿还国外贷款或者补偿贸易业务时，应当委托经营者代理出口，并由该经营者办理出口许可证。

（3）出口许可证的签发

各发证机构应当严格按照年度《出口许可证管理货物目录》和《出口许可证管理分级发证目录》的要求，自收到符合规定的申请之日起3个工作日内签发相关出口货物的出口许可证，不得违反规定发证。经营者出口《出口许可证管理货物目录》中的货物，应当到《出口许可证管理分级发证目录》指定的发证机构申领出口许可证。

许可证局、各特办和各地方发证机构应当严格按照商务部发布的《出口许可证管理分级发

---

① 实行配额招标的出口货物，凭商务部发布的中标经营者名单、中标数量、《申领配额招标货物出口许可证证明书》或者《配额招标货物转受让证明书》以及中标经营者的出口合同（正本复印件）签发出口许可证。

证目录》签发出口许可证。实行网上申领出口许可证的，按照有关程序和规定办理。

1)许可证局发证范围

①按照商务部规定的《出口许可证管理分级发证目录》，签发《出口许可证管理分级发证目录》授权范围内的出口许可证。②在北京的中央管理企业的出口许可证。

2)各特办发证范围

①按照商务部规定的《出口许可证管理分级发证目录》，签发联系地区内经营者、联系地区内中央管理企业及配额由地方管理在北京的中央管理企业子公司的出口许可证。

②按商务部规定的《出口许可证管理分级发证目录》，签发联系地区内经营者配额招标货物出口许可证。

③签发商务部规定的其他货物的出口许可证。

3)各地方发证机构发证范围

①按商务部规定的《出口许可证管理分级发证目录》签发本地经营者出口许可证。

②签发商务部规定的其他货物的出口许可证。

4)指定发证机构发证的货物

凡属于《出口许可证管理分级发证目录》中指定发证机构发证的货物，经营者一律到指定的发证机构办理出口许可证。

(4)出口许可证管理制

出口许可证管理实行"一证一关"制、"一批一证"制和"非一批一证"制。"一证一关"是指出口许可证只能在一个海关报关；"一批一证"是指出口许可证在有效期内一次报关使用。

下列情况实行"非一批一证"制，签发出口许可证时应在备注栏内注明"非一批一证"：

1)外商投资企业出口许可证管理的货物；

2)补偿贸易项下出口许可证管理的货物；

3)其他在《出口许可证管理货物目录》中规定实行"非一批一证"的出口许可证管理货物。

"非一批一证"是指出口许可证在有效期内可以多次报关使用，但最多不超过12次，由海关在"海关验放签注栏"内逐批签注出运数。

各发证机构不得无配额、超配额、越权或者超发证范围签发出口许可证。发证机构的工作人员在履行职责过程中，不得玩忽职守、徇私舞弊或者滥用职权，不得利用职务上的便利索取他人财物，或者非法收受他人财物为他人谋取利益。

(5)申领出口许可证应当提交的文件

经营者申领出口许可证时，应当认真、如实填写《出口许可证申请表》(正本)1份(见表8—3)，并加盖印章。实行网上申领的，应当认真、如实地在线填写电子申请表并传送给相应的发证机构。

经营者申领出口许可证时，应当向发证机构提交有关出口货物配额或者其他有关批准文件。

经营者申领出口许可证时，应当向发证机构提交加盖对外贸易经营者备案登记专用章的《对外贸易经营者备案登记表》或者《中华人民共和国进出口企业资格证书》或者外商投资企业批准证书(复印件)。

经营者申领出口许可证时，应当按本办法如实申报，不得弄虚作假，严禁以假合同、假文件等手段骗领出口许可证。

(6)例外情况的处理

1)溢装货物的处理

溢装货物应当为大宗、散装货物。溢装数量按照国际贸易惯例办理,即报关出口的大宗、散装货物的溢装数量不得超过出口许可证所列出口数量的5%。不实行"一批一证"制的大宗、散装货物,每批货物出口时,按其实际出口数量进行核扣,最后一批出口货物出口时,其溢装数量按该许可证实际剩余数量并在规定的溢装上限5%内计算。

发证机构在签发此类出口货物许可证时,应当严格按照出口配额数量及批准文件核定的数量签发,并按许可证实际签发数量核扣配额数量,不在出口配额数量或者批准文件核定的数量基础上加上按国际贸易惯例允许的溢装数量签发许可证。

2)对外经援项目出口的处理

对外经援项目出口实行出口许可证管理的货物免领出口许可证。有关验放凭证的规定,由商务部、海关总署和国家质检总局另行制定和发布。

3)赴国(境)外参加或者举办展览会运出境外展品、展卖品、小卖品的规定

①赴国(境)外参加或者举办展览会所带属于出口许可证管理的非卖展品,免领出口许可证,海关凭出国(境)经济贸易展览会审批部门批准办展的文件和出口货物报关单监管验放。参展单位应当在展览会结束后6个月内,将非卖展品如数运回,由海关核销。在特殊情况下,经海关同意,可以延期。

②赴国(境)外参加或者举办展览会带出的展卖品、小卖品,属于出口许可证管理的,参展单位凭出国(境)经济贸易展览会审批部门的批准文件及出国(境)经济贸易展览会组展单位提供的参展证明,向《分级发证目录》规定的发证机构申领出口许可证,不占用出口配额。

③监控化学品、易制毒化学品、消耗臭氧层物质以及其他国际公约管辖的货物,按正常出口办理,不适用上述①②项规定。

4)出口货物样品和文化交流或者技术交流需对外提供属于出口许可证管理货物的货样的规定

①经营者运出国(境)外属于出口许可证管理货物的货样或者实验用样品,每批货物价值在人民币3万元(含3万元)以下者,免领出口许可证,海关凭经营者填写的出口货样报关单查验放行;超过3万元者,视为正常出口,经营者按规定申领出口许可证。出口许可证备注栏内应当注明"货样"字样。

②监控化学品、易制毒化学品、消耗臭氧层物质以及其他国际公约管辖的货物对外提供货样,按正常出口办理,不适用上述①项规定。

(7)出口许可证的有效期

出口配额的有效期为当年12月31日前(含12月31日),另有规定者除外,经营者应当在配额有效期内向发证机构申领出口许可证。

各发证机构可自当年12月10日起,根据商务部或者各地方商务主管部门下发的下一年度出口配额签发下一年度的出口许可证,有效期自下一年度1月1日起。

出口许可证的有效期最长不得超过6个月,且有效期截止时间不得超过当年12月31日。

以加工贸易方式出口属于配额许可证管理的货物,其出口许可证有效期按《加工贸易业务批准证》核定的出口期限核发,但不得超过当年12月31日。如《加工贸易业务批准证》核定的出口期限超过当年12月31日,经营者应在原出口许可证有效期内向发证机构提出换发新一年出口许可证。发证机构收回原证,在发证系统中对原证进行核销,扣除已使用的数量后,按《加工贸易业务批准证》核定的出口期限重新签发新一年度出口许可证,并在备注栏中注明原

证证号。

商务部可视具体情况调整某些货物出口许可证的有效期和申领时间。

出口许可证应当在有效期内使用，逾期自行失效，海关不予放行。

出口许可证因故在有效期内未使用，经营者应当在出口许可证有效期内向原发证机构提出延期申请，发证机构收回原证，在发证计算机管理系统中注销原证后，重新签发出口许可证，并在备注栏中注明延期使用和原证证号。

出口许可证因故在有效期内未使用完，经营者应当在出口许可证有效期内向原发证机构提出未使用部分的延期申请，发证机构收回原证，在发证系统中对原证进行核销，扣除已使用的数量后，重新签发出口许可证，并在备注栏中注明延期使用和原证证号。

使用当年出口配额领取的出口许可证办理延期，其延期最长不得超过当年 12 月 31 日。

未在出口许可证有效期内提出延期申请，出口许可证逾期自行失效，发证机构不再办理延证手续，该出口许可证货物数量视为配额持有者自动放弃。

出口许可证签发后，任何单位和个人不得擅自更改证面内容；如需要对证面内容进行更改，经营者应当在出口许可证有效期内将出口许可证退回原发证机构，重新申领出口许可证。

已领取的出口许可证如遗失，经营者应当立即向许可证证面注明的出口口岸地海关及相关发证机构书面报告，并在全国性经济类报刊中登载“遗失声明”，发证机构凭遗失声明，并经核实该证确未通关后，可注销该证，并核发新证。

海关、工商、公安、纪检、法院等单位需要向发证机构查询或者调查出口许可证时，应当依法出示有关证件，发证机关方可接受查询。

出口许可证管理货物在发证机构调整时，自调整之日起，原发证机构不得再签发该货物的出口许可证，并将经营者在调整前的申领情况报调整后的发证机构。经营者在调整前申领的许可证在有效期内继续有效。有效期内未使用或者未完全使用的许可证按规定到调整后的发证机构办理延期手续。

中国关境内其他地区货物进入到保税仓库、保税区和出口加工区的，按照现行有关规定执行。出口监管仓库、保税区、出口加工区的货物出口到境外，按现行规定执行。

边境贸易项下出口许可证管理仍按照现行有关规定执行。

表 8－3　　中华人民共和国出口许可证申请表

1. 出口商：　　代码： 领证人姓名：　　电话：	3.出口许可证号：
2. 发货人：　　代码：	4. 出口许可证有效截止日期： 年　月　日
5. 贸易方式：	8. 进口国(地区)：
6. 合同号：	9.付款方式：
7. 报关口岸：	10.运输方式：
11. 商品名称：	商品编码：

续表

<table>
<tr><td>12. 规格、等级</td><td>13. 单位</td><td>14. 数量</td><td>15. 单价(币别)</td><td>16. 总值(币别)</td><td>17. 总值折美元</td></tr>
<tr><td></td><td></td><td></td><td></td><td></td><td></td></tr>
<tr><td></td><td></td><td></td><td></td><td></td><td></td></tr>
<tr><td></td><td></td><td></td><td></td><td></td><td></td></tr>
<tr><td>18. 总 计</td><td></td><td></td><td></td><td></td><td></td></tr>
<tr><td colspan="3" rowspan="2">19. 备 注

申请单位盖章

申领日期:</td><td colspan="3">20. 签证机构审批(初审):

经办人:</td></tr>
<tr><td colspan="3">终审:</td></tr>
</table>

填表说明:①本表应用正楷逐项填写清楚,不得涂改、遗漏,否则无效;

②本表内容需打印多份许可证的,请在备注栏内注明;

③本表填写一式二份。

4. 进出口货物配额管理

《外贸法》第 19 条规定,国家对限制进出口的货物实行配额管理,对部分进口货物可以实行关税配额管理。

所谓配额管理,是指国家在一定时期内对某些货物的进出口数量或金额直接加以限制的管理措施。其主要作用是:通过进出口配额管理,有利于外贸出口秩序的调整,控制重要物资和敏感商品的出口数量,并保证部分出口配额商品数量符合我国与他国签订的贸易协定的要求;通过进口配额管理,有利于对进口商品及其数量的宏观控制,有效防止因盲目进口造成的对国内各项产业的严重冲击,保证国家经济发展计划和产业政策的顺利实施,也有利于减少和避免外汇的浪费使用,保证进口必要商品的用汇,维持国家合理的外汇储备。

配额管理往往与许可证管理结合在一起使用,我国目前采用的是配额与许可证结合使用的管理方式,即需要配额管理的货物必须申领许可证,这种管理方式有利于对配额数量的控制。关税配额管理是对货物进口的绝对数额不加限制,对在一定时期内在规定的关税配额内进口的货物,按照配额内税率征收关税;属于关税配额外进口的货物,按照配额外税率征收关税。

(1)进口货物配额管理

我国对部分进口货物实行关税配额管理。

1)关税配额管理体制

我国实施关税配额管理的商品主要是农产品。为有效实施农产品进口关税配额管理,建立统一、公平、公正、透明、可预见和非歧视的农产品进口关税配额管理体制,有关部门根据《外贸法》和《货物进出口管理条例》制定了《农产品进口关税配额管理暂行办法》。根据上述法律、法规,在公历年度内,国家根据中国加入 WTO 货物贸易减让表所承诺的配额量,确定实行进口关税配额管理的农产品的年度市场准入数量,配额量内的农产品进口适用于关税配额内税率,配额量外的农产品进口适用于关税配额外税率。

在中国加入WTO的承诺中，我国对实行关税配额管理的进口产品清单、关税配额量、配额内外税率、非国营贸易比例和实施期等都做出了具体承诺；并承诺在透明、可预测、统一、公平和非歧视的基础上管理关税配额，使用能够提供有效进口机会的明确规定的时限和管理程序。

2)关税配额的分类

我国农产品进口关税配额为全球配额，并分为国营贸易配额和非国营贸易配额。国营贸易配额需通过国营贸易企业进口；非国营贸易配额可以通过国营贸易企业或有贸易权的非国营贸易企业进口，有贸易权的最终用户也可以直接进口。

3)关税配额管理的商品范围

我国实行进口关税配额管理的农产品为小麦、玉米、稻谷、大米、豆油、菜籽油、棕榈油、食糖、棉花、羊毛以及毛条。其中，小麦、玉米、稻谷、大米、豆油、菜籽油、棕榈油、食糖、棉花分为国营贸易配额和非国营贸易配额；对于羊毛、毛条，2005年以前实行进口指定公司经营，2006年起实行先来先领的分配方式。羊毛、毛条进口关税配额申请表见表8－4。此外，我国实行关税配额管理的进口商品还包括工业品中的化肥，也分为国营贸易配额和非国营贸易配额。

我国对关税配额实行贸易方式全口径管理，即所有贸易方式进口的实行进口关税配额管理的产品，均纳入关税配额管理范围。

表8－4　　羊毛、毛条进口国别关税配额申请表

申请企业盖章：

企业名称：		
申请品种：□羊毛　□毛条	贸易方式：□一般贸易　□加工贸易	
本次申请数量(吨)：	当年已申领到一般贸易(或加工贸易)羊毛(或毛条)国别配额累计数量(吨)：	
申请企业种类：□上年有进口实绩　□上年无进口实绩		
注册地址：	工商注册号：	企业组织机构代码：
企业性质：	□国有　□股份制　□民营　□外商投资	
企业类型：	□生产企业　□贸易企业	联系电话：
企业羊毛制品生产能力	产品名称：	2013年企业羊毛制品销售额(万元)：
	2013年产量：	2014年进口羊毛、毛条需求量(吨)：
以下由有进口实绩的企业填写(不包括代理进口)		
2013年羊毛(毛条)国别配额执行情况	一般贸易(加工贸易)配额已申领到数量(吨)：	
	一般贸易(加工贸易)实际进口量(吨)：	
2014年羊毛(毛条)国别配额执行情况	一般贸易(加工贸易)配额已申领到数量(吨)：	
	一般贸易(加工贸易)实际进口量(吨)：	
进口合同		
进口商：	进口商海关编码：	
合同号：	商品名称：	商品编码：
合同数量(吨)：	签约日期：	报关口岸：
装船期：	原产地：新西兰	贸易国(地区)：
合同单价：	合同总值：	总值折美元：
是否同意对外提供本企业基本信息和配额申领数量：□是　□否		
授权机构审核意见：		

填制说明:①一般贸易、加工贸易分别填写申请;

②实际进口量是指当年关税配额进口报关单按期交到授权机构累计进口数量(当年 12 月 31 日前装船离港,于次年 2 月底前进口报关计入当年实际进口量);

③已申领到数量是指当年从授权机构申领到进口关税配额数量累计;

④进口合同原产地栏仅能填写新西兰。

4)关税配额的分配

小麦、玉米、稻谷、大米和棉花进口关税配额由国家发改委会同商务部分配;豆油、菜籽油、棕榈油、食糖、羊毛、毛条和化肥进口关税配额由商务部分配。

进口关税配额将根据申请者的申请数量和以往进口实绩、生产能力、其他相关商业标准或根据先来先领的方式进行分配。

(2)出口货物配额管理

为规范出口商品配额管理,保证出口商品配额管理工作符合效益、公正、公开和透明的原则,维护配额管理商品的正常出口,根据《外贸法》和《货物进出口管理条例》,制定了《出口商品配额管理办法》。

1)出口配额管理体制

商务部负责全国出口商品配额管理工作,各省、自治区、直辖市及计划单列市商务委(厅、局)根据商务部的授权,负责本地区出口商品配额管理工作。

实行配额管理的出口货物目录由商务部制定、调整并公布。

出口商品配额总量,由商务部综合考虑以下因素确定并公布:保障国家经济安全的需要;保护国内有限资源的需要;国家对有关产业的发展规划、目标和政策;国际、国内市场的需求及产销状况。

2)出口配额管理的商品范围

我国对部分限制出口的货物,实行配额管理。2014 年农产品和工业品出口配额总量如表 8—5 所示。

表 8—5　2014 年农产品和工业品出口配额总量

类　别	商品名称	单　位	配额总量
农产品	锯材	万立方米	26
	蔺草及蔺草制品	万千克	3 000
	活大猪	万头	180
	其中:香港	万头	165
	澳门	万头	15
	活中猪	万头	8.24
	其中:香港	万头	8
	澳门	万头	0.24
	活牛	万头	5.72
	其中:香港	万头	5
	澳门	万头	0.72
	活鸡	万只	640
	其中:香港	万只	300
	澳门	万只	340

续表

类　别	商品名称	单　位	配额总量
工业品	钨及钨制品(金属量)	万吨	1.54
	锡及锡制品(金属量)	万吨	1.7
	锑及锑制品(金属量)	万吨	5.94
	钼(金属量)	万吨	2.5
	铟(金属量)	吨	231
	白银(金属量)	吨	5 387
	镁砂	万吨	167
	滑石粉(块)	万吨	75
	甘草及其制品	吨	6 200
	磷矿石	万吨	100

3)出口配额的申请

近三年内在经济活动中无违法、违规行为的出口企业可以申请出口商品配额。地方管理企业向地方商务主管部门提出配额申请;地方商务主管部门对本地区企业的申请审核、汇总后,按商务部的要求,上报商务部。中央管理企业直接向商务部申请出口商品配额。出口企业应当以正式书面方式提出配额申请,并按要求提交相关文件和资料。

4)出口配额的分配

出口配额可以通过直接分配的方式分配,也可以通过招标等方式分配。

①直接分配。出口配额管理的部分商品,其配额实行直接分配。由地方管理企业向地方商务主管部门提出配额申请;地方商务主管部门对本地区企业的申请审核、汇总后,上报商务部。中央管理企业直接向商务部申请出口商品配额。商务部充分考虑申请企业或地区最近三年内该项商品的出口业绩、配额使用率、经营能力、生产规模、资源状况后,将出口商品配额分配给各地方商务主管部门和中央管理企业;各地方商务主管部门在分配给本地区的配额数量内,按出口商品配额管理规定及国家关于货物出口经营的有关规定,及时将配额分配给本地区提出申请的出口企业。出口配额管理部门应当在每年 12 月 15 日前将下一年度的配额分配给配额申请人。

当国际市场存在不稳定因素时,商务部可将下一年度出口配额分两次分配。第一次分配应当于每年 12 月 15 日前将下一年度不少于总量 70%的配额下达分配;剩余部分将不晚于当年 6 月 30 日下达。

如果国际市场或国内资源状况发生重大变化,以及在各地区或中央管理企业配额使用进度明显不均衡的情况下,商务部可以对已分配给各地方商务主管部门或中央管理企业的配额进行增加或减少的调整。

②招标分配。为了建立公平竞争机制,保障国家的整体利益和出口企业的合法权益,维护对外贸易的正常秩序,我国对部分出口商品配额实行招标分配。

在实行出口配额管理的商品中,确定部分商品实行招标分配,由出口企业通过自主投标竞价,取得和使用国家确定的出口商品配额。

确定招标分配商品的原则是:属不可再生的大宗资源性商品;属在国际市场上占主导地位且价格变化对出口量影响较小的商品;属供大于求、经营相对分散、易于发生低价竞销、招致国外反倾销诉讼的商品;属我国与设限国家签订的多边、双边协议中规定需要实行出口配额管理的商品。

商务部遵循效益、公正、公开、公平、竞争的原则，统一管理出口商品配额招标工作，负责确定并公布招标商品种类及招标商品的配额总量。出口商品配额招标采取公开招标、协议招标等方式。

对于不同的商品可采取不同的招标方式，有关不同商品的公开招标、协议招标方法，由商务部确定。

对部分出口配额管理商品实行招标分配，是我国对出口配额分配办法的重大改革，通过招标把配额行政分配转化为市场分配，有利于减少配额管理中的主观随意性，避免了人为因素的干扰；同时，配额招标在分配中也引进了竞争机制，打破了配额垄断和终身制，大大提高了外贸出口的经济效益和管理制度的透明度。

5. 新版进口、出口许可证证书

从2007年1月1日起，各发证机构签发进、出口许可证启用2007年版许可证书。

(1)进口许可证证书

新版进口许可证证书(见表8—6)除第一联(正本)颜色变更为宝石红外，证书格式、内容、联数和另三联颜色均保持不变。

表8—6　　中华人民共和国进口许可证

IMPORT LICENCE OF THE PEOPLE'S REPUBLIC OF CHINA　　No.

1. 进口商： Importer			3. 进口许可证号： Import license No.		
2. 收货人： Consignee			4. 进口许可证有效截止日期： Import licence expiry date		
5. 贸易方式： Terms of trade			8. 出口国(地区)： Country/Region of exportation		
6. 外汇来源： Terms of foreign exchange			9. 原产国(地区)： Country/Region of origin		
7. 报关口岸： Place of clearance			10. 商品用途： Use of goods		
11. 商品名称： Description of goods			商品编码： Code of goods		
12. 规格型号 Specification	13. 单位 Unit	14. 数量 Quantity	15. 单价 Unit Price	16. 总值 Amount	17. 总值折美元 Amount in USD
18. 总计 Total					
19. 备注： Supplementary details			20. 发证机关签章： Issuing authority's stamp & signature 21.发证日期： License date		

中华人民共和国商务部监制(2007)

《中华人民共和国进口许可证》证面内容的填写说明：

第一项：进口商

指进口合同签订单位。进口商代码为《中华人民共和国进出口企业资格证书》、《对外贸易经营者备案登记表》或《外商投资企业批准证书》中的13位企业代码。

接受赠送、无偿捐赠、援助进口的货物，该项为"赠送"，编码为"0000000000001"。

第二项：收货人

指实际进口用货单位。

第三项：进口许可证号

结构为：××－××－××××××

(1)－(2)－(3)

(1)为年份；(2)为发证机构代码；(3)为顺序号，由发证系统自动生成。

第四项：进口许可证有效截止日期

按《货物进口许可证管理办法》确定的许可证有效期，由发证系统自动生成。

第五项：贸易方式

指该项进口货物的贸易性质。包括：一般贸易、进料加工、来料加工、外资企业进口、边境贸易、赠送等，只能填报一种。

第六项：外汇来源

常见的有：银行购汇、现金、外资等，只能填报一种。

第七项：报关口岸

指进口口岸，只能填报一个。

进口许可证实行"一证一关"制。对指定口岸的进口商品，按国家有关规定执行。

第八项：出口国(地区)

指签约国(地区)名称，只能填报一个。不能使用区域名，如欧盟等。如从中国保税区进口，出口国(地区)应填报"中国"。

第九项：原产地国(地区)

指商品进行实质性加工的国家(地区)。

第十项：商品用途

包括自用、生产用、内销、维修、样品、加工后返回、加工复出口、加工贸易内销，只能填报一种并应与批准文件一致。

第十一项：商品名称、商品编码

商品编码按商务部公布的年度《进口许可证管理货物目录》中的10位商品编码填报，商品名称由系统自动生成。只能填报一个商品编码并应与进口批准文件一致。

第十二项：规格型号

只能填报同一商品编码下的4种不同规格型号，超过4种规格型号的，另行申请许可证。

第十三项：单位

指计量单位。按商务部公布的年度《进口许可证管理货物目录》中的计量单位执行，由发证系统自动生成。如合同使用的计量单位与规定的计量单位不一致，应换算成规定的计量单位；无法换算的，可在备注栏注明。

第十四项：数量

指申请进口的商品数量，最大位数为9位阿拉伯数字，最小保留小数点后1位。如数量过大，可分证办理；如数量过小，可在备注栏内注明。计量单位为"批"的，此栏均为"1"。

第十五项：单价

指与第十三项"单位"所使用的计量单位相应的单价和货币种类。计量单位为1批的，此栏为总金额。

第十六、十七、十八项：总值、总值折美元、总计

由发证系统自动计算。

第十九项：备注

用于注明其他需要说明的情况。如不是一批一证报关的进口许可证，在此栏注明"非一批一证"。

第二十项：发证机关签章

发证机构在发放进口许可证前在此栏加盖《中华人民共和国进口许可证专用章》。

第二十一项：发证日期

由发证系统自动生成。

(2)出口许可证证书

新版出口许可证证书（见表8—7）除第一联（正本）颜色变更为暖红外，证书格式、内容、联数和另三联颜色均保持不变。

表8—7 中华人民共和国出口许可证

EXPORT LICENCE OF THE PEOPLE'S REPUBLIC OF CHINA No.

<table>
<tr><td colspan="3">1. 出口商：
Exporter</td><td colspan="3">3. 出口许可证号：
Export license No.</td></tr>
<tr><td colspan="3">2. 收货人：
Consignee</td><td colspan="3">4. 出口许可证有效截止日期：
Export licence expiry date</td></tr>
<tr><td colspan="3">5. 贸易方式：
Terms of trade</td><td colspan="3">8. 进口国(地区)：
Country/Region of purchase</td></tr>
<tr><td colspan="3">6. 合同号：
Contract No.</td><td colspan="3">9. 付款方式：
Payment</td></tr>
<tr><td colspan="3">7. 报关口岸：
Place of clearance</td><td colspan="3">10. 运输方式：
Mode of transport</td></tr>
<tr><td colspan="3">11. 商品名称：
Description of goods</td><td colspan="3">商品编码：
Code of goods</td></tr>
<tr><td>12. 规格型号
Specification</td><td>13. 单位
Unit</td><td>14. 数量
Quantity</td><td>15. 单价
Unit Price</td><td>16. 总值
Amount</td><td>17. 总值折美元
Amount in USD</td></tr>
<tr><td></td><td></td><td></td><td></td><td></td><td></td></tr>
<tr><td></td><td></td><td></td><td></td><td></td><td></td></tr>
<tr><td></td><td></td><td></td><td></td><td></td><td></td></tr>
<tr><td>18. 总计
Total</td><td></td><td></td><td></td><td></td><td></td></tr>
<tr><td colspan="3">19. 备注
Supplementary details</td><td colspan="3">20.发证机关签章：
Issuing authority's stamp & signature

21. 发证日期：
License date</td></tr>
</table>

中华人民共和国商务部监制(2007)

《中华人民共和国出口许可证》证面内容的填写说明：

第一项：出口商

指出口合同签订单位，应与出口批准文件一致。出口商代码为《对外贸易经营者备案登记表》、《中华人民共和国进出口企业资格证书》或《中华人民共和国外商投资企业批准证书》中的13位企业代码。

第二项：发货人

指具体执行合同发货报关的单位。配额以及配额招标商品的发货人应与出口商保持一致。

第三项：出口许可证号

结构为：××－××－××××××

(1)－(2)－(3)

(1)为年份；(2)为发证机构代码；(3)为顺序号，由发证系统自动生成。

第四项：出口许可证有效截止日期

按《货物出口许可证管理办法》确定的有效期，由发证系统自动生成。

第五项：贸易方式

指该项出口货物的贸易性质。包括：一般贸易、进料加工、来料加工、出料加工、外资企业出口、捐赠、赠送等，只能填报一种。

第六项：合同号

指申请出口许可证时提交出口合同的编号，长度为17个英文字符，只能填报一个合同号。

第七项：报关口岸

指出口口岸，只允许填报一个关区。

出口许可证实行“一证一关”制。对指定口岸的出口商品，按国家有关规定执行。

第八项：进口国(地区)

指合同目的地，只能填报一个国家(地区)。不能使用地区名，如欧盟等。如对中国保税区出口，进口国(地区)应打印“中国”。

第九项：付款方式

包括：信用证、托收、汇付等，只能填报一种。

第十项：运输方式

指货物离境时的运输方式。包括：海上运输、铁路运输、公路运输、航空运输等，只能填报一种。

如对远洋出口冷冻商品，运输方式不得打印陆运，包括铁路运输、公路运输。

第十一项：商品名称、商品编码

按商务部公布的年度《出口许可证管理货物目录》中的10位商品编码填报，商品名称由发证系统自动生成。只能填报一个商品编码并应与出口批准文件一致。

第十二项：规格型号

只能填报同一商品编码下的4种不同规格型号，超过4种规格型号的，另行申请许可证。

第十三项：单位

指计量单位。按商务部公布的年度《出口许可证管理货物目录》中的计量单位执行，发证系统自动生成。如合同使用的计量单位与规定的计量单位不一致，应换算成规定的计量单位。无法换算的，可在备注栏注明。

第十四项：数量

指申请出口商品数量。最大位数为9位阿拉伯数字，最小保留小数点后1位。如数量过大，可分证办理；如数量过小，可在备注栏内注明。计量单位为“批”的，此栏均为“1”。

第十五项：单价

指与第十三项“单位”所使用的计量单位相应的单价和货币种类。计量单位为1批的，此栏为总金额。

第十六、十七、十八项：总值、总值折美元、总计

由发证系统自动计算。

第十九项：备注

用于注明其他需要说明的情况。如不是一批一证报关的出口许可证，在此栏注明“非一批一证”。

第二十项：发证机关签章

发证机构发放出口许可证前在此栏加盖《中华人民共和国出口许可证专用章》。

第二十一项：发证日期

由发证系统自动生成。

第二节　海关业务

一、通关

1. 报关

(1)报关的定义

从广义上讲，报关是指进出境运输工具负责人、进出口货物收发货人、进出境物品的所有人或者其代理人向海关办理运输工具、货物、物品进出境手续及相关手续的全过程。其中，进出境运输工具负责人、进出口货物收发货人、进出境物品的所有人或者其代理人报关行为的承担者是报关的主体，也就是报关人。这里所称的报关人，既包括法人和其他组织，如进出口企业、报关企业，也包括自然人，如物品的所有人。进出口货物的报关人也称报关单位。报关的对象是进出境工具、货物和物品。报关的内容是办理运输工具、货物和物品的进出境手续及相关海关手续。

报关程序是指进出口货物收发货人、运输负责人、物品所有人或其代理人按照海关的规定，办理货物、物品、运输工具进出境及相关海关事务的手续和步骤。

(2)报关的范围

1)进出境运输工具

进出境运输工具是指用以载运人员、货物、物品进出境，在国际运营的各种境内或境外船舶、车辆、航空器和驮畜。

2)进出境货物

主要包括：一般进口货物，一般出口货物，保税货物，暂时(准)进出口货物，特定减免税货物，过境、转运和通运货物及其他进出境货物。

另外，一些特殊货物，如通过电缆、管道输送进出境的水、电之类，以及无形的货物，如附着在货品载体上的软件等也属报关的对象。

(3)自理报关和代理报关

进出口货物收发货人自行办理报关手续称为自理报关。根据我国海关目前的规定，自理报关单位必须具有对外贸易经营权和报关权。

代理报关是指接受进出口货物收发货人的委托代理其办理报关手续的行为。我国海关把有权接受他们委托办理报关纳税手续的企业称为报关企业。报关企业从事代理报关业务必须经过海关批准且向海关办理注册登记手续。

2. 通关的环节

在我国，海关规定进出境货物经过审单、查验、征税、放行四个海关作业环节即完成通关（见图 8—1）。与之相适应，进出口货物收发货人或其代理人应当按程序办理相对应的进出口申报、配合查验、缴纳税费、提取或装运货物等手续，货物才能进出境。但是，这些程序还不能满足海关对所有进出境货物的实际监管要求。比如，加工贸易方式的原材料进口，国家商务主管部门要求事先审批，海关要求事先备案。不能在“审单”和“进出口申报”这一阶段中完成上述工作，必须有一个前期办理手续的阶段。如果上述原材料进口加工成为成品后出口，也不能在海关“放行”和“装运货物”并离境时完成所有的工作，必须有一个后期办理核销等手续的工作阶段。因此，从海关对进出境货物进行监管的全过程来看，报关程序按时间先后可以分为 3 个阶段：前期阶段、进出境阶段、后续阶段。

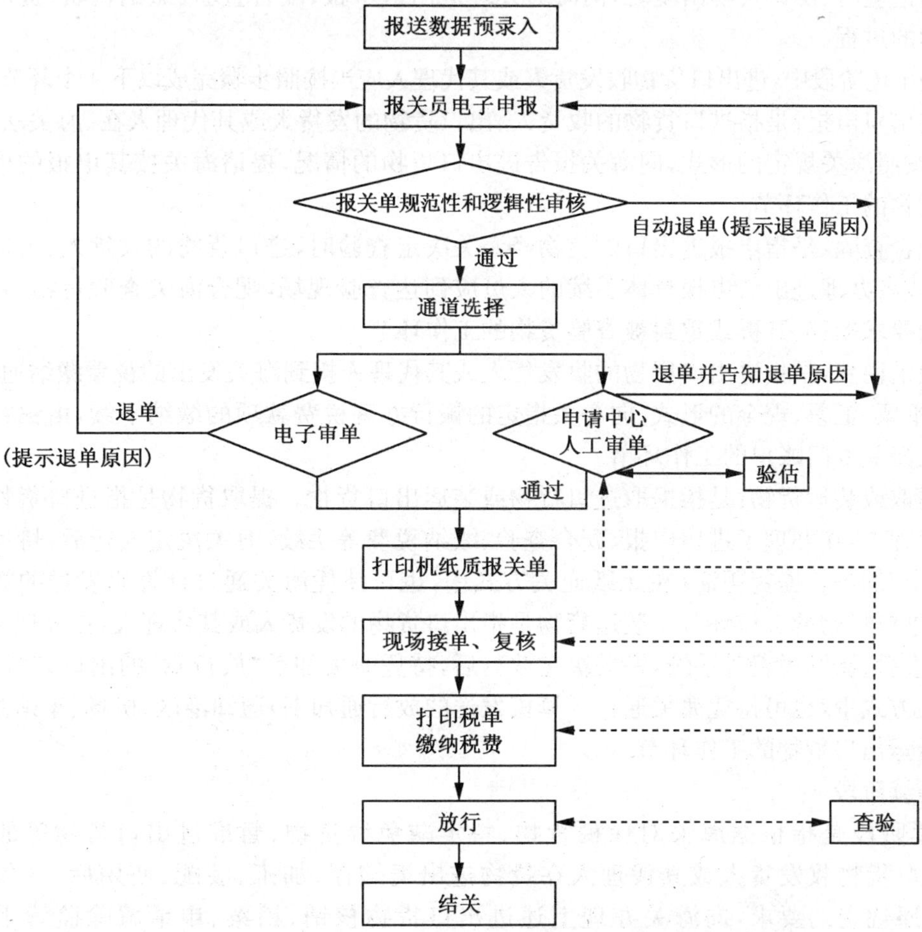

图 8—1　通关作业流程

(1)报关程序中的前期阶段、进出境阶段、后续阶段

1)前期阶段

前期阶段是指根据海关对保税货物、特定减免税货物、暂准进出口货物等的监管要求，进出口货物收发货人或其代理人在货物进出境以前，向海关办理上述拟进出口货物合同、许可证等的备案手续的过程。

在前期阶段中，进出口货物收发货人或其代理人应当按照以下3大类货物，分别完成相应的工作：

①保税货物：进出口货物收发货人或其代理人应当办理加工贸易电子的或纸质的登记手册手续。

②特定减免税货物：进出口货物收发货人或其代理人应当办理企业的减免税备案登记、货物减免税的申请、减免税证明的申领手续。

③暂准进出口货物：暂准进出口货物中的展览品实际进境以前，进出境货物收发货人或其代理人应当办理展览品进境备案申请手续。

2)进出境阶段

进出境阶段是指根据海关对进出境货物的监管制度，进出口货物收发货人或其代理人在进口货物进境时、出口货物出境时，向海关办理进出口申报、配合查验、缴纳税费、提取或装运货物手续的过程。

在进出境阶段中，进出口货物收发货人或其代理人应当按照步骤完成以下4个环节的工作：

①进出口申报：是指进口货物的收货人、出口货物的发货人或其代理人在《海关法》规定的期限内，按照海关规定的形式，向海关报告进出口货物的情况，提请海关按其申报的内容放行进出口货物的工作环节。

②配合查验：是指申报进出口的货物经海关决定查验时，进口货物的收货人、出口货物的发货人，或者办理进出口申报具体手续的人员应到达查验现场，配合海关查验货物，并负责按照海关的要求搬移、开拆或重封被查验货物的工作环节。

③缴纳税费：是指进出口货物的收发货人或其代理人接到海关发出的税费缴纳通知书后，以支票、本票、汇票、现金的形式，向海关指定的银行办理税费款项的缴纳手续，由银行将税费款项缴入海关专门账户的工作环节。

④提取或装运货物：是指提取进口货物或装运出口货物。提取货物是指进口货物的收货人或其代理人，在办理了进口申报、配合查验、缴纳税费等手续，海关决定放行后，持凭海关加盖“放行章”的进口提货凭证（在无纸通关方式中，也可持凭海关通过计算机发送的放行通知书）提取进口货物的工作环节。装运货物是指出口货物的发货人或其代理人，在办理了出口申报、配合查验、缴纳税费等手续，海关决定放行后，持凭海关加盖“放行章”的出口装货凭证（在无纸通关方式中，也可持凭海关通过计算机发送的放行通知书）通知港区、机场、车站及其他有关单位装运出口货物的工作环节。

3)后续阶段

后续阶段是指根据海关对保税货物、特定减免税货物、暂准进出口货物等的监管要求，进出口货物收发货人或其代理人在货物进出境储存、加工、装配、使用后，在规定的期限内，按照规定的要求，向海关办理上述进出口货物核销、销案、申请解除监管手续的过程。

在后续阶段中，进出口货物收发货人或其代理人应当按照以下3大类货物，分别完成相应

的工作：

①保税加工货物：进出口货物收发货人或其代理人应当在规定时间内办理保税货物核销手续。

②特定减免税货物：进出口货物收发货人或其代理人应当在海关监管期满，或者在海关监管期内经海关批准出售、转让、退运、放弃特定减免税货物后，向海关申请办理解除海关监管的手续。

③暂准进出口货物：进出口货物收发货人或其代理人应当在暂准进出境期限内，或者在经海关批准延长暂准进出境期限到期后，向海关申请办理复运出境或进境，或正式进出口销案等手续。

(2)电子报关

电子报关是指进出口货物收发货人或其代理人通过计算机系统，按照《中华人民共和国海关进出口货物报关单填制规范》有关要求，向海关传送报关单电子数据，并备齐附随单证的申报方式。

采用纸质报关单形式和电子数据报关单形式是法定申报的两种基本方式。

电子报关的申报方式有3种类型：终端申报方式、EDI申报方式、网上申报方式。

我国海关已经在进出境货物通关作业中全面使用计算机进行信息化管理，成功地开发运用了多个电子通关系统，包括海关的H883/EDI通关系统、H2000通关系统及中国电子口岸系统。

中国电子口岸又称口岸电子执法系统，简称电子口岸，是指与进出口货物管理有关的国家12个部委利用现代计算机信息技术，将各部委分别管理的进出口业务信息电子底账数据存放在公共数据中心，为政府管理机关提供跨部门、跨行业联网数据核查，为企业提供网上办理各种进出口业务的国家信息系统。

3. 通关的类型

(1)海运、空运进口货物的通关

进口货物的收货人应当自运输工具申报进境之日起14日内向海关申报。

货物收发货人或其代理人应如实向海关申报并履行有关义务。进出口货物只有在符合国家有关对外贸易管理规定、所提供的许可证件齐全有效、经海关检查情况正常，并履行纳税义务后可得以放行。

加工贸易、保税仓储等项下的保税货物、监管期限内的减免税设备和物品属于海关监管货物，未经海关许可，不得挪作他用。

有进出口经营权的企业在向海关办理注册登记手续，取得注册登记编码(又称经营单位代码)后，可以自行或委托海关准予注册的报关企业办理货物进出境报关手续。

无进出口经营权的企业(单位)进出口货物、物品，可向海关申请临时注册登记编码(又称经营单位代码)。取得登记编码后，可以持批准文件委托海关准予注册的报关企业办理货物、物品的进出境报关手续。

(2)海运、空运出口货物的通关

出口货物的发货人除海关特准的外应当在货物运抵海关监管区后、装货的24小时以前向海关申报。

货物收发货人或其代理人应如实向海关申报并履行有关义务。进出口货物只有在符合国家有关对外贸易管理规定、所提供的许可证件齐全有效、经海关检查情况正常，并履行纳税义务后可得以放行。

加工贸易、保税仓储等项下的保税货物、监管期限内的减免税设备和物品属于海关监管货物，未经海关许可，不得挪作他用。

有进出口经营权的企业在向海关办理注册登记手续，取得注册登记编码（又称经营单位代码）后，可以自行或委托海关准予注册的报关企业办理货物进出境报关手续。

无进出口经营权的企业（单位）进出口货物、物品，可向海关申请临时注册登记编码（又称经营单位代码）。取得登记编码后，可以持批准文件委托海关准予注册的报关企业办理货物、物品的进出境报关手续。

（3）进出口货物的无纸通关

无纸通关是利用中国电子口岸及现代海关业务信息化管理系统功能，改变海关验放凭进出口企业递交书面报关单及随附单证办理通关手续的做法，直接对企业联网申报的进出口货物报关电子数据进行无纸审核、验放处理的特定通关方式。

（4）海运、空运进口货物的通关办事程序

以上海海关为例进行说明，如表 8－8 所示。

表 8－8　　海运、空运进口货物的通关办事程序

办事节点	办事步骤
电子申报	第 1 步：货物的收货人或其代理人根据《中华人民共和国海关进出口货物报关单填制规范》和海关监管、征税、统计等要求录入电子报关数据并通过网络传输方式向海关传输电子数据，进行电子申报。
集中审单	第 2 步：海关计算机系统根据预先设定的各项参数对电子报关数据的规范性、有效性和合法性进行电子审核，审核结果将通过现场大屏幕显示器或计算机网络等通信手段通知申报人。审核结果有以下三种情况： （1）符合计算机自动审核条件的，计算机自动完成审征环节的全部作业，向现场海关下达作业指令，同时向申报人发出“到现场海关办理货物验放手续”的回执或通知。 （2）需人工审核的报关单数据，计算机将按设定的派单条件，将报关单数据派入通关管理处审单中心相应的人工审单岗位，同时向申报人员发出“等待处理”的回执或通知。 （3）对因申报不规范而不能通过计算机综合审核的报关单数据，计算机自动退单，向申报人发出回执或通知，并在回执或通知中注明退单原因。 第 3 步：通关管理处审单中心对需人工审单的报关单数据进行人工审核，并将审核结果通知申报人。审核结果有以下三种情况： （1）审核通过：如报关单数据经审核符合海关审征作业要求，即预审核通过，通关管理处审单中心向业务现场海关发送有关指令和数据，同时向申报人发出“到现场海关办理货物验放手续”的回执或通知。 （2）人工退单：对明显不符合海关统计、征税、监管等有关业务要求且又不构成伪报瞒报的报关单电子数据，予以退单处理，并向申报人发出注明退单原因的通知或回执。申报人应根据有关退单原因，作出修改后，重新申报。 （3）挂起：在审核过程中，审单关员认为有必要与申报人或有关部门联系，以了解或确定报关单数据有关内容的，可采用报关单挂起的措施，并向申报人发出“与海关联系”或“待海关通知”的通知或回执。申报人在收到“与海关联系”的通知或回执时应根据通知或回执中的联系电话，及时与通关管理处审单中心取得联系，说明有关情况或按通关管理处审单中心要求提供有关资料；在收到“待海关通知”的通知或回执时，则等待进一步的审核通知。

续表

办事节点	办事步骤
现场通关：接单	第 4 步：口岸海关和浦江海关航交所通关现场以及区域海关为进口接单现场，申报人到现场海关接单窗口或派单窗口（一些业务量较大的现场）递交书面单证，办理单证审核手续。申报人通常应递交以下单证： (1)代理报关委托书； (2)预录入报关单（指预录入公司录入、打印，并联网将录入数据传送到海关，由申报单位向海关申报的报关单）； (3)发票、装箱单、合同、提单/运单等随附单据，对于实施“提前报关、实货放行”通关模式的空运货物无法提供正本提单或运单的，可随附提单或运单的复印件； (4)加工贸易需提供加工贸易手册； (5)海关依据对外贸易管理制度规定，对进口实施实际监管的各种许可证件。主要有：进口许可证、重要工业品进口登记证明、机电产品进口证明、机电产品进口登记表、进口废物批准证书、检验检疫入境货物通知单、濒危物种进口允许证、精神药物进口准许证、音像制品进口管理许可证明等； (6)其他有特殊监管条件的有关单证以及海关要求出示的单证。 第 5 步：现场接单关员进行接单。有派单窗口的现场派单人员则核对书面单证是否齐全并分派接单窗口。 第 6 步：现场接单关员验核书面单证。 审核书面单证的各项内容是否单单（报关单与随附单证）、单机（报关单与电子数据）相符。 对申报价格、商品归类等项目进行复核。 按作业要求对有关单证进行批注。 如发现单证不齐全、不合法，应及时查明原因，并按有关规定处理。
现场通关：查验	第 7 步：申报人持《查验通知单》、报关单备用联、提单场站收据、海运提单、发票、装箱单（复印件），到现场海关查验受理部门办理查验计划（一般当天安排第二天的查验计划），申报人员应做好查验准备。 第 8 步：海关对需要查验的货物实施现场查验。进口货物的收货人、出口货物的发货人或其代理人应派员到场协助查验，协助查验人员应出示有效证件并负责搬移货物，开拆和重封货物的包装，当海关对相关单证或货物有疑问时应负责解答。 注意：法律规定，当海关认为必要时，可以径行开验、复验或者提取货样。 第 9 步：查验结束后，申报人应在《查验记录单》上签名、确认。签名应真实、有效；对海关查验过程与结果是否认同应如实填写。
现场通关：税费征收	第 10 步：办理税费征收手续： 对应税货物征收税款（关税、增值税、消费税），对列为反倾销货物的征收反倾销税，并打印税款缴款书；对逾期纳税货物征收滞纳金，打印滞纳金缴款书。 对减免税货物、保税货物按规定征收监管手续费，对超出规定期限向海关办理报关手续的进口货物征收滞报金，打印海关行政事业性专用票据，到指定银行缴款。 对暂时进出口货物或根据有关规定需征收保证金的，打印保证金收据。 对缴纳的税费进行核销。
现场通关：单证放行	第 11 步：接单现场单证复核关员对电子报关数据、书面单证及批注情况进行复核，对于情况正常，未设定查验的，办理单证放行手续，并在提货单或运单上加盖“单证专用章”及“工号章”，报关单备用联和提货单退还货主或其代理人；对已设定查验的，直接在提货单或运单上加盖“单证专用章”和“工号章”，报关单备用联和提货单退还货主或其代理人。接单现场对查验的单证不再制作关封。
口岸海关：实货放行	第 12 步：在获得运输工具到港信息后，货主或其代理人持提货单或运单及报关单备用联交口岸风险管理/放行部门，根据计算机的提示进行放行处理。如计算机提示“货物未到港”，则不予办理放行手续；如计算机提示“与实卸情况不符或未找到实卸记录”，海关根据实际情况办理放行手续。对无需查验的，海关在处理完计算机操作后即在正本提货单或运单上加盖“放行章”，计算机自动将有关实货放行电子信息传送至港区或机场货代，货主即可办理放行手续。对需查验的货物，放行关员在提货单或运单上加盖“查验章”退还货主，由货主带至查验点接受海关对货物的查验。

续表

办事节点	办事步骤
签发进口货物报关单	第 13 步:申报人到业务现场办理报关单证明联的签证手续: 进口货物放行后,海关向申报人签发进口付汇证明联和加工贸易海关核销联。

(5)海运、空运出口货物的通关办事程序

以上海海关为例进行说明,如表 8—9 所示。

表 8—9　海运、空运出口货物的通关办事程序

办事节点	办事步骤
电子申报	第 1 步:货物的发货人或其代理人根据《中华人民共和国海关进出口货物报关单填制规范》和海关监管、征税、统计等要求录入电子报关数据并通过网络传输方式向海关传输电子数据,进行电子申报。 出口货物必须运至海关指定监管场所后方可向海关申报。
集中审单	第 2 步:海关计算机系统根据预先设定的各项参数对电子报关数据的规范性、有效性和合法性进行电子审核,审核结果将通过现场大屏幕显示器或计算机网络等通信手段通知申报人。审核结果有以下三种情况: (1)符合计算机自动审核条件的,计算机自动完成审征环节的全部作业,向现场海关下达作业指令,同时向申报人发出“到现场海关办理货物验放手续”的回执或通知。 (2)需人工审核的报关单数据,计算机将按设定的派单条件,将报关单数据派入通关管理处审单中心相应的人工审单岗位,同时向申报人员发出“等待处理”的回执或通知。 (3)对因申报不规范而不能通过计算机综合审核的报关单数据,计算机自动退单,向申报人发出回执或通知,并在回执或通知中注明退单原因。 第 3 步:通关管理处审单中心对需人工审单的报关单数据进行人工审核,并将审核结果通知申报人。审核结果有以下三种情况: (1)审核通过:如报关单数据经审核符合海关审征作业要求,即预审核通过,通关管理处审单中心向业务现场海关发送有关指令和数据,同时向申报人发出“到现场海关办理货物验放手续”的回执或通知。 (2)人工退单:对明显不符合海关统计、征税、监管等有关业务要求且又不构成伪报瞒报的报关单电子数据,予以退单处理,并向申报人发出注明退单原因的通知或回执。申报人应根据有关退单原因,作出修改后,重新申报。 (3)挂起:在审核过程中,审单关员认为有必要与申报人或有关部门联系,以了解或确定报关单数据有关内容的,可采用报关单挂起的措施,并向申报人发出“与海关联系”或“待海关通知”的通知或回执。申报人在收到“与海关联系”的通知或回执时应根据通知或回执中的联系电话,及时与通关管理处审单中心取得联系,说明有关情况或按通关管理处审单中心要求提供有关资料;在收到“待海关通知”的通知或回执时,则等待进一步的审核通知。
现场通关:接单	第 4 步:申报人到现场海关接单窗口或派单窗口(一些业务量较大的现场)递交书面单证,办理货物验放手续。申报人通常应递交以下单证: (1)代理报关委托书; (2)预录入报关单(指预录入公司录入、打印,并联网将录入数据传送到海关,由申报单位向海关申报的报关单); (3)发票、装箱单、合同、提单/运单等随附单据; (4)加工贸易需提供加工贸易手册; (5)海关依据对外贸易管理制度规定,对出口实施实际监管的各种许可证件。主要有:出口许可证、被动出口配额证、检验检疫出境货物通知单、濒危物种出口允许证、精神药物出口准许证、文物出口许可证等; (6)其他有特殊监管条件的有关单证以及海关要求出示的单证。

续表

办事节点	办事步骤
现场通关：接单	第5步：海关验核申报人的报关资格，验核通过的，现场接单关员进行接单。有派单窗口的现场派单人员则核对书面单证是否齐全并分派接单窗口。 第6步：现场接单关员验核书面单证。 审核书面单证的各项内容是否单单(报关单与随附单证)、单机(报关单与电子数据)相符。 对申报价格、商品归类等项目进行复核。 按作业要求对有关单证进行批注。 如发现单证不齐全、不合法，应及时查明原因，并按有关规定处理。
现场通关：查验	第7步：接单关员对由通关管理处审单中心下达查验指令的报关单，打印《查验通知单》；同时可根据情况确定是否对未下达查验指令的货物进行查验。对确定查验的单证，下达查验布控指令，打印《查验通知单》。《查验通知单》打印后交给申报人。 第8步：申报人在收到《查验通知单》后，到现场海关查验受理部门办理查验计划(一般当天安排第二天的查验计划)，申报人员应做好查验准备。 第9步：海关对需要查验的货物实施现场查验。进口货物的收货人、出口货物的发货人或其代理人应派员到场协助查验，协助查验人员应出示有效证件并负责搬移货物，开拆和重封货物的包装，当海关对相关单证或货物有疑问时应负责解答。 注意：法律规定，当海关认为必要时，可以径行开验、复验或者提取货样。 第10步：查验结束后，申报人应在《查验记录单》上签名、确认。签名应真实、有效；对海关查验过程与结果是否认同应如实填写。
现场通关：税费征收	第11步：办理税费征收手续： 对应税货物征收税款(关税、增值税)，并打印税款缴款书； 对逾期纳税货物征收滞纳金，打印滞纳金缴款书。对缴纳的税费进行核销。
现场通关：放行	第12步：放行关员对电子报关数据、书面单证及批注情况进行复核，情况正常的，办理单证放行手续。签发进出口货物报关单。 第13步：申报人到业务现场办理报关单证明联的签证手续： 对已放行的出口货物，海关在收到船代/航空公司地面代理提供的清洁电子舱单后，负责报关单电子数据与电子舱单数据的核对，对确认已实际出口的货物办理结关核销手续，并根据申报人提供的申请签发证明联的清单签发出口退税专用联及加工贸易海关核销联。

二、报关委托

中华人民共和国海关总署于2005年4月25日发布了2005年第12号公告。公告指出：根据海关总署2004年第35号公告，自2004年12月1日起，在全国试行规范统一的《代理报关委托书/委托报关协议》。《代理报关委托书/委托报关协议》明确了委托双方法律地位和各自责任，为报关企业做好"合理审查"、填制报关单准备工作创立了规范统一的提示性范本；为报关企业提高管理水平和提高执业素质提供了自律性业务支持，为优化报关市场秩序打下了良好基础。试行取得了较好成效，得到了委托双方的普遍认可。在广泛征求各方意见的基础上，中国报关协会对试行期间的《代理报关委托书/委托报关协议》进行了修改完善。现决定正式启用修订后的《代理报关委托书/委托报关协议》。修订后的《代理报关委托书/委托报关协议》可由中国报关协会负责向企业提供，也可由企业按照修订后规范格式在A4空白纸上打印自用。

代理报关委托书见表8－10，委托报关协议见表8－11。《代理报关委托书/委托报关协议》填写说明，如表8－12所示。

表 8－10　代理报关委托书

代理报关委托书

编号：□□□□□□□□□□□□□□

我单位现　　(A. 逐票　B. 长期)委托贵公司代理　　等通关事宜。(A. 填单申报　B. 辅助查验　C. 垫缴税款　D. 办理海关证明联　E. 审批手册　F. 核销手册　G. 申办减免税手续　H. 其他)详见《委托报关协议》。

我单位保证遵守《海关法》和国家有关法规，保证所提供的情况真实、完整、单货相符。否则，愿承担相关法律责任。

本委托书有效期自签字之日起至　　年　　月　　日止。

委托方(盖章)：

法定代表人或其授权签署《代理报关委托书》(签字)

年　　月　　日

表 8－11　委托报关协议

为明确委托报关具体事项和各自责任，双方经平等协商签订协议如下：

委托方		被委托方		
主要货物名称		*报关单编码	No.	
H.S. 编码	□□□□□□□□□□	收到单证日期	年　月　日	
货物总价		收到单证情况	合同□	发票□
进出口日期	年　月　日		装箱清单□	提(运)单□
提单号			加工贸易手册□	许可证件□
贸易方式			其他	
原产地/货源地		报关收费	人民币：　　元	
其他要求：		承诺说明：		
背面所列通用条款是本协议不可分割的一部分，对本协议的签署构成了对背面通用条款的同意。		背面所列通用条款是本协议不可分割的一部分，对本协议的签署构成了对背面通用条款的同意。		
委托方业务签章：		被委托方业务签章：		
经办人签章： 联系电话：　　年　月　日		经办报关员签章： 联系电话：　　年　月　日		

(白联：海关留存。黄联：被委托方留存。红联：委托方留存)　中国报关协会监制

续表

备注：(协议背面通用条款) 委托报关协议通用条款 **委托方责任** 委托方应及时提供报关报检所需的全部单证，并对单证的真实性、准确性和完整性负责。 委托方负责在报关企业办结海关手续后，及时、履约支付代理报关费用，支付垫支费用，以及因委托方责任产生的滞报金、滞纳金和海关等执法单位依法处以的各种罚款。 负责按照海关要求将货物运抵指定场所。 负责与被委托方报关员一同协助海关进行查验，回答海关的询问，配合相关调查，并承担产生的相关费用。 在被委托方无法做到报关前提取货样的情况下，承担单货相符的责任。 **被委托方责任** 负责解答委托方有关向海关申报的疑问。 负责对委托方提供的货物情况和单证的真实性、完整性进行“合理审查”。审查内容包括：①证明进出口货物实际情况的资料，包括进出口货物的品名、规格、用途、产地、贸易方式等；②有关进出口货物的合同、发票、运输单据、装箱单等商业单据；③进出口所需的许可证件及随附单证；④海关要求的加工贸易(纸质或电子数据的)及其他进出口单证。 因确定货物的品名、归类等原因，经海关批准，可以看货或提取货样。 在接到委托方交付齐备的随附单证后，负责依据委托方提供的单证，按照《中华人民共和国海关进出口报关单填制规范》认真填制报关单，承担“单单相符”的责任，在海关规定和本委托报关协议中约定的时间内报关，办理海关手续。 负责及时通知委托方共同协助海关进行查验，并配合海关开展相关调查。 负责支付因报关企业的责任给委托方造成的直接经济损失，所产生的滞报金、滞纳金和海关等执法单位依法处以的各种罚款。 负责在本委托书约定的时间内将办结海关手续的有关委托内容的单证、文件交还委托方或其指定的人员(详见《委托报关协议》“其他要求”栏)。 **赔偿原则** 被委托方不承担因不可抗力给委托方造成损失的责任。因其他过失造成的损失，由双方自行约定或按国家有关法律法规的规定办理。由此造成的风险，委托方可以投保方式自行规避。 **不承担的责任** 签约双方各自不承担因另外一方原因造成的直接经济损失，以及滞报金、滞纳金和相关罚款。 **收费原则** 一般货物报关收费原则上按当地《报关行业收费指导价格》规定执行。特殊商品可由双方另行商定。 **法律强制** 本《委托报关协议》的任一条款与《海关法》及有关法律、法规不一致时，应以法律、法规为准。但不影响《委托报关协议》其他条款的有效性。 **协商解决事项** 变更、中止本协议或双方发生争议时，按照《中华人民共和国合同法》有关规定及程序处理。因签约双方以外的原因产生的问题或报关业务需要修改协议条款，应协商订立补充协议。双方可以在法律、行政法规准许的范围内另行签署补充条款，但补充条款不得与本协议的内容相抵触。

表 8—12 **代理报关委托书/委托报关协议**

填 写 说 明 一、《代理报关委托书》是进出口货物收发货人根据《海关法》和相关法律法规要求提交报关企业的具有法律效力的授权证明。 《代理报关委托书》由进出口货物收发货人认真填写，并加盖单位行政公章和法定代表人或被授权人签字。 二、《委托报关协议》是进出口货物收发货人(或单位)与报关企业按照《海关法》的要求签署的明确具

续表

体委托报关事项和双方责任的具有法律效力的文件，分正文表格和通用条款两大部分。 三、规范统一的《代理报关委托书》、《委托报关协议》纸质格式，是将两个独立的文件印制在一张 A4 无碳复写纸上，一式三联，由中国报关协会监制。 四、根据《中华人民共和国海关进出口货物申报管理规定》要求，《代理报关委托书/委托报关协议》作为代理报关时报关单的必备随附单证使用。其编号为 11 位阿拉伯数字，是代理报关业务的流水号。 五、双方经办人员应在开始委托报关操作前认真填写格式化《代理报关委托书/委托报关协议》，并按照格式提示签字、加盖章后生效。 六、其中《委托报关协议》正文表格分必填项、补填项。没有标记的各项为必填项，应在签署前填写；标明“*”的各项为补填项，应在本协议作为报关单随附单证递交海关前填写。 七、委托方是关税的纳税义务人，应承担 H.S. 编码的填写责任。但因被委托方业务熟悉，故也可在“其他要求”一栏中委托被委托方帮助填写。 八、如遇两种以上的货物在同一票报关单申报时，“主要货物名称”一栏填写涉税额最多的一种货物品名。 九、填写“收到单证情况”一栏时，可用“√”表示收到，否则表示没有收到。 十、委托方“其他要求”一栏，是对被委托方服务内容的具体要求和《代理报关委托书》中 C、D、E、F 项委托事项的进一步描述。被委托方“服务承诺”一栏，是被委托方对能否满足委托方“其他要求”的承诺。 十一、填写《代理报关委托书/委托报关协议》应使用签字笔，字迹工整。涂改处盖章后才能有效。

第三节　出入境货物检验检疫业务

一、进出境货物报检的一般规定

法定检验检疫[①]的进出境货物的货主或其代理人应当在检验检疫机构规定的时间和地点，向报关地检验检疫机构报检，未经检验检疫的不准销售、使用或不准出口。具体规定如下：

1. 进境货物

(1)对来自疫区或可能传播传染病的货物，未经检疫不得入境。

(2)对输入的动植物、动植物产品及其他检疫物，未经检验检疫机构检疫同意，不准卸离运输工具。

2. 出境货物

(1)输出动植物、动植物产品和其他检疫物，经检验检疫合格或经除害处理合格的，准予出境；检疫不合格又无有效方法作除害处理的，不准出境。

(2)出境的人员、交通工具、运输设备以及可能传播检疫传染病的行李、货物、邮包等物品，都应当接受检疫，经检验检疫机构许可方准出境。

二、进出境货物检验检疫工作程序

1. 入境货物

(1)检验检疫工作程序

① 法定检验：出入境检验检疫机构对列入目录的进出口商品以及法律、行政法规规定须经出入境检验检疫机构检验的其他进出口商品实施检验。

法定检验检疫的入境货物，在报关时必须提供报关地检验检疫机构签发的《入境货物通关单》，海关凭检验检疫机构签发的《入境货物通关单》验放。

1）入境货物的检验检疫工作程序是先放行通关后进行检验检疫，即法定检验检疫入境货物的货主或其代理人首先向卸货口岸或到达站的检验检疫机构报检；

2）检验检疫机构受理报检，转施检部门签署意见，计收费，对来自疫区的、可能传播检疫传染病、动植物疫情及可能夹带有害物质的入境货物的交通工具或运输包装实施必要的检疫、消毒、卫生除害处理后，签发《入境货物通关单》（入境废物、活动物等除外）供报检人员办理海关的通关手续；

3）货物通关后，入境货物的货主或其代理人需在检验检疫机构规定的时间和地点到指定的检验检疫机构联系对货物实施检验检疫，经检验检疫合格的入境货物签发《入境货物检验检疫证明》放行，经检验检疫不合格的货物签发检验检疫处理通知书，需要索赔的签发检验检疫证书。

（2）检验检疫的报检方式

1）进境一般报检

进境一般报检是指法定检验检疫入境货物的货主或其代理人，持有关单证向卸货口岸检验检疫机构申请取得《入境货物通关单》，并对货物进行检验检疫的报检。对进境一般报检业务而言，签发《入境货物通关单》以及对货物的检验检疫都由口岸检验检疫机构完成，货主或其代理人在办理完通关手续后，应主动与检验检疫机构联系落实施检工作。

2）进境流向报检

进境流向报检也称口岸清关转异地，进行检验检疫的报检，是指法定入境检验检疫货物的收货人或其代理人持有关证单在卸货口岸向口岸检验检疫机构报检，获取《入境货物通关单》并通关后由进境口岸检验检疫机构进行必要的检疫处理，货物调往目的地后再由目的地检验检疫机构进行检验检疫监管。申请进境流向报检货物的通关地与目的地属于不同辖区。

3）异地施检报检

异地施检报检是指已在口岸完成进境流向报检，货物到达目的地后，该批进境货物的货主或其代理在规定的时间内，向目的地检验检疫机构申请进行检验检疫的报检。因进境流向报检只在口岸对装运货物的运输工具和外包装进行了必要的检疫处理，并未对整批货物进行检验检疫，只有当检验检疫机构对货物实施了具体的检验、检疫，确认其符合有关检验检疫要求及合同、信用证的规定，货主才能获得相应的准许进口货物销售使用的合法凭证，完成进境货物的检验检疫工作。异地施检报检时，应提供口岸局签发的《入境货物调离通知单》。

（3）报检地点和时限

1）审批、许可证等有关政府批文中规定检验检疫地点的，在规定的地点报检；

2）大宗散装商品、易腐烂变质商品、废旧物品及在卸货时发现包装破损、重数量短缺的商品，必须在卸货口岸检验检疫机构报检；

3）需结合安装调试进行检验的成套设备、机电仪产品以及在入境口岸开件后，难以恢复包装的商品，应在收货人所在地检验检疫机构报检，并进行检验；

4）其他入境货物，应在入境前或入境时向报关地检验检疫机构办理报检手续；

5）入境的运输工具及人员应在入境前或入境时向入境口岸检验检疫机构申报；

6）入境货物需对外索赔出证的，应在索赔有效期前不少于 20 天内向到货口岸或货物到达地的检验检疫机构报检；

7)输入微生物、人体组织、生物制品、血液及其制品或种畜、禽及其精液、胚胎、受精卵的，应在入境前 30 天报检；

8)输入其他动物的，应在入境前 15 天报检；

9)输入植物、种子、种苗及其他繁殖材料的，应在入境前 7 天报检。

(4)报检应提供的单据

1)入境报检时，应填写《入境货物报检单》(如表 8—13)，并提供外贸合同、发票、提(运)单、装箱单等有关单证。

2)凡实施安全质量许可、卫生注册、强制性产品认证、民用商品验证或其他需经审批审核的货物，应提供有关审批文件。

3)报检品质检验的还应提供国外品质证书或质量保证书、产品使用说明书及有关标准和技术资料；凭样成交的，需加附成交样品；以品级或公量计价结算的，应同时申请重量鉴定。

4)报检入境废物时，还应提供国家环保部门签发的《进口废物批准证书》、废物利用风险报告和经认可的检验机构签发的装运前检验合格证书等。

5)报检入境旧机电产品的还应提供与进口旧机电产品相符的进口许可证明。

6)申请残损鉴定的还应提供理货残损单、铁路商务记录、空运事故记录或海事报告等证明货损情况的有关证单。

7)申请重(数)量鉴定的货物，还应提供重量明细单、理货清单等。

8)货物经收，用货部门验收或其他单位检测的，应随附验收报告或检测结果以及重量明细单等。

9)入境的动植物及其产品，在提供贸易合同、发票、产地证书的同时，还必须提供输出国家或地区官方的检疫证书；需办理入境审批手续的，还应提供入境动植物检疫许可证。

10)过境动植物及其产品报检时，应持分配单和输出国家或地区官方出具的检疫证书；运输动物过境时，还应提交国家质检总局签发的动植物过境许可证。

11)入境旅客、交通员工携带伴侣动物的，应提供进境动物检疫审批单及预防接种证明。

12)入境食品报检时，应按规定提供《进出品标签审核证书》或《标签审核受理证明》。

13)入境化妆品报检时，应按规定提供《进出口化妆品标签审核证书》或《标签审核受理证明》。

14)来自美国、日本、欧盟和韩国的入境货物报检时，应按规定提供有关包装情况的证书和声明。

15)因科研等特殊需要，输入禁止入境物的，必须提供国家质检总局签发的特许审批证明。入境特殊物品的，应提供有关的批件或规定的文件。

2. 出境货物

(1)检验检疫工作程序

法定检验检疫的出境货物，在报关时必须提供报关地检验检疫机构签发的《出境货物通关单》，海关凭检验检疫机构签发的《出境货物通关单》验放。

1)出境货物的检验检疫程序是先检验检疫，后放行通关，即法定检验检疫的出境货物的发货人或者其代理人向检验检疫机构报检，检验检疫受理报检和计收费后，转检验或检疫部门市实检验检疫。

2)对产地和报关地相一致的出境货物，经检验检疫合格的，出具《出境货物换证凭单》，由报关地检验检疫机构换发《出境货物通关单》。出境货物经检验检疫不合格的出具《出境货物不合格通知单》。

(2)报检地点和时限

1)出境货物最迟应在出口报关或装运前7天报检,对于个别检验检疫周期较长的货物,应留有相应的检验检疫时间。

2)需隔离检疫的出境动物在出境前60天预报,隔离前7天报检。

3)法定检验检疫货物(除活动物需由口岸检验检疫机构实施动物检验检疫外),原则上应由产地检验检疫机构实施检验检疫。

(3)报检应提供的单证

1)出境货物报检时,应填写《出境货物报检单》(见表8—14),并提供外贸合同或销售确认书或订单、信用证、有关函电、生产经营部门出具的厂检结果单原件和检验检疫机构签发的《出境货物运输包装性能检验结果单》正本。

2)凭样品成交的,需提供样品。

3)经预检的货物,在向检验检疫机构办理换证放行手续时,应提供该检验检疫机构签发的《出境货物换证凭单》。

4)产地与报关地不一致的出境货物,在向报关地检验检疫机构申请《出境货物通关单》时,应提交产地检验检疫机构签发的《出境货物换证凭单》(正本)。

5)按照国家法律、行政规章的规定实行卫生注册和质量许可的出境货物,必须提供经检验检疫机构批准的注册编号或许可证编号。

6)出口危险货物时,必须提供《出境货物运输包装性能检验结果单》正本和《出境危险货物运输包装使用鉴定结果单》(正本)。

7)出境特殊物品报检时,应根据法律、法规规定提供有关审批文件。

三、代理报检委托

代理报检是指经国家质量监督检验检疫总局注册登记的境内企业法人(以下简称"代理报检单位")依法接受进出口货物收发货人的委托,为进出口货物收发货人办理报检手续的行为。

国家质检总局统一管理全国代理报检工作,负责对代理报检单位的注册登记;各直属出入境检验检疫局(以下简称"直属检验检疫局")负责所辖地区代理报检单位的初审和年度考核工作;各地出入境检验检疫机构(以下简称"检验检疫机构")负责代理报检单位的日常监督管理工作。

取得《登记证书》的代理报检单位,应当在国家质检总局批准的区域内从事代理报检业务。

进口货物的收货人可以在报关地和收货地委托代理报检单位报检,出口货物发货人可以在产地和报关地委托代理报检单位报检。

接受委托的代理报检单位应当完成下列代理报检工作:

(1)办理报检手续;

(2)缴纳检验检疫费;

(3)联系配合检验检疫机构实施检验检疫;

(4)领取检验检疫证单和通关证明;

(5)其他与检验检疫工作有关的事宜。

代理报检单位在报检时,应当向检验检疫机构提交报检委托书(见表8—15)。报检委托书应当载明委托人的名称、地址、法定代表人姓名（签字）、机构性质及经营范围，代理报检单位的名称、地址、代理事项，以及双方责任、权利和代理期限等内容，并加盖双方的公章。

表 8－13

中华人民共和国出入境检验检疫

入境货物报检单

报检单位（加盖公章）：　　　　　　　　　　　　　　　　　　　　　　　　* 编号＿＿＿＿＿＿

报检单位登记号：　　　　　　联系人：　　　　电话：　　　　　　报检日期：　　　年　　月　　日

<table>
<tr><td rowspan="2">发货人</td><td colspan="3">（中文）</td><td>企业性质（划"√"）</td><td>□合资□合作□外资</td></tr>
<tr><td colspan="5">（外文）</td></tr>
<tr><td>收货人</td><td colspan="5">（中文）
（外文）</td></tr>
<tr><td>货物名称（中/外文）</td><td>H.S.编码</td><td>原产国（地区）</td><td>数/重量</td><td>货物总值</td><td>包装种类及数量</td></tr>
<tr><td></td><td></td><td></td><td></td><td></td><td></td></tr>
<tr><td colspan="2">运输工具名称号码</td><td colspan="2"></td><td>合同号</td><td></td></tr>
<tr><td>贸易方式</td><td></td><td>贸易国别（地区）</td><td></td><td>提单/运单号</td><td></td></tr>
<tr><td>到货日期</td><td></td><td>启运国家（地区）</td><td></td><td>许可证/审批号</td><td></td></tr>
<tr><td>卸毕日期</td><td></td><td>启运口岸</td><td></td><td>入境口岸</td><td></td></tr>
<tr><td>索赔有效期至</td><td></td><td>经停口岸</td><td></td><td>目的地</td><td></td></tr>
<tr><td colspan="2">集装箱规格、数量及号码</td><td colspan="4"></td></tr>
<tr><td colspan="2" rowspan="2">合同订立的特殊条款
以及其他要求</td><td rowspan="2"></td><td>货物存放地点</td><td colspan="2"></td></tr>
<tr><td>用途</td><td colspan="2"></td></tr>
<tr><td colspan="2">随附单据（划"√"或补填）</td><td>标记及号码</td><td colspan="2">* 外商投资财产（"√"）</td><td>□是　□否</td></tr>
<tr><td rowspan="4">□合同
□发票
□提/运单
□兽医卫生证书
□植物检疫证书
□动物检疫证书
□卫生证书
□原产地证
□许可/审批文件</td><td rowspan="4">□到货通知
□装箱单
□质保书
□理货清单
□磅码单
□验收报告
□
□
□</td><td rowspan="4"></td><td colspan="3">* 检验检疫费</td></tr>
<tr><td>总金额
（人民币元）</td><td colspan="2"></td></tr>
<tr><td>计费人</td><td colspan="2"></td></tr>
<tr><td>收费人</td><td colspan="2"></td></tr>
<tr><td colspan="4">报检人郑重声明：
1.本人被授权报检。
2.上列填写内容正确属实。

签名＿＿＿＿＿＿＿＿＿＿</td><td colspan="2">领取证单
日期
签名</td></tr>
</table>

注：有"*"号栏由出入境检验检疫机关填写。　　　　　　　　　　　　◆国家出入境检验检疫局制

表 8—14

中华人民共和国出入境检验检疫
出境货物报检单

报检单位(加盖公章)：　　　　　　　　　　　　　　　　　　　　＊编号________

报检单位登记号：　　　　联系人：　　　　电话：　　　　报检日期：　　年　　月　　日

发货人	(中文)					
	(外文)					
收货人	(中文)					
	(外文)					
货物名称(中/外文)	H.S.编码	产地	数/重量	货物总值	包装种类及数量	
运输工具名称号码		贸易方式		货物存放地点		
合同号		信用证号		用途		
发货日期		输往国家(地区)		许可证/审批号		
启运地		到达口岸		生产单位注册号		
集装箱规格、数量及号码						

合同、信用证订立的检验检疫条款或特殊要求	标记及号码	随附单据(划"√"或补填)	
		□合同 □信用证 □发票 □换证凭单 □装箱单 □厂检单	□包装性能结果单 □许可/审批文件 □ □ □ □

需要证单名称(划"√"或补填)			＊检验检疫费	
□品质证书	正	副	总金额 (人民币元)	
□重量证书	正	副		
□数量证书	正	副		
□兽医卫生证书	正	副	计费人	
□健康证书	正	副		
□卫生证书	正	副	收费人	
□动物卫生证书	正	副		

报检人郑重声明：	领取证单	
1. 本人被授权报检。 2. 上列填写内容正确属实，货物无伪造或冒用他人的厂名、标志、认证标志，并承担货物质量责任。	日期	
签名________	签名	

注：有"＊"号栏由出入境检验检疫机关填写。　　　　◆国家出入境检验检疫局制

表 8—15

报检委托书

________出入境检验检疫局：

本委托人郑重声明，保证遵守出入境检验检疫法律、法规的规定。如有违法行为，自愿接受检验检疫机构的处罚并负法律责任。

本委托人委托受委托人向检验检疫机构提交"报检申请单"和各种随附单据。具体委托情况如下：

本单位将于________年____月进口/出口如下货物：

续表

品　名		H. S. 编码	
数(重)量		合同号	
信用证号		审批文号	
其他特殊要求			

特委托＿＿＿＿＿＿＿＿＿＿＿＿＿＿(单位/注册登记号),代表本公司办理下列出入境检验检疫事宜:

☐ 1. 办理代理报检手续;

☐ 2. 代缴检验检疫费;

☐ 3. 负责与检验检疫机构联系和验货;

☐ 4. 领取检验检疫证单;

☐ 5. 其他与报检有关的相关事宜。

请贵局按有关法律法规规定予以办理。

委托人(公章)　　　　　　　　　　受委托人(公章)

年　月　日　　　　　　　　　　　年　月　日

本委托书有效期至　　年　　月　　日

第四节　货物贸易外汇管理指引操作规程

为进一步深化外汇管理体制改革,促进贸易便利化,国家外汇管理局、海关总署和国家税务总局决定自 2012 年 8 月 1 日起在全国实施货物贸易外汇管理制度改革。自 2012 年 8 月 1 日起,全国上线运行货物贸易外汇监测系统(以下简称"监测系统")停止使用:贸易收付汇核查系统、贸易信贷登记管理系统、出口收结汇联网核查系统以及中国电子口岸——出口收汇系统。

新的货物贸易外汇管理制度,将进一步体现优化管理手段、提升管理效率的同时便利贸易活动,全面降低社会成本,实现货物贸易外汇管理由逐笔核销向全面核查、由行为审核向主体分类监管转变,构建企业进出口综合监测、主体分类监管、部门信息共享的新型管理模式。

依据《中华人民共和国外汇管理条例》(国务院令第 532 号)、《货物贸易外汇管理指引》(以下简称《指引》)、《货物贸易外汇管理指引实施细则》(以下简称《细则》),制定本操作规程。企业业务流程如图 8－2 所示。

一、企业主体管理

关于企业主体管理的相关内容,如表 8－16 所示。

表 8－16

项目名称	管理内容
名录登记	1. 企业依法取得对外贸易经营权后,需持《细则》第三、四条规定的材料,到所在地国家外汇管理局分支局(以下简称"外汇局")办理"贸易外汇收支企业名录"(以下简称"名录")登记手续。 2. 外汇局审核相关材料无误后,通过货物贸易外汇监测系统(以下简称"监测系统")为企业登记名录,并设置辅导期标识。完成名录登记后,外汇局为企业办理监测系统网上业务开户。 3. 外汇局通过监测系统向金融机构发布全国企业名录信息。

续表

项目名称	管理内容
名录变更	1. 名录内企业的企业名称、注册地址、法定代表人、注册资本、公司类型、经营范围或联系方式发生变更的，应当在变更事项发生之日起 30 天内，持相应变更文件或证明的原件及加盖企业公章的复印件到所在地外汇局办理名录变更手续。 2. 外汇局审核相关材料无误后，通过监测系统变更企业的名录登记信息。 3. 企业因注册地址变更导致所属外汇局发生变化的，外汇局还应当通过监测系统进行企业所属外汇局代码变更操作，并迁移该企业业务数据。 4. 发生外汇局机构撤并或增加时，外汇局应当根据实际情况进行企业所属外汇局代码的变更操作。
名录注销	1. 外汇局可根据企业申请、现场核查等情况或定期通过下列方式，将符合《细则》第七、八条规定情况的企业从名录中注销： (1)通过工商、商务管理部门网站或其他方式获取被工商管理部门注销或吊销营业执照的企业以及被商务管理部门取消对外贸易经营权的企业信息； (2)通过监测系统查询连续两年未发生贸易外汇收支业务的企业信息。 2. 外汇局通过监测系统注销企业名录，并撤销该企业网上业务开户。

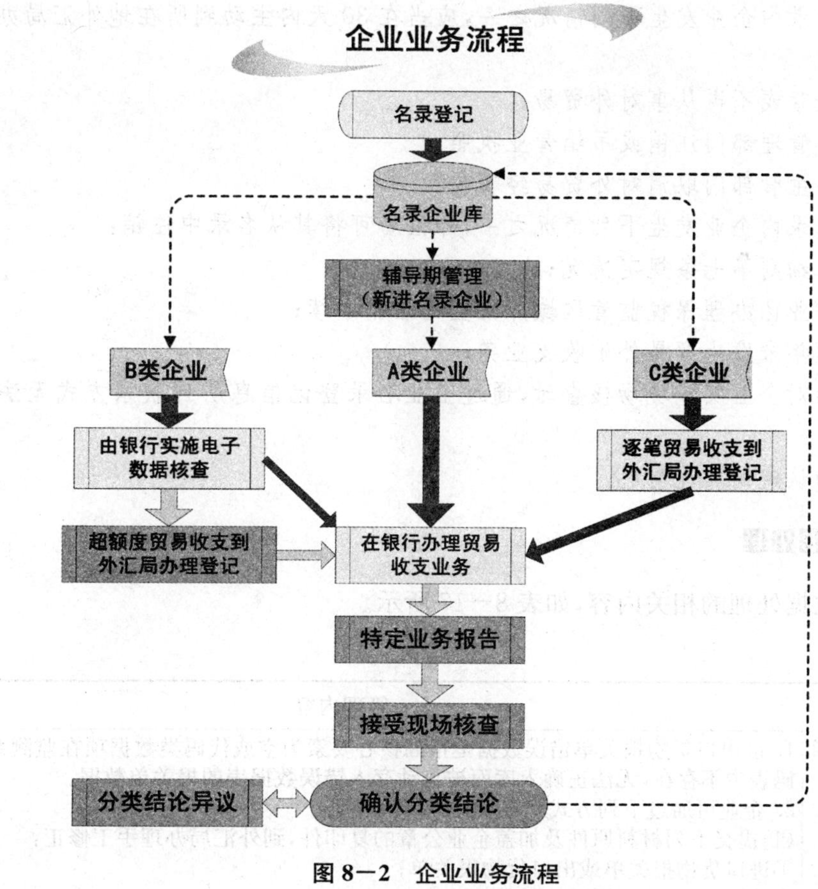

图 8—2　企业业务流程

相关链接

《细则》第三、第四、第七、第八条

第三条　企业依法取得对外贸易经营权后，需持《货物贸易外汇收支企业名录登记申请书》、法定代表人签字并加盖企业公章的《货物贸易外汇收支业务办理确认书》(以下简称《确认书》)及下列资料有效原件及加盖企业公章的复印件，到所在地外汇局办理"贸易外汇收支企业名录"(以下简称"名录")登记手续：

(一)《企业法人营业执照》或《企业营业执照》副本；

(二)《中华人民共和国组织机构代码证》；

(三)《对外贸易经营者备案登记表》，依法不需要办理备案登记的可提交《中华人民共和国外商投资企业批准证书》或《中华人民共和国台、港、澳投资企业批准证书》等；

(四)外汇局要求提供的其他资料。

外汇局审核有关资料无误后为其办理名录登记手续。

无对外贸易经营权的企业，确有客观需要开展贸易外汇收支业务的，办理名录登记时可免于提交本条第(三)项规定的资料。

第四条　从事对外贸易的保税监管区域企业(以下简称"区内企业")按照保税监管区域外汇管理有关规定办理外汇登记手续时，应当签署《确认书》。区内企业在取得相关外汇登记证明并签署《确认书》后自动列入名录。

第七条　名录内企业发生下列情况之一，应当在30天内主动到所在地外汇局办理名录注销手续：

(一)终止经营或不再从事对外贸易；

(二)被工商管理部门注销或吊销营业执照；

(三)被商务主管部门取消对外贸易经营权。

第八条　名录内企业发生下列情况之一，外汇局可将其从名录中注销：

(一)发生本细则第七条规定情况；

(二)区内企业已办理保税监管区域外汇登记注销手续；

(三)连续两年未发生贸易外汇收支业务；

(四)外汇局对企业实施现场核查时，通过企业名录登记信息所列联系方式无法与其取得联系；

(五)外汇局认定的其他情况。

二、错误数据处理

关于错误数据处理的相关内容，如表8－17所示。

表8－17

项目名称	管理内容
进出口货物报关单错误数据修正	1. 进出口货物报关单错误数据是指因核心要素为空或代码类数据项在监测系统基础代码表中不存在，无法正确入库而被自动存入错误数据表的报关单数据。 2. 企业可通过下列方式修正报关单错误数据： (1)提交下列材料原件及加盖企业公章的复印件，到外汇局办理手工修正： ①进口货物报关单或出口货物报关单； ②外汇局要求的其他材料。 (2)到海关办理相应数据的修改或删除手续，通过部门间数据交换自动完成监测系统数据修正。 3. 对于已正确入库的报关单数据，企业如需修改或删除，应当到海关办理相应数据的修改或删除手续后，再通过部门间数据交换自动完成监测系统数据修正。

续表

项目名称	管理内容
贸易收付汇错误数据修正	1. 贸易收付汇错误数据指外汇局在日常管理或现场核查过程中发现的监测系统中与企业贸易收付汇实际业务情况不符的收付汇数据。 2. 外汇局通过监测系统，将错误数据及错误原因告知相关金融机构。金融机构应当通知企业进行数据修改或删除，再将修正后的信息及时报送外汇局。

三、出口收入待核查账户管理

关于出口收入待核查账户管理的相关内容如表 8—18 所示。

表 8—18

项目名称	管理内容
待核查账户开立管理	1. 金融机构为企业开立出口收入待核查账户（以下简称“待核查账户”）时，应通过外汇账户信息交互平台，查询该企业是否已在开户地外汇局进行基本信息登记；基本信息已登记的，金融机构可直接为其开立待核查账户。 2. 金融机构为企业开户后，应于次日按照外汇账户管理信息系统报送数据的要求将相关数据及时报送外汇局。
待核查账户收支管理	1. 金融机构在为企业办理外汇资金入账前，应查询企业名录状态，确定收汇资金性质，无法确定的要及时与企业联系，要求企业说明，并将企业贸易外汇收入划入待核查账户。 2. 企业一笔收汇既有货物贸易也有服务贸易的，其中货物贸易部分应当进入待核查账户，服务贸易部分金融机构在审核相应合同、发票后可根据企业要求直接结汇或进入经常项目外汇账户。企业暂无法区分资金性质和相应金额或无法提供服务贸易相应单证的，整笔资金应一并进入待核查账户。 3. 代理出口业务应当由代理方收汇。代理方收汇后可凭委托代理协议将外汇划转给委托方，也可结汇将人民币划转给委托方；委托方收取代理方外汇划出款项时，无需进入其待核查账户。 4. 转让信用证项下贸易收汇，金融机构应当根据转让信用证相关约定判断款项归属，并按照“谁出口谁收汇”的原则进行解付，其中属于第二受益人的出口收汇应直接划入第二受益人的待核查账户。 5. 货物贸易项下人民币收入不进入待核查账户，可直接划入企业的人民币账户。 6. 出口贸易融资业务项下资金，在金融机构放款及企业实际收回出口货款时，均无需进入企业待核查账户，可直接划入企业经常项目外汇账户。 7. 金融机构为企业办理待核查账户资金结汇或划出手续时，应查询企业名录状态与分类状态，并按规定对交易单证的真实性及其与贸易外汇收支的一致性进行合理审查。

相关链接

《细则》第十三条

第十三条　企业贸易外汇收入应当先进入出口收入待核查账户（以下简称“待核查账户”）。待核查账户的收入范围限于贸易外汇收入（含转口贸易外汇收入，不含出口贸易融资项下境内金融机构放款及境外回款）；支出范围包括结汇或划入企业经常项目外汇账户，以及经外汇局登记的其他外汇支出。待核查账户之间资金不得相互划转，账户资金按活期存款计息。

四、企业报告管理

关于企业报告管理的相关内容，如表 8—19 所示。

表 8—19

项目名称	管理内容
贸易信贷业务报告	1. A类企业30天以上(不含)的预收货款或预付货款、B类和C类企业在监管期内发生的预收货款或预付货款,企业应当在收款或付款之日起30天内,通过监测系统企业端向外汇局报告相应的预计出口或进口日期、预计出口或进口对应的预收或预付金额、关联关系类型等信息。 2. A类企业90天以上(不含)的延期收款或延期付款、B类或C类企业在监管期内发生的30天以上(不含)的延期收款或延期付款,企业应当在出口或进口之日起30天内,通过监测系统企业端向外汇局报告相应的预计收款或付款日期、延期收款或延期付款对应的报关金额、关联关系类型等信息。 3. 对于按上述1、2规定应当报告的贸易信贷业务,企业未在货物进出口或收付款业务实际发生之日起30天内通过监测系统企业端向外汇局报告的,应提交下列材料到外汇局现场报告: (1)情况说明(说明未能及时通过监测系统企业端网上报告的原因、需报告的事项和具体内容); (2)外汇局要求的相关证明材料。 4. 对于上述1、2规定范围以外的贸易信贷业务,企业可根据相关业务对其贸易外汇收支与进出口匹配情况的影响程度,自主决定是否向外汇局报告相关信息。对于需报告的,企业可在货物进出口或收付款之日起30天内通过监测系统企业端向外汇局报告,或在进出口或收付款之日起30天后(不含)到外汇局现场报告。
贸易融资业务报告	1. 对于90天以上(不含)的远期信用证、海外代付以及其他进口贸易融资业务,预计付款日期在货物进口日期之后的,企业应当在货物进口之日起30天内,通过监测系统企业端向外汇局报告预计付款日期、对应报关金额、业务性质等信息。 2. 对于按规定应当报告的远期信用证、海外代付以及其他进口贸易融资业务,企业未在货物进口之日起30天内通过监测系统企业端向外汇局报告的,应提交下列材料到外汇局现场报告: (1)情况说明(说明未能及时通过监测系统企业端网上报告的原因、需报告的事项和具体内容); (2)外汇局要求的相关证明材料。 3. 对于90天以内的远期信用证、海外代付以及其他进口贸易融资业务,企业可根据相关业务对其贸易外汇收支与进出口匹配情况的影响程度,自主决定是否向外汇局报告相关信息。对于需报告的,企业可在货物进口之日起30天内通过监测系统企业端向外汇局报告,或在货物进口之日起30天后(不含)到外汇局现场报告。
转口贸易收支业务报告	1. 对于单笔合同项下转口贸易收支日期间隔超过90天(不含)且先收后支项下收汇金额超过等值50万美元(不含)的业务,企业应当在收款之日起30天内,通过监测系统企业端向外汇局报告相应的预计付款日期、付款金额等信息。 2. 对于单笔合同项下转口贸易收支日期间隔超过90天(不含)且先支后收项下付汇金额超过等值50万美元(不含)的业务,企业应当在付款之日起30天内,通过监测系统企业端向外汇局报告相应的预计收款日期、收款金额等信息。 3. 对于按上述1、2规定应当报告的转口贸易外汇收支业务,企业未在收款或付款后30天内通过监测系统企业端向外汇局报告的,应提交下列材料到外汇局现场报告: (1)情况说明(说明未能及时通过监测系统企业端网上报告的原因、需报告的事项和具体内容); (2)外汇局要求的相关证明材料。 4. 对于上述1、2规定范围以外的转口贸易外汇收支业务,企业可根据相关业务对其贸易外汇收支与进出口匹配情况的影响程度,自主决定是否向外汇局报告相关信息。对于需报告的,企业可在收款或付款之日起30天内通过监测系统企业端向外汇局报告,或在收款或付款之日起30天后(不含)到外汇局现场报告。
差额业务报告	1. 对于单笔进口报关金额与相应付汇金额、单笔出口报关金额与相应收汇金额存在差额的,企业可根据该笔差额对其外汇收支与进出口匹配情况的影响程度,自主决定是否向外汇局报告差额金额及差额原因等信息。 2. 对于存在多收汇差额或多付汇差额的,企业可在收款或付款之日起30天内通过监测系统企业端向外汇局报告,或在收款或付款之日起30天后(不含)到外汇局现场报告。对于存在多出口差额或多进口差额的,企业可在出口或进口之日起30天内通过监测系统企业端向外汇局报告,或在出口或进口之日起30天后(不含)到外汇局现场报告。

续表

项目名称	管理内容
贸易主体不一致业务报告	1. 对于下列业务，收汇或进口企业可向所在地外汇局报告，并办理收汇或进口数据的主体变更手续： (1)因企业分立、合并等原因导致进出口与收付汇主体不一致； (2)捐赠进口项下进口与付汇主体不一致； (3)经外汇局认定的其他进出口与收付汇主体不一致的情况。 2. 对于上述贸易主体不一致业务，企业可根据相关业务对其贸易外汇收支与进出口匹配情况的影响程度，自主决定是否向外汇局报告相关信息。对于需报告的，企业应在收汇或进口业务实际发生之日起 30 天内，提交下列材料到外汇局现场报告： (1)情况说明(说明贸易主体不一致的原因、需报告的收汇申报号或进口货物报关单号、相应的收汇金额或进口金额及其变更后的企业代码和名称、企业所属外汇局)； (2)出口合同或进口合同； (3)收入申报单或进口货物报关单； (4)捐赠协议(仅捐赠业务提供)； (5)相关部门出具的分立、合并证明文件(仅企业分立、合并的提供)； (6)外汇局要求的其他材料。 企业超过规定期限报告的，还应说明未能及时报告的原因。 3. 已报告的贸易主体不一致业务信息有误的，企业应当提交下列材料到外汇局现场申请撤销变更： (1)情况说明(说明撤销原因和原报告事项及具体内容)； (2)外汇局要求的其他材料。 4. 外汇局审核相关材料无误后，通过监测系统为企业办理数据主体变更或变更撤销操作。
辅导期业务报告	1. 企业应当根据辅导期内实际业务发生情况，逐笔对应货物进出口与贸易外汇收支或转口贸易外汇收入与支出数据，如实填写《进出口收付汇信息报告表》(以下简称《报告表》)，并在辅导期结束后 10 个工作日内将加盖企业公章的《报告表》报送所在地外汇局。 2.《报告表》应当包括但不限于下列内容： (1)出口/付款与相应收款/进口的逐笔匹配情况； (2)转口贸易收入与相应支出的逐笔匹配情况。
其他特殊交易报告	对于货物进出口与贸易收付款业务中发生的其他特殊交易，企业可根据相关业务对其贸易外汇收支与进出口匹配情况的影响程度，自主决定是否向外汇局报告相关信息。对于需报告的，企业可在进出口或收付款之日起 30 天内通过监测系统企业端向外汇局报告，或在进出口或收付款之日起 30 天后(不含)到外汇局现场报告。

五、登记管理

关于登记管理的相关内容，如表 8－20 所示。

表 8－20

项目名称	管理内容
C 类企业贸易外汇支出登记	1. 企业办理进口付汇或开证手续前，应当持书面申请(说明需登记的事项和具体内容)和下列相关证明材料原件及加盖企业公章的复印件到所在地外汇局办理登记手续： (1)以信用证、托收方式结算的，提交进口合同； (2)以汇款方式结算的(预付货款除外)，提交进口合同、进口货物报关单； (3)以预付货款方式结算的，提交进口合同、发票；单笔预付货款金额超过等值 5 万美元的，还须提交经金融机构核对密押的外方金融机构出具的预付货款保函； (4)对于进口与支出主体不一致的业务，除按不同结算方式提交相关材料外，还应区分下列情况提交证明材料： ①属于捐赠进口业务的，提交捐赠协议；

续表

项目名称	管理内容
C类企业贸易外汇支出登记	②因企业分立、合并原因导致的，提交相关部门出具的分立、合并证明文件； ③对外汇局认定的其他业务，提交相关证明材料。 (5)对于贸易收汇的退汇支付，应在书面申请中具体说明退汇原因以及退汇同时是否发生货物退运。因错误汇入产生的，提交原收汇凭证；因错误汇入以外的其他原因产生的，提交原收入申报单、原出口合同；发生货物退运的，还应提交对应的进口货物报关单。 外汇局按照真实性审核原则，可要求企业补充提供其他有效凭证、商业单据或相关证明材料。 2.外汇局审核企业提交材料无误后，向企业出具加盖“货物贸易外汇业务监管章”的纸质《登记表》，并通过监测系统将《登记表》电子信息发送指定金融机构。 3.企业凭《登记表》在登记金额范围内、到指定金融机构办理相关业务。
C类企业贸易外汇收入登记	1. 贸易外汇收入从待核查账户结汇、划出或金融机构向企业发放出口贸易融资款项前，企业应当持书面申请（说明需登记的事项和具体内容）和下列相关证明材料原件及加盖企业公章的复印件到所在地外汇局办理登记手续： (1)以信用证、托收方式结算的，提交收入申报单、出口合同； (2)以汇款方式结算的（预收货款除外），提交收入申报单、出口合同、出口货物报关单； (3)以预收货款方式结算的，提交收入申报单、出口合同、发票； (4)对于出口贸易融资放款，提交与金融机构签订的融资协议、出口合同、发票； (5)对于出口与收入主体不一致的业务，除按不同结算方式提交相关材料外，还应区分情况提交证明材料：因企业分立、合并原因导致的，提交相关部门出具的分立、合并证明文件；对于外汇局认定的其他情况，提交相关材料； (6)对于贸易付汇的退汇收入，应在书面申请中具体说明退汇原因以及退汇同时是否发生货物退运。因错误汇出产生的，提交原支出申报单、收入申报单；因错误汇出以外的其他原因产生的，还应提交原进口合同；发生货物退运的，还应提交对应的出口货物报关单； (7)因汇路不畅需要使用外币现钞结算的，办理外币现钞结汇业务登记时应提交出口合同、出口货物报关单；结汇现钞金额达到规定入境申报金额的，还应提交经海关签章的携带外币现钞入境申报单。 外汇局按照真实性审核原则，可要求企业补充提供其他有效凭证、商业单据或相关证明材料。 2. 外汇局审核企业提交材料无误后，向企业出具加盖“货物贸易外汇业务监管章”的纸质《登记表》，并通过监测系统将《登记表》电子信息发送指定金融机构。 3. 企业凭《登记表》在登记金额范围内到指定金融机构办理相关业务。
B类企业超可收/付汇额度的贸易外汇收支登记	1. 由于下列原因造成可收/付汇额度不足的，企业可经外汇局登记后办理相应贸易外汇收支业务： (1)无货物退运的退汇； (2)错汇款退汇； (3)海关审价； (4)大宗散装商品溢短装； (5)市场行情变动； (6)外汇局认定的其他情况。 2. 企业可收/付汇额度不足的，在办理付汇、开证、待核查账户资金结汇或划出手续或向金融机构申请出口贸易融资款项前，应当持本规定C类企业贸易外汇收支登记规定的相关材料以及额度不足的证明材料，到所在地外汇局办理登记手续。 3. 外汇局审核企业提交材料无误后，向企业出具加盖“货物贸易外汇业务监管章”的纸质《登记表》，并通过监测系统将《登记表》电子信息发送指定金融机构。 4. 企业凭《登记表》在登记金额范围内、到指定金融机构办理相关业务。

续表

项目名称	管理内容
B类企业超比例或超期限转口贸易收支登记	1. B类企业同一合同项下转口贸易收入超过相应支出金额20%(不含)的,支出和从待核查账户结汇或划出前,企业应当持书面申请(说明需登记的事项和具体内容)和下列相关证明材料原件及加盖企业公章的复印件到所在地外汇局办理登记手续: (1)收入和支出申报单(收入登记时提供); (2)买卖合同; (3)提单、仓单或其他货权凭证; (4)其他相关证明材料。 2. 分类监管有效期内指标情况好转且没有发生违规行为的B类企业,自列入B类之日起6个月后,经登记可以办理同一合同项下收支日期间隔超过90天(不含)的转口贸易外汇收支业务。企业应当持书面申请(说明需登记的事项和具体内容)和“管理内容1”所列相关证明材料原件及加盖企业公章的复印件到所在地外汇局办理登记手续。 3. 外汇局审核企业提交材料无误后,向企业出具加盖“货物贸易外汇业务监管章”的纸质《登记表》,并通过监测系统将《登记表》电子信息发送指定金融机构。 4. 企业凭《登记表》在登记金额范围内、到指定金融机构办理相关业务。
B类企业90天以上延期付款登记	1. 企业办理90天以上(不含)的延期付款前,应当持书面申请(说明需登记的事项和具体内容)和下列相关证明材料原件及加盖企业公章的复印件到所在地外汇局办理登记手续: (1)进口合同; (2)进口货物报关单; (3)其他相关证明材料。 2. 外汇局审核企业提交材料无误后,向企业出具加盖“货物贸易外汇业务监管章”的纸质《登记表》,并通过监测系统将《登记表》电子信息发送指定金融机构。 3. 企业凭《登记表》在登记金额范围内、到指定金融机构办理相关业务。
B类企业90天以上延期收款登记	1. 企业办理90天以上(不含)的延期收款前,应当持书面申请(说明需登记的事项和具体内容)和下列相关证明材料原件及加盖企业公章的复印件到所在地外汇局办理登记手续: (1)出口合同; (2)出口货物报关单; (3)其他相关证明材料。 2. 外汇局审核企业提交材料无误后,向企业出具加盖“货物贸易外汇业务监管章”的纸质《登记表》,并通过监测系统将《登记表》电子信息发送指定金融机构。 3. 企业凭《登记表》在登记金额范围内、到指定金融机构办理相关业务。
超期限或无法原路退汇登记	1. 对于超期限或无法按照《细则》第十六条规定办理的退汇业务,企业除按本规定C类企业贸易外汇收支登记有关退汇规定提交材料外,还应当在书面申请中说明造成超期限或无法原路退汇的原因,并提供有关证明材料。 2. 外汇局审核企业提交材料无误后,向企业出具加盖“货物贸易外汇业务监管章”的纸质《登记表》,并通过监测系统将《登记表》电子信息发送指定金融机构。 3. 企业凭《登记表》在登记金额范围内、到指定金融机构办理相关业务。
待核查账户资金结汇或划出登记	1. 待核查账户的资本项目资金从待核查账户划出前,企业应当持书面申请(说明需登记的事项和具体内容以及资本项目外汇账户账号)、收汇凭证和相关证明材料原件及加盖企业公章的复印件到所在地外汇局办理登记手续。 2. 外汇局审核企业提交材料无误后,向企业出具加盖“货物贸易外汇业务监管章”的纸质《登记表》,并通过监测系统将《登记表》电子信息发送指定金融机构。 3. 企业凭《登记表》在登记金额范围内、到指定金融机构办理相关业务。
其他业务登记	1. 对于外汇局认定其他需要登记的业务,企业应当持书面申请(说明需登记的事项和具体内容)和相关证明材料原件及加盖企业公章的复印件到所在地外汇局办理登记手续。 2. 外汇局审核企业提交材料无误后,向企业出具加盖“货物贸易外汇业务监管章”的纸质《登记表》,并通过监测系统将《登记表》电子信息发送指定金融机构。 3. 企业凭《登记表》在登记金额范围内、到指定金融机构办理相关业务。

相关链接

《细则》第十六条

第十六条　进口项下退汇的境外付款人应当为原收款人、境内收款人应当为原付款人。出口项下退汇的境内付款人应当为原收款人、境外收款人应当为原付款人。

金融机构为企业办理贸易收汇的退汇支付时，对于因错误汇入产生的退汇，应当审核原收汇凭证；对于其他原因产生的退汇，应当审核原收入申报单证、原出口合同。

金融机构为企业办理贸易付汇的退汇结汇或划转时，对于因错误汇出产生的退汇，应当审核原支出申报单证；对于其他原因产生的退汇，应当审核原支出申报单证、原进口合同。

对于退汇日期与原收、付款日期间隔在180天（不含）以上或由于特殊情况无法按照本条规定办理退汇的，企业应当先到外汇局办理贸易外汇业务登记手续。

六、电子数据核查

关于电子数据核查的相关内容，如表8－21所示。

表8－21

项目名称	管理内容
电子数据核查额度调整	1. 对于下列原因造成出口可收汇额度或进口可付汇额度与实际业务需要存在较大偏差的，企业可向所在地外汇局申请调增或调减额度： (1)业务规模增长超过预期； (2)结算方式发生结构性变化； (3)贸易信贷结构发生重大调整； (4)贸易融资结构发生重大调整； (5)贸易收付款模式发生重大调整； (6)行业类型或主营业务范围发生重大调整； (7)外汇局认定的其他情况。 2. 企业应当持书面申请（说明具体的调整原因、调整金额）和相关证明材料到所在地外汇局办理申请手续。 3. 外汇局审核企业提交材料无误后，通过监测系统增加或扣减相应金额的出口可收汇额度或进口可付汇额度。
进口付汇电子数据核查	1. 对B类企业，金融机构应当实施电子数据核查并按本规定审核相关单证后，方可为其办理付汇或开证手续。 2. 金融机构应当依据B类企业填写的支出申报单，通过监测系统银行端查询企业的进口可付汇余额，并在进口付汇核查界面的“本次核注金额”和“本次核注币种”栏录入企业实际付汇或开证金额与相应币种，供监测系统自动扣减对应进口可付汇额度。 3. B类企业代理进口业务，委托方如需将外汇资金原币划转给代理方，划转时无需实施电子数据核查。代理方收到的相应外汇资金不进入其待核查账户。金融机构为代理方开证或付汇时，应当实施电子数据核查。 4. B类企业进口可付汇额度不足的，金融机构应当凭外汇局出具的《登记表》办理付汇或开证手续。
出口收汇电子数据核查	1. 对B类企业，金融机构应当实施电子数据核查并按本规程规定审核相关单证后，方可为其办理待核查账户资金结汇或划出手续。 2. 金融机构应当依据B类企业填写的收入申报单，通过监测系统银行端查询企业的出口可收汇余额，并在出口收汇核查界面的“本次核注金额”和“本次核注币种”栏录入企业实际结汇或划出金额与相应币种，供监测系统自动扣减对应的出口可收汇额度。 3. B类企业代理出口收入应当先进入其待核查账户，经电子数据核查后方可结汇或划出。需原币划转给委托方的，应当先划入代理方经常项目外汇账户后再划转给委托方，相应外汇资金无需进入委托方待核查账户。 4. B类企业出口可收汇额度不足的，金融机构应当凭外汇局出具的《登记表》办理待核查账户资金的结汇或划出手续。

续表

项目名称	管理内容
出口贸易融资业务电子数据核查	1. 金融机构为B类企业办理出口押汇、福费廷、出口保理等出口贸易融资业务，放款时融资款无需进入企业待核查账户，但应通过监测系统银行端实施电子数据核查，并按对应的境外回款总额录入“本次核注金额”和“本次核注币种”；从境外回款时无需转入待核查账户和实施电子数据核查。 2. B类企业出口可收汇额度不足的，金融机构应当凭外汇局出具的《登记表》办理出口贸易融资业务。
其他业务电子数据核查	1. 金融机构为B类企业办理转口贸易项下付汇、开证或待核查账户结汇或划出手续时，无需实施电子数据核查。 2. B类企业出口项下外币现钞收入无需进待核查账户。外币现钞结汇时，金融机构应当实施电子数据核查。 3. 金融机构凭《登记表》为企业办理相关业务时，对于《登记表》“外汇局登记情况”栏注明“需电子数据核查”字样的，应当实施电子数据核查。

七、现场核查与分类管理

1. 企业现场核查

关于企业现场核查的相关内容，如表8—22所示。

表8—22

项目名称		管理内容
现场核查企业通知		1. 外汇局对需现场核查的企业，按照下列程序制发《现场核查通知书》(以下简称《通知书》)： (1)通过监测系统发放电子《通知书》。企业接到《通知书》后，应在《通知书》发放之日起3个工作日内通过监测系统企业端签收反馈外汇局；确有必要时，也可到外汇局现场签收。《通知书》发放并签收反馈外汇局后，监测系统自动向现场核查企业发送货物流与资金流数据包(以下简称“数据包”)，供企业下载开展自查。 (2)企业到外汇局现场办理签收手续的，外汇局通过监测系统打印《通知书》并加盖“货物贸易外汇业务监管章”后交与企业；企业在《通知书》回执联签字并加盖企业公章后反馈外汇局；外汇局通过监测系统手工将《通知书》企业反馈状态标识为“已反馈”。 (3)企业未在规定期限内签收反馈的，外汇局通过电话督促其尽快签收反馈。电话无法联系的，外汇局可根据实际情况，采取其他联系方式通知企业，或通过监测系统打印《通知书》并加盖业务章后，将纸质《通知书》邮寄企业。 (4)通过电子和纸质两种方式均未收到企业签收反馈信息且通过企业名录登记信息所列联系方式无法与企业取得联系的，外汇局通过监测系统手工将《通知书》反馈状态标识为“无法联系”，同时在企业现场核查预分类结果中记录“注销名录”，并通过监测系统名录管理功能注销该企业名录，撤销该企业网上业务开户。 2.企业应当按照《通知书》要求，及时、准确、完整准备相关材料，主动配合外汇局开展现场核查工作。
现场核查实施	企业报告	1. 企业提交的书面报告应重点围绕导致监测指标异常的业务进行说明，包括合同履行情况、交易商品特点、产品竞争力状况、与交易对手的关系、相关融资情况、是否涉及贸易纠纷或索赔等。 企业提交的证明材料应能充分说明导致指标异常或可疑业务的合规性和合理性，可包括但不限于：有关商业合同、各类批准文件、进出口报关单、国际收支申报单证、金融机构收付款凭证、第三方机构有关审计报告、验资报告、财务报表、会计账务有关科目和会计分录、各类纳税记录。其中，有效凭证和商业单据应为原件或加盖企业公章的复印件，相关部门出具的各类批准文件应为原件。证明材料应按顺序编号并提交证明材料清单。 2. 外汇局可从下列方面对企业报告进行审核： (1)审核报告内容是否准确。重点审核企业报告的各类业务数据与监测系统相关数据的一致程度。 (2)审核报告内容是否真实。根据企业提交的证明资料，通过交叉比对分析，挖掘导致异常和可疑业务的深层次原因，判断报告内容的真实程度。 (3)审核关于监测指标异常原因的解释是否合理。结合企业生产经营状况、所处行业、经济类型等，评估企业解释的合理程度。 3. 外汇局应及时通过监测系统记录企业现场核查情况。

续表

项目名称		管理内容
现场核查实施	约见谈话	1. 企业报告过程中,存在报告内容可疑、证明材料提交不齐全、关于异常原因的解释不合理或与证明材料不一致等情况的,外汇局可通知企业,采用"约见企业法定代表人或其授权人"的核查方式,进一步了解情况、确认问题,分析判断导致异常的原因。 2. 约见谈话工作按照下列要求,循序渐进: (1)充分准备。在约谈实施前,应根据企业报告审核情况,梳理疑点,明确谈话要点和内容,准备好相关单证资料;确定需要约谈对象的范围和级别,并及时告知企业。 (2)分级约谈。原则上约谈对象的级别要从低到高,根据监管需要逐级递进。要根据约谈对象的层次,有针对性地准备约谈的要点和内容。对于特殊业务或具有特殊情况的企业,可适当扩大约谈对象范围,或直接约谈高级管理人员。需要多级人员共同确认的情况下,可采取集体约谈的方式进行。 (3)注重实效。分级约谈要注意把握节奏,迅速递进,严格控制时间间隔。对确认存在问题的企业,可进一步约见高级管理人员警示谈话,通报问题和处理意见。 3. 约见谈话应形成经双方签字确认的约见谈话笔录材料。笔录材料应交被核查企业当事人核对,由企业当事人和外汇局核查人员签名,并加盖企业公章。企业当事人拒绝签名或盖章的,外汇局核查人员应在笔录材料上注明。 4. 外汇局应及时通过监测系统记录企业现场核查情况。
	现场调查	1. 对存在下列情况之一,且通过企业报告和约见谈话,企业无法提供合理解释的,外汇局可通知企业,进一步采取"现场查阅和复制被核查企业相关资料"的核查方式,核实企业核查期内货物贸易的真实性: (1)异常或可疑业务规模较大,非现场监测指标偏离情况严重的; (2)在企业报告或约见谈话过程中存在态度抗拒或推诿扯皮行为的; (3)企业报告或约见谈话过程中发现有重大违规嫌疑的。 2. 在进场调查前,应充分准备,根据企业报告和约见谈话情况,确定需要进一步调查核实的问题,明确需要现场查阅的单证资料。 3. 现场调查工作应讲求时效,严格控制调查时间,尽快完成查阅和复制工作,及时离场,保证调查效率。如非必要,避免在现场调查阶段进行分析判断、约见谈话、解释说明等工作,避免形成全面审计的局面。 4. 现场调查应形成经双方签字确认的现场调查记录材料,记录现场查阅并复制的单证资料清单。记录材料应交被核查企业当事人核对,由企业当事人和外汇局核查人员签名,并加盖企业公章。现场复制的单证资料上应加盖企业公章。企业当事人拒绝签名或盖章的,外汇局核查人员应在记录材料上注明。 5. 外汇局应及时通过监测系统记录企业现场核查情况。
企业分类	确定预分类结果	1. 外汇局根据非现场、现场核查结果,结合企业遵守外汇管理规定等情况,确定企业预分类结果。预分类结果包括:A类企业、B类企业、C类企业。 (1)核查期内遵守外汇管理相关规定,且贸易外汇收支经外汇局非现场或现场核查情况正常的企业,可被列为A类企业; (2)存在《细则》第五十三条规定情况之一的企业,可被列为B类企业; (3)存在《细则》第五十四条规定情况之一的企业,可被列为C类企业。 2. 现场核查过程中发现由于企业经营范围或贸易外汇收支业务具有显著特点造成监测指标异常,且符合加贴特殊标识条件的,可将预分类结果确定为A类,并设置相应特殊标识。
	分类结论告知	1. 外汇局通过监测系统发放电子《分类结论告知书》(以下简称《告知书》)。企业接到《告知书》后,应在《告知书》发放之日起3个工作日内通过监测系统企业端签收反馈外汇局;确有必要时,也可到外汇局现场签收。 企业到外汇局现场办理签收手续的,外汇局通过监测系统打印《告知书》并加盖"货物贸易外汇业务监管章"后交与企业;企业在《告知书》回执联签字并加盖企业公章后反馈外汇局;外汇局通过监测系统手工将《告知书》企业反馈状态标识为"已反馈"。 2. 企业未在规定期限内签收反馈的,外汇局通过电话督促其尽快签收反馈。电话无法联系的,外汇局可根据实际情况,采取其他联系方式通知企业,或通过监测系统打印《告知书》并加盖"货物贸易外汇业务监管章"后,将纸质《告知书》邮寄企业。

续表

项目名称		管理内容
企业分类	异议处理	1. 企业对预分类结果有异议的，可自收到《告知书》之日起 7 个工作日内向外汇局提交加盖企业公章的书面情况说明及相关证明材料进行申述。超过规定期限提出申述的，外汇局不予受理。 2. 企业在规定期限内提出申述的，外汇局根据其提交材料进行复核，并于企业申述之日起 20 个工作日内确定是否对预分类结果进行调整。复核后确定进行调整的，外汇局应及时调整企业预分类结果。
分类信息发布		1.《告知书》发放后，出现下列情况之一的企业，外汇局通过监测系统向金融机构发布企业分类信息： (1)在规定期限内签收反馈《告知书》的； (2)未签收反馈但未在规定期限内提出异议的； (3)在规定期限内提出申述，经复核不对预分类结果进行调整的； (4)在规定期限内提出申述，经复核已对预分类结果进行调整的。 2. 外汇局可将企业分类信息向相关管理部门通报，必要时可向社会公开披露。
分类结果直接调整和到期评估		1. 外汇局可根据国际收支形势和外汇管理需要，对企业分类结果进行直接调整。直接调整包括但不限于以下情形： (1)在日常管理中发现 A 类企业存在符合列为 B 类条件的行为的，必要情况下可不经现场核查，直接将其分类结果调整为 B 类； (2)在日常管理中发现 A 类或 B 类企业存在符合列为 C 类条件的行为的，必要情况下可不经现场核查，直接将其分类结果调整为 C 类； (3)国际收支出现或可能出现严重失衡时，可直接将资金流与货物流规模与结构等存在异常或可疑情况的重点监测企业列为 B 类或 C 类企业。 2. 外汇局应在 B、C 类企业分类监管有效期届满前 1 个月内，对其监管期内的情况进行综合评估： (1)对于监管期内遵守外汇管理规定、指标恢复正常的 B、C 类企业，在监管期届满时分类结果自动恢复为 A 类； (2)对于监管期内指标未见好转或存在涉嫌违规行为的 B 类企业，可将 B 类监管期限延长一年，或直接将其分类结果调整为 C 类； (3)对于监管期内依然存在符合列为 C 类条件的行为的 C 类企业，可将 C 类监管期限延长一年。 3. 外汇局直接将企业分类结果调整为 B 类或 C 类，或延长 B、C 类监管期限的，应当按照规定程序向企业发放《告知书》，并直接通过监测系统向金融机构发布企业分类信息。

相关链接

《细则》第四十六、第五十三、第五十四条

第四十六条　对核查期内存在下列情况之一的企业，外汇局可实施现场核查：

(一)任一总量核查指标与本地区指标阈值偏离程度 50%以上；

(二)任一总量核查指标连续四个核查期超过本地区指标阈值；

(三)预收货款、预付货款、延期收款或延期付款各项贸易信贷余额比率大于 25%；

(四)一年期以上的预收货款、预付货款、延期收款或延期付款各项贸易信贷发生额比率大于 10%；

(五)来料加工工缴费率大于 30%；

(六)转口贸易收支差额占支出比率大于 20%；

(七)单笔退汇金额超过等值 50 万美元且退汇笔数大于 12 次；

(八)外汇局认定的需要现场核查的其他情况。

外汇局可根据非现场核查情况，参考地区、行业、经济类型等特点对上述比例、金额或频次

进行调整。

第五十三条　存在下列情况之一的企业，外汇局可将其列为B类企业：

(一)存在本细则第四十六条规定情况之一且经现场核查企业无合理解释；

(二)未按规定履行报告义务；

(三)未按规定办理贸易外汇业务登记；

(四)外汇局实施现场核查时，未按规定的时间和方式向外汇局报告或提供资料；

(五)应国家相关主管部门要求实施联合监管的；

(六)外汇局认定的其他情况。

第五十四条　存在下列情况之一的企业，外汇局可将其列为C类企业：

(一)最近12个月内因严重违反外汇管理规定受到外汇局处罚或被司法机关立案调查；

(二)阻挠或拒不接受外汇局现场核查，或向外汇局提供虚假资料；

(三)B类企业在分类监管有效期届满经外汇局综合评估，相关情况仍符合列入B类企业标准；

(四)因存在与外汇管理相关的严重违规行为被国家相关主管部门处罚；

(五)外汇局认定的其他情况。

2. 金融机构现场核查

关于金融机构现场核算的相关内容，如表8—23所示。

表8—23

项目名称	管理内容
现场核查金融机构确定	1. 在非现场核查和对企业进行现场核查的过程中，发现经办金融机构存在涉嫌不按规定办理贸易外汇收支业务或报送相关信息行为的，外汇局可对其实施现场核查。 2. 外汇局对需现场核查的金融机构，应事前通知相关金融机构，并告知核查原因、核查方式及业务范围等情况。
现场核查实施	1. 金融机构应根据外汇局告知的现场核查方式，在告知的时限内准备好被核查金融机构负责人或其授权人签字并加盖业务公章的书面情况说明、相关文件和材料，主动配合外汇局开展现场核查工作。 2. 外汇局以“约见被核查金融机构负责人或其授权人”、“现场查阅、复制被核查金融机构相关资料”方式进行现场核查时，应形成经双方签字确认的现场核查笔录材料。现场核查笔录材料应交被核查金融机构当事人核对，由金融机构当事人和外汇局核查人员签名，并加盖业务公章。金融机构当事人拒绝签名或盖章的，外汇局核查人员应在核查记录上注明。 3. 现场核查结束后，外汇局将现场核查情况及相关处理意见反馈金融机构。

相关链接

《细则》第五十条

第五十条　在非现场核查或对企业进行现场核查的过程中，发现经办金融机构存在涉嫌不按规定办理贸易外汇收支业务或报送相关信息行为的，外汇局可采取下列一种或多种方式，对相关金融机构实施现场核查：

(一)要求被核查金融机构提交相关书面材料；

(二)约见被核查金融机构负责人或其授权人；

(三)现场查阅、复制被核查金融机构的相关资料；

(四)外汇局认为必要的其他现场核查方式。

被核查金融机构应当按外汇局要求如实说明情况，提供有关文件、资料。

八、出口收入存放境外管理

关于出口收入存放境外管理的相关内容，如表8—24所示。

表8—24

项目名称	管理内容
业务资格管理与首次开户登记	1. 企业开立用于存放出口收入的境外账户前，应当选定境外开户行，与其签订《账户收支信息报送协议》(以下简称《协议》)。 2. 企业应通过监测系统企业端向外汇局报送境外开户登记信息，并持《细则》第二十五条规定的材料到外汇局办理开户登记手续。外汇局审核相关材料无误后，通过监测系统为企业登记存放境外业务类型与存放境外规模，并办理境外开户登记。对于登记业务类型为“集团型主办”的，还需登记成员公司信息。 3. 对于集团型业务，主办企业与成员公司属不同外汇局管辖的，成员公司应当先持加盖企业公章的《出口收入存放境外资格登记表》(以下简称《资格登记表》，一式三联)、情况说明、内控制度、债权债务及相应会计记账管理办法或规章等资料，到所在地外汇局办理资格登记。外汇局审核通过后，在《资格登记表》相应栏目中填写相关情况和签章，并将《资格登记表》企业留存联和主办企业所在地外汇局留存联退成员公司。
后续开户登记与信息变更	1. 后续开户前，企业应持下列材料到所在地外汇局办理登记： (1)法定代表人或其授权人签字并加盖企业公章的书面申请； (2)境内企业与境外开户行新签订的《协议》或原有《协议》的补充协议； (3)外汇局要求的其他材料。 2. 境外账户信息发生变更的，企业应在获知相关信息后10个工作日内将变更信息报外汇局备案。
境外账户收支范围	1. 境外账户收支应当具有真实、合法的交易基础，符合中国及开户行所在国家和地区相关法律规定。 2. 企业可根据自身经营需要确定出口收入存放境外期限，或将存放境外资金调回境内。对于集团型业务，需将存放境外资金调回境内的，应按照资金归属情况相应划入成员公司的境内经常项目外汇账户。 3. 资金调回时，企业应向金融机构书面说明该笔收入为从其境外账户调回的资金。在同一金融机构首次办理资金调回入账时，还须提供其所在地外汇局或主办企业所在地外汇局签章的《业务登记表》。
存放境外业务变更	1. 集团型业务需要增加参与成员公司的，应由主办企业持下列材料到所在地外汇局办理变更登记： (1)加盖企业公章的书面申请； (2)成员公司所在地外汇局出具的《资格登记表》(新增成员公司与主办企业属不同外汇局管辖时)； (3)外汇局要求的其他材料。 外汇局审核相关材料无误后，通过监测系统为主办企业登记新增成员公司信息。 2. 集团型业务需减少参与成员公司的，应由主办企业持加盖企业公章的书面申请到所在地外汇局办理变更登记；外汇局通过监测系统为主办企业删除相关成员公司信息。
存放境外规模变更登记	1. 企业需提高存放境外规模的，应当持法定代表人或其授权人签字并加盖企业公章的书面申请，以及外汇局要求的其他资料，到所在地外汇局办理存放境外规模变更登记。 2. 外汇局根据当地实际情况和企业申请，审核相关材料无误后，通过监测系统为企业变更存放境外规模。
境外账户关闭	1. 企业应在关闭境外账户后10个工作日内，持下列材料向所在地外汇局备案： (1)加盖企业公章的情况说明； (2)境外开户行的销户通知书及其中文翻译件。 2. 外汇局审核相关材料无误后，通过监测系统办理境外账户注销。

续表

项目名称	管理内容
企业境外账户收支报告	1. 企业应当在每月结束后10个工作日内，通过监测系统企业端向所在地外汇局报告境外账户收支情况。 境外账户收支报告具体内容包括：账户收入（分交易性质）、账户支出（分交易性质）、同名划入、同名划出、调回境内、月末账户余额、月末对账单余额、对账单日期以及其他情况说明。 同一账户内部不同币种转换视同境外同名账户之间的资金划转。 月末对账单余额和对账单日期按境外开户行寄送的对账单填写。 2. 集团型业务应由主办企业和各成员公司分别通过监测系统企业端，报告自身通过主办企业境外账户发生的月度收支信息。

相关链接

《细则》第二十二、第二十五、第二十九条

第二十二条　企业将出口收入存放境外应当具备下列条件：

（一）具有出口收入来源，且在境外有符合本细则规定的支付需求；

（二）近两年无违反外汇管理规定行为；

（三）有完善的出口收入存放境外内控制度；

（四）外汇局规定的其他条件。

第二十五条　企业应持下列材料到外汇局办理开户登记，并通过监测系统向外汇局报送相关信息：

（一）法定代表人或其授权人签字并加盖企业公章的书面申请；首次登记时，书面申请中应当说明企业根据实际需要确定的年度累计出口收入存放境外规模；

（二）《出口收入存放境外登记表》；

（三）企业与境外开户行签订的《协议》；

（四）企业实施出口收入存放境外运作的内控制度（首次登记时提交）；

（五）企业集团实行集中收付的，首次登记时还需提交成员公司情况说明（含关联关系）、成员公司债权债务及相应会计记账管理办法或规章；成员公司与主办企业属不同外汇局管辖的，还需提供成员公司所在地外汇局出具的《出口收入存放境外资格登记表》。

第二十九条　境外账户的收入范围包括出口收入、账户资金孳息，以及经外汇局批准的其他收入；支出范围包括贸易项下支出，境外承包工程、佣金、运保费项下费用支出，与境外账户相关的境外银行费用支出，经外汇局核准或登记的调回境内的资本项目支出，以及符合外汇局规定的其他支出。

九、档案与公告信息管理

关于档案与公告信息管理的相关内容如表8—25所示。

表8—25

项目名称		管理内容
贸易企业档案信息管理	档案新增	1. 外汇局为从事对外贸易的机构建立贸易企业档案。 2. 外汇局根据企业办理名录登记时提交的材料补充完善监测系统中的贸易企业档案信息。
	档案修改	外汇局根据企业办理名录变更时提交的材料修改相关贸易企业档案信息。

续表

项目名称		管理内容
贸易企业档案信息管理	档案注销	企业因终止经营、被工商管理部门注销或吊销营业执照而被注销名录的，外汇局可注销该企业的贸易企业档案。
金融机构档案信息管理	网上开户	需网上开户的金融机构应向所在地外汇局提交情况说明。
	撤销开户	需撤销网上开户的金融机构应向所在地外汇局提交情况说明。
公告发布		外汇局需对外发布的材料或信息。
留言管理		金融机构和企业可通过监测系统银行端和企业端向外汇局咨询业务及反馈意见。

第五节　出口退税业务

出口退税是将出口货物在国内生产、流通环节缴纳的增值税、消费税，在货物报关出口后退还给出口企业的一种税收管理制度，是一国政府对出口货物采取的一项免征或退还国内间接税的税收政策。

出口退税与跨国经济贸易紧密地联系在一起，并作为一种涉外宏观经济政策为被世界各国所认同，逐渐发展成为一种国际惯例。出口退税政策作为一国对于出口的一项优惠措施，最初的目的在于鼓励出口，但在发展演变当中，由于国家对外经济贸易战略目标的需要，又成为国家对于出口商品结构的一种导向性调节工具。由于出口退税与企业产品的生产成本密切相关，因此出口退税率的降低或提高必然会使企业出口产品成本增大或缩小，影响企业产品在国际市场上的竞争力，进而影响企业的出口量。另外，出口退的税是生产和流通各环节中已经缴纳的国内流转税，在实行增值税的国家中它着重于对实物经济而不是金融经济的影响，它与产出水平(或经济活动水平)的联系更为密切。

我国的出口退税政策实行普遍优惠与产业政策优惠相结合的原则。普遍优惠政策能够降低出口成本，提高国际竞争能力，推动出口贸易规模的增长。在出口退税普遍优惠的基础上，推行第二层次的产业政策税收优惠原则，即对不同行业、不同效益的出口产品实行差别性的税收政策，以促使企业优化出口商品结构，提高出口产品质量和单位附加值。

一、出口退税的现行基础性法律法规

1.《关税和贸易总协定》关于出口退税的相关规定

《关税和贸易总协定》第 6 条规定：“一缔约国领土的产品输出到另一缔约国领土，不得因其免纳相同产品在原产国或输出国用于消费时所须完纳的税捐或因这种税捐已经退税，即对它征收反倾销税或反补贴税。”这里所说的用于消费时缴纳的税捐是指货物应纳的间接税，目前，我国的间接税主要包括增值税、消费税两个税种。因此，在实行间接税的国家和地区，出口货物退(免)税通常被称为对出口货物免征或退还在国内已缴纳的间接税。尽管各国的具体做法不尽相同，但其基本内容都是一致的。由于这项制度比较公平合理，因此成为国际社会通行的惯例。

2. 我国现行的《中华人民共和国增值税暂行条例》关于出口退税的相关规定

《中华人民共和国增值税暂行条例》第2条第3款中的表述是“纳税人出口货物,税率为零”。

3. 我国现行的《中华人民共和国消费税暂行条例》关于出口退税的相关规定

《中华人民共和国消费税暂行条例》第11条中的表述是“对纳税人出口应税消费品,免征消费税”。

4. 我国现行的《出口货物退(免)税管理办法(试行)》

国家税务总局于2005年3月16日颁布了《出口货物退(免)税管理办法(试行)》(国税发〔2005〕第51号),是自1994年国家税务总局颁布的《出口货物退(免)税管理办法》(国税发〔1994〕第31号)之后又一次对出口退税的全面归纳整理,是目前出口退税管理方面最基本的指导性文件。

对出口产品实行退税政策是国际惯例,是国家支持外贸出口的重要手段。根据WTO规则要求,各成员国可以对本国出口产品实行退税,但退税的最大限度不能超过出口产品在国内已征的税款。在此范围内,各成员国可以根据自身的经济发展需要和国家财政承受能力,确定恰当的出口退税水平。我国从1985年开始实行出口退税政策。出口退税政策的实施,对增强我国出口产品的国际竞争力、推动外贸体制改革和出口增长发挥了重要作用。

根据《国家税务总局关于出口货物劳务增值税和消费税管理办法有关问题的公告》(国家税务总局公告〔2013〕第12号)、《国家税务总局关于出口货物劳务增值税和消费税管理办法的公告》(国家税务总局公告〔2012〕第24号)、《国家税务总局关于出口企业申报出口货物退(免)税提供收汇资料有关问题的公告》(国家税务总局公告〔2013〕第30号)、《国家税务总局关于发布适用增值税零税率应税服务退(免)税管理办法(暂行)的公告》(国家税务总局公告〔2013〕第47号)、《国家税务总局关于调整出口退(免)税申报办法的公告》(国家税务总局公告〔2013〕第61号)和《国家税务总局关于出口货物劳务增值税和消费税有关问题的公告》(国家税务总局公告〔2013〕第65号),以及相应业务需求,税务总局对现行出口退税申报系统进行升级调整。

二、出口退税相关规定

1. 适用增值税退(免)税政策的出口货物劳务

(1)出口企业出口货物

出口企业是指依法办理工商登记、税务登记、对外贸易经营者备案登记,自营或委托出口货物的单位或个体工商户,以及依法办理工商登记、税务登记但未办理对外贸易经营者备案登记,委托出口货物的生产企业。

出口货物是指向海关报关后实际离境并销售给境外单位或个人的货物,分为自营出口货物和委托出口货物两类。

生产企业是指具有生产能力(包括加工修理修配能力)的单位或个体工商户。

(2)出口企业或其他单位视同出口货物

具体是指:

1)出口企业对外援助、对外承包、境外投资的出口货物。

2)出口企业经海关报关进入国家批准的出口加工区、保税物流园区、保税港区、综合保税区、珠澳跨境工业区(珠海园区)、中哈霍尔果斯国际边境合作中心(中方配套区域)、保税物流中心(B型)(以下统称“特殊区域”)并销售给特殊区域内单位或境外单位、个人的货物。

3)免税品经营企业销售的货物。具体是指:①中国免税品(集团)有限责任公司向海关报关运入海关监管仓库，专供其经国家批准设立的统一经营、统一组织进货、统一制定零售价格、统一管理的免税店销售的货物；②国家批准的除中国免税品（集团）有限责任公司外的免税品经营企业，向海关报关运入海关监管仓库，专供其所属的首都机场口岸海关隔离区内的免税店销售的货物；③国家批准的除中国免税品（集团）有限责任公司外的免税品经营企业所属的上海虹桥、浦东机场海关隔离区内的免税店销售的货物。

4）出口企业或其他单位销售给用于国际金融组织或外国政府贷款国际招标建设项目的中标机电产品（以下统称"中标机电产品"）。上述中标机电产品，包括外国企业中标再分包给出口企业或其他单位的机电产品。

5）生产企业向海上石油天然气开采企业销售的自产的海洋工程结构物。

6）出口企业或其他单位销售给国际运输企业用于国际运输工具上的货物。上述规定暂仅适用于外轮供应公司、远洋运输供应公司销售给外轮、远洋国轮的货物，国内航空供应公司生产销售给国内和国外航空公司国际航班的航空食品。

7）出口企业或其他单位销售给特殊区域内生产企业生产耗用且不向海关报关而输入特殊区域的水（包括蒸汽）、电力、燃气（以下统称"输入特殊区域的水电气"）。

除财政部和国家税务总局另有规定外，视同出口货物适用出口货物的各项规定。

（3）出口企业对外提供加工修理修配劳务

对外提供加工修理修配劳务，是指对进境复出口货物或从事国际运输的运输工具进行的加工修理修配。

2. 增值税退（免）税办法

适用增值税退（免）税政策的出口货物劳务，按照下列规定实行增值税免抵退税或免退税办法：

（1）免抵退税办法。生产企业出口自产货物和视同自产货物（即对外提供加工修理修配劳务），以及列名生产企业出口非自产货物，免征增值税，相应的进项税额抵减应纳增值税额（不包括适用增值税即征即退、先征后退政策的应纳增值税额），未抵减完的部分予以退还。

（2）免退税办法。不具有生产能力的出口企业（以下统称"外贸企业"）或其他单位出口货物劳务，免征增值税，相应的进项税额予以退还。

3. 增值税出口退税率

（1）除财政部和国家税务总局根据国务院决定而明确的增值税出口退税率（以下统称"退税率"）外，出口货物的退税率为其适用税率。国家税务总局根据上述规定将退税率通过出口货物劳务退税率文库予以发布，供征纳双方执行。退税率有调整的，除另有规定外，其执行时间以货物（包括被加工修理修配的货物）出口货物报关单（出口退税专用）上注明的出口日期为准。

（2）退税率的特殊规定包括以下几点：

1）外贸企业购进按简易办法征税的出口货物、从小规模纳税人购进的出口货物，其退税率分别为简易办法实际执行的征收率、小规模纳税人征收率。上述出口货物取得增值税专用发票的，退税率按照增值税专用发票上的税率和出口货物退税率孰低的原则确定。

2）出口企业委托加工修理修配货物，其加工修理修配费用的退税率为出口货物的退税率。

3）中标机电产品、出口企业向海关报关进入特殊区域销售给特殊区域内生产企业生产耗用的列名原材料（以下统称"列名原材料"）、输入特殊区域的水电气，其退税率为适用税率。如果国家调整列名原材料的退税率，列名原材料应当自调整之日起按调整后的退税率执行。

4）海洋工程结构物退税率的适用。

(3)适用不同退税率的货物劳务，应分开报关、核算并申报退(免)税，未分开报关、核算或划分不清的，从低适用退税率。

4. 增值税退(免)税的计税依据

出口货物劳务的增值税退(免)税的计税依据，按出口货物劳务的出口发票(外销发票)、其他普通发票或购进出口货物劳务的增值税专用发票、海关进口增值税专用缴款书确定。

5. 适用消费税退(免)税或征税政策的出口货物

属于消费税应税消费品，实行下列消费税政策：

(1)适用范围

1)出口企业出口或视同出口适用增值税退(免)税的货物，免征消费税，如果属于购进出口的货物，退还前一环节对其已征的消费税。

2)出口企业出口或视同出口适用增值税免税政策的货物，免征消费税，但不退还其以前环节已征的消费税，且不允许在内销应税消费品应纳消费税款中抵扣。

3)出口企业出口或视同出口适用增值税征税政策的货物，应按规定缴纳消费税，不退还其以前环节已征的消费税，且不允许在内销应税消费品应纳消费税款中抵扣。

(2)消费税退税的计税依据

出口货物的消费税应退税额的计税依据，按购进出口货物的消费税专用缴款书和海关进口消费税专用缴款书确定。

属于从价定率计征消费税的，为已征且未在内销应税消费品应纳税额中抵扣的购进出口货物金额；属于从量定额计征消费税的，为已征且未在内销应税消费品应纳税额中抵扣的购进出口货物数量；属于复合计征消费税的，按从价定率和从量定额的计税依据分别确定。

三、增值税免抵退税和免退税的计算

1. 生产企业出口货物劳务增值税免抵退税

(1)当期应纳税额的计算

当期应纳税额＝当期销项税额－(当期进项税额－当期不得免征和抵扣税额)

当期不得免征和抵扣税额＝当期出口货物离岸价×外汇人民币折合率×(出口货物适用税率－出口货物退税率)－当期不得免征和抵扣税额抵减额

当期不得免征和抵扣税额抵减额＝当期免税购进原材料价格×(出口货物适用税率－出口货物退税率)

(2)当期免抵退税额的计算

当期免抵退税额＝当期出口货物离岸价×外汇人民币折合率×出口货物退税率－当期免抵退税额抵减额

当期免抵退税额抵减额＝当期免税购进原材料价格×出口货物退税率

(3)当期应退税额和免抵税额的计算

1)当期期末留抵税额≤当期免抵退税额，则：

当期应退税额＝当期期末留抵税额

当期免抵税额＝当期免抵退税额－当期应退税额

2)当期期末留抵税额＞当期免抵退税额，则：

当期应退税额＝当期免抵退税额

当期免抵税额＝0

当期期末留抵税额为当期增值税纳税申报表中“期末留抵税额”。

(4)当期免税购进原材料价格包括当期国内购进的无进项税额且不计提进项税额的免税原材料的价格和当期进料加工保税进口料件的价格，其中当期进料加工保税进口料件的价格为组成计税价格

当期进料加工保税进口料件的组成计税价格＝当期进口料件到岸价格＋海关实征关税＋海关实征消费税

1)采用“实耗法”的，当期进料加工保税进口料件的组成计税价格为当期进料加工出口货物耗用的进口料件组成计税价格。其计算公式为：

当期进料加工保税进口料件的组成计税价格＝当期进料加工出口货物离岸价×外汇人民币折合率×计划分配率

计划分配率＝计划进口总值÷计划出口总值×100％

实行纸质手册和电子化手册的生产企业，应根据海关签发的加工贸易手册或加工贸易电子化纸质单证所列的计划进出口总值计算计划分配率。

实行电子账册的生产企业，计划分配率按前一期已核销的实际分配率确定；新启用电子账册的，计划分配率按前一期已核销的纸质手册或电子化手册的实际分配率确定。

2)采用“购进法”的，当期进料加工保税进口料件的组成计税价格为当期实际购进的进料加工进口料件的组成计税价格。

若当期实际不得免征和抵扣税额抵减额大于当期出口货物离岸价×外汇人民币折合率×(出口货物适用税率－出口货物退税率)的，则：

当期不得免征和抵扣税额抵减额＝当期出口货物离岸价×外汇人民币折合率×(出口货物适用税率－出口货物退税率)

2. 外贸企业出口货物劳务增值税免退税

外贸企业出口货物劳务增值税免退税依下列公式计算：

(1)外贸企业出口委托加工修理修配货物以外的货物

增值税应退税额＝增值税退(免)税计税依据×出口货物退税率

(2)外贸企业出口委托加工修理修配货物

出口委托加工修理修配货物的增值税应退税额＝委托加工修理修配的增值税退(免)税计税依据×出口货物退税率

3. 退税率低于适用税率的

退税率低于适用税率的，相应计算出的差额部分的税款计入出口货物劳务成本。

4. 出口企业多种项目的处理

出口企业既有适用增值税免抵退项目，也有增值税即征即退、先征后退项目的，增值税即征即退和先征后退项目不参与出口项目免抵退税计算。出口企业应分别核算增值税免抵退项目和增值税即征即退、先征后退项目，并分别申请享受增值税即征即退、先征后退和免抵退税政策。

用于增值税即征即退或者先征后退项目的进项税额无法划分的，按照下列公式计算：

无法划分进项税额中用于增值税即征即退、先征后退项目的部分＝当月无法划分的全部进项税额×当月增值税即征即退或者先征后退项目销售额÷当月全部销售额、营业额合计

四、消费税退税的计算

消费税退税的计算公式如下：

消费税应退税额＝从价定率计征消费税的退税计税依据×比例税率

＋从量定额计征消费税的退税计税依据×定额税率

参考文献

1. 国际商会中国国家委员会:《2000 年国际贸易术语解释通则》,中信出版社 2000 年版。

2.《ICC 跟单信用证统一惯例(UCP500)及 UCP500 关于电子交单的附则(Eucp)》,中国民主法制出版社 2003 年版。

3.《关于审核跟单信用证项下单据的国际标准银行实务(ISBP)》,中国民主法制出版社 2003 年版。

4.《国际商会托收统一规则(URC522)》,中国民主法制出版社 2003 年版。

5. 陈文培:《外贸单证电子化实用指南》,中国海关出版社 2004 年版。

6. 唐涛、陈文培等:《加工贸易实务》(修订版),中国海关出版社 2004 年版。

7. 陈文培、谢道一、朱巨公:《外贸实务一本通》,中国海关出版社 2003 年版。

8. 洪雷:《新外贸企业与检验检疫》,中国海关出版社 2004 年版。

9. 吴百福:《进出口贸易实务教程》(第三版),上海人民出版社 2001 年版。

10. 陈文培、钟洪林、陈培芳:《现代物流师职业资格考试习题精解》,中国海关出版社 2004 年版。

11. 庄乐梅:《国际结算实务精要》,中国纺织出版社 2004 年版。

12. 周红军:《最新国际贸易结算管理与操作实务》,中国金融出版社 2005 年版。

13. 陈文培、汤兵勇:《RFID 与物流和供应链管理》,载《计算机应用与软件》,2004 年第 21 期。

14. 阮家栻、杨立平:《对外经济贸易实用大全》(第三版),复旦大学出版社 1995 年版。

15. [美]菲利普·科特勒:《市场营销管理》(亚洲版·上),中国人民大学出版社 1997 年版。

16. 纪洪天等:《新编外贸会计——外贸会计及国际结算》(第三版),立信会计出版社 2004 年版。

17. 张景智:《国际营销学教程》(第二版),对外经济贸易出版社 2003 年版。

18. 黄维梁:《国际经济贸易实务》,高等教育出版社 2002 年版。

19. [德]Klaus Finkenzeller:《射频识别(RFID)技术》(第二版),电子工业出版社 2001 年版。

20. 中国物品编码中心:《条码技术与应用》,清华大学出版社 2003 年版。

21. 陈同仇、薛荣久:《国际贸易(2006 年新编本)》,中国商务出版社 2005 年版。

22. 陈文培:《电子商务员》,中国劳动社会保障出版社 2005 年版。

23. 陈文培:《助理电子商务师》,中国劳动社会保障出版社 2006 年版。

24. 陈文培:《外贸业务经理人手册》(第二版),中国海关出版社 2010 年版。

25. 陈文培、陈培芳:《加工贸易业务员》,中国海关出版社 2007 年版。

26. 龙永图:《世界贸易组织知识读本》,中国对外经济贸易出版社 1999 年版。

27. 李一平、梁柏谦、张然翔:《跟单信用证项下出口审单实务》,中国商务出版社 2005 年版。

28. 李金泽:《UCP600 适用与信用证法律风险防控》,法律出版社 2007 年版。

29. 陈文培:《电子商务管理》,上海财经大学出版社 2013 年版。

30. 陈文培:《电子商务运营》,上海财经大学出版社 2013 年版。

31. 翁佩君:《出口退税技巧》,中国海关出版社 2008 年版。

32. 埃弗雷姆·特班(Efraim Turban)、戴维·金(David King)、朱迪·麦凯(Judy Mckay)、彼得·马歇尔(Peter Marshall):《电子商务:管理视角》(原书第5版),机械工业出版社2010年版。

33. 国际商会(ICC)编写,中国国际商会、国际商会中国国家委员会组织编译:《国际贸易术语解释通则®2010》,中国民主法制出版社2011年版。

34. 蒋坡:《知识产权管理》,知识产权出版社2007年版。

35. 刘喜敏、马朝阳:《电子商务法》,大连理工大学出版社2011年版。

36. 陈岩、刘玲:《UCP600与信用证精要》,对外经济贸易大学出版社2007年版。

37. 黎孝先等:《国际贸易实务》,对外经济贸易大学出版社2012年版。

38. 朱箴元:《国际结算》,中国金融出版社2005年版。

39. 陈文培:《国际贸易实务》,上海财经大学出版社2014年版。

40. 高歌:《国际商务谈判》,中南大学出版社2011年版。

41. 刘园:《国际商务谈判》(第二版),对外经济贸易大学出版社2005年版。

42. 商务部网站,http://www.mofcom.gov.cn。

43. 海关总署网站,http://www.customs.gov.cn。

44. 国家税务总局网站,http://www.chinatax.gov.cn。

45. 国家质量监督检验检疫总局网站,http://www.aqsiq.gov.cn。

国家标准GB/T28158-2011《国际贸易业务的职业分类与资质管理》培训考试教材
国际贸易类专业校企合作专业共建计划指定教学资源
职业院校国际贸易类专业规划教材

国际贸易业务操作

——国际贸易业务员业务技能考试用书

辅导精编习题集

主编 陈文培

编者 翁佩君 翁卓如 邢开东
陈 楠 陈 倩 顾惠媛

中国对外贸易经济合作企业协会
全国外经贸从业人员考试中心
组织编写

上海财经大学出版社

国家标准 GB/T28158-2011《国际贸易业务的职业分类与资质管理》培训考试教材
国际贸易类专业校企合作专业共建计划指定教学资源
职业院校国际贸易类专业规划教材

国际贸易业务操作

——国际贸易业务员业务技能考试用书

辅导精编习题集

主编：陈文培

编者：翁佩君　翁卓如　邢开东
陈　楠　陈　倩　顾惠媛

中国对外贸易经济合作企业协会
全国外经贸从业人员考试中心　组织编写

上海财经大学出版社

目　录

国际贸易业务员业务技能考试大纲

一、国际贸易业务信息获取

1. 寻找贸易机会
了解：寻找贸易机会的主要方式。
掌握：参加展览会方式；利用互联网络营销的技巧。
2. 经营方案制订
掌握：国际市场调研方法；国际市场营销环境分析基本方法；目标客户调研方法；广告宣传方法；商标注册方法；商品经营方案制订方法。

二、国际贸易交易磋商

1. 国际贸易谈判
掌握：国际贸易谈判程序、洽谈方式。
2. 国际贸易磋商方法
掌握：商业电邮的基本格式；商业磋商函电撰写。

三、进出口贸易方式

1. 出口贸易方式
掌握：自营出口和代理出口的业务过程。
2. 进口贸易方式
掌握：代理进口的业务过程。
3. 加工贸易方式
掌握：加工贸易的业务过程。

四、国际贸易单证制作

掌握：商业发票；包装单据；报关单；原产地证书；保险单据；单据的种类、作用、格式、含义及其缮制要求。

五、信用证的审核和操作

掌握：信用证的释读；信用证内容的审核；跟单信用证方式下单据的审核；信用证不符点及其修改；出口信用证的操作；进口信用证的操作。

六、成本核算

1. 进出口商品价格确定

了解：商品的作价原则。

掌握：商品成本核算方法；价格换算方法。

2. 佣金和折扣

掌握：佣金、折扣的使用惯例和计算方法。

3. 运费计算办法

掌握：海运运费的计算方法。

4. 保险费计算办法

掌握：保险金额、保险费的计算方法。

5. 出口报价

掌握：出口报价核算。

七、国际贸易管理和业务办理

1. 货物进出口管理

了解：货物进出口管理的依据和主要手段。

2. 海关业务

了解：通关的一般规定和工作程序。

掌握：海关通关的业务内容。

3. 出入境货物检验检疫业务

了解：进出境货物报检的一般规定和工作程序。

掌握：进出境货物报检的业务内容。

4. 货物贸易外汇管理指引操作规程

掌握：货物贸易外汇管理企业操作的业务过程和内容。

5. 出口退税业务

了解：出口退税相关规定。

掌握：出口货物退税的计算方法。

第一章 国际贸易业务信息获取

一、简述寻找贸易机会的主要方式
二、简述展览会参展一般要注意的事项
三、简述中国出口商品交易会改为中国进出口商品交易会的时间
四、简述如何利用互联网络发布信息
五、简述利用互联网络营销的主要方法
六、简述商务部“中国商品网”中与电子商务的关系非常直接的三个栏目
七、简述国际市场营销的经济环境分析
八、简述国际市场营销的文化环境分析
九、简述国际市场营销的政治和法律环境分析
十、简述为什么要进行国际市场调研
十一、简述客户资信情况的调查的主要方法
十二、简述资信调查的内容
十三、简述互联网广告与传统广告的比较
十四、简述互联网广告的特点及优势分析
十五、简述网络广告的主要形式
十六、简述商标的特征
十七、简述商品经营方案的制订

第二章 国际贸易交易磋商

一、简述国际贸易谈判的基本程序

二、简述谈判过程发生顺序的四个"C"

三、请将几种主要谈判方式进行比较

四、简述写好商务信函要注意的七个原则

五、翻译建立国际贸易关系函电

Letter

Dear Sirs,

We have obtained your address from the Chamber of Commerce in London and are now writing you for the establishment of business relations.

We are very well connected with all the major dealers here of bicycles, and feel sure that we can sell large quantities of bicycles to Chinese consumers if we could get your offers at competitive prices.

We are very desirous of entering into business relations with you. Please let us have all necessary information you need.

Your early reply is very much appreciated.

Yours sincerely

六、翻译询盘函电

Letter

Dear Sir or Madam,

We are writing to you on behalf of our principals in Sydney who are interested in importing chinaware from China.

Could you please send us your latest catalogue and pricelist?

Our principals are a large chain store in Australia and will probably place substantial orders if the quality and prices of your products are satisfactory.

We look forward to hearing from you soon.

Yours faithfully

七、翻译发盘函电

Letter

Dear Sirs,

Your fax of February 16th has received our immediate attention. We are pleased to know that you are interested in our products.

In reply to your inquiry, we take pleasure in making you an offer as follows, subject to your reply reaching us 5 days from today:

Name of Commodity & Specification	Quantity	Price (USD)
661231 COFFEE POT 900ML	240PCS	25.00
661232 TEA KETTLE 600ML	480PCS	28.00
661233 S/S CUP 300ML	400PCS	6.50

The price is on the basis of CIF Bandung.

Packing: At buyer's option

Shipment: Total quantity to be delivered by 3 equal monthly shipments, March through May, 2019.

Payment: irrevocable L/C

The price will inevitably be raised in the near future because of the increasing demand, so your early order is absolutely essential.

Yours faithfully

八、翻译还盘函电

Letter

Dear Mr. Lee,

Thank you for your offer of June 29 for "D.D." brand raincoats.

To be frank with you, we like your raincoats, but your prices appear to be on the high side as compared with those of other makers. It is understood that to accept the prices you quoted would leave us little or no margin of profit on our sales. As you know, Kuwait is a developing country; its principal demand is for articles in the medium price range. Besides, payment by L/C would increase our cost, and we propose an easier payment.

We appreciate your prompt response to our enquiry and would like to take this opportunity to conclude some transactions with you. We would, therefore, suggest that you make some allowance, say 10% on your quoted prices and accept payment by half T/T and half L/C so as to enable us to introduce your products to our customers. If, however, you cannot do so, then we shall have no alternative but to leave the business as it is.

We hope you will consider our counter-offer favorably and let us have your acceptance by e-mail.

Yours sincerely

九、翻译下订单函

Letter

Dear Sirs,

We have now had an opportunity of testing the sample left by your representive recently. It has proved to be all you claim for it, and we are prepared to order the following as a trial: Type A, 10sets; Type B, 5sets; Type C, 8sets. You will of course agree that your make is not well-known to the public here, and we hope, you will make your advertising as mentioned in your letter.

Our order is subject to your acceptance of our usual terms of payment 30 days after sight on D/A, We refer you to ABC Co., Ltd. if you should wish to make any inquiries on our credit standing.

Yours faithfully

第三章　进出口贸易业务方式

一、简述国际货物买卖的基本流程

二、以 CIF 术语成交、集装箱班轮运输、凭信用证付款为例，简述出口合同履行的基本环节

三、以 FOB 术语成交、集装箱班轮运输、凭信用证付款为例简述进口合同履行的基本环节

四、简述代理出口业务的基本环节

五、简述代理进口业务的基本环节

六、请画出国际结算汇付方式的业务流程

七、请阐述电汇的定义并画出电汇方式的业务流程

八、请阐述信汇的定义并画出信汇方式的业务流程

九、请阐述票汇的定义并画出票汇方式的业务流程

十、请画出出口托收的业务流程

十一、请根据信用证的程序图，写出流程中每一步的处理概要

十二、请根据所给的信息缮制出口合同

1. 合同内容

日本 SAKULA 公司向上海东海进出口有限公司发来询价函，要求该公司对下列产品报 CIF 神户价：

 Men's Belt	 Fashion Belt	 Diamante Belt
Features: 1)Material: PU 2)Size: 100×4.8cm Outer packing: 150pcs/ctn	Features: 1) Material: PU, needle buckle 2) Size: 105×8cm Outer packing: 120pcs/ctn	Features: 1) Size: 105×3.8cm 2) Material: metallic PU with needle buckle Outer packing: 100pcs/ctn

经过发盘还盘后,最终成交价格如下:

(1)Man's Belt 3 000 条,CIF KOBE USD12/PCS。

(2)Fashion Belt 4 800 条,CIF KOBE USD15/PCS。

(3)Diamante Belt 500 条,CIF KOBE USD30/PCS。

其他情况如下:

卖方:

上海东海进出口有限公司

SHANGHAI DONGHAI IMP. & EXP. CO., LTD.

East Tower, No.68 Zhongshan Road(E.1), Shanghai China

Tel:0086-21-66080888

Fax:0086-21-66081888

买方:

SAKULA CO.,LTD.

ITC BUILDING 6TH FLOOR SUITE 602

1-8-4 CHOME ISOBE-DORI CHUO-KU KOBE JAPAN

Tel:0081-78-362-1444

Fax:0081-78-362-1445

合同编号: SC0601260

签订日期:2014 年 12 月 1 日

装运期限:2015 年 2 月 28 日之前

付款条件:即期不可撤销信用证,买方须于 2014 年 12 月 20 日前开出本批交易的信用证

装运港:上海

目的港:神户

分批装运:不允许

转船:不允许

保险:加一成,根据中国人民保险公司 1981 年 1 月 1 日的海运货物保险条款,投保一切险

唛头:在信用证上给出

品质/数量异议:如买方提出索赔,凡属品质异议,须于货到目的口岸之__60__日内提出。凡属数量异议,须于货到目的口岸之__30__日内提出

买方收到本售货确认书后请立即签回一份,如买方对本确认书有异议,应于收到后 5 天内提出,否则认为买方已同意接受本确认书所规定的各项条款。

买方代表:田中君山

卖方代表:仲欣

2. 合同格式

上海东海进出口有限公司

SHANGHAI DONGHAI IMP. & EXP. CO., LTD.

East Tower, No.68 Zhongshan Road(E.1), Shanghai China

售货确认书

SALES CONFIRMATION

Tel: 0086-21-66080888
Fax: 0086-21-66081888

编号:
No. ______

日期:
Date: ______

To Messrs:

谨启者:兹确认售予贵方下列货品,其成交条款如下:

Dear Sirs, We hereby confirm having sold to you the following goods on the terms and conditions as specified below:

(1)货物名称及规格 Name of Commodity and Specification	(2)数量 Quantity	(3)单价 Unit Price	(4)总价 Amount
Total Amount in Words:			

(5)装运期限:

Time of Shipment:

(6)装运港:

Port of Loading:

(7)目的港:

Port of Destination:

(8)分批装运:

Partial Shipment:

(9)转船:

Transhipment:

(10)付款条件:

Terms of Payment:

(11)运输标志:

Shipping Marks:

(12)保险:

Insurance: The Seller should cover insurance for ___ of the total invoice value against All Risks as per Ocean Marine Cargo Clauses of PICC dated 1/1/1981.

(13)仲裁

Arbitration: All disputes arising from the execution of, or in connection with this Sales Confirmation, shall be settled amicably through friendly negotiation. In case no settlement can be reached through negotiation, the case shall then be submitted to China International Economic and Trade Arbitration Commission, Shanghai Commission for arbitration in accordance with Rules of Arbitration of China International Economic and Trade Arbitration Commission. The award made by the Commission should be accepted as final and binding upon both parties.

Remarks：

买方须于____年__月__日前开出本批交易的信用证(或通知销售方进口许可证号码)；否则，销售方有权不经过通知取消本确认书，或向买方提出索赔。

The Buyer shall establish the covering Letter of Credit (or notify the Import License Number) before __, falling which the Seller reserves the right to rescind without further notice, or to accept whole or any part of this Sales Confirmation non-fulfilled by the Buyer, or, to lodge claim for direct losses sustained, if any.

凡以 CIF 条件成交的业务，保额为发票价的____，投保险别以售货确认书中所开列的为限，买方如果要求增加保额或保险范围，应于装船前经卖方同意，因此而增加的保险费由买方负责。

For transactions conclude on CIF basis, it is understood that the insurance amount will be for ____ of the invoice value against the risks specified in Sales Confirmation. If additional insurance amount or coverage is required, the buyer must have consent of the Seller before Shipment, and the additional premium is to be borne by the Buyer.

品质/数量异议：如买方提出索赔，凡属品质异议，须于货到目的口岸之__日内提出。凡属数量异议，须于货到目的口岸之__日内提出，对所装货物所提任何异议属于保险公司、轮船公司等其他有关运输或邮递机构的责任范畴，卖方不负任何责任。

QUALITY,/QUANTITY DISCRFPANCY: In case of quality discrepancy, claim should be filed by the Buyer within ____ days after the arrival of the goods at port of destination; while for quantity discrepancy, claim should be filed by the Buyer within ____ days after the arrival of the goods at port of destination. It is understood that the seller shall not he liable for any discrepancy of the goods shipped due to causes for which the Insurance Company, Shipped Company other transportation organization/or Post Office are liable.

本确认书内所述全部或部分商品，如因人力不可抗拒的原因，以致不能履约或延迟交货，卖方概不负责。

The Seller shall not be held liable for failure of delay in delivery of the entire lot or a portion of the goods under this Sales Confirmation in consequence of any Force Majeure incidents.

买方在开给卖方的信用证上请填注本确认书号码。

The Buyer is requested always to quote THE NUMBER OF THIS SALES CONFIRMATION in the Letter of Credit to be opened in favour of the Seller.

买方收到本售货确认书后请立即签回一份，如买方对本确认书有异议，应于收到后 5 天内提出，否则认为买方已同意接受本确认书所规定的各项条款。

The buyer is requested to sign and return one copy of the Sales Confirmation immediately after the receipt of same, Objection, if any, should be raised by the Buyer within five days after the receipt of this Sales Confirmation, in the absence of which it is understood that the Buyer has accepted the terms and condition of the Sales Confirmation.

买　方	卖　方
THE BUYER	THE SELLER

十三、请根据所给的信息缮制进口合同

1. 合同内容

进口方：

上海东海进出口有限公司

SHANGHAI DONGHAI IMP. & EXP. CO., LTD.

East Tower, No.68 Zhongshan Road(E.1), Shanghai China

Tel:0086-21-66080888

Fax:0086-21-66081888

出口方:

BUCKLEY CO., LTD.

PO Box 299, Saint Michael, Minnesota, United States

Tel:001-763-3323673

Fax:001-763-3323676

品名、货号	图样	数量	单价 CFR SHANGHAI
1)Pruning shear: ART NO. RG-1024		1 000SET	USD20.00
2)Garden shear: ART NO. RG-6001		1 500SET	USD15.00
3)Pliers: ART NO. TP-0201	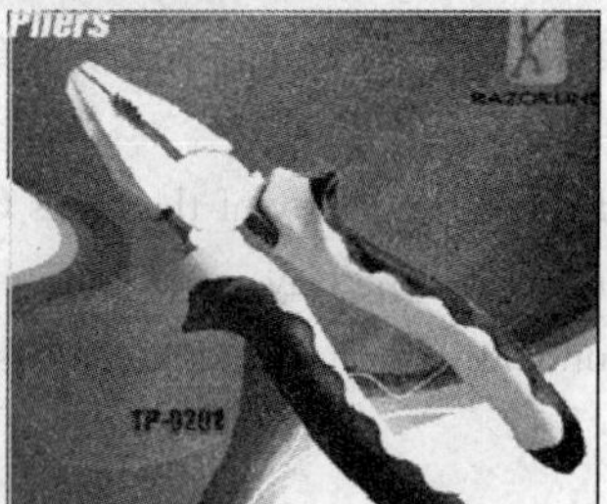	2 000SET	USD10.00

原产国:美国

包装:装 1 个 20 英尺集装箱

运输方式:海洋运输

装运日:不迟于 2014 年 11 月 15 日

起运港:旧金山　　目的港:上海

转运:禁止　　分批装运:禁止

付款方式:即期信用证

信用证应不迟于 2014 年 10 月 15 日到达受益人所在地的通知银行,开证费用以外的所有银行费用由卖方承担。

信用证项下单据清单：

(1)已签署的商业发票 1 份正本、2 份副本

(2)全套已装船海运提单 3 份正本、3 份副本，做成空白抬头空白背书，通知开证申请人，并标注“运费已付”

(3)装箱单 1 式 2 份

(4)受益人证明中以下单据均在装运日后 2 个工作日内通过快递寄交给开证申请人

1)出口地商会出具的原产地证明

2)受益人出具的装运重量记录，标明货物总净重、总毛重

3)非木质包装证明书

4)由中国检验认证集团(China Certification and Inspection(Group)Co., Ltd.)出具的装船前检验证明

5)受益人发送至开证申请人的装船通知传真件

该传真应于装船后 24 小时内发出，告知装运细节，包括提单号码、日期、船名、航次及船舶预计到港的时间。

海运保险：由买方自行办理

补充内容：信用证项下单据必须在提单日后 15 天内提交通知银行

合同号：BS1401035

合同日期：2014 年 7 月 1 日

进口方业务代表：时晓效

出口方业务代表：Robert Meade

2. 合同格式

PURCHASE CONTRACT

Contract No.: Date:

The Buyer: Add:	Tel: Fax:
The Seller: Add:	Tel: Fax:

This contract is made by and between the seller and the buyer whereby the seller agrees to sell and the buyer agrees to buy the under-mentioned goods according to the terms and conditions stipulated below:

Description of Commodity	Quantity	Unit Price	Amount
Total Value:			

Country of origin:

Packing:

Shipment:

Payment:

Documents:

Insurance:

Others:

The Buyer	The Seller
Representative:	Representative:

Remarks:

Inspection & Claims: The Buyer shall have the right to apply to SGS and/or CIQ for inspection after discharge of the goods at the port of destination at the Buyer's cost and the report issued by SGS and/or CIQ at discharge port to be considered as final.

Should the quality and weight inspected by SGS and/or CIQ be found not in conformity with the contract or invoice, the Buyer shall be entitled to lodge claims with the Seller on the basis of the inspection certificate issued by SGS and/or CIQ at discharge port.

With the exception, however, of those claims for which the shipping company and/or the insurance company are to be held responsible.

Force Majeure: In case of force majeure in accordance with international law, the Seller shall not be held responsible for the delay in the delivery or non-delivery of the goods caused by or resulting from any cause beyond the Seller's control or the carrier of the material, including calamities of nature (heavy rain, heavy wind storms, tsunami or water flood), strikes, war, riots, embargoes. In such event preventing the Seller from shipping or delivering, such shipments of deliveries shall be suspended in the duration of contingency, and immediate notification should be given to the Buyer certificate to this effect to be issued by Government, Authorities or Chamber of Commerce and presented to the Buyer. If the shipment is delayed for more than 30 days, the Buyer shall have the right to cancel this contract.

Arbitration: All disputes in connection with the execution of this contract may be settled through friendly negotiations. Failing the friendly negotiation does not relieve both or any of the parties of their respective contractual obligations. In the event of any disputes which the parties fail to resolve amicably, such disputes shall be referred to and finally resolved by arbitration at the China International Economic and Trade Arbitration Commission in Beijing, China. The award of arbitration shall be accepted by both parties hereto as final and binding for both parties.

十四、缮制出口收购合同

1. 合同所需的信息

(1)买卖双方情况

买方

上海东海进出口有限公司

电话:021-66080888

传真:021-66081888

地址:上海中山东一路 68 号东楼

邮政编码:200002

业务代表:赵函轩

卖方

绍兴弘海制品有限公司

电话:0578-2131999

传真:0578-2131998

地址:绍兴市越城区马山镇镇北西路 99 号

邮政编码:312000

业务代表:钱中海

(2)商品

1)男式腰带3 000条,单价:40 元/条

2)时装腰带4 800条,单价:50 元/条

3)镶宝石时装腰带 500 条,单价:100 元/条

(3)税款

增值税:17%

(4)外销合同:SC1401260

(5)合同号码:SG060001

(6)合同日期:2014-12-22

(7)付款方式:支票或本票。买方在收到卖方增值税发票 5 个工作日内支付

(8)到货地点:买方指定仓库

(9)交货日期:卖方在 2008 年 2 月 26 日一次性交货

(10)其他要求:品质按外商方面认可的标准;包装按外方要求的外销包装;卖方须在交货前及时通知买方

2. 合同格式

上海东海进出口有限公司收购合同

供方单位: 合同号码:________

单位地址: 合同日期:________

邮编: 外销合同:________

联系人:

电话:

品名及代码	数量、单位	单价	税率	货价	总价
合　计					
总金额					

付款方式:

到货地点:

交货日期:

其他要求:

合同条款

一、本合同内容未经买方同意不得修改，如自行修改未经双方签章确认仍属无效。

二、本合同具有法律责任，签约双方均须严格遵守，如有一方违约造成对方损失者应负责赔偿。

三、本合同如遇国外特殊情况不能出口，买方提出终止本合同执行，卖方应予谅解。

四、本合同在执行过程中，如遇政府法令变化时，得随政府法令规定而协商变更。

五、商品质量检验，卖方必须按照合同规定外商方面认可的质量交货，如出口后国外提出质量不符合要求，卖方要协助解决。

六、卖方必须按合同规定的时间交货，如有延期迟交造成买方损失时，卖方应负赔偿的责任。

七、如果本产品为法定商检的出口产品，卖方交货时必须向买方提供有关商检部门签发的出口商品检验证书。

八、卖方在货物出运后，必须按买方要求开具与实际出口货物相符的增值税发票。

九、本合同的签约地为上海。

十、本合同正本共两页，一式两份，买卖双方各执一份。

买方签章	卖方签章
电话：	电话：
传真：	传真：
地址：	地址：
邮政编码：	邮政编码：
业务代表：	业务代表：

十五、进出仓单制作

上海益明食品进出口公司从上海梅林罐头厂买入一批“梅林”牌午餐肉（397 克×24 听/箱）罐头（商品编号为 MAL397），出口装运期间分批装运出口。进仓的具体日期如下：2014 年 1 月 8 日进仓“梅林”牌午餐肉 500 箱，2014 年 5 月 18 日进仓“梅林”牌午餐肉 200 箱，2014 年 6 月 12 日进仓中性包装午餐肉 100 箱（商品编号为 ZHX397），2014 年 6 月 18 日进仓“梅林”牌午餐肉 400 箱，上述商品单价均为每箱 240 元，纸箱装，请分别开出进仓单。仓库为食品一库，500 箱放 C-1 仓位，400 箱放 C-2 仓位，200 箱放 A-1 仓位，100 箱放 A-2 仓位。进仓单编号从 J00001 顺序编排，制单时间是出入库时间的前一天。中性包装午餐肉的外销合同号为 SC04001。数量在运输途中没有损耗，件数的计量单位同数量单位。

2014 年 9 月 11 日出口“梅林”牌午餐肉 900 箱，外销合同号为 SC04002，按照“先进先出”的原则请开一张出仓单。

保管员：成易　　入库员：周海　　业务制单：祝一休　　出库员：童心还

填制下列单据：

商品进仓单 1

上海益明食品进出口公司

商品进仓单　　编号：

供货单位：　　制单时间：2014 年　月　日　　合同号：

仓库/仓位　　入库时间：2014 年　月　日　　外销合同号：

商品编号	品名规格	包装	件数	数　量		单位	单价	金额
				原发数	实收数			
保管员：	入库员：	业务制单：						

商品进仓单 2

上海益明食品进出口公司

商品进仓单　　编号：

供货单位：　　制单时间：2014 年　月　日　　合同号：

仓库/仓位　　入库时间：2014 年　月　日　　外销合同号：

商品编号	品名规格	包装	件数	数　量		单位	单价	金额
				原发数	实收数			
保管员：	入库员：	业务制单：						

商品进仓单 3

上海益明食品进出口公司

商品进仓单　　编号：

供货单位：　　制单时间：2014 年　月　日　　合同号：

仓库/仓位　　入库时间：2014 年　月　日　　外销合同号：

商品编号	品名规格	包装	件数	数　量		单位	单价	金额
				原发数	实收数			
保管员：	入库员：	业务制单：						

商品进仓单 4

上海益明食品进出口公司

商品进仓单

编号：

供货单位：　　　　制单时间：2014 年　月　日　　　　合同号：

仓库/仓位　　　　入库时间：2014 年　月　日　　　　外销合同号：

商品编号	品名规格	包装	件数	数量		单位	单价	金额
				原发数	实收数			
保管员：	入库员：	业务制单：						

商品出仓单

上海益明食品进出口公司

商品出仓单

仓库：　　　　制单时间：2014 年　月　日　　　　编号：

仓位：　　　　出库时间：2014 年　月　日　　　　外销合同号：

进仓单号	商品编号	品名规格	包装	件数	数量	单位	单价	金额
总计								
保管员：	入库员：	业务制单：						

第四章　国际贸易单证制作

一、请根据银行来证信息及货物明细缮制商业发票

1. 答题素材如下：

商品名称：TROLLEY CASES　　货号：TS503214

数量	1 200PCS
单价	USD6.50 CIF NEW YORK
外包装	每一纸箱装 10PCS

买方：

ORTAI CO., LTD.
30 EAST 40TH STREET,
NEW YORK, NY 10016
TEL:001-212-992-9788
FAX:001-212-992-9789

卖方

ZHENGJIANG HULIN SUITCASE & BAG CO., LTD.
78 RENMIN ROAD NINGBO 315000, CHINA
TEL: 0086-0574-63524789

发票日期：2014-8-5　　　　制单员：钱振华

合同号	L/C 号	发票号码
14001020	N8932405TH11836	14001036

运输标记：ORTAI
14001036
NEW YORK
C/NO.1-UP

合同为一般贸易：ORDINARY TRADE

在发票中加上标注："我们保证这张发票所载的内容是真实和正确的。"

（注：除姓名签字外，其他部分请用英语大写字母填写）

2. 请根据给出的材料缮制出口发票

商业发票

COMMERCIAL INVOICE

<table>
<tr><td colspan="2" rowspan="2">1. 出口商 EXPORTER</td><td colspan="3">4. 发票日期和发票号 INVOICE DATE AND NO.</td></tr>
<tr><td colspan="2">5. 合同号 CONTRACT NO.</td><td>6. 信用证号 L/C NO.</td></tr>
<tr><td colspan="2" rowspan="2">2. 进口商 IMPORTER</td><td colspan="3">7. 原产地国 COUNTRY/REGION OF ORIGIN</td></tr>
<tr><td colspan="3">8. 贸易方式 TRADE MODE</td></tr>
<tr><td colspan="2">3. 运输事项 TRANSPORT DETAILS</td><td colspan="3">9. 交货和付款条款 TERMS OF DELIVERY AND PAYMENT</td></tr>
<tr><td>10.运输标志和集装箱号
SHIPMENT MARKS;
CONTAINER NO.</td><td>11.包装类型及件数;商品编码;商品描述
NUMBER AND KIND OF PACKAGES;
COMMODITY NO.;COMMODITY DESCRIPTION</td><td>12.数量
QUANTITY</td><td>13.单价
UNIT PRICE</td><td>14.金额
AMOUNT</td></tr>
<tr><td></td><td></td><td></td><td></td><td></td></tr>
<tr><td colspan="5">15. 总值(用数字和文字表示)TOTAL AMOUNT (IN FIGURE AND WORD)</td></tr>
<tr><td colspan="2"></td><td colspan="3">16. 出口商签章
EXPORTER STAMP AND SIGNATURE</td></tr>
</table>

二、请根据出口合同及货物明细，缮制装箱单

1. 制作依据：出口合同和补充资料

CONTRACT

NO.：121002

DATE：OCT.15，2012

THE BUYERS(买方)：KOBORI BUTSUGU MFG.CO.，LTD.

ADDRESS(地址)：2-20-12，DOGENZAKA，SHIBUYA-KU，TOKYO，JAPAN ZIP：1500043

THE SELLERS(卖方)：SHANGHAI HUNING INTERNATIONAL TRADING CO.，LTD.

ADDRESS(地址)：NO.100，XIMEN ROAD SHANGHAI，CHINA

This Contract is made by and between the Buyers and the Sellers，whereby the Buyers agree to buy and the Sellers agree to sell the under mentioned commodity according to the terms and conditions stipulated below：

1. COMMODITY(商品)：

Description (货品描述)	Unit (单位)	Qty (数量)	Unit Price (货物描述)	Amount (总额)
			CIF TOKYO	
SOFT TOYS	PCS	1 200	USD10.50	USD12 600.00
FREE SHIPPING COOLER BAG	PCS	5 000	USD8.50	USD42 500.00
				USD55 100.00

2. COUNTRY AND MANUFACTURERS：CHINA

3. PACKING：

SOFT TOYS：5PCS/CARTON

GROSS WEIGHT：10KGS/CARTON NET WEIGHT：9KGS/CARTON

CANTON SIZE：50CM×40CM×30CM

FREE SHIPPING COOLER BAG：10PCS/CARTON

GROSS WEIGHT：12KGS/CARTON NET WEIGHT：10KGS/CARTON

CANTON SIZE：60CM×40CM×50CM

4. SHIPPING MARK：

KBMC /121002 /TOKYO/CN：1-UP.

5. TIME OF SHIPMENT(装运期)：BEFORE NOV.15，2012

6. PORT OF SHIPMENT(装运港)：SHANGHAI PORT，CHINA

7. PORT OF DESTINATION(目的港)：TOKYO PORT，JAPAN

8. INSURANCE(保险)：TO BE COVERED BY SELLERS FOR 110% INVOICE VALUE AGAINST ALL RISKS

9. PAYMENT(支付方式)：T/T

10. DOCUMENTS(单据)：

+COMMERCIAL INVOICE IN 3 COPIES

+PACKING LIST IN 3 COPIES

THE BUYERS：	THE SELLERS：
KOBORI BUTSUGU MFG.CO.，LTD.	SHANGHAI HUNING INTERNATIONAL TRADING CO.，LTD.
Bob Davis	程大海

补充资料:

1)发票号:IV 93568

2)发票日期:2012.11.12

3)经办人:程大海

4)装箱单日期同发票日期

注意:所有项目都用英语填写,用大写字母。

2. 请根据给出的制作依据完成下列装箱单

装箱单

Packing List

<table>
<tr><td colspan="2">1. 出口商 Exporter</td><td colspan="3">3. 装箱单日期 Packing List Date</td></tr>
<tr><td colspan="2" rowspan="2">2. 进口商 Importer</td><td colspan="2">4. 合同号 Contract No.</td><td>5. 信用证号 L/C No.</td></tr>
<tr><td colspan="3">6. 发票日期和发票号 Invoice Date and No.</td></tr>
<tr><td>7. 运输标志和集装箱号
Shipment marks;Container No.</td><td>8. 包装类型及件数;商品编码;商品描述
Number and kind of packages;Commodity No.;Commodity description</td><td>9. 毛重 kg
Gross weight</td><td>10.净重 kg
Net weight</td><td>11.体积 m³
Cube</td></tr>
<tr><td colspan="5"></td></tr>
<tr><td colspan="2"></td><td colspan="3">12. 出口商签章
Exporter stamp and signature</td></tr>
</table>

三、请根据制作依据提供的素材完成下列一般原产地证书

1. 制作依据

项目	填写内容
出口商	SHANGHAI QUNMING TRADE CO., LTD. 850 NANJING ROAD(E) SHANGHAI 200001, CHINA
收货人	GLOBAL IMPORTS CO., LTD. 45 WEST 52TH STREET, NEW YORK, NY 10001
运输方式及路线	FROM SHANGHAI, P.R. OF CHINA TO NEW YORK, U.S.A. BY VESSEL
目的国(地区)	USA
签证机构使用栏	

续表

项目	填写内容
唛头及包装号码	GLOIMP SIT080305012 USA C/NO.1-UP
包装件数和种类、货物描述	60 CARTONS(SAY SIXTY CARTONS ONLY) OF PLASTIC TOY
商品编码	9503
数量	G.W.: 800KGS
发票号及日期	SIT130905012 DATED AUG.20,2013
出口商申明	申报地点:上海 申报人:唐家宜 申报时间:同发票日期

2. 一般原产地证书格式

ORIGINAL

<table>
<tr><td colspan="2">1. Exporter</td><td colspan="3" rowspan="2">Certificate No.
C121100300010001

CERTIFICATE OF ORIGIN
OF
THE PEOPLE'S REPUBLIC OF CHINA</td></tr>
<tr><td colspan="2">2. Consignee</td></tr>
<tr><td colspan="2">3. Means of transport and route</td><td colspan="3" rowspan="2">5. For certifying authority use only</td></tr>
<tr><td colspan="2">4. Country/region of destination</td></tr>
<tr><td>6. Marks and numbers</td><td>7. Number and kind of packages; description of goods</td><td>8. H.S.Code</td><td>9. Quantity</td><td>10. Number and date of invoices</td></tr>
<tr><td colspan="2">11. Declaration by the exporter
The undersigned hereby declares that the above details and statements are correct, that all the goods were produced in China and that they comply with the Rules of Origin of the People's Republic of China.

……………………………………
Place and date, signature and stamp of authorized signatory</td><td colspan="3">12. Certification
It is hereby certified that the declaration by the exporter is correct.

……………………………………
Place and date, signature and stamp of certifying authority</td></tr>
</table>

四、请根据制作依据提供的素材完成下列普惠制原产地证书

1. 制作依据：(注：除姓名签字外，其他部分请用英语大写字母填写)

项目	数据内容
1. 出口商的业务名称、地址、国别	SHANGHAI DONGXU IMP.& EXP. CO., LTD. ROOM 18 NO.997 EAST BEIJING RD. SHANGHAI CHINA
2. 收货人的名称、地址、国别	TORONTO EAGLE CO., LTD. 505 BAY STREET, 10/FL.,TORONTO, ONTARIO CANADA M5H 2Y4
3. 运输方式及路线(就所知而言)	FROM SHANGHAI, CHINA TO VANCOUVER, CANADA BY VESSEL
4. 供官方使用	
5. 商品顺序号	填入适当的内容
6. 唛头及包装号	TECL JB110300530VANCOUVER C.NO.1-176
7. 包装数量及种类，商品说明	ONE HUNDRED AND SEVENTY SIX (176) CTNS OF FOOTWEAR P.O. NO.:527983 DEPT NO.:269 SKU NO.:28697050 L/C NO.:DC HTO644325
8. 原产地标准	进口成分占35%
9. 毛重或其他数量	1066PAIRS
10. 发票号及日期，必须照正式商业发票填具	发票号:JB110300530 日期:OCT.27,2013
11. 为签证当局的证明	SHANGHAI,OCT.28, 2013
12. 出口商的申明	进口国:CANADA 申报地点、时间:SHANGHAI,OCT.27, 2013
13. 证书号	G101100300010001

2. 格式：

ORIGINAL

<table>
<tr><td>1. Goods consigned from (Exporter's business name, address, country)</td><td rowspan="2">Reference No.

GENERALIZED SYSTEM OF PREFERENCES
CERTIFICATE OF ORIGIN
(Combined declaration and certificate)
FORM A
Issued in THE PEOPLE'S REPUBLIC OF CHINA
(country)
See Notes overleaf</td></tr>
<tr><td>2. Goods consigned to (Consignee's name, address, country)</td></tr>
<tr><td>3. Means of transport and route (as far as known)</td><td>4. For official use</td></tr>
</table>

续表

<table>
<tr><td>5. Item number</td><td>6. Marks and numbers of packages</td><td>7. Number and kind of packages; description of goods</td><td>8. Origin criterion (see Notes overleaf)</td><td>9. Gross weight or other quantity</td><td>10. Number and date of invoices</td></tr>
<tr><td></td><td></td><td></td><td></td><td></td><td></td></tr>
<tr><td colspan="3">11. Certification
It is hereby certified, on the basis of control carried out, that the declaration by the exporter is correct.

Place and date, signature and stamp of certifying authority</td><td colspan="3">12. Declaration by the exporter
The undersigned hereby declares that the above details and statements are correct, that all the goods were produced in CHINA
(country)
and that they comply with the origin requirements specified for those goods in the Generalized System of Preferences for goods exported to

(importing country)

Place and date, signature and stamp of authorized signatory</td></tr>
</table>

五、根据出口商业发票和装箱单制作出口报关单

浙江海陵工业和贸易有限公司(3301900099)以一般贸易方式，向法国某贸易公司出口一批溜冰鞋，商品中文名称为“新的可调式溜冰鞋”，第一法定计量单位双，第二法定计量单位千克，成交计量单位双，H. S. 编码 9506701000。货主于 2013 年 10 月 19 日通过编号为 118715260 的预录入报关单自行向北仑海关(3104)申报出口。另外，订舱单显示货物由中远集运“COSCO HELLAS”号轮船 17W 航次承担运输任务，货物分装两个 20 英尺，自重为 2 275 千克的集装箱，箱号分别为 TTNU5879631 和 YMLU2837730，提运单号 COSU89302895。请你根据提供的商业发票和装箱单，以浙江海陵工业和贸易有限公司的名义填制此票出口货物的报关单。(填制要求：报关企业从海关 H2000 系统上打印出来的报关单)

一般贸易代码：0110

一般征税代码：101

境内货源地：杭州其他代码 33019

法国代码：305

巴黎代码：2176

此项货物的运费：USD 3 300.00；保费：USD468.63

通关单号：530820100543208

生产厂家：浙江海陵鞋业厂

商业发票

Commercial Invoice

<table>
<tr><td colspan="2">1. 出口商 Exporter
ZHEJIANG HAILING INDUSTRIAL AND TRADING CO., LTD.
No.199 TAIAN ROAD HANGZHOU 310051 ZHEJIANG CHINA
TEL:0086-571-87661388
FAX:0086-571-87661389</td><td colspan="3">4. 发票日期和发票号 Invoice Date and No.
20131010 KI11003

5. 合同号 Contract No.
ZH1301001

6. 信用证号 L/C No.
30-0038-556987</td></tr>
<tr><td colspan="2">2. 进口商 Importer
FRANCE LIUFANG INTERNATIONAL TRADING CO.,LTD.
18, RUE LAFAYETTE 75010 PARIS FRANCE
TEL:0033-1-55269698
FAX:0033-1-55269866</td><td colspan="3">7. 原产地国 Country/region of origin of
CHINA

8. 贸易方式 Trade mode
ORDINARY TRADE</td></tr>
<tr><td colspan="2">3. 运输事项 Transport details
FROM NINGBO, CHINA TO PARIS, FRANCE BY SEA</td><td colspan="3">9. 交货和付款条款 Terms of delivery and payment
TERMS OF DELIVERY: BY SEA
TERMS OF PAYMENT: BY L/C</td></tr>
<tr><td>10. 运输标志和集装箱号 Shipment marks; Container No.</td><td>11. 包装类型及件数;商品编码;商品描述 Number and kind of packages; Commodity No.; Commodity description</td><td>12. 数量 Quantity</td><td>13. 单价 Unit price</td><td>14. 金额 Amount</td></tr>
<tr><td>FLIT
KI11003
PARIS
C/No.1-656</td><td>ART.No. XL-901
NEW ADJUSTABLE ROLLER SKATES
S:31-34#

TOTAL QUANTITY: 3 936PRS IN 656 CARTONS

We certify that the contents of this invoice are true and correct.</td><td>3 936PRS</td><td>CIF PARIS
USD16.65</td><td>USD65 534.40</td></tr>
<tr><td colspan="5">15. 总值(用数字和文字表示)Total amount (in figure and word)
TOTAL: USD65 534.40
SAY U.S. DOLLARS SIXTY FIVE THOUSAND FIVE HUNDRED AND THIRTY FOUR AND CENTS FORTY ONLY</td></tr>
<tr><td colspan="2"></td><td colspan="3">16. 出口商签章
Exporter stamp and signature
ZHEJIANG HAILING INDUSTRIAL AND TRADING CO., LTD.

王欣欣</td></tr>
</table>

装箱单

Packing List

<table>
<tr><td colspan="2">1. 出口商 Exporter
ZHEJIANG HAILING INDUSTRIAL AND TRADING CO., LTD. NO.199 TAIAN ROAD HANGZHOU 310051 ZHEJIANG CHINA
TEL:0086-571-87661388
FAX:0086-571-87661389</td><td colspan="3">3. 装箱单日期 Packing List Date
20131010</td></tr>
<tr><td colspan="2" rowspan="2">2. 进口商 Importer
FRANCE LIUFANG INTERNATIONAL TRADING CO., LTD.
18, RUE LAFAYETTE 75010 PARIS FRANCE
TEL:0033-1-55269698
FAX:0033-1-55269866</td><td>4. 合同号 Contract No.
ZH1301001</td><td colspan="2">5. 信用证号 L/C No.
30-0038-556987</td></tr>
<tr><td colspan="3">6. 发票日期和发票号 Invoice Date and No.
20131010 KI11003</td></tr>
<tr><td>7. 运输标志和集装箱号
Shipment marks; Container No.</td><td>8. 包装类型及件数;商品编码;商品描述
Number and kind of packages; Commodity No.; Commodity description</td><td>9. 毛重 kg
Gross weight</td><td>10.净重 kg
Net weight</td><td>11.体积 m³
Cube</td></tr>
<tr><td>FLIT
KI11003
PARIS
C/No.1-656</td><td>ART. No. XL-901
NEW ADJUSTABLE ROLLER SKATES
S:31-34#
1-656 656CTNS @6/3 936PRS

TOTAL QUANTITY:3 936PRS

TOTAL: 656 CARTONS
G.W.8 659.20KGS
N.W.6 691.20KGS
CBM:55.938

SAY SIX HUNDRED AND FIFTY SIX CARTONS ONLY</td><td>13. 2KGS/CTN
8 659.20 KGS</td><td>10. 2KGS/CTN
6 691.20 KGS</td><td>0.085CBM/CTN
55.938M³</td></tr>
<tr><td colspan="2"></td><td colspan="3">12. 出口商签章
Exporter stamp and signature
ZHEJIANG HAILING INDUSTRIAL AND TRADING CO., LTD.

王欣欣</td></tr>
</table>

报关单格式:

中华人民共和国海关出口货物报关单

预录入编号: 海关编号:

<table>
<tr><td colspan="2">出口口岸</td><td>备案号</td><td>出口日期</td><td>申报日期</td></tr>
<tr><td colspan="2">经营单位</td><td>运输方式</td><td>运输工具名称</td><td>提运单号</td></tr>
<tr><td colspan="2">发货单位</td><td>贸易方式</td><td>征免性质</td><td>结汇方式</td></tr>
<tr><td>许可证号</td><td colspan="2">运抵国(地区)</td><td>指运港</td><td>境内货源地</td></tr>
</table>

续表

批准文号	成交方式	运费	保费	杂费
合同协议号	件数	包装种类	毛重(千克)	净重(千克)
集装箱号	随附单据			生产厂家
标记唛码及备注				

项号	商品编号	商品名称、规格型号	数量及单位	最终目的国(地区)	单价	总价	币制	征免

税费征收情况

录入员　　录入单位 兹声明以上申报无讹并承担法律责任	海关审单批注及放行日期(签单) 审单　　审价
报关员 申报单位(签章) 单位地址	征税　　统计
邮编　　电话　　填制日期	查验　　放行

第五章　信用证的审核和操作

一、信用证的审核应从哪几个方面入手

二、审单中常见的实质性不符点有哪些

三、阅读以下信用证,做选择填空

1. 信用证内容

Department:A SWT023B01 Sep/No:004951

Message Received On:2014-05-15/16:56:50 15.03 16:38

33062 BOCSH A CN *

33062 BOCSH A CN

XXXXX

LOCAL TIME THUR MAY 15 16:09:20 2014

TO:BANK OF CHINA,SHANGHAI

SWIFT CODE:BKCHCNBJA300

FROM:NAT'L AGRICULTURAL COOPERATIVE FED'N, SEOUL

TEST-KEY:SEE 72 FIELD(CAL FOR 116188)

MUR:000000000482161:

MESSAGE-TYPE:700 ISSUE OF A DOCUMENTARY CREDIT

+27:	SEQUENCE OF TOTAL	1/1
+40A:	FORM OF DOCUMENTARY CREDIT	IRREVOCABLE
+20:	DOCUMENTARY CREDIT NUMBER	JC968509MU00158
:31C:	DATE OF ISSUE	140515
+40E:	APPLICABLE RULES	UCP LATEST VERSION
+31D:	DATE AND PLACE OF EXPIRY	140715 CHINA
+50:	APPLICANT	RAIN DREANS IMP. & EXP. CORP. NO. 90,MOSQUE ROAD, SEOUL,KOREA
+59:	BENEFICIARY	SHANGHAI WENTONG CO., LTD. 1125 YANCHANG ROAD SHANGHAI CHINA
+32B:	CURRENCY CODE,AMOUNT:	USD22422
+41D:	AVAILABLE WITH..BY..	ANY BANK BY NEGOTIATION
:42C:	DRAFTS AT..	60DAYS AFTER SIGHT

:42A: DRAWEE AMERICAN EXPRESS BANK LTD., NEW YORK
:43P: PARTIAL SHIPMENTS ALLOWED
:43T: TRANSHIPMENT ALLOWED
:44E: PORT OF LOADING/AIRPORT OF DEPARTURE SHANGHAI CHINA
:44F: PORT OF DISCHARGE/AIRPORT OF DESTINATION BUSAN KOREA
:44C: LATEST DATE OF SHIPMENT 140708
:45A: DESCRIPTION OF GOODS AND/OR SERVICES
+TRADE TERMS: CIF BUSAN KOREA ORIGIN: CHINA
+TROLLEY CASES
TS503214 1 104PCS
TS503215 1 149PCS
TS503216 1 440PCS
:46A: DOCUMENTS REQUIRED
+SIGNED COMMERCIAL INVOICE IN QUADRUPLICATE
+PACKING LIST IN QUADRUPLICATE SHOWING PIECE LENGTH PER PACKAGE
+FULL SET OF CLEAN ON BOARD OCEAN BILLS OF LADING MADE
OUT TO THE ORDER OF NATIONAL AGRICULTURAL COOPERATIVE
FEDERATION MARKED 'FREIGHT PREPAID' AND NOTIFY ACCOUNTEE
+ INSURANCE POLICY OR CERTIFICATE IN DUPLICATE, ENDORSED
IN BLANK FOR 110PCT OF THE INVOICE VALUE, EXPRESSLY
STIPULATING THAT CLAIMS ARE PAYABLE IN THE CURRENCY OF THE DRAFT, ALSO INDICATION A CLAIMS
SETTLING AGENT IN KOREA AND INSURANCE MUST INCLUDING
INSTITUTE CARGO CLAUSE: ALL RISKS, WAR RISKS AND SRCC
+COPY OF FAX/TLX SENT TO APPLICANT ON SHIPMENT DATE
ADVISING SHIPPING DETAILS
ADDITIONAL CONDITION
:47A: +BILLS OF LADING ARE INDICATED NAME ADDRESS AND TELEPHONE NUMBER OF CARRYING

VESSEL'S AGENT AT PORT OF DESTINATION.

:71B: CHARGES EXCEPT OTHERWISE STATED, ALL BANKING CHARGES OUTSIDE KOREA INCLUDING REIMBURSING BANK'S CHARGES ARE FOR BENEFICIARY'S ACCOUNT

: 48: PERIOD FOR PRESENTATION DOCUMENTS TO BE PRESENTED WITHIN 21 DAYS AFTER THE DATE OF SHIPMENT BUT IN ANY EVENTS WITHIN THE CREDIT VALIDITY

+49: CONFIRMATION INSTRUCTIONS WITHOUT

:53A: REIMBURSING BANK AMERICAN EXPRESS BANK LTD.,NEW YORK

:78: INSTRUCTIONS TO THE PAYING/ACCEPTING/NEGOTIATING BANK

+ THIS CREDIT IS AVAILABLE AT SIGHT BASIS, WITH ACCEPTANCE COMM. AND DISCOUNT CHARGES FOR APPLICANT'S ACCOUNT

+ PLS CLAIM REIMBURSEMENT BY FORWARDING BENEFICIARY'S TIME DRAFT AND A COPY OF B/L TO THE REIMBURSING BANK

+T/T REIMBURSEMENT NOT ALLOWED

+ALL DOCUMENTS MUST BE FORWARDED IN TWO CONSECUTIVE LOTS BY INT'L COURIER SERVICE TO THE FOLLOWING ADDRESS: NATIONAL AGRICULTURAL COOPERATIVE FEDERATION INTERNATIONAL BANKING

DEPARTMENT 75, 1-KA, CHUNGJEDNG-RD, JUNG-KU, SEOUL, KOREA

+THIS CREDIT IS SUBJECT TO UCP, ICC PUBLICATIONS NO.600(2007 REVISION)

:72: SENDER TO RECEIVER INFORMATION TEST S70314

WITH HANIL BANK, SEOUL

PLS CONTACT THEM FOR

TESTKEY VERIFICATION

+END OF MESSAGE+

33062 BOCSH A CN

15-MAY-2014 at 16: 56 from EXTEL

2. 根据信用证内容回答下列问题

(1)开证银行用(　　)的方式将信用证经过通知银行给受益人。

A. 信开　　B. 快邮　　C. 电开

(2)该信用证中规定汇票的付款期限为(　　)。

A. 见票后 60 天　　B. 提单月后 60 天　　C. 出单日后 60 天

(3)RAIN DREANS IMP. & EXP. CORP.是该信用证的(　　)。

A. 卖方　　B. 开证申请人　　C. 开证行

(4)该信用证要求汇票上的付款人为(　　)。

A. BANK OF CHINA,SHANGHAI

B. NAT'L AGRICULTURAL COOPERATIVE FED'N,SEOUL

C. AMERICAN EXPRESS BANK LTD.,NEW YORK

(5)该信用证允许受益人使用的金额是(　　)。

A. USD22 422.00　　B. USD42 422.00　　C. USD42 424.00

(6)该信用证规定偿付费用由(　　)承担。

A. 议付行　　B. 开证申请人　　C. 受益人

(7)该信用证规定的交单期限为(　　)。

A. 最迟装运日后 21 天　　B. 提单日后 21 天　　C. 装箱单后 21 天

(8)该信用证中规定受益人需提交的提单是(　　)。

A. 清洁已装船提单　　B. 不清洁已装船提单　　C. 备运提单

(9)该信用证项下的海运提单应由(　　)背书。

A. SHANGHAI WENTONG CO., LTD.

B. NATIONAL AGRICULTURAL COOPERATIVE FEDERATION

C. AMERICAN EXPRESS BANK LTD,NEW YORK

(10)该信用证项下的海运提单上"通知人"一栏应填(　　)。

A. TO ORDER

B. SHANGHAI WENTONG CO., LTD.

C. RAIN DREANS IMP. & EXP. CORP.

(11)该信用证规定,如有货损应用(　　)赔付。

A. 韩元　　B. 美元　　C. 人民币

(12)按照信用证的规定,出口运费应在(　　)支付。

A. 货到目的港后由进口商

B. 货到目的港后由出口商

C. 货离起运港前由出口商

(13)该信用证项下的海运提单必须注明(　　)。

A. 承运船公司在目的港代理的名称、地址和电话

B. 承运船公司在起运港代理的名称、地址和电话

C. 第三方托运人的名称、地址和电话

(14)该信用证规定受益人提交的保险单据应为(　　)。

A. 保险单和保险凭证　　B. 保险单或保险凭证　　C. 预约保单

(15)该信用证规定装船通知副本应(　　)。

A. 作为单据提交到银行议付

B. 直接寄给开证申请人

C. 未作具体规定

(16)该信用证规定受益人需要提交的单据(不包括汇票)有(　　)。

A. 五种　　B. 六种　　C. 七种

(17)按照信用证的规定,受益人可以在(　　)装运。

A. 2014-07-09　　B. 2014-07-07　　C. 2014-08-07

(18)这张信用证属于(　　)。

A. 假远期信用证　　B. 不可撤销即期信用证　　C. 远期承兑信用证

(19) NAT’L AGRICULTURAL COOPERATIVE FED’N, SEQUL 是本信用证的(　　)。

A. 开证行　　B. 保兑行　　C. 偿付行

(20)该信用证中规定单据寄送至开证行的方式为(　　)。

A. 航空挂号邮件　　B. 航空普通邮件　　C. 特快专递

四、请将下列信用证条款译成中文

1. Available by beneficiary’s draft at sight together with the following documents bearing our credit number.

译：

2. Documents to accompany drafts are listed below and must be presented for negotiation with 10 days of date of Bill of Lading or other document evidencing dispatch of goods.

译：

3. All draft drawn under this credit must contain the clause“drawn under Bank of China Credit No.2008001215 and date Oct. 18,2008”.

译：

4. Drafts drawn under this credit must be negotiated in China on or before August 15, 2008 after which date this credit expires.

译：

5. Bill of Exchange must be negotiated within 15 days from the date of Bill of Lading but not later than the L/C expiry date.

译：

6. Drafts in duplicate at sight bearing the clauses’ Drawn under XYZ Bank Credit No. 88965’.

译：

7. When documents are required to be issued and signed, documents must be issued, stamped and signed by body issuing such documents.

译：

8. All documents under this credit must be signed by hand over the stamp of the respective issuing authorities.

译：

9. Beneficiary’s original signed commercial invoices in quintuplicate with indication of the merchandise names, country of origin and other relevant information.

译：

10. Signed commercial invoice in 6 copies, original of which must be certified by the Chamber of Commerce.

译：

11. Commercial Invoice in 8 copies CIF ANTWERP price and showing FOB value, freight charges and insurance premium separately.

译：

12. The commercial invoice must show the actual price of the goods described and certify that no other invoices have been or will be issued and that all particulars are true and correct.

译：

13. Drafts to be drawn at 30 days' sight on us for 100% of invoice value.

译：

14. Documents in combined forms are not acceptable.

译：

15. Documents in combined form unacceptable or combined document is not acceptable.

译：

16. If shipping marks are appearing on B/L, same must be indicated exactly in the same way on all shipping documents.

译：

17. Third party as consigner B/L is not acceptable.

译：

18. Full set of 3/3 originals plus 3 non-negotiable copies clean on board ocean B/L, consigned to order and blank endorsed, marked Freight Prepaid, showing shipping agent at destination, notifying applicant and evidencing the goods have been shipped by full container load.

译：

19. Full set 3/3 of clean on board bill of lading established to order and blank endorsed, notifying buyer, mentioning' Freight Prepaid' and CIF Genoa in transit to Switzerland.

译：

20. Shipment must be effected in three equal lots by separate steamers with an interval of at least 30 days between shipments. Documents must be separately negotiated.

译：

21. Insurance Policy covered for 110% of total invoice value against All Risks and War Risk as per and subject to the relevant Ocean Marine Cargo Clauses of the People's Insurance Company of China dated 1/1/1981.

译：

22. Insurance Policy covered for 110% of total invoice value against institute Cargo Clauses (A) and Institute War Clauses (Cargo).

译：

23. Policy of Insurance in duplicate issued or endorsed to the order of ABC Co., Ltd. in the currency of the credit for the CIF value of the shipment plus 10 percent covering all risks and war risks of the People's Insurance Company of China.

译：

24. Insurance Policy/Certificate in 2 fold issued for 110% of the invoice value, covering Institute Cargo Clauses A and War Clauses, stating claims payable in Holland by claims paying agent.

译：

25. The Letter of Credit amount and quantity 10% more or less is acceptable.

译：

26. The Letter of Credit amount and quantity 5% more or less is allowed.

译：

27. The Letter of Credit amount 10% more or less is acceptable.

译：

28. The Letter of Credit quantity 5% more or less is allowed.

译：

29. 10pct more or less on quantity acceptable.

译：

30. 15pct more or less on quantity and L/C amount acceptable.

译：

31. DOCUMENTS IN TRIPLICATE UNLESS OTHERWISE STIPULATES

+SIGNED COMMERCIAL INVOICE IN QUADRUPLICATE INDICATING CONTRACT NO., MARKS AND NOS. AS WELL AS THE CREDIT NUMBER.

+FULL SET CLEAN ON BOARD OCEAN BILLS OF LADING MADE OUT TO THE ORDER OF ABC BANK LTD. NOTIFY APPLICANT AND MARKED FREIGHT PREPAID.

+NEUTRAL PACKING LIST AND WEIGHT LIST NOT EVIDENCING THE ISSUER, INDICATING QTY PER CTN., WEIGHT AND VOLUME PER CTN. AND IN TOTAL IN DUPLICATE.

+CERTIFICATE OF CHINA ORIGIN.

+INSURANCE POLICY/CERTIFICATE BLANK ENDORSED FOR 110PCT OF CIF INVOICE VALUE COVERING INSTITUTE CARGO CLAUSES (ALL RISKS) INSTITUTE WAR CLAUSES (CARGO) WITH CLAIMS PAYABLE AT ANTWERP.

+SHIPMENT ADVICE MUST BE FAXED TO APPLICANT AND RELATIVE FAX COPY IS REQUIRED.

+BENEFICIARY'S CERTIFICATE CERTIFYING THAT ONE FULL SET OF NON-NEGOTIABLE SHIPPING DOCUMENTS HAVE BEEN SENT TO APPLICANT BY SPEEDPOST. RELATIVE POSTAL RECEIPT IS REQUIRED.

译：

32. ADDITIONAL CONDITIONS

+ALL BANK CHARGES OUTSIDE AND REIMBURSEMENT CHARGES ARE FOR ACCOUNT OF BENEFICIARY.

+UNLESS OTHERWISE STIPULATES ALL DOCUMENTS SHOULD BE ISSUED IN ENGLISH LANGUAGE.

+BILL OF LADING MUST SHOW THE ACTUAL PORT OF LOADING AND DISCHARGE.

+ALL ART NO. MUST BE PRINTED CLEARLY ON EACH BALE.

译：

第六章　成本核算

一、运费计算

1. 大连某出口企业出口货物 100 件，每件重 40 千克、体积为 100cm×40cm×25cm。由新加坡船公司承运，经查运费表，该货物计算标准为 W/M，等级为 5 级，目的港为巴生港，运费率为每吨运费 60 美元，另外加收港口附加费 30%和燃油附加费 20%。试问应向船公司交多少运费？原报价每件 FOB 大连 200 美元，现改报 CFR 巴生港，每件应报价多少？

2. 劳尔进出口公司出口机器一批，共 30 箱，每箱重量 0.85 吨，总体积为 23.86 立方米。由上海装中国远洋运输公司轮船(班轮)，经香港转船至苏丹港。

已知：查阅货物分级表，该机器属于 10 级货，计算标准为 W/M；在中国内地—香港地区航线费率表中查出 10 级货从上海运至香港的费率为 23 美元，香港中转费为 15 美元；再从香港—红海航线费率表中查出 10 级货的费率为 95 美元；最后查附加费率表，了解到苏丹港要收港口拥挤附加费，费率为基本运费的 8%。试计算 A 公司应付船公司多少运费。

3. A 公司向巴黎某进口商出口自行车 100 箱，每箱 1 件，每箱体积是 20cm×50cm×120cm，每箱重量为 30 千克，计收运费的标准为 M，基本运费为每运费吨 280HKD，另加收燃油附加费 30%、港口拥挤费 10%。问：该批商品的运费是多少？

4. A 公司出口化肥 12 万吨，租船合同对装卸条件的规定如下：

(1)连续 24 小时晴天工作日，星期六、日和节假日除已使用者不算。

(2)每一工作日装货2 000吨，6 天装卸完毕。

滞期一天罚款5 000美元，速遣奖励减半。

装货时间表

日期	星期	工作记录
7 月 15 日	四	8 时到 24 小时工作
7 月 16 日	五	0 时到 24 小时工作
7 月 17 日	六	0 时到 18 小时工作
7 月 18 日	日	8 时到 24 小时加班(有 4 小时下雨停工)
7 月 19 日	一	8 时到 24 小时加班(有 3 小时下雨停工)
7 月 20 日	二	0 时到 5 小时装货

试计算：应付的滞期费或应得的速遣费是多少？

二、换汇成本计算

1. 天津 A 出口商向韩国 B 进口商出口某商品 10 吨，报价为每吨5 050美元 CIF 釜山。在中国该 10 吨商品的出口总成本为 25 万元人民币。已知当时的外汇牌价为 100 美元兑换 680 元人民币。中国到釜山的运费为 50 美元/吨，运输保险费率为 0.8%。问：A 出口商出口这批货物的换汇成本和出口盈亏率各为多少？

2. 广州欣悦进出口公司以 CFRC1% 西雅图向美国莱福公司出口某货物，每吨 USD 100.00，国外运费每吨 8 美元，国内收购价每吨 600 元人民币，经营管理费平均为 1%，国内运费每吨 10 元人民币，包装费每吨 60 元人民币，仓储费每吨 8 元人民币。请计算换汇成本。（USD1＝RBM6.92）

3. 假设松香 CFRC 1% 马赛，每吨计 USD 100.00，国外运费每吨 9 美元，国内收购价每吨 680 元，经营管理费平均为 1%，国内运费每吨 10 元，包装费每吨 50 元，仓租费 7 元。试计算换汇成本。（USD1＝RBM6.92）

4. 张家港 A 进出口公司出口刷子1 442 250只，出口总价：USD 85 500CIF 伦敦，其中运费 USD 1 540，保险费 USD440，进价为人民币574 980元（含增值税 17%），费用定额率 6%，出口退税率 13%，当时银行外汇（美元）买入价为 6.90 元。试求该批商品的出口换汇成本。

5. 成都 A 进出口公司出口某商品进价为人民币500 000元（含增值税 17%），出口退税率 13%。试求该批商品的出口成本。

6. 天津外贸公司出口自行车至荷兰，共计25 000辆，出口价格条件为每辆 75 美元，CFR 鹿特丹，其中天津口岸至鹿特丹海上运输费占 8%。试计算：

（1）每辆自行车外汇净收入金额。

（2）该笔交易外汇净收入总金额。

三、成本核算

1. 中国某出口公司向英国伦敦某商人出售一批货物，中方原报价为 CIF 伦敦每吨 850 美元，后英商要求改报含佣价 CIFC 4%。试问：中方改报价应为多少？

2. 宁波某进出口公司出口一批货物到日本横滨，按 FOB 价成交，每吨4 200美元。在装运前夕，买方因派船有困难，要求卖方订舱和投保一切险，保险费率为 0.8%，保险加成率为 10%，海运运费为每吨 200 美元。试问：卖方应改报何种贸易术语？报价多少？

3. 深圳好乙尔进出口公司出口某商品1 000箱，对外报价为每箱 20 美元 FOBC 3%广州，外商要求将价格改报为每箱 CIFC 5%柏林。已知运费为每箱 1 美元，保险费为 FOB 价的 0.8%。请问：

（1）要维持出口销售外汇净收入不变，CIFC 5%应改报为多少？

（2）已知进货成本为 160 元人民币/箱，每箱的商品流通费为进货成本的 3%，出口退税为 30 元人民币/箱。试计算该商品的出口销售盈亏率及换汇成本是多少？（USD 1＝RMB 7.80）

四、保险费计算

1. 北京静新进出口公司以每套 100 美元 CIF 纽约向美国全钦公司出口西服2 000打。货物出口前，由北京静新进出口公司向中国人民保险公司投保一切险和战争险。一切险和战争险的保险费率分别为 1%和 0.3%，按发票金额 110%投保。试计算该批货物的投保金额和保险费。

2. 我方以每打 1.8 美元 CIF TOKYO 出口某商品60 000打，自装运港至目的港的运费总计5 000美元，投保金额为发票金额 110%，投保险别为水渍险和战争险，查得水渍险的保险费率为 0.3%，战争险为 0.49%。试求我方净收入。

3. 青岛有一批出口货物 CFR MALI 价为150 000美元，现客户要求改报 CIF MALI 价加 20%投保海运一切险，青岛出口商同意照办。试求如果一切险保险费率为 0.6%时，我方应向客户报多少？其中，保险费为多少？

4. 我方出口某商品 20 吨(净重),装1 000箱,每箱单价为 46 美元,加一成投保一切险,货到目的港后,买主发现除短少 3 箱外,还短量 680 千克。试问:货主遭受多少损失?

5. 有一货轮在运输途中遇难,发生共同海损 8 万美元,已知船舶的价值为 100 万美元,船上载有甲、乙、丙三家的货物,分别为 50 万美元、30 万美元、8 美元,待收运费为 12 万美元。试问:各方应如何分摊共同海损?

五、数量换算

1. 澳大利亚某出口公司向中国出口羊毛,在合同中规定按公量计算,公量回潮率为 11%。货到目的港净重为 20 吨。经抽样,10 千克纯羊毛用科学方法去掉水分,净剩羊毛 8.7 千克。请计算其公量。

2. 重庆某公司出口生丝,买卖双方约定标准回潮率为 11%,现有生丝 105 吨,经过测定回潮率为 13%。试问:符合双方约定回潮率的重量应为多少吨?

3. 已知某种钢板每平方米的理论重量如下:

厚度(mm)	重量(千克)
0.2	1.570
0.25	1.963
0.3	2.355
0.35	2.748

现有钢板 500 张,每张长度为5 000mm,宽度为 500mm,厚度为 0.25mm。求该批货物的总重量($1m^2=1\ 000\ 000mm^2$)。

第七章　国际贸易管理和业务办理

一、填制代理报关委托书和委托报关协议

1. 有关填表内容

(1)逐票委托，通关事宜为：①填单申报；②办理海关证明联。

(2)签字日：2014-03-1；有效期 2014-03-1～2014-03-15。

(3)委托方：青岛环岛贸易公司

签字人：左还尚

传真：0536-3870598

电话：0536-3870597

(4)被委托方：青岛环球物流公司

经办报关员签章：纪聪聪

联系电话：0536-3870565

收到单证情况：合同、发票、装箱清单

(5)主要货物名称：甜杏仁

H. S. 编码：12123012

进出口日期：2014 年 3 月 5 日

贸易方式：一般贸易

原产地/货源地：青岛

(6)代理报关委托书编号：20140123986

2. 表格格式

代理报关委托书

编号：□□□□□□□□□□□□□

我单位现　　(A. 逐票、B. 长期)委托贵公司代理　　等通关事宜。(A. 填单申报　B. 辅助查验　C. 垫缴税款　D. 办理海关证明联　E. 审批手册　F. 核销手册　G. 申办减免税手续　H. 其他)详见《委托报关协议》。

我单位保证遵守《海关法》和国家有关法规，保证所提供的情况真实、完整且单货相符。否则，愿承担相关法律责任。

本委托书有效期自签字之日起至　　　年　　月　　日止。

委托方(盖章)：

法定代表人或其授权签署《代理报关委托书》的人(签字)

年　　月　　日

委托报关协议

为明确委托报关具体事项和各自责任，双方经平等协商签订协议如下：

委托方		被委托方		
主要货物名称		*报关单编码	No.	
H.S.编码	□□□□□□□□□□	收到单证日期	年 月 日	
货物总价		收到单证情况	合同□	发票□
进出口日期	年 月 日		装箱清单□	提(运)单□
提单号			加工贸易手册□	许可证件□
贸易方式			其他	
原产地/货源地		报关收费	人民币：	元
其他要求：		承诺说明：		
背面所列通用条款是本协议不可分割的一部分，对本协议的签署构成了对背面通用条款的同意。		背面所列通用条款是本协议不可分割的一部分，对本协议的签署构成了对背面通用条款的同意。		
委托方业务签章： 经办人签章： 联系电话： 年 月 日		被委托方业务签章： 经办报关员签章： 联系电话： 年 月 日		

（白联：海关留存。黄联：被委托方留存。红联：委托方留存） 中国报关协会监制

委托报关协议通用条款

委托方责任 委托方应及时提供报关报检所需的全部单证，并对单证的真实性、准确性和完整性负责。

委托方负责在报关企业办结海关手续后，及时、履约支付代理报关费用，支付垫支费用，以及因委托方责任产生的滞报金、滞纳金和海关等执法单位依法处以的各种罚款。

负责按照海关要求将货物运抵指定场所。

负责与被委托方报关员一同协助海关进行查验，回答海关的询问，配合相关调查，并承担产生的相关费用。

在被委托方无法做到报关前提取货样的情况下，承担单货相符的责任。

被委托方责任 负责解答委托方有关向海关申报的疑问。

负责对委托方提供的货物情况和单证的真实性、完整性进行“合理审查”。审查内容包括：(一)证明进出口货物实际情况的资料，包括进出口货物的品名、规格、用途、产地、贸易方式等；(二)有关进出口货物的合同、发票、运输单据、装箱单等商业单据；(三)进出口所需的许可证件及随附单证；(四)海关要求的加工贸易(纸质或电子数据的)及其他进出口单证。

因确定货物的品名、归类等原因，经海关批准，可以看货或提取货样。

在接到委托方交付齐备的随附单证后，负责依据委托方提供的单证，按照《中华人民共和国海关进出口报

关单填制规范》认真填制报关单，承担“单单相符”的责任，在海关规定和本委托报关协议中约定的时间内报关，办理海关手续。

负责及时通知委托方共同协助海关进行查验，并配合海关开展相关调查。

负责支付因报关企业的责任给委托方造成的直接经济损失，所产生的滞报金、滞纳金和海关等执法单位依法处以的各种罚款。

负责在本委托书约定的时间内将办结海关手续的有关委托内容的单证、文件交还委托方或其指定的人员（详见《委托报关协议》“其他要求”栏）。

赔偿原则　被委托方不承担因不可抗力给委托方造成损失的责任。因其他过失造成的损失，由双方自行约定或按国家有关法律法规的规定办理。由此造成的风险，委托方可以投保方式自行规避。

不承担的责任　签约双方各自不承担因另外一方原因造成的直接经济损失，以及滞报金、滞纳金和相关罚款。

收费原则　一般货物报关收费原则上按当地《报关行业收费指导价格》规定执行。特殊商品可由双方另行商定。

法律强制　本《委托报关协议》的任一条款与《海关法》及有关法律、法规不一致时，应以法律、法规为准。但不影响《委托报关协议》其他条款的有效。

协商解决事项　变更、中止本协议或双方发生争议时，按照《中华人民共和国合同法》有关规定及程序处理。因签约双方以外的原因产生的问题或报关业务需要修改协议条款，应协商订立补充协议。双方可以在法律、行政法规准许的范围内另行签署补充条款，但补充条款不得与本协议的内容相抵触。

二、填制报检委托书

1. 有关填表内容

(1)报送单位：青岛出入境检验检疫局

(2)签字日：2014-03-1；有效期 2014-03-1～2014-03-31。

(3)委托方：青岛环岛贸易公司

签字人：左还尚

传真：0536-3870598　　电话：0536-3870597

(4)被委托方：青岛环球物流公司

经办报关员签章：纪聪聪

联系电话：0536-3870565

(5)办理出入境检验检疫事宜

1)代理报检手续

2)代缴检验检疫费

3)负责与检验检疫机构联系和验货

(6)主要货物名称：甜杏仁

H. S. 编码：12123012

进出口日期：2014 年 3 月 10 日

数量：15 吨

合同号：HD1402001

贸易方式：一般贸易

原产地/货源地：青岛

(7)代理报关委托书编号：20140123986

2. 报表格式

报检委托书

______出入境检验检疫局：

本委托人郑重声明，保证遵守出入境检验检疫法律、法规的规定。如有违法行为，自愿接受检验检疫机构的处罚并负法律责任。

本委托人委托受委托人向检验检疫机构提交"报检申请单"和各种随附单据。具体委托情况如下：

本单位将于________年____月进口/出口如下货物：

品　名		H.S. 编码	
数(重)量		合同号	
信用证号		审批文号	
其他特殊要求			

特委托________________________________(单位/注册登记号)，代表本公司办理下列出入境检验检疫事宜：

☐ 1.办理代理报检手续

☐ 2.代缴检验检疫费

☐ 3.负责与检验检疫机构联系和验货

☐ 4.领取检验检疫证单

☐ 5.其他与报检有关的相关事宜

请贵局按有关法律法规规定予以办理。

委托人(公章)　　　　　　　　　　受委托人(公章)

年　月　日　　　　　　　　　　年　月　日

本委托书有效期至　　年　　月　　日

三、填制出境货物通关单

1. 有关填表内容

(1)发货人：上海东旭进出口公司

SHANGHAI DONGXU IMP. & EXP.CORP

(2)收货人：BANSTEAD MANAGEMENT CO.,LTD.

96 MARK LANE,NEW YORK,NY 10069

TEL:001-212-993-6948　FAX:001-212-993-6949

(3)合同/信用证号：7E2M002/MU65423HJ12368

(4)输往国家或地区：美国

(5)标记及号码：N/M

(6)运输工具名称及号码：××××

(7)发货日期：××××

(8)集装箱规格及数量：××××

(9)货物名称及规格：门锁

(10)H.S.编码：83014000

(11)申报总值：8 113美元

(12)数/重量、包装数量及种类：3 000把、1 650千克、3 钢箱

(13)签字：裘杏　　日期：2014 年 3 月 30 日

2. 报表格式

中华人民共和国出入境检验检疫

出境货物通关单

编号：310110203264865000

<table>
<tr><td colspan="4">1. 发货人</td><td rowspan="3">5. 标记及号码</td></tr>
<tr><td colspan="4">2. 收货人</td></tr>
<tr><td colspan="2">3. 合同/信用证号</td><td colspan="2">4. 输往国家或地区</td></tr>
<tr><td colspan="2">6. 运输工具名称及号码</td><td colspan="2">7. 发货日期</td><td>8. 集装箱规格及数量</td></tr>
<tr><td>9. 货物名称及规格</td><td colspan="2">10. H.S.编码</td><td>11. 申报总值</td><td>12. 数/重量、包装数量及种类</td></tr>
<tr><td colspan="5">13. 证明

签字：　　　　日期：　　年　月　日</td></tr>
<tr><td colspan="5">14. 备注</td></tr>
</table>

四、请填制中华人民共和国出口许可证申请表

背景资料：

1. 出口商：上海东海进出口有限公司　代码：3101082356

领证人姓名：张晓坤　电话：021-65788877

2. 发货人：同出口商

3. 贸易方式：一般贸易

4. 进口国(地区)：日本

5. 合同号：12040001

6. 付款方式：信用证

7. 报关口岸：上海吴淞海关

8. 运输方式：江海运输

9. 商品名称：蔺草制的提花席、双苜席、垫子（单位面积>1平方米，不论是否包边）

商品编码：4601291111

10. 规格、等级	11. 单位	12. 数量	13. 单价(USD)	14. 总值(USD)
120×195	条	1 000	12.00	12 000.00
135×195	条	2 000	13.50	13 500.00
150×195	条	3 000	15.00	15 000.00
180×200	条	4 000	18.00	18 000.00

15. 申领日期：2012年1月12日

第八章 案例分析

案例1 是采用FCA术语成交还是采用FOB术语成交的问题

广州某进出口公司向马来西亚某贸易有限公司出口香料15吨，对外报价为每吨2 550美元FOB湛江，装运期为5月份，集装箱装运。我方5月16日收到买方的装运通知，为及时装船，公司业务员于5月17日将货物存于湛江码头仓库，不料货物因当夜仓库发生火灾而全部灭失，以致货物损失由我方承担。问：在该笔业务中，我方若采用FCA术语成交，是否需要承担案中的损失？为什么？有哪些好处？

案例2 信用证修改是否有效的问题

我国A公司向法国B公司以CIF术语出口一批货物，合同规定8月份装运，B公司于8月10日开来不可撤销信用证。此证按《跟单信用证统一惯例》规定办理。证内规定：装运期不得晚于8月15日。此时我方已来不及办理租船订舱，立即要求B公司将装期延至9月15日。随后，B公司来电称：同意展延船期，有效期也顺延一个月。我国A公司于9月10日装船，提单签发日为9月10日，并于9月14日将全套符合信用证规定的单据交银行办议付。请问：我国A公司能否顺利结汇？请叙述理由。

案例3 玉米受损案

南京某公司出售一级玉米500吨，按FOB条件成交。装船时，货物经合同约定的检验机构检验符合合同规定的品质条件，卖方在装船后及时发出装船通知。但是，在航行途中，由于海浪过大，玉米被涌入船舱的海水浸泡，品质受到影响，货物到达目的港后，只能按三级玉米的价格出售，因而买方要求卖方赔偿差价损失。试问：在上述情况下，卖方对该项损失是否应负责？为什么？

案例4 分批交货发生问题后的合同有效性问题

我国A公司从加拿大B公司进口一套大型生产设备，分三批交货。第一批交付的货物符合合同的要求，第二批交付的货物为该设备的主要部件，其型号、性能与合同不符，无法安装投产。A公司因此提出撤销整个合同，而B公司提出异议。请依照《联合国国际货物销售合同公约》的有关规定分析A公司是否有理，请叙述理由。

案例5 CIF贸易术语变形成交的卸货费及进口报关费的支付问题

苏州某出口公司与外商按CIF伦敦价条件成交出口一批货物，合同规定，商品的数量为1 000箱，以信用证方式付款，9月份装运。买方按合同规定的开证时间将信用证开抵卖方。货物顺利装运完毕后，卖方在信用证规定的交单期内办好了议付手续并收回货款。不久，卖方收到买方寄来的货物在伦敦港的卸货费和进口报关费的收据，要求我方按收据金额将款项支付给买方。问：我方是否需要支付这笔费用？为什么？

案例6 商品品质不符引起的纠纷案

我国某出口公司与德国一公司签订出口某商品的合同，数量为100长吨，单价为每长吨CIF汉堡80美元，品质规格为水分最高15%、杂质不超过3%，交货品质以中国商品检验局品质检验为最后依据。但在成交前我方公司曾向对方寄送样品，合同签订后又电告对方，确认成交货物与样品相似。货物装运前由中国商品检验局检验签发品质规格合格证书。货物运抵德国后，该外国公司提出：虽有商检局出具的品质合格证书，但货物的品质却比样品低，卖方应有责任交付与样品一致的货物。因此要求每长吨减价 6 美元。我方公司以合同中并未规定凭样交货，而仅规定了凭规格交货为理由，不同意减价。于是，德国公司请该国某检验公司进行检验，出具了所交货物平均品质比样品低 7%的检验证明，并据此向我方公司提出索赔 600 美元的请求。我方出口公司则仍坚持原来理由而拒赔。德国公司遂请求中国国际贸易促进委员会对外贸易仲裁委员会协助解决此案。此时，我方出口公司进一步陈述说，这笔交易在交货时商品是经过挑选的，因该商品系农产品，不可能做到与样品完全相符，但不至于比样品低 7%。由于我方出口公司已将留存的样品遗失，对自己的陈述无法加以说明，我国仲裁机构也难以处理。最后只好赔付了一笔品质差价而结案。

请问：

(1)该商品在合同中仅规定了凭规格交货，有没有寄送样品的必要？

(2)既凭样品又凭规格达成的交易要注意哪些问题？

(3)上述案例给我们哪些启示？

案例 7　在出口方提交了符合信用证规定的单据后，开证银行是否一定要付款的问题

上海某外贸企业向国外一新客户订购一批初级产品，按 CFR SHANGHAI、即期信用证付款条件达成交易，合同规定由卖方以程租船方式将货物运交我方。我开证银行也凭国外议付行提交的符合信用证规定的单据付了款。但装运船只一直未到达目的港，后经多方查询，发现承运人原是一家小公司，而且在船舶启航后不久已宣告倒闭，承运船舶是一条旧船，船和货均告失踪，此系卖方与船方互相勾结进行诈骗，导致我方蒙受重大损失。试分析：在出口方提交了符合信用证规定的单据后，开证银行是否一定要付款？我方应从中吸取哪些教训？

案例 8　计量单位的问题

广东某出口公司向韩国出口大米一批，在洽谈时，谈妥出口2 000吨，每吨 USD280 FOB HUANGPU。但在签订合同时，在合同上只是笼统地写了2 000吨，我方当事人认为合同上的吨就是指公吨而言，而发货时外商却要求按长吨供货。请问：外商要求是否合理？应如何处理此项纠纷？

案例 9　运费问题

我某外贸公司 CIF 伦敦向英商出售一批货物。卖方在规定的装运期内装船并取得清洁提单。货物航行中时逢埃以战争爆发，苏伊士运河关闭，只能绕道非洲南端。事后买方就航行途中发生的绕航费用、货物湿损以及未能按预计时间到达造成的损失向我方提出索赔。问：我方是否应当赔偿？为什么？

案例 10　中性包装交易的问题

新加坡某公司与上海某自行车厂洽谈进口业务，打算从我国进口“永久”自行车2 000辆。但要求我方改用“盾”牌商标，并在包装上不得注明：“Made in China”字样。请问：我方是否可以接受？在处理此项业务时应注意什么问题？

案例 11　信用证延期产生的问题

某年，我方与伊朗某中间商谈成尼龙线180 000千克、金额为 USD 900 000的合同。合同规定 3 月底以前开证，4 月装船。该合同商品因是以销定产，买方对这种商品的花色、品种或规格有特殊要求，所以我方便立即接洽有关工厂安排生产以免耽误船期，但到 3 月底未见来证，经一再催问，对方才回答需更改规格后方能开证。这时货已备妥，无法更换，我方因此遭到很大损失。请问：在签订出口合同时应对装运期加以哪些特别的考虑？

案例 12 合同品质条款的问题

我某公司向国外某客户出口榨油大豆一批，合同中规定大豆的具体规格为含水分 14%、含油量 18%、含杂质 2%。国外客户收到货物不久，我方便收到对方来电称：我方的货物品质与合同规定相差较远，具体规格为含水分 19%、含油量 11%、含杂质 5%，并要求我方给予合同金额 50%的损害赔偿。问：对方的索赔要求是否合理？合同中就这一类商品的品质条款应如何规定为宜？

案例 13 合同磋商的问题

我某进口企业与某外商磋商进口机械设备。经往来电传磋商，已就合同的基本条款初步达成协议，但在我方最后所发表示接受的电传中列有“以签署确认书为准”的文字。事后，外商拟就合同书，要我方确认，但由于对某些条款的措辞尚待进一步商讨，同时又发现该商品的市场价格趋疲，因此，未及时给予答复，外商又连续来电催开信用证，我方回答拒绝开证。试分析：这一拒绝是否合理？为什么？

案例 14 货物短缺和受损的责任问题

宁波慈新进出口公司按 CFR 条件、即期不可撤销信用证以集装箱装运出口成衣 620 箱，装运条件是 CY/CY。货物交运后，宁波慈新进出口公司取得“清洁已装船”提单，提单上表明：“Shippers load and count”。在信用证规定的有效期内，宁波慈新进出口公司及时办理了议付结汇手续。20 天后，接对方来函称：经有关船方、海关、保险公司、公证行会同对到货集装箱开箱检验，发现其中有 10 箱包装严重破损，每箱均有短少，共缺成衣 320 件。各有关方均证明集装箱外表完好无损，为此，对方要求宁波慈新进出口公司赔偿其货物短缺的损失，并承担全部检验费共1 800美元。问：对方的要求是否合理？为什么？

案例 15 信用证项下交单的时效问题

国外开来不可撤销信用证，信用证规定最迟装运期为 2007 年 12 月 31 日，议付有效期为 2008 年 1 月 15 日。我方按信用证规定的装运期完成装运，并取得签发日为 2007 年 12 月 10 日的提单，当我方备齐议付单据于 2008 年 1 月 4 日向银行议付交单时，银行以我方单据已过期为由拒付货款。问：银行的拒付是否合理？为什么？

案例 16 合同磋商过程的有效性问题

北京某进出口公司于 6 月 3 日收到日商发盘：“印刷设备 100 台，每台 800 美元 CFR 天津，10 月船期，即期信用证支付，限 6 月 15 日复到有效。”我方于 6 月 10 日复电：“贵方 3 日电接受，信用证 60 天远期，履行中如有争议，在中国仲裁。限 6 月 30 日复到有效。”日商于 6 月 28 日复电：“你 10 日电只能接受即期信用证，仲裁条件可接受，速复。”此时，印刷设备市场行情趋涨，我方于 6 月 30 日复电：“接受贵方 28 日电，信用证已由中国银行开出。”日商 7 月 1 日接到我方 6 月 30 日复电，但未确认并退回信用证。10 月中方催促日商交货，日商认为交易并未达成无须交货。问：日商的理由是否正确？为什么？

案例 17 发盘的撤回和撤销等问题的处理

某公司向美国某贸易商出口工艺品一批，我方于周一上午 10 时，以电传向美商发盘，公司原定价为每单位 100 美元 CIF 纽约，但我方工作人员由于疏忽而误报为每单位 100 元人民币 CIF 纽约。试问：如果在当天下午发现问题，应如何处理？如在第二天上午 9:00 发现问题，客户尚未接受，应如何处理？如在第二天上午 9:00 发现问题，客户已接受，应如何处理？

案例 18　缺乏市场营销调研带来的后果

某年 6 月 27 日我方 A 公司应荷兰 B 公司的请求，报出某初级产品 200 吨、每吨 CIF 鹿特丹人民币 250 美元、即期装运的实盘。但对方接到我方报盘，未作接受，而一味请求我方增加数量、降低价格，并延长有效期。我方曾将数量增至 300 吨，价格每吨 CIF 鹿特丹减至人民币 244 美元，有效期经两次延长，最后延至 7 月 25 日。荷商于 7 月 22 日来电接受该盘。但我方接到对方的接受电报时，发现因该初级产品主要产地巴西受冻灾而影响该商品的产量，国际市场价格猛涨至每吨 342 美元，于是我方拒绝成交，并复电称："由于世界市场的变化，货物在收到接受电报前已售出。"但对方不同意这一说法，认为自己是在发盘有效期限内接受的，坚持要按发盘的条件执行合同，并提出要么执行合同，要么赔偿对方差价损失 2.9 万美元，否则提交仲裁解决。这项纠纷经过多次电报往返，争论十分激烈。由于我方对市场调查研究不够，未掌握到该商品可能上涨的情况，对荷商一再要求延长发盘的有效期也缺乏敏感性，在我方一再延长有效期，并增加数量和降低价格以后，造成了荷商主动、有利的形势。当荷商看准行情，表示接受时，我方公司才发现市场价格已猛涨。我方虽然多方解释，以图撤盘，但均未能达到目的。最后以我方执行合同而告终，共损失差价达 2.9 万美元之多，对外也产生一定的不良影响。从这个案例来看，我们从中吸取的教训是多方面的。

请问：

(1)我方在推销技术上有哪些缺陷？

(2)我方在处理问题的策略上有哪些不足？

(3)试说明市场营销调研在企业经营中的重要性。

案例 19　利用资信调查防范出口风险案

1997 年初，H 公司与香港 G 公司签订了一笔 50 万美元的羽绒出口合同，并注明采取信用证付款方式。

随后 G 公司通知美国买主 K 派质检员进厂验货，一切合格后，按要求发放质量合格证。但一直拖到 7 月初，G 公司还未开出信用证。7 月下旬，G 公司通知说，美国 K 公司早已将证开出，但已过期，现正要求 K 公司修改，但修改还未收到。8 月初，G 公司又说，因装运期迫近，再等修改证已来不及了，希望同意以 D/P 付款方式出运，凭货物承运收据向 H 公司付款。一次次的出尔反尔，使 H 公司十分为难，如果不出运，近 450 万元人民币的服装已全部生产完毕，且规格为美国尺码，转为国内销售也不适合，况且外销是有季节性的，一旦过了季节，客人就不会要货。但要是出运的话，没有任何付款保证，连货带提单一齐交给客人，将来一切都会被客人牵着鼻子走，非常被动。

事关重大，部门经理立刻找到总经理，将此情况作了汇报。H 公司经过反复研究、讨论和协商，决定先迈出第一步：要求 G 公司总裁出面，签保证付款的担保书；同时，公司自行配船，提单交 H 公司驻美公司，由美国买主 K 公司带汇票去领取提单，此招的唯一退路是，万一客人不付款，H 公司可将提单转给其他客商，若实在无销路，可以将货物返运回国。

传真发出后，对方两天没有回音，万般无奈之下，H 公司又电话催 G 公司予以表态。G 公司表态如下：A.不同意自行配船；B.以传真方式保证出运后 10 天内付款。对此，H 公司不满意，一天多次与 G 公司电话讨论出运付款条件，力图劝说其接受条件，以便保证货物按期出运。可是 G 公司不但不动心，反而处处显示出不着急的样子。几天拖下来，毫无进展，而交货期却一天天逼近。怎么办？

H 公司领导分析了此笔业务的进程，决定通过某国际集团调查 G 公司在港的信誉。同时，又分别向几家与G公司有业务关系的省级公司调查其业务信誉，省级公司的调查结果很快出来了：G公司原是个不错的公司，但因经营不当，近年来资金上很困难，他们靠在国内多年经营、人头熟，业务摊子铺得很大，采取同样的手段（合同上签L/C，发运时改D/P）胁迫多家公司在没有得到付款保证的情况下向其发货，靠套用国营外贸企业资金做生意。因货款不能及时回笼，很多外贸公司无奈，违心地一年又一年在G公司欠款的情况下开展着业务。几天之后，某国际集团的调查材料也证实了这一点，并且称其香港总部近年来官司不断。

情况十分明了：发货就要承担拖欠账款的风险，但不发货又能怎么办？总经理决定跳过中间商G公司，直接找美国买主K公司试一试。经过H公司驻纽约公司的负责人积极努力，仅用两天时间，便与K公司分管羽绒衫的业务主管联系上了，H公司将业务上的麻烦全部向其讲述了一番，K公司业务主管听后，对G公司的做法很生气，他说信用证很早就开出去了，后来G公司反映过期，但很快就作了修改，他们不但不知道G公司没有转开证给H公司，相反却从G公司那里得到消息，说H公司愿意用D/P方式结汇（后查清G公司套用美国K公司此证去做了另一笔生意）。通过与K公司的直接接触，H公司得到一个信息，客人是需要这批货的，但得知改变运输方式是不可能的，开证也是不可能的，因为大公司部门多，每个部门都按一定程序操作，随意修改变动是很困难的，尤其是信用证已经开出来，香港G公司不退回。肯定是无法再开一次的。

怎么办？事情绕了一圈又回到了原地，仍然是提单主动权落在对方手里，付款主动权掌握在对方手里，所不同的仅是由香港的G公司换成了美国的K公司。

H公司冷静分析了G公司与K公司的区别：G公司是一家信誉和资金力量均不好的客商，而K公司是美国鼎鼎有名的大企业，资金力量、信誉远远好于G公司。H公司决定再试一次，希望K公司以总裁的名义出担保，很快H公司收到了带有签字的担保传真件。可是，这签字是总裁的吗？是否具有法律效用？H公司不得而知。于是，H公司再次要求上述某国际集团立即出具详细的K公司香港公司资金信誉资料及董事会成员组成情况，同时发动驻港公司展开同步调查，最后，调查结果显示：上次担保书上只是一名业务员的签字。于是，H公司再次向对方提出要求：必须是总裁级负责人签发的担保，H公司才能接受。在H公司反复而强烈的要求下，对方终于以总裁名义签发了一份保证付款的保证书。

9月初，H公司按要求发运了货物，9月15日，担保承诺的付款日，对方及时付清了货款，接着，K公司香港分公司发来传真，对H公司业务配合表示满意，已经考虑今后直接进行业务往来。

请问：

(1)在选择商业伙伴上要注意哪些事项？

(2)如何开展对商业伙伴的资信调查？

案例20　警惕买家设局欺诈、慎用赊销放账交易

2005年4月，国内A出口公司在一次产品展会上初识匈牙利B公司，双方随即开始商谈合作事宜，几个月后敲定合同，由A出口公司向B公司出口彩色电视机，合同总值200余万美元，赊销方式交易，放账期90天。货款到期后，虽经A出口公司多次催讨，B公司也出具了还款安排，但B始终未履行付款承诺。A随即委托中国信保进行海外追讨。

中国信保接受委托后，立即选派专案人员赴匈牙利进行实地查看。经查，B公司法定代表人及其近亲属已于2006年1月另行注册了一家房地产公司，并将B公司资产全部转移至该房地产公司名下。根据法院注册信息，B公司虽然尚未破产或停业，但已更名、迁址，更名后的公司名下无任何资产，亦无人员办公。中国信保调查期间，B公司曾提出未支付货款的原因在于A出口公司存在迟出运、短装及质量瑕疵等一系列问题，但始终未提供相关证据。此后，某香港网站揭露了B公司骗取远东多家出口商巨额货款的情况（后经查证，B公司的确拖欠中国香港、土耳其等地供应商货款共逾1 000万美元）。至此，该买家信用问题逐渐展露，种种迹象表明，本案是一起有预谋的商业欺诈案。

请问：

(1)A出口公司在一次产品展会上初识匈牙利B公司，就签订总值200余万美元合同，且采用赊销方式交易，放账期90天，公司在商品经营方案的制订上有哪些不妥？

(2)在此案例上，我们应吸取哪些教训？如何防止商业诈骗？

案例21　信用证修改的效力问题

上海某外贸公司对外出口一批货物，合同规定2008年5月10日交货，因5月10日无船前去该国，立即与进口商联系延续20天。对方发传真过来表示同意以后，我方在5月25日装船，30日持全套单据向议付行议付。银行审单后，予以拒付。请问：银行审单后，能否拒付？为什么？

案例22　未严格掌握“单证表面相符”原则引起的纠纷案

2004年5月某工艺品公司与巴基斯坦某贸易公司达成一笔贸易，6月5日对方开来信用证，其中有一条款规定如下：

“—350 sets of Dinner Set，Price：USD35.00 per set，C&F Karachi.shipment from Qingdao to Karachi，Shipping Mark to be[B.C/381 AND 451/KARACHI]only.”（350套西餐具，价格每套35美元，C&F卡拉奇。从青岛装运至卡拉奇，运输标志仅为“B.C/381 AND 451/KARACHI”。）

工艺品公司根据上述信用证条款，备货装运制单，并通过议付行将全套单据寄国外开证行。未料，6月25日国外开证行提出拒付意见：

第×××号信用证项下单据存在如下不符点：贵方提单及发票等单据上表示的运输标志与信用证不符。信用证规定为“B.C/381 AND 451/KARACHI”，而贵方提单及发票等单据上的运输标志为“B.C/381&451/KARACHI”。根据上述单据不符点，我行无法接受，单据暂代保管，请告处理意见。

工艺品公司接到上述开证行拒付意见后，经研究认为开证行所提的完全是挑剔性意见，即于6月28日作出反驳：

6月25日电悉。贵行提出关于第×××号信用证项下单据的所谓不符点问题，我们认为：所谓运输标志的不一致，即“AND”与“&”之别。何况“&”即“AND”的缩写符号，两者没什么差异，不能算为单证不符。因此，我们认为所提交单据完全符合信用证规定，不存在单证不符的情况，请贵行按时付款。

工艺品公司在发出上述反驳意见后于7月1日又接到开证行来电：

关于运输标志问题，贵方认为提单及发票等单据与我信用证规定的运输标志仅是[AND]与[&]的差别，两者是相等的，似乎单证是相符的。但贵方未理解我方信用证的要求，我方信用证原规定“Shipping Mark to be [B.C/381 AND 451/KARACHI] only”。其意即只能这样的运输标志才能接受，贵方单据却表示为B.C/381&451/KARACHI，将“AND”改为“&”，当然不符合信用证要求了。所以贵方单据确实存在明显的不符点。速告单据处理意见。

工艺品公司与议付行研究，最后认为虽然对方有些是属于挑剔性意见，但我方单据确实有一定的缺陷。工艺品公司只好又向买方进行商洽，并了解到对方主要由于国际市场疲软受些损失，结果通过几次洽商，让价10%而结案。

请问：

(1)什么是"单证严格相符"、"单证表面相符"？

(2)从本案中，我们要吸取哪些教训？

案例23 是否可以要求开证行拒绝向议付行付款的问题

2007年2月，我方某公司从美国进口一批货物，合同商定按照信用证方式结算货款。货物出运后，受益人在信用证有效期内向美国的议付行交单议付。议付行经审查合格后，无发现不符点(单证相符、单单相符)，即向受益人议付货款。我方收到货物后，发现货物品质与合同规定不符。请问我方是否可以要求开证行拒绝向议付行付款？为什么？

案例24 有关溢短装条款的案例

背景一

某一不可撤销信用证项下(UCP600)，规定货物为羊毛毛线，共37 000磅，分两批装运，第一批20 000磅，最晚于8月22日交货；第二批17 000磅，最晚于8月27日交货；信用证金额与货物数量均允许有5%增减幅度。

信用证受益人发运货物，第一批于8月19日发货20 000磅；第二批于8月24日发货18 000磅。开证行拒付第二批货物的单据，拒付理由是超装。

背景二

某国贸易公司进口纯棉斜纹布，开立UCP600项下某一不可撤销信用证，且规定纯棉斜纹布为6种颜色，每种颜色各装若干码(均已明确具体码数)，共57 940码。信用证金额及货物数量均有3%～6%增减幅度。

信用证受益人发运货物，6种颜色共59 611码，较信用证规定货物总数量多2.88%，符合3%增减幅度，但其中3种颜色的棉布数量超过3%增减幅度。开证行拒付单据。

请回答问题：

(1)说明开证行拒付理由；

(2)拒付是否成立；

(3)有何依据？

案例25 货物的分批装运问题

我国某公司对日本出口2 000吨大豆，合同商定按照信用证方式结算货款。日本客户按照规定，按时将信用证开来。国外来证规定：该批货物不允许分批装运。结果我国在规定的期限内分别在大连、青岛各装1 000吨于同一航次的同一只船只上，提单上也注明了不同的装运港和不同的装船日期。请问这是否违约？为什么？

案例26 化肥保险责任问题

我国某公司以CIF术语出口一批化肥，装运前按合同规定已向保险公司投保水渍险，货物装妥后顺利开航。载货船舶启航后不久在海上遭受暴风雨，海水涌入舱内，致使部分化肥遭到水渍，损失价值达1 000美元。数月后，又发现部分化肥袋包装破裂，估计损失达1 500美元。问：该损失应由谁承担？为什么？

案例27 违约责任的界定问题

我国某公司向澳大利亚某商户出口5 000吨黄豆，每千克2.5元，合同规定，任何一方违反合同应支付另一方违约金额10万元，事后我方已支付3 000吨黄豆。但此时国内黄豆市场价格上扬到 3 元/千克，我方因此不愿继续出口，表示愿赔偿 10 万元人民币了结此事，但澳方不同意。问：我方应如何处理此事？为什么？

案例 28　合同是否成立的问题

卖方 A 在 3 月 17 日上午用航空信寄出一份实盘给买方 B。A 在发盘通知中注有“不可撤销”的字样，规定受盘人 3 月 18 日至 25 日前复到有效。但 A 又于 3 月 17 日下午用电报发出撤回通知，该通知于 3 月 18 日上午送达 B 处。B 于 3 月 19 日才收到 A 邮寄来的实盘。由于发盘的价格对 B 十分有利，B 立即用电传发出接受通知。事后 A、B 双方就合同是否成立发生争执。请问：A 与 B 之间的合同能否成立？为什么？

国际贸易业务员业务技能模拟考试卷

（共100分，60分为合格）

题型	一	二	三	四	五	六	总分
配分	10	10	24	20	20	16	100
得分							

得分	

一、流程题（共10分）（每一空栏1分）

请将出口业务主要流程的内容填完整。

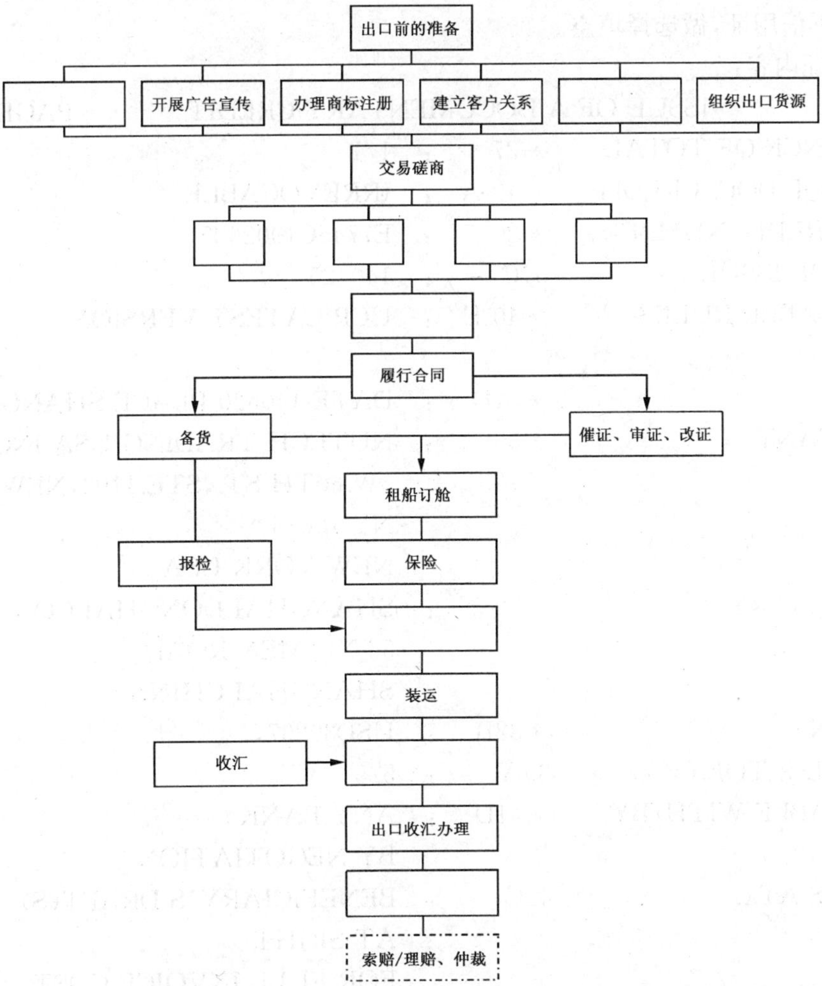

得分	

二、简述题(共 10 分)

简述写好商务信函要注意的七个原则。

得分	

三、计算题(共 24 分)

1. 保险费计算(12 分)

我方以每个 10 美元 CIF 东京出口某商品80 000个,自装运港至目的港的运费总计1 200 美元,投保金额为发票金额的 110%,投保险别为一切险,查得一切险的保险费率为 0.25%。试求我方需付的保险费和外汇净收入。

(注:计算结果保留 2 位小数,四舍五入)(只有结果没有过程不给分)

2. 佣金计算(12 分)

杭州某出口公司向美国旧金山某商人出售一批货物,中方原报价为 CIF 旧金山每吨 960 美元,后美商要求改报含佣价 CIFC 5%。试问:中方改报价应为多少?

(注:计算结果保留 2 位小数,四舍五入)(只有结果没有过程不给分)

得分	

四、选择填空题(每题 2 分,共 20 分)

阅读以下信用证,做选择填空。

1. 信用证内容:

MT 700 ISSUE OF A DOCUMENTARY CREDIT PAGE 00001

SEQUENCE OF TOTAL	*27	:	1/1
FORM OF DOC. CREDIT	*40 A	:	IRREVOCABLE
DOC. CREDIT NUMBER	*20	:	E7745C1002605
DATE OF ISSUE	31C	:	140425
APPLICABLE RULES	*40 E	:	UCP LATEST VERSION /
EXPIRY	*31D	:	DATE 140520 PLACE SHANGHAI
APPLICANT	*50	:	NUTECH TRADING USA INC 5W.60TH ST.,STE.1102,NEW YORK, NY 10036 NEW YORK USA
BENEFICIARY	*59	:	SHANGHAI DONGHAI CO., LTD. 56 XIAMEN ROAD SHANGHAI CHINA
AMOUNT	*32B	:	USD30237,
POS./NEG. TOL.(%)	39A	:	5/5
AVAILABLE WITH/BY	*41D	:	ANY BANK BY NEGOTIATION
DRAFTS AT...	42C	:	BENEFICIARY'S DRAFT(S) AT SIGHT FOR FULL INVOICE COST

DRAWEE	42A	:	CITIUS33 CITIBANK N.A. NEW YORK
PARTIAL SHIPMENTS	43P	:	NOT ALLOWED
TRANSHIPMENT	43T	:	NOT ALLOWED
PORT OF LOADING	44E	:	SHANGHAI PORT
PORT OF DISCHARGE	44F	:	NEW YORK PORT
LATEST DATE OF SHIP.	44C	:	140504
DESCRIPT. OF GOODS	45A	:	

KNIT WEAR

568B71039(AR_C3988) 2 500PCS

568B71040(AR_C3989) 1 100PCS

568B71041(AR_C3980) 3 500PCS

568B71042(AR_C3981) 3 400PCS

CFR NEW YORK PORT

DOCUMENTS REQUIRED 46 A :

+SIGNED COMMERCIAL INVOICE IN 3 COPIES

+FULL SET LESS ONE ORIGINAL OF CLEAN ON BOARD MARINE BILLS OF LADING MADE OUT TO THE ORDER OF SHIPPER AND BLANK ENDORSED, MARKED 'FREIGHT PREPAID', NOTIFY APPLICANT

+ONE ORIGINAL B/L SHOULD BE SENT TO L/C APPLICANT BY DHL WITHIN 2 DAYS AFTER SHIPMENT AND BENEFICIARY'S CERTIFICATE TO THIS EFFECT IS REQUIRED.

+PACKING LIST IN 2 COPIES

ADDITIONAL COND. 47A :

1) THIRD PARTY'S AND FACTORY'S NEEDLE INSPECTION CERTIFICATE SHOULD BE FAXED WITH SHIPPING DOCUMENTS

DETAILS OF CHARGES	71B	:	ALL BANKING CHARGES OUTSIDE U.S.A. ARE FOR BENEFICIARY'S ACCOUNT.
PRESENTATION PERIOD	48	:	DOCUMENTS MUST BE PRESENTED WITHIN 15 DAYS AFTER THE DATE OF SHIPMENT BUT WITHIN THE VALIDITY OF THIS CREDIT.
CONFIRMATION	*49	:	WITHOUT

2. 根据信用证内容回答下列问题：

(1)此信用证开证的报文格式为(　　)。

A. MT 700　　B. MT 100　　C. MT 707

(2)信用证的受益人为(　　)。

A. SHANGHAI DONGHAI CO., LTD.

B. NUTECH TRADING USA INC

C. CITIBANK N.A. NEW YORK

(3)开证日期为(　　)。

A. 140504　　B. 140520　　C. 140425

(4)信用证金额加减百分比是(　　)。

A. 15%　　B. 10%　　C. 5%

(5)提交的货物名称是(　　)。

A. 衬衣　　B. 梭织服装　　C. 针织服装

(6)该信用证中规定受益人需提交的提单是(　　)。

A. 清洁已装船提单　　B. 不清洁已装船提单　　C. 海运单

(7)该信用证项下的分批装运栏应填(　　)。

A. NOT ALLOWED　　B. ALLOWED　　C. ANY

(8)货物的装货港是(　　)。

A. SHANGHAI PORT　　B. QINGDAO PORT　　C. NEW YORK PORT

(9)商业发票(　　)份。

A. 1　　B. 2　　C. 3

(10)美国以外的所有银行费用由(　　)负责。

A. 受益人　　B. 开证人　　C. 开证银行

得分	

五、单证制作题(共 20 分)

进口合同缮制。

大连海斯级进出口有限公司向美国密歇根 WEBB CANDY INC.就进口工具柜进行了询盘,WEBB CANDY INC.发来了如下报价单:

WEBB CANDY INC.

Commodity:

1. Stainless Steel Tool Cabinet

数量 120,单价 50 美元 CFR DALIN

Features:

1) Material: stainless steel Art.No.96857

2) Product dimensions: 683×480×990mm

Outer packing:

Carton dimensions: 752×523×908mm

N.W.: 43kg

G.W.: 46.5kg

2.Roller Tool Box with Tool Sets Art.No.96858

数量 150,单价 70 美元 CFR DALIN

续表

Features:
1) Used for holding automobile repair tools
2) Material: steel
3) Overall dimensions: 688×458×735mm
Outer packing:
Carton dimensions: 770×530×845mm
N.W.: 71kg
G.W.: 76.5kg

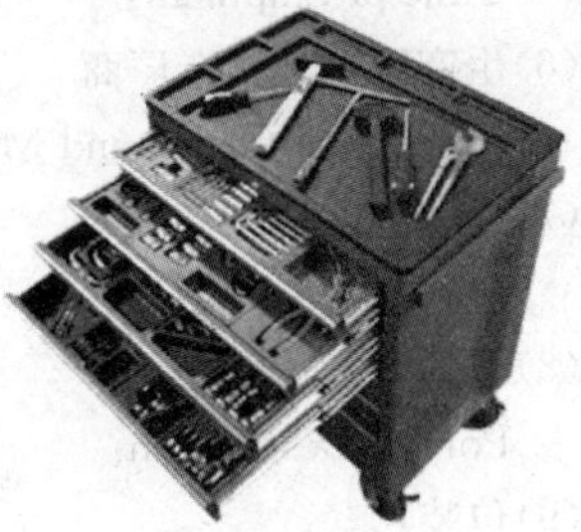

General Terms:

SHIPMENT:	DURING MARCH/APRIL/MAY 2014
PAYMENT:	T/T ADVANCE PREFERRED
PORT OF LOADING:	NEW YORK U.S.A.

217 S. Franklin Saint Louis Michigan(密歇根) United States

经过多次磋商，双方就进口数量、价格和付款方式等达成如下协议：
最迟交货期：2014 年 8 月 30 日
装运港：纽约
卸货港：大连
付款方式：20%货款于合同签订后两周内电汇预付，剩余 80%采用即期信用证支付
包装特别要求：卖方应在包装上用不褪色油墨清楚地标刷件号、尺码、毛重、净重
根据上述资料，填制以下购货合同(编号：W140202，日期：2014 年 2 月 5 日)：

大连海斯级进出口有限公司

DALIAN HAISIJI IMP. & EXP. CO., LTD.

19F Jinqian buliding 111 jiefang Road, Dalin, Liaoning China

进口合同

IMPORT CONTRACT

合同编号:
Contract:
日期:
Date:

买方:
大连海斯级进出口有限公司
DALIAN HAISIJI IMP. & EXP. CO., LTD.
19F Jinqian buliding 111 jiefang Road,
Dalin, Liaoning China

卖方:

本合同由买卖双方订立，根据本合同规定的条款，买方同意购买，卖方同意出售下列商品：
This Contract is made by and between the Buyers and the Sellers, whereby the Buyers agree to buy and the Sellers agree to sell the under-mentioned commodity on the terms and conditions:

(1)货物名称及规格 Name of Commodity and Specification	(2)数量 Quantity	(3)单价 Unit Price	(4)总价 Amount
数量和总值允许有　　的增减 With　　more or less quantity and amount allowed			

(5)装运期限：

Time of Shipment：

(6)生产国别和制造厂商

Country of Origin and Manufactures：

(7)装运港：

Port of Loading：

(8)目的港：

Port of Destination：

(9)包装：

Packing：

(10)保险：

Insurance：

(11)付款条件：

Terms of Payment：

(12)特别条款：(如特别条款与印刷条款有抵触时，应以此特殊条款为准。)

Special Conditions：(These shall prevail over and printed terms in case of any conflict.)

本合同一式两份，买卖双方各执一份为证。

The Contract is made out in two original copies，one copy to be held by each party.

卖　方	买　方
THE SELLER	THE BUYER
	DALIAN HAISIJI IMP. & EXP. CO.，LTD.
	Yinhong

得分	

六、案例分析题(共16分)

案例：是采用FCA术语成交还是采用FOB术语成交的问题

山东某进出口公司向新加坡某贸易有限公司出口香料20吨，对外报价为每吨3 600美元FOB青岛，装运期为10月份，集装箱装运。我方10月16日收到买方的装运通知，为及时装船，公司业务员于10月19日将货物存于青岛码头仓库，不料货物因当夜仓库发生火灾而全部灭失，以致货物损失由我方承担。

问：在该笔业务中，我方若采用FCA术语成交，是否需要承担案中的损失？为什么？在此案例中若采用FCA术语成交，还有哪些好处？

附录　跟单信用证常见短语

1. 信用证类型(Kinds of L/C)

序号	英文	中文
1	Revocable L/C	可撤销信用证
2	Irrevocable L/C	不可撤销信用证
3	Confirmed L/C	保兑信用证
4	Unconfirmed L/C	不保兑信用证
5	Sight L/C	即期信用证
6	Usance L/C	远期信用证
7	Transferable/Assignable L/C	可转让信用证
8	Untransferable L/C	不可转让信用证
9	Divisible L/C	可分割信用证
10	Undivisible L/C	不可分割信用证
11	Revolving L/C	循环信用证
12	L/C with T/T reimbursement clause	带电汇索偿条款信用证
13	Without Recourse L/C	无追索权信用证
14	With recourse L/C	有追索权信用证
15	Documentary L/C	跟单信用证
16	Clean L/C	光票信用证
17	Deferred payment L/C	延期付款信用证
18	Anticipatory L/C	预支信用证
19	Back to back L/C	背对背信用证
20	Reciprocal L/C	对开信用证
21	Traveller's L/C	旅行信用证

2. 信用证有关当事人(L/C Parties Concerned)

序号	中文	英文
1	开证申请人	applicant
		principal
		accountee
		accreditor
		opener
		for account of Messrs ABC Co.
		at the request of Messrs ABC Co.
		on behalf of Messrs ABC Co.
		by order of Messrs ABC Co.
		by order of and for account of Messrs ABC Co.
		at the request of and for account of Messrs ABC Co.

续表

序号	中文	英文
2	受益人	beneficiary
		in favour of ABC Co.
		in ABC Co.'s favour
		favouring yourselves
3	付款人	drawee
		to drawn on XYZ Bank
		to value on XYZ Bank
		to issue on XYZ Bank
4	出票人	drawer
5	通知行	advising bank
		notifying bank
		advised through XYZ Bank
6	开证行	opening bank
		issuing bank
		establishing bank
7	议付行	negotiating bank
8	付款行	Paying bank
9	偿付行	reimbursing bank
10	保兑行	confirming bank

3. 单据份数表示法

序号	英文	中文
1	in duplicate	一式两份
2	in triplicate	一式三份
3	in quadruplicate	一式四份
4	in quintuplicate	一式五份
5	in sextuplicate	一式六份
6	in septuplicate	一式七份
7	in octuplicate	一式八份
8	in nonuplicate	一式九份
9	in decuplicate	一式十份

4. 保险险别

序号	英文	中文
1	free from particular average(F.P.A.)	平安险
2	With particular average(W.A., W.P.A.)	水渍险
3	all risks	一切险
4	strike risks	罢工险
5	war risks	战争险
6	from warehouse to warehouse clauses	仓至仓条款
7	risk of theft, pilferage and non-delivery(T.P.N.D.)	偷窃、提货不着险
8	risk of fresh water and/or rain damage	淡水雨淋险
9	risk of shortage	短量险

续表

序号	英文	中文
10	risk of intermixture and contamination	混杂沾污险
11	risk of leakage	渗漏险
12	risk of clash & breakage	破损、破碎险
13	risk of taint of odour	串味险
14	risk of sweat and heating	受潮受热险
15	risk of hook damage	钩损险
16	risk of breakage of packing	包装破裂险
17	risk of rust	锈损险
18	risk of mould	发霉险
19	strike, riots and civil commotion(S.R.C.C.)	罢工、暴动、民变险
20	risk of spontaneous combustion	自燃险
21	deterioration risk	腐烂变质险
22	inherent vice risk	内在缺陷险
23	risk of natural loss or normal loss	途耗或自然损耗险
24	risk of failure to delivery	交货不到险
25	import duty risk	进口关税险
26	on deck risk	舱面险
27	rejection risk	拒收险
28	aflatoxin risk	黄曲霉素险
29	fire risk extension clause, F.R.E.C.-for storage of cargo at destination Hongkong, including, Kowloon, or Macao	出口货物到香港(包括九龙在内)或澳门存仓火险责任扩展条款
30	overland transportation risks	陆运险
31	overland transportation all risks	陆运一切险
32	overland transportation cargo war risks-by train	陆上运输货物战争险(火车)
33	air transportation risks	航空运输险
34	air transportation all risks	航空运输一切险
35	air transportation cargo war risk	航空运输货物战争险
36	parcel post risks	邮包险
37	parcel post all risks	邮包一切险
38	parcel post war risks	邮包战争险

5. 保险单及保险条款

序号	英文	中文
1	marine insurance policy	海运保险单
2	specific policy	单独保险单
3	voyage policy	航程保险单
4	time policy	期限保险单
5	open policy	预约保险单
6	ocean marine cargo clauses	海洋运输货物保险条款
7	overland transportation insurance clauses(train, trucks)	陆上运输货物保险条款(火车、汽车)
8	parcel post insurance clauses	邮包保险条款
9	C.I.C.(China Insurance Clause)	中国保险条款
10	I.C.C.(Institute Cargo Clauses)	伦敦协会货物保险条款
11	A.I.C.C.(American Institute Cargo Clause)	美国协会货物条款

参考答案

第一章　国际贸易业务信息获取

一、简述寻找贸易机会的主要方式

参考答案：

寻找国外顾客即国际贸易往来对象，大致有以下几种方法：

1. 充分利用工商名录。

2. 由驻外分支机构开发新客户，各大公司在国外设立分公司，其主要目的就是开发新的客户，为公司争取更多的贸易机会。

3. 充分利用来华的各种外国代表团。

4. 出国考察。

5. 国外老顾客的介绍。

6. 利用新闻工具获得新客户。

7. 通过商会、领事馆及对外贸易协会的介绍认识新的客户。

8. 通过博览会、展销会结识客户。

9. 利用互联网，开展网上营销。

10. 其他一些特殊渠道，如联合国采购、跨国采购等平台和方式；国内或驻外机构（如贸易中心）常年开设的展厅，进行商品展览等。

利用上述方法所选择的客户，还须进行严格的资信调查，这样，才会使国际贸易顺利进行。

二、简述展览会参展一般要注意的事项

参考答案：

1. 充分做好展前的各项准备工作。

2. 了解展览会的全部具体要求。要清楚地知道展览会的全部规则、展出时间、服务项目以及参展所需办理的手续。

3. 应选派熟悉情况并可以做主的人赴会。参展人员应该了解公司的销售意图。必要时，还应选派懂技术的工程师以解释有关技术问题。

4. 时间安排要宽裕。应提前到会以确保展位秩序井然、展品状态良好、展览结束良好。展览结束以后，要有时间充分听取意见。

5. 应把业务和礼节很好地兼顾起来。要为展位配备足够人员。

6. 要重视广告宣传。展前及展期应该在有吸引力的商业期刊和报纸上做宣传。

7. 了解当地习俗。参展前要熟悉当地节日假期、市场的季节性及消费习惯等。

8. 选择理想的代理人。

9. 寄送产品样本。

10. 要报出全部产品的价格。

11. 为国外用户提供服务。

12. 要用公制标出产品的规格。国际上通用的是公制，所以，出展以前，应准备好产品规格的公制数据。

13. 越过语言障碍。参展人员最好都学会一种外语。

14. 关于资信和付款方式。首先，应了解国外代理人的资信，可以通过银行，也可以从咨询公司得到；还应了解有关保险、付款方式等方面的情况。

15. 要保护专利权和商标权。

三、简述中国出口商品交易会改为中国进出口商品交易会的时间

参考答案：

2006年10月15日，温家宝总理在第100届中国出口商品交易会（广交会）开幕式暨庆祝大会上宣布，从第101届开始，广交会的正式名称将由“中国出口商品交易会”更名为“中国进出口商品交易会”。广交会改为进出口商品交易会，也体现了广交会自身发展完善的客观需要。过去50多年来，广交会一直是我国外贸出口的窗口，参会人员主要是国内的参展商和境外的采购商。今后，广交会也将吸引国外的参展商和国内的采购商参会。这一变化符合国际展览业的发展规律，将进一步丰富广交会的内容，扩大广交会的影响，提高广交会的国际化程度，也有利于我们更好地借鉴国际先进经验，提高办展水平，早日把广交会办成世界一流的展会。

四、简述如何利用互联网络发布信息

参考答案：

网站是一种信息载体，通过网站发布信息是网络营销的主要方法之一，同时，信息发布也是网络营销的基本职能，无论哪种网络营销方式，结果都是将一定的信息传递给目标人群，包括客户/潜在客户、媒体、合作伙伴、竞争者等，因此必须保持信息的实效性和准确性。

1. 免费发布信息

根据企业产品或服务的特性发布在相关网站的相关类别中，有时这种简单的方式也会取得意想不到的效果。例如，可以在中国商品网和阿里巴巴全球贸易网免费发布信息。这种商业信息有时会产生意想不到的效果，不过这往往具有很大的偶然性。

2. 检索商品信息

互联网是一个信息的海洋，可以根据自己的需要查询所需要的信息，用互联网上的信息寻找潜在客户，然后，有针对性地回应潜在客户或者合作对象的需求，主动向潜在客户介绍产品或服务。寻找商业信息的方式很多，既可以到网上信息平台寻找买方信息，也可以利用搜索引擎查询潜在客户。但在这里要特别提醒：不要向潜在客户滥发电子邮件，否则会严重影响企业形象。

3. 加入专业经贸信息网和行业信息网。这种方式在某些方面类似于“免费发布供求信息”，行业信息网汇集了整个行业的资源，为供应商和客户了解行业信息提供了巨大方便，形成了一个网上虚拟的专业市场。如果所在的行业已经建立了这样的专业信息网，加入行业信息网是网络营销必要手段，即使已经建立了自己的网站，仍有必要加入行业信息网。专业信息网和行业信息网有时需要缴纳一定的费用，只要可以带来潜在收益，这些投入也是值得的。

五、简述利用互联网络营销的主要方法

参考答案:

在国际贸易的网络营销的实践中,网络品牌、网址推广、信息发布、网络广告、客户寻找等是常用的方法。

六、简述商务部"中国商品网"中与电子商务的关系非常直接的三个栏目

参考答案:

中国商品网中有三个栏目与电子商务的关系非常直接:中国商品、世界买家和供求合作。

1. 中国商品

中国商品是展示中国商品的公共平台。以中国商品数据库为基础,提供了7 000多种产品分类查询,并配备高效、准确的快速查询工具,实现国内外商务人士寻找产品供应商、建立产业供应链的意愿。目前收录中国企业 60 余万家,产品 220 余万条,产品图片 100 余万张。数据库实施年度更新,保证信息的新鲜、有效。

中国商品数据库另有四个数据库:①中国商品库(中/英文版)。②商品展示(中/英文版)。③认证产品库(中/英文版)。④供求合作(中/英文版)。

2. 世界买家

世界进口商名录数据库是公共商务信息服务的基础数据库,内容包括超过 206 个国家及地区的 40 万家进口商基本数据和辅助数据,进口商数据每 12 个月更新一次。本数据库由政府资助,社会公众免费使用。

3. 供求合作

中国贸易指南网站特设求购求售栏目,本栏目下设"求购商品"、"求售商品"、"寻求合作"三个子栏目,本栏目采用全开放形式,任何单位或个人均可在此自由发布求购、求售、合作信息。

七、简述国际市场营销的经济环境分析

参考答案:

国际市场营销的经济环境有两部分组成:世界经济环境和目标国家经济环境。对世界经济环境的分析,通常包括世界经济格局及发展趋势、国际贸易构成和国际金融体系等方面的分析。目标国家经济环境调研的目的在于了解一个国家或地区的自然条件、总体经济状况、生产力发展水平、产业结构特点、国家的宏观经济政策、货币制度、经济法律和条约、价值观念、商业习惯、消费水平和基本特点等。

八、简述国际市场营销的文化环境分析

参考答案:

国际营销是跨国界的经营活动,这种经营活动与国内营销的主要区别是企业在其他国家面临着不同的文化环境。各国文化背景的不同,导致各国客户的需求不同。企业要想在国际营销中满足异国客户的需求,就必须首先进行文化分析,根据各国文化的差异性判断各国客户需求的差异性。从各国企业的国际营销实践来看,重视文化分析者成功,忽略文化分析者失败,这已成为国际商界的一条定律。

文化环境对企业国际营销活动的影响具有广泛性和深远性。

国际市场的文化环境中,语言教育、社会结构、宗教信仰、美学观点、价值观念和风俗习惯等文化构成要素的影响是文化环境分析的重点,不仅要探讨不同文化对企业产品、定价、分销和促销等营销组合的影响,而且还要了解企业国际营销活动对当地文化的影响。

九、简述国际市场营销的政治和法律环境分析

参考答案：

国际市场营销不可避免地受到有关国家或地区政治法律环境的制约。目标国家的政治和法律环境构成了市场进入的直接障碍，国际营销企业不仅要注意了解和分析目标国家政治法律环境的特征，遵守当地的法律法规，而且也要采取措施避免或减少可能的政治风险，维护自己的合法权益。

这里所讲的政治环境，是指影响企业国际营销活动的各种政治因素。重点是源自东道国的政治因素，主要包括政府的作用及行为目标、政治稳定性、极端民族主义、政治干预以及东道国的国际关系等。国际企业到某国去从事营销活动，必须对该国的上述因素进行系统分析，并在此基础上进行政治风险评估，进而确定出躲避或减少风险的措施。

对于国际企业来说，仅仅了解国际营销的政治环境还是不够的，因为一个国家政府对外来产品和投资的态度往往是通过法律来体现的，法律具体地规定了企业竞争和经营等行为的“游戏规则”。营销人员还应了解从事国际营销活动的法律环境，关于国际贸易和投资的有关法规。企业从事国际营销所面临的法律环境主要由三部分构成：一是本国法规；二是国际法规；三是东道国法规。

十、简述为什么要进行国际市场调研

参考答案：

1. 了解国际市场消费者的需求与偏好。
2. 捕捉国际市场营销机会。
3. 为企业国际营销活动提供决策依据。
4. 控制企业国际营销的发展进程，避免风险。

市场调研主要是针对某一具体选定的商品，除了调查其市场需求情况，还要了解国内市场的供应情况、国内企业的生产能力。要了解生产的技术水平和成本、产品性能、特点、消费阶层和高潮消费期、产品在生命周期中所处的阶段、该产品市场的竞争和垄断程度等内容。目的在于确定该商品贸易是否具有可行性、获益性。

十一、简述客户资信情况的调查的主要方法

参考答案：

对于客户资信情况的调查的方法有：

1. 通过国内往来银行，向对方的往来银行调查。
2. 直接向对方的往来银行调查。
3. 通过国内的咨询机构调查。
4. 通过国外的咨询机构调查。
5. 通过国内外商会调查。
6. 通过我国驻外商务机构调查。
7. 通过国外的亲朋好友调查。
8. 由对方来函自己判断调查。
9. 要求对方直接提供资信资料。
10. 通过我国外贸公司驻外分支机构和商务参赞处，在国外进行资料收集。
11. 利用交易会、各种洽谈会和客户来华做生意的机会了解有关信息。
12. 派遣专门的出口代表团、推销小组等进行直接的国际市场调研，获得第一手资料。

十二、简述资信调查的内容

参考答案：

资信调查的内容有：

1. 厂商企业的组织情况。包括公司、商号企业的组织性质、创建历史、主要领导人员、分支机构，要弄清英文名称及公司是有限责任的还是无限责任的。

2. 往来对象的性格和道德。贸易往来对象诚实、可靠是交易成功的基础。在国际贸易中，如果遇到不可靠的贸易对象，就难免出现货物的品质不良、开来与合同不符的信用证、延交货物等现象。

3. 贸易经验。一个具有国际贸易经验的贸易对象至关重要。

4. 资信情况。所调查对方的资信情况包括企业的资金和信用两方面，资金指的是企业的注册资金、实收资金、公积金、其他财产及资产债务的情况等；信用是指企业的经营作风，履约守信用等。这些情况对客户要求做经销、代理、独家包销、寄售等业务决定时是十分重要的。

5. 经营范围。调查对方的经营范围也是较重要的，同时还要调查经营的性质，如代理商、零售商、批发商、最终用户等。

6. 经营能力。该企业每年的经营金额、销售渠道、贸易关系、经营做法等。

7. 往来银行名称。了解对方往来银行的名称、地址同样重要。

十三、简述互联网广告与传统广告的比较

参考答案：

互联网广告与传统广告的比较

类别/项目	表现形式	传播速度	用户接收方式	价格	注意度	更新速度	互动性	普及程度
互联网	互动、多媒体	中	被动+主动	低	高	即时	高	中
平面媒体	文字、图片	慢	被动	中	高	慢	低	高
广播	声音	快	被动	高	中	慢	中	高
电视	声音、影像	快	被动	高	中	慢	中	高

尽管互联网广告具有许多传统媒体不可比拟的优势，但在目前的情况下，还存在许多不足，如互联网广告的覆盖率仍然偏低；互联网广告的评价困难；网页上可选择的广告位有限；互联网的普及率偏低等。

十四、简述互联网广告的特点及优势分析

参考答案：

1. 传播范围广
2. 交互性好
3. 更精确的目标客户区分
4. 受众数量可准确统计
5. 即时性和灵活性
6. 强烈的感官性
7. 成本低

十五、简述互联网广告的主要形式

参考答案：

1. 网幅广告(包括 Banner、Button、通栏、竖边、巨幅等)

2. 文本链接广告

3. 电子邮件广告

4. 邮件列表广告

5. 赞助

6. 与内容相结合

7. 播式广告(弹出式广告)

8. Rich Media(富媒体)

9. 其他新型广告

十六、简述商标的特征

参考答案：

1. 显著性：指区别于具有叙述性、公知公用性质的标志；区别于他人商品或服务的标志，便于消费者识别。

2. 独占性：指注册商标所有人对其商标具有专用权、独占权；未经许可，他人擅自使用即构成侵犯商标权。

3. 价值性：商标代表着商标所有人生产或经营的质量信誉和企业、形象，商标所有人通过商标的创意、设计、申请注册、广告宣传及使用，使商标具有了价值，也增加了商品的附加值。商标可以有偿转让。

4. 竞争性：指参与市场竞争的工具。商标知名度越高，其商品或服务的竞争力就越强。

十七、简述商品经营方案的制订

参考答案：

制订方案是指有关进出口公司根据国家的政策、法令，对其所经营的出口商品作出一种业务计划安排。出口商品经营方案一般包括以下内容：

1. 商品的国内货源情况

包括生产地、主要消费地；商品的特点、品质、规格、包装、价格、产量、库存情况；主要生产厂商的生产能力、出口情况等。

2. 国外市场情况

市场容量、生产、消费、贸易的基本情况，主要进出口国家的交易情况，今后可能发展变化的趋势，对商品品质、规格、包装、性能、价格等各方面的要求，国外市场经营该商品的基本做法和销售渠道。

3. 确定出口地区和客户

在第一步行情研究、信息分析的基础上，选择最有利的出口地区和合作伙伴。

4. 经营历史情况

我国出口商品目前在国际市场上所占地位、主要销售地区及销售情况、主要竞争对手、经营该种商品的主要经验和教训等。

5. 经营计划安排和措施落实

销售数量和金额，增长速度，采用的贸易方式，支付手段、结算办法、销售渠道、运输方式等。

6. 国家对该商品出口的政策规定

要了解商品出口是否需要出具出口许可证、有否实行配额管理、如何申请配额管理等。

第二章　国际贸易交易磋商

一、简述国际贸易谈判的基本程序

参考答案：

国际贸易谈判的基本程序一般包括准备、开局、正式谈判和签约四个阶段。

二、简述谈判过程发生顺序的四个“C”

参考答案：

美国谈判学会会长杰勒德·尼尔伦伯格认为，谈判过程按照发生顺序可以用四个“C”来表示：共同利益（common interests）、利益冲突（conflicting interests）、妥协（compromise）和准则（criteria）。

三、请将几种主要谈判方式进行比较

参考答案：

几种主要谈判方式的比较如下表所示：

方式	口头谈判	书面谈判	在线电子商务谈判
接触方式	直接	间接	间接和直接之间
表达方式	语言	文字	语言和文字
商谈内容	深入、细致	全面、丰富	全面、丰富
情感气氛	最能利用	不可利用	可利用
情感关系	公私两相宜	对公	基本对公
个性心理	直接影响大	直接影响少	直接影响较大
谈判节奏	慢、窄	较慢、较窄	快速、广泛
费用	最大	较少	很少
适用范围	大型项目	经常交易	各类贸易谈判

四、简述写好商务信函要注意的七个原则

参考答案：

写好商务信函要注意七个原则，主要是：完整（completeness）、简洁（conciseness）、具体（concreteness）、正确（correctness）、清晰（clarity）、体谅（consideration）、礼貌（courtesy）。

五、翻译建立国际贸易关系函电

参考译文

信函：

敬启者：

我们从伦敦商会那里获得了贵方的地址，想与贵方建立业务关系。

我们与本地所有大的自行车经销商都有广泛的联系，并确信如果贵方提供优惠的价格，我们能向中国消费者卖出大量自行车。

我们很愿意与贵方建立业务关系，请告知贵方需要的所有必要信息。

如早日复信，不胜感激。

谨 上

六、翻译询盘函电

参考译文

信函：

女士们、先生们：

我们代表在悉尼的委托人向贵方写信，他们对进口中国的陶瓷很感兴趣。

能否寄来贵方最新的目录和价目表？

我们的委托人是澳大利亚一家很大的连锁商店，如果贵方的产品和价格令人满意，他们会下大额订单的。

盼早复。

谨 上

七、翻译发盘函电

参考译文

信函：

敬启者：

我们已经收到贵方 2 月 16 日的传真。我们很高兴贵方对我们的产品感兴趣。

对于贵方的询盘，我们报盘如下，以贵方从今天起五天内回复我们为准：

品名、规格	数量	价格(美元)
661231 COFFEE POT 900ML	240 只	25.00
661232 TEA KETTLE 600ML	480 只	28.00
661233 S/S CUP 300ML	400 只	6.50

价格以 CIF Bandung(万隆)为基础。

包装：根据买方选择

装运：全部货物装运期为 3 个相等的月份，2015 年 3 月到 5 月。

付款：不可撤销信用证

由于需求增加，价格在近期必然会上涨，因此贵方有必要尽早订货。

谨 上

八、翻译还盘函电

参考译文

信函：

尊敬的李先生：

感谢你方6月29日对“D.D.”牌雨衣的报盘。

坦白地说，我们很喜欢你们的雨衣，但你们的价钱与其他制造商相比却偏高。如果接受你们的报价，我们的获利空间将会非常小。你们知道，科威特是一个发展中国家，所需的产品以中档价格为主。除此之外，用信用证付款会增加我们的费用，我们提议采用更容易的付款方式。

对你方及时的报价我们非常感激，也愿意借此机会与贵方达成贸易。所以我们建议在贵方报价的基础上降价10%，支付方式改为一半电汇，一半用信用证，这样有助于我们向客户推销你们的产品。但是，如果贵方不接受，我们只好就此作罢了。

我们希望你们能考虑我们的还盘，并用电邮告知你们是否接受。

谨　上

九、翻译下订单函

参考译文

信函：

敬启者：

我方日前有机会检试了贵公司代表最近留下的样品。检试结果证明贵方对此产品的一切宣称属实。我方预备试行订购如下：A型10台、B型5台、C型8台。

您当然也认为贵方制品在本地还未为大众所熟知，希望您如信中所言，自制广告。

本订单以贵公司接受我方一般条件——承兑交单见票后30日付款为前提。若您想查询本公司的信用状况，请向ABC有限公司洽询。

谨　上

第三章　进出口贸易业务方式

一、简述国际货物买卖的基本流程

参考答案：

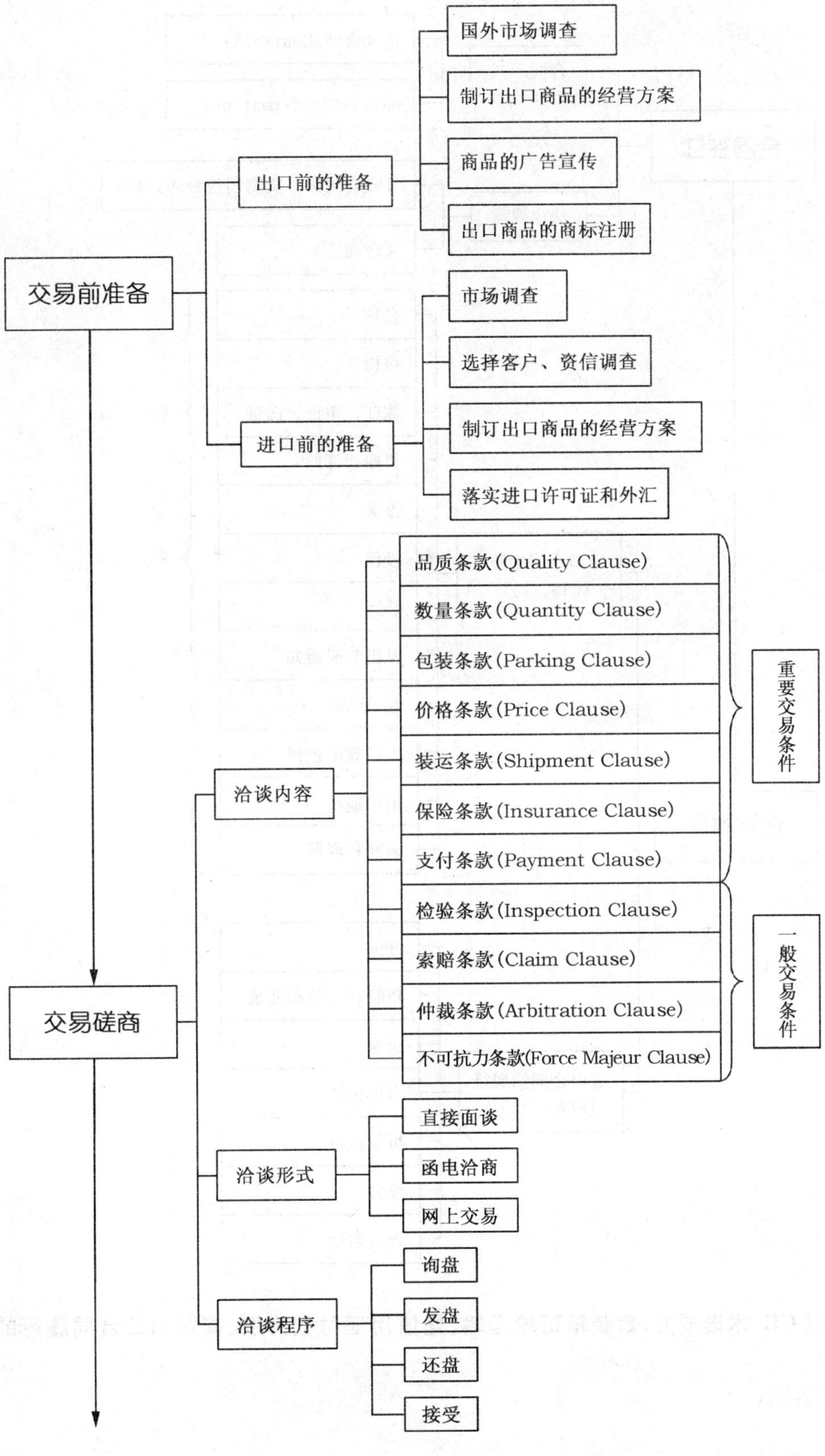

交易前准备
出口前的准备
国外市场调查
制订出口商品的经营方案
商品的广告宣传
出口商品的商标注册
进口前的准备
市场调查
选择客户、资信调查
制订出口商品的经营方案
落实进口许可证和外汇
交易磋商
洽谈内容
品质条款(Quality Clause)
数量条款(Quantity Clause)
包装条款(Parking Clause)
价格条款(Price Clause)
装运条款(Shipment Clause)
保险条款(Insurance Clause)
支付条款(Payment Clause)
检验条款(Inspection Clause)
索赔条款(Claim Clause)
仲裁条款(Arbitration Clause)
不可抗力条款(Force Majeur Clause)
重要交易条件
一般交易条件
洽谈形式
直接面谈
函电洽商
网上交易
洽谈程序
询盘
发盘
还盘
接受

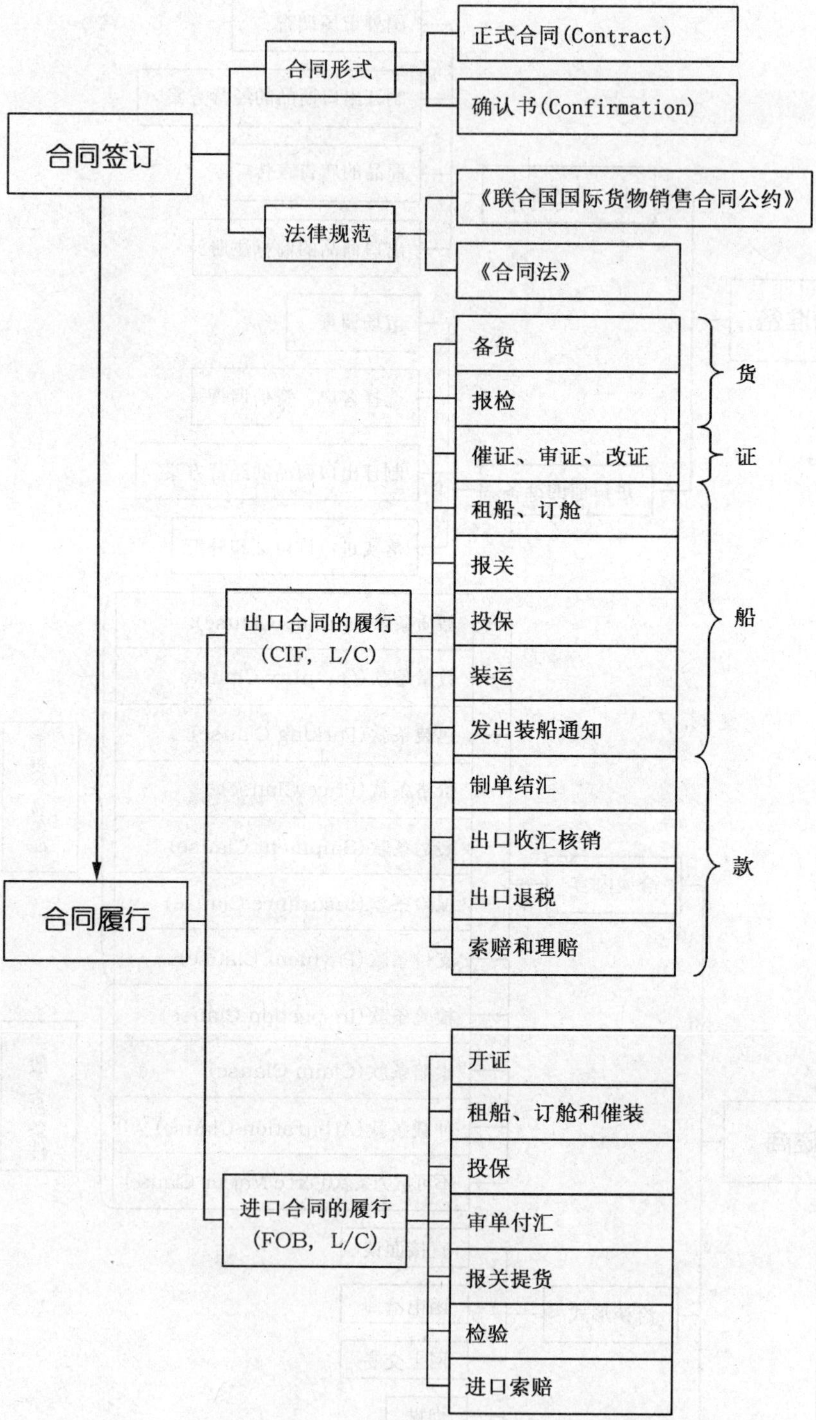

二、以 CIF 术语成交、集装箱班轮运输、凭信用证付款为例,简述出口合同履行的基本环节

参考答案:

催证：出口商提醒进口商按约定时间开出信用证

↓

审证：出口商审核信用证是否符合合同约定和其他规定

↓

备货：安排生产或向供应商采购

↓

订舱：

缮制《集装箱货物托运单》（又称“十联单”），向船公司或其代理订舱

↓

如委托货代订舱，需提交《出口货物订舱委托书》，随附《商业发票》、《装箱单》

↓

船公司接受订舱后，在《集装箱货物托运单》的“装货单”联上加盖船公司签单章后，连同“配仓回单”等其他联一并退还

↓

报检：

如货物属于法定检验范围，或进口商要求提交相应检验证书的，在规定时间内向出入境检验检疫机构提交《出境货物报检单》，随附《商业发票》、《装箱单》，办理货物出境报检手续

↓

如委托工厂报检，则需同时提交《报检授权委托书》

↓

货物经检验合格后，由出入境检验检疫机构签发《出境货物通关单》和/或《商检证书》

↓

投保：

填制《出口货物投保单》，随附《商业发票》，向保险公司投保

↓

保险公司接受投保申请后，收取保险费并出具《保险单》

↓

认证：

根据进口商要求，办理出口认证、出证手续（本例仅列出《原产地证明书》的手续办理）

例如：进口商要求提交《原产地证明书》
填制《一般原产地证明书申请书》、《原产地证明书》

↓

在规定时间内，持《一般原产地证明书申请书》、《原产地证明书》至出入境检验检疫局或中国国际贸易促进委员会申请出证

↓

出入境检验检疫局或中国国际贸易促进委员会审核确认无误后，在《原产地证明书》上签字确认并退还

例如：进口商要求提交《普惠制原产地证明书》
填制《普惠制原产地证明书申请书》、《普惠制原产地证明书》

↓

在规定时间内，持《普惠制原产地证明书申请书》、《普惠制原产地证明书》至出入境检验检疫局申请出证

↓

出入境检验检疫局审核确认无误后，在《原产地证明书》上签字确认并退还

例如：进口商要求提交《优惠贸易协定原产地证明书》
填制《优惠贸易协定原产地证明书申请书》、《优惠贸易协定原产地证明书》

↓

在规定时间内，持《优惠贸易协定原产地证明书申请书》、《优惠贸易协定原产地证明书》至出入境检验检疫局或中国国际贸易促进委员会申请出证

↓

出入境检验检疫局或中国国际贸易促进委员会审核确认无误后，在《优惠贸易协定原产地证明书》上签字确认并退还

↓

进港

- 出具《集装箱装箱单》(Container Load Plan,CLP),并派集装箱卡车到指定地点装运货物
- ↓ 货物运抵海关监管区(港区),场站人员根据CLP核对实际装箱情况并签收

↓

报关

- 在规定时间内,向海关递交《出口货物报关单》、《集装箱货物托运单》中的“装货单”、“大副联”、“场站收据”三联,随附《商业发票》、《装箱单》,申报货物出口
- ↓ 如货物属于法定检验范围,则需同时提交《出境货物通关单》
- ↓ 如委托货代报关,则需同时提交《报关授权委托书》
- ↓ 海关查验完毕后,在《集装箱货物托运单》中的“装货单”联上加盖海关放行章,连同“大副联”、“场站收据”等一并退还

↓

装船

- 将《集装箱货物托运单》中的“装货单”和“大副联”交给船公司,凭此装货
- ↓ 船方装妥货物,在“大副联”上签字后返还
- ↓ 凭经船方签署的“大副联”向船公司换取正本已装船《提单》

↓

通知

- 向进口商发出装船通知(Shipping Advice)

↓

结汇

- 备妥缮制的各种单证,在信用证规定的交单有效期内交银行办理议付和结汇手续

↓

退税

- 向税务机关提供购进货物时的《增值税专用发票》“抵扣联”、盖有验讫章的《出口货物报关单》“出口退税专用联”,企业签章的出口发票,办理出口退税手续(对外贸企业购进的消费税应税货物,还须提供“税收(出口货物专用)交款书”或“出口货物完税分割单”)
- ↓ 税务机关核准后退税

三、以FOB术语成交、集装箱班轮运输、凭信用证付款为例简述进口合同履行的基本环节

参考答案:

开证

- 按约定时间开出信用证

↓

订舱

- 联系出口商,明确备货情况后,向船公司或其代理订舱
- ↓ 待船公司返回“配舱回单”后,向出口商发出装运指示(Shipping Instructions),明确船名、航次、船期等
  或
  委托出口商代办订舱手续,及时获取配舱信息

↓

投保

- 如与保险公司已事先订立《进口预约保险合同》(Open Cover),则凭出口商发来的装船通知,向保险公司办妥投保手续
- ↓ 如无预约保险合同,则在进口货物装船前先与保险公司签订《暂保单》(Cover Note),待出口商发来装船通知后,再向保险公司换取正式《保险单》

↓

付款赎单

- 按信用证规定付款赎单,取得正本《提单》
- ↓ 货抵目的港后,凭正本《提单》到船公司或其代理处换取《提货单》(Delivery Order)

↓

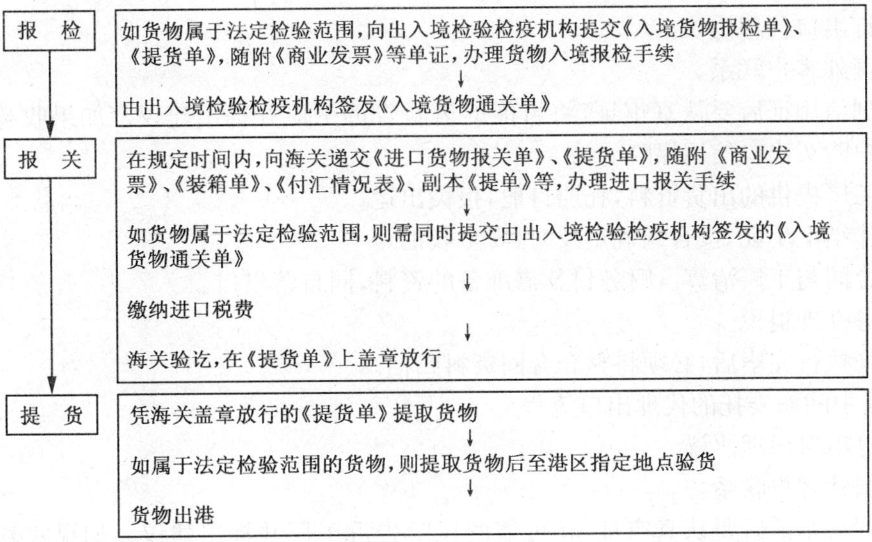

四、简述代理出口业务的基本环节

参考答案：

代理出口业务流程如下所示：

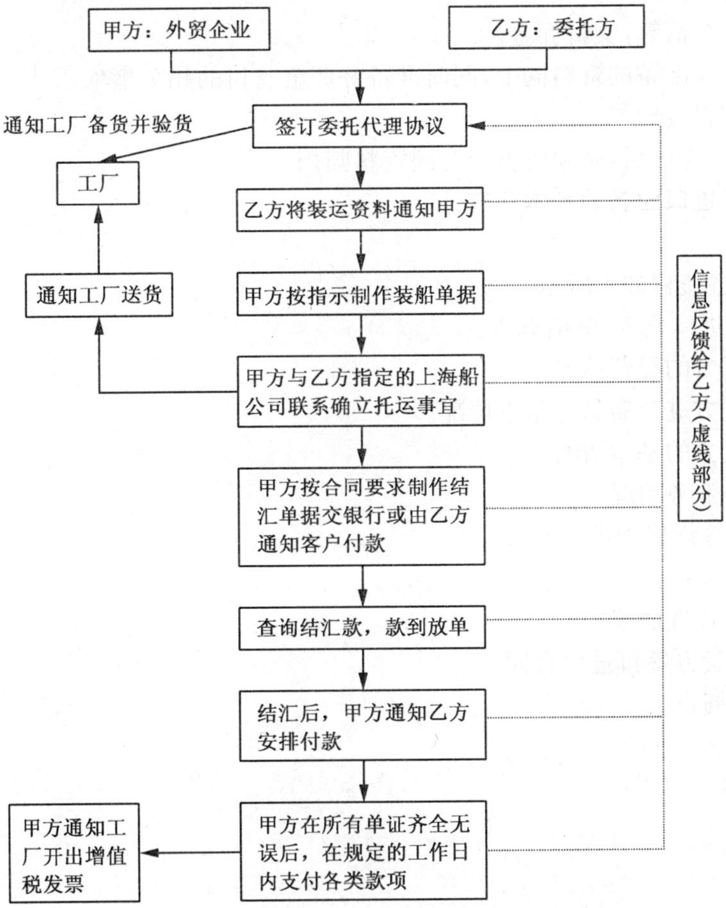

1. 接受工厂委托代办的出口流程

(1)签订出口代理协议。

(2)与国外客户联系。

(3)收到信用证后要认真审证,将可能的风险告诉工厂并提出建议。如果收款方式有风险,建议客户购买出口信用保险。

(4)按工厂提供的出货资料,托船订舱,报关出运。

(5)制作结汇单证,按合约规定及时、安全收汇。

(6)按合同与工厂清算。财务付款需准备的资料,同自营出口。

(7)财务办理退税。

(8)合同执行完毕后,必须将整套合同资料归档。

2. 接受中间商委托的代理出口流程

(1)签订出口代理协议。

(2)与国外客户联系。

(3)收到信用证后要认真审证,将可能的风险告诉工厂并提出建议。如果收款方式有风险,建议客户购买出口信用保险。

(4)按工厂提供的出货资料,托船订舱,报关出运。

(5)制作结汇单证,按合约规定及时安全收汇。

(6)与工厂清算。

(7)与代理客户清算,支付佣金。

(8)财务付款需准备的资料同上,同时准备好佣金支付的相关事项。

(9)财务办理退税。

(10)合同执行完毕后,必须将整套合同资料归档。

五、简述代理进口业务的基本环节

参考答案:

代理进口业务流程如下所示:

1. 受理委托进口业务,资信调查

(1)了解委托方的经营情况。

(2)了解委托方进口商品的基本情况。

(3)了解供货方的基本情况。

(4)了解具体业务情况。

2. 与委托方签订代理进口协议

(1)长期代理协议。

(2)每笔业务代理协议。

3. 与国外供货方签订进口合同

4. 进口合同履行

(1)开证。

(2)装船通知。

(3)通关。

(4)商品验收。

(5)放单放货。

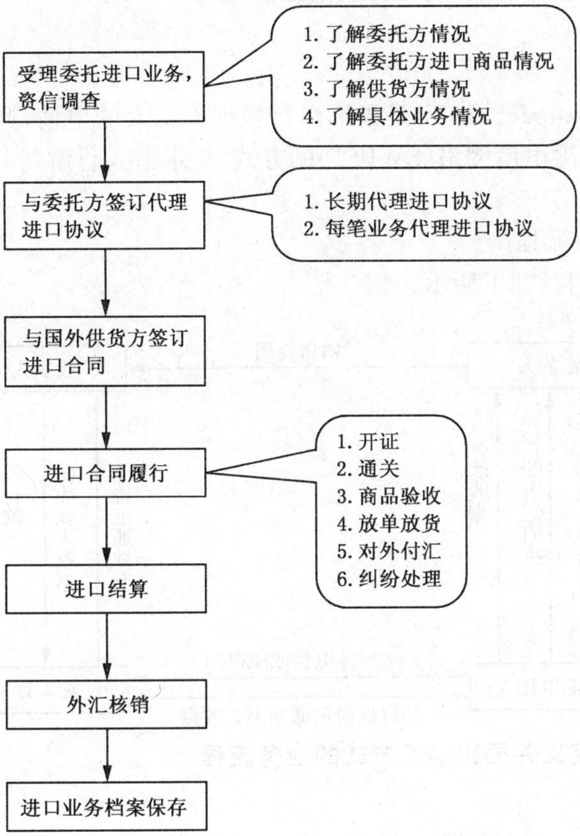

(6)对外付汇。

(7)纠纷处理。

5. 进口结算

(1)进口放单时，业务员须与财务部核对货款、代理费以及其他费用是否到账，确保各项费用的安全收取。

(2)根据委托方要求开具发票，一般如税金由委托方直接支付，财务可开普通发票；税金由公司代付，需开增值税发票。

(3)财务清算应提供结算清单，详细描述金额的组成情况。

6. 进口档案归档。

六、请画出国际结算汇付方式的业务流程

参考答案：

汇付方式的业务流程，如下所示：

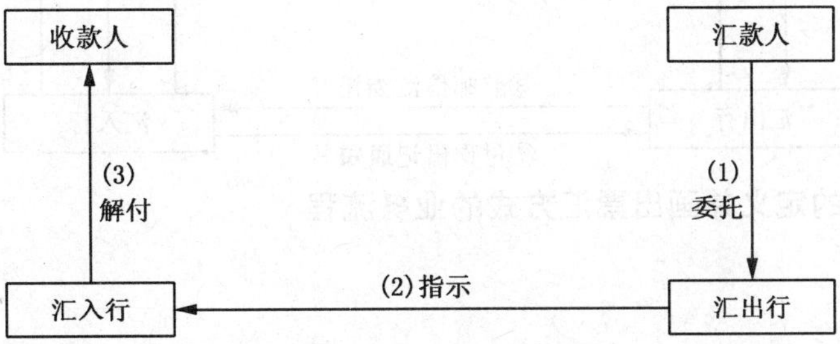

七、请阐述电汇的定义并画出电汇方式的业务流程

参考答案：

1. 电汇的定义

电汇(telegraphic transfer，T/T)是指汇出行根据汇款人的申请，通过拍发加押电报或加押电传或环球银行间金融电信网络(SWIFT)的方式，指示汇入行解付特定款项给指定收款人的汇款方式。

2. 电汇方式的业务流程

电汇方式的业务流程，如下所示：

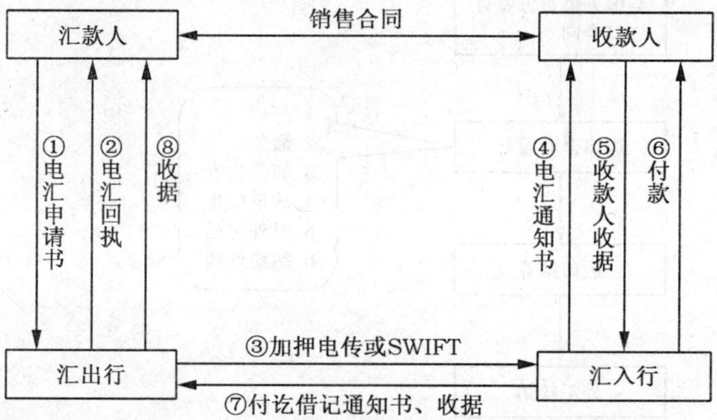

八、请阐述信汇的定义并画出信汇方式的业务流程

参考答案：

(1)信汇的定义

信汇(mail transfer，M/T)是汇出行根据汇款人的申请，将信汇委托书(M/T advice)或支付通知书(payment order)通过邮政航空信函送达汇入行，授权汇入行依其指令，解付特定款项给指定收款人的汇款方式。

(2)信汇方式的业务流程

信汇方式的业务流程，如下所示：

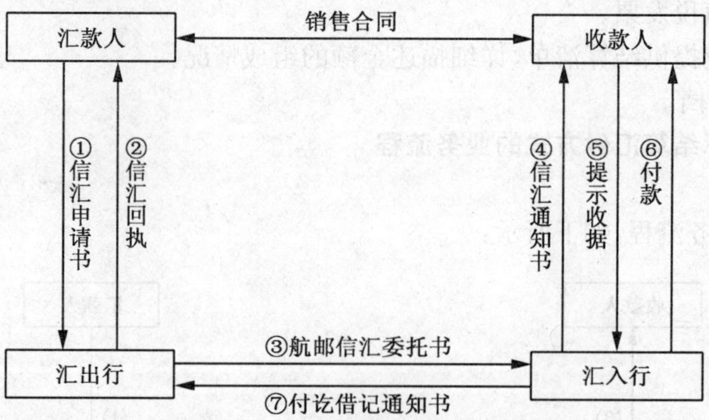

九、请阐述票汇的定义并画出票汇方式的业务流程

参考答案：

1. 票汇的定义

票汇(remittance by banker's demand draft,D/D)是指汇出行根据汇款人的申请,开立的以汇出行的国外代理行为解付行的银行即期汇票,交由汇款人自行邮寄指定收款人或由其自带银行汇票出境,凭票向解付行取款的汇款方式。

2. 票汇方式的业务流程

票汇方式的业务流程,如下所示:

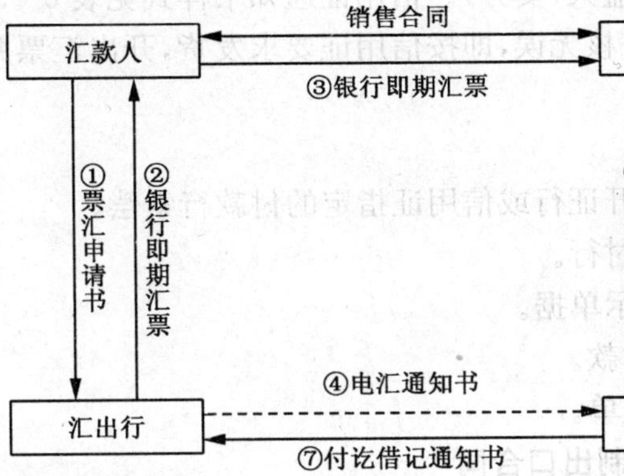

十、请画出出口托收业务流程

参考答案:

出口托收业务流程,如下所示:

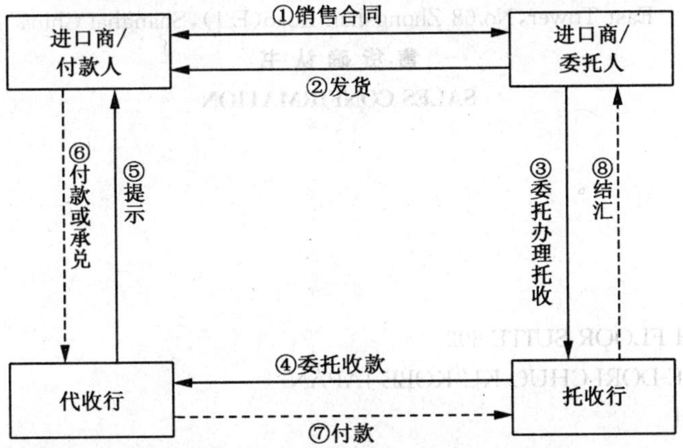

十一、请根据信用证的程序图,写出流程中每一步的处理概要

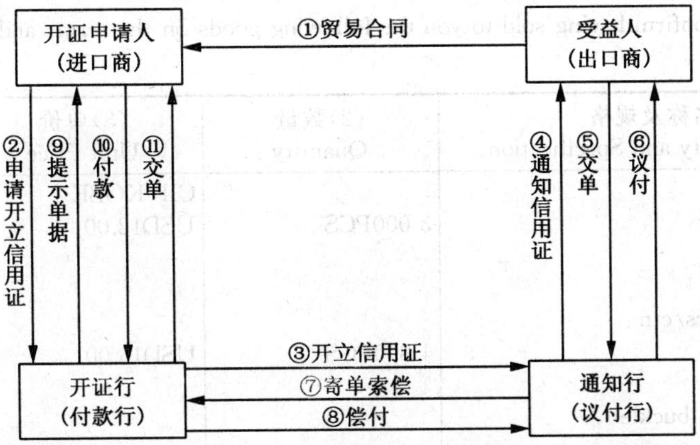

参考答案：

1. 买卖双方在合同中约定凭信用证付款。

2. 买方向当地银行申请开证，并按合同内容填写开证申请书和交纳开证押金或提供其他保证。

3. 开证行按申请内容开证，并通知通知行。

4. 通知行将信用证交与受益人(卖方)。信用证通知书样式见表6－3。

5. 卖方收到信用证后，如审核无误，即按信用证要求发货，开出汇票并附各种单据向有关银行交单议付货款。

6. 议付行议付。

7. 议付行将汇票和单据给开证行或信用证指定的付款行索偿。

8. 付款行将货款偿付给议付行。

9. 付款行向开证申请人提示单据。

10. 开证申请人向付款行付款。

11. 付款行向开证申请人交单。

十二、请根据所给的信息缮制出口合同

参考答案：

上海东海进出口有限公司

SHANGHAI DONGHAI IMP. & EXP. CO., LTD.

East Tower, No.68 Zhongshan Road(E.1), Shanghai China

售 货 确 认 书

SALES CONFIRMATION

Tel: 0086-21-66080888
Fax: 0086-21-66081888

编号：SC0601260
No:
日期：Dec., 1, 2014
Date:

TO Messrs:
SAKULA CO., LTD.
ITC BUILDING 6TH FLOOR SUITE 602
1-8-4 CHOME ISOBE-DORI CHUO-KU KOBE JAPAN
Tel: 0081-78-362-1444
Fax: 0081-78-362-1445

谨启者：兹确认售予贵方下列货品，其成交条款如下：

Dear Sirs: We hereby confirm having sold to you the following goods on the terms and conditions as specified below:

(1)货物名称及规格 Name of Commodity and Specification	(2)数量 Quantity	(3)单价 Unit Price	(4)总价 Amount
Man's Belt 1) Material: PU 2) Size 100×4.8cm 3) Outer packing: 150pcs/ctn	3 000PCS	CIF KOBE USD12.00	USD36 000.00
Fashion Belt 1) Size: 105×8cm 2) Material: PU, needle buckle	4 800PCS	USD15.00	USD72 000.00

续表

3)Outer packing:120pcs/ctn Diamante Belt 1) Size:105×3.8cm 2) Material:metallic PU with needle buckle 3)Outer packing:100pcs/ctn	500PCS	USD30.00 TOTAL	USD15 000.00 USD123 000.00
Total Amount in words:SAY US DOLLARS ONE HUNDRED AND TWENTY THREE THOUSAND ONLY			

(5)装运期限:

Time of Shipment: LATEST DATE OF SHIPMENT 20150228

(6)装运港:

Port of Loading: SHANGHAI PORT

(7)目的港:

Port of Destination:KOBE PORT

(8)分批装运:

Partial Shipment: NOT ALLOWED

(9)转船:

Transhipment:NOT ALLOWED

(10)付款条件:

Terms of Payment:IRREVOCABLE L/C AT SIGHT

(11)运输标志:

Shipping Marks:WILL BE INDICATED IN THE LETTER OF CREDIT

(12)保险:

Insurance:The Seller should cover insurance for 110% of the total invoice value against All Risks as per Ocean Marine Cargo Clauses of PICC dated 1/1/1981.

(13)仲裁

Arbitration:All disputes arising from the execution of, or in connection with this Sales Confirmation, shall be settled amicably through ____ friendly negotiation. In case no settlement can be reached through negotiation, the case shall then be submitted to China International Economic and Trade Arbitration Commission, Shanghai Commission for arbitration in accordance with Rules of Arbitration of China International Economic and Trade Arbitration Commission. The award made by the Commission should be accepted as final and binding upon both parties.

REMARKS:

买方须于2014 年12 月20 日前开出本批交易的信用证(或通知销售方进口许可证号码)。否则,销售方有权不经过通知取消本确认书,或向买方提出索赔。

The Buyer shall establish the covering Letter of Credit (or notify the Import License Number) before Dec. 20,2014, falling which the Seller reserves the right to rescind without further notice, or to accept whole or any part of this Sales Confirmation non-fulfilled by the Buyer, or, to lodge claim for direct losses sustained, if any.

凡以 CIF 条件成交的业务,保额为发票价的 110%,投保险别以售货确认书中所开列的为限,买方如果要求增加保额或保险范围,应于装船前经卖方同意,因此而增加的保险费由买方负责。

For transactions conclude on CIF basis, it is understood that the insurance amount will be for 110% of the invoice value against the risks specified in Sales Confirmation. If additional insurance amount or coverage is required, the buyer must have consent of the Seller before Shipment, and the additional premium is to be borne by the Buyer.

品质/数量异议：如买方提出索赔，凡属品质异议，须于货到目的口岸之60日内提出。凡属数量异议，须于货到目的口岸之30日内提出，对所装货物所提任何异议属于保险公司、轮船公司等其他有关运输或邮递机构的责任范畴，卖方不负任何责任。

QUALITY,/QUANTITY DISCRFPANCY: In case of quality discrepancy, claim should be filed by the Buyer within 60 days after the arrival of the goods at port of destination; while for quantity discrepancy, claim should be filed by the Buyer within: 30 days after the arrival of the goods at port of destination. It is understood that the seller shall not he liable for any discrepancy of the goods shipped due to causes for which the Insurance Company, Shipped Company other transportation organization/or Post Office are liable.

本确认书内所述全部或部分商品，如因人力不可抗拒的原因，以致不能履约或延迟交货，卖方概不负责。

The Seller shall not be held liable for failure of delay in delivery of the entire lot or a portion of the goods under this Sales Confirmation in consequence of any Force Majeure incidents.

买方在开给卖方的信用证上请填注本确认书号码。

The Buyer is requested always to quote THE NUMBER OF THIS SALES CONFIRMATION in the Letter of Credit to be opened in favour of the Seller.

买方收到本售货确认书后请立即签回一份，如买方对本确认书有异议，应于收到后五天内提出，否则认为买方已同意接受本确认书所规定的各项条款。

The buyer is requested to sign and return one copy of the Sales Confirmation immediately after the receipt of same, Objection, if any, should be raised by the Buyer within five days after the receipt of this Sales Confirmation, in the absence of which it is understood that the Buyer has accepted the terms and condition of the Sales Confirmation.

买　方　田中君山　　　　　卖　方　仲　欣

THE BUYER　　　　　THE SELLER

SAKULA CO., LTD.

SHANGHAI DONGHAI IMP. & EXP. CO., LTD.

十三、请根据所给的信息缮制进口合同

参考答案：

<table>
<tr><td colspan="4">PURCHASE CONTRACT</td></tr>
<tr><td colspan="2">Contract No.: BS1401035</td><td colspan="2">Date: 2014-7-1</td></tr>
<tr><td colspan="3">The Buyer: SHANGHAI DONGHAI IMP. & EXP. CO., LTD.
Add: East Tower, No.68 Zhongshan Road(E.1), Shanghai China</td><td>Tel:0086-21-66080888
Fax:0086-21-66081888</td></tr>
<tr><td colspan="3">The Seller: BUCKLEY CO., LTD.
Add: PO Box 299, Saint Michael, Minnesota, United States</td><td>Tel:001-763-3323673
Fax:001-763-3323676</td></tr>
<tr><td colspan="4">This contract is made by and between the seller and the buyer whereby the seller agrees to sell and the buyer agrees to buy the under-mentioned goods according to the terms and conditions stipulated below:</td></tr>
<tr><td>Description of Commodity</td><td>Quantity</td><td>Unit Price</td><td>Amount</td></tr>
<tr><td>Pruning shear: ART NO. RG-1024
Garden shear: ART NO. RG-6001
Pliers: ART NO. TP-0201</td><td>1 000SET
1 500SET
2 000SET</td><td>USD20.00
USD15.00
USD10.00
CFR SHANGHAI</td><td>USD20 000.00
USD22 500.00
USD20 000.00
Total: 62 500.00</td></tr>
<tr><td colspan="4">Total Value: SAY US DOLLARS SIXTY TWO THOUSAND FIVE HUNDRED ONLY</td></tr>
<tr><td colspan="4">Country of origin: United States
Packing: Loaded in 1 20′ FCL</td></tr>
</table>

续表

Shipment: To be effected from San Francisco, United States to Shanghai, China not later than 15 Nov. 2014 with partial shipments and TRANSHIPMENT not allowed.

Payment: By an irrevocable Letter of Credit payable at sight for 100% of total contract value to reach the beneficiary's advising bank not later than 15 Oct. 2014.

All banking charges except L/C issurance fee are for beneficiary's account.

Documents: 1. Signed commercial invoice in 1 original and 2 copies.

2. Full set of shipped on board Bills of Lading in 3 originals and 3 non-negotiable copies made out to order and blank endorsed notifying applicant, marked 'freight prepaid'.

3. Packing list in 2 copies.

4. Beneficiary's certificate certifying that Certificate of Origin issued by Local Chamber of Commerce, Weight Records at the Loading Port issued by beneficiary showing total net weight and total gross weight, Declaration of Non-wood Packing and Certificate of Pre-shipment Inspection issued by China Certification and Inspection (Group) Co., Ltd. will be sent to the applicant within two working days after shipment by courier service.

5. Beneficiary's Fax sent to the applicant advising shipment details indicating B/L date, B/L Number, Vessel's Name, Voyage Number and ETA within 24 hours after the date of shipment.

Insurance: To be covered by the Buyer

Others:

L/C documents to be presented within 15 days after B/L date at the advising bank's counters.

This contract consists of 2 pages and will be set in force after counter signature of both parties.

The Buyer
SHANGHAI DONGHAI IMP. & EXP. CO., LTD.

Representative: 时晓致

The Seller
BUCKLEY CO., LTD.

Representative: Robert Meade

Remarks:

Inspection & Claims: The Buyer shall have the right to apply to SGS and/or CIQ for inspection after discharge of the goods at the port of destination at the Buyer's cost and the report issued by SGS and/or CIQ at discharge port to be considered as final. Should the quality and weight inspected by SGS and/or CIQ be found not in conformity with the contract or invoice, the Buyer shall be entitled to lodge claims with the Seller on the basis of the inspection certificate issued by SGS and/or CIQ at discharge port.

With the exception, however, of those claims for which the shipping company and/or the insurance company are to be held responsible.

Force Majeure: In case of force majeure in accordance with international law, the Seller shall not be held responsible for the delay in the delivery or non-delivery of the goods caused by or resulting from any cause beyond the Seller's control or the carrier of the material, including calamities of nature (heavy rain, heavy wind storms, tsunami or water flood) strikes, war, riots, embargoes. In such event preventing the Seller from shipping or delivering, such shipments of deliveries shall be suspended in the duration of contingency, and immediate notification should be given to the Buyer certificate to this effect to be issued by Government, Authorities or Chamber of Commerce and presented to the Buyer. If the shipment is delayed for more than 30 days, the Buyer shall have the right to cancel this contract.

Arbitration: All disputes in connection with the execution of this contract may be settled through friendly negotiations. Failing the friendly negotiation does not relieve both or any of the parties of their respective contractual obligations. In the event of any disputes which the parties fail to resolve amicably, such disputes shall be referred to and finally resolved by arbitration at the China International Economic and Trade Arbitration Commission in Beijing, China. The award of arbitration shall be accepted by both parties hereto as final and binding for both parties.

十四、缮制出口收购合同

参考答案：

上海东海进出口有限公司收购合同

供方单位：绍兴弘海制品有限公司　　合同号码：SG060001

单位地址：绍兴市越城区马山镇镇北西路99号　　合同日期：2014-12-22

邮编：312000　　外销合同：SC1401260

联系人：钱中海

电话：0578-2131999

品名及代码	数量、单位	单价	税率	货价	总价
男式腰带	3 000条	40元	17%	120 000元	140 400元
时装腰带	4 800条	50元	17%	240 000元	280 800元
镶宝石时装腰带	500条	100元	17%	50 000元	58 500元
合　计				410 000元	479 700元
总金额	肆拾柒万玖千柒佰元				

付款方式：支票或本票。买方在收到卖方增值税发票5个工作日内支付。

到货地点：买方指定仓库。

交货日期：卖方在2014年2月26日一次性交货。

其他要求：品质按外商方面认可的标准；包装按外方要求的外销包装；卖方须在交货前及时通知买方。

合同条款

一、本合同内容未经买方同意不得修改，如自行修改未经双方签章确认仍属无效。

二、本合同具有法律责任，签约双方均须严格遵守，如有一方违约造成对方损失者应负责赔偿。

三、本合同如遇国外特殊情况不能出口，买方提出终止本合同执行，卖方应予谅解。

四、本合同在执行过程中，如遇政府法令变化时，得随政府法令规定而协商变更。

五、商品质量检验，卖方必须按照合同规定外商方面认可的质量交货，如出口后国外提出质量不符合要求，卖方要协助解决。

六、卖方必须按合同规定的时间交货，如有延期迟交造成买方损失时，卖方应负赔偿的责任。

七、如果本产品为法定商检的出口产品，卖方交货时必须向买方提供有关商检部门签发的出口商品检验证书。

八、卖方在货物出运后，必须按买方要求开具与实际出口货物相符的增值税发票。

九、本合同的签约地为上海。

十、本合同正本共两页、一式两份，买卖双方各执一份。

买方签章　赵函轩

上海东海进出口有限公司

电话：021-66080888

传真：021-66081888

地址：上海中山东一路68号东楼

邮政编码：200002

业务代表：赵函轩

卖方签章　钱中海

绍兴弘海制品有限公司

电话：0578-2131999

传真：0578-2131998

地址：绍兴市越城区马山镇镇北西路99号

邮政编码：312000

业务代表：钱中海

十五、进出仓单制作

参考答案：

商品进仓单 1

上海益明食品进出口公司

商品进仓单

编号：J00001

供货单位：上海梅林罐头厂　　制单时间：2014 年 01 月 07 日　　合同号：

仓库/仓位：食品一库/C-1　　入库时间：2014 年 01 月 08 日　　外销合同号：

商品编号	品名规格	包装	件数	数量		单位	单价	金额
				原发数	实收数			
MAL397	"梅林"牌 午餐肉 397×24	纸箱	500	500	500	箱	240 元	120 000 元
保管员：成易		入库员：周海			业务制单：祝一休			

商品进仓单 2

上海益明食品进出口公司

商品进仓单

编号：J00002

供货单位：上海梅林罐头厂　　制单时间：2014 年 05 月 17 日　　合同号：

仓库/仓位：食品一库/A-1　　入库时间：2014 年 05 月 18 日　　外销合同号：

商品编号	品名规格	包装	件数	数量		单位	单价	金额
				原发数	实收数			
MAL397	"梅林"牌 午餐肉 397×24	纸箱	200	200	200	箱	240 元	48 000 元
保管员：成易		入库员：周海			业务制单：祝一休			

商品进仓单 3

上海益明食品进出口公司

商品进仓单

编号：J00003

供货单位：上海梅林罐头厂　　制单时间：2014 年 06 月 11 日　　合同号：

仓库/仓位：食品一库/A-2　　入库时间：2014 年 06 月 12 日　　外销合同号：SC04001

商品编号	品名规格	包装	件数	数量		单位	单价	金额
				原发数	实收数			
ZHX397	中性包装 午餐肉 397×24	纸箱	100	100	100	箱	240 元	24 000 元
保管员：成易		入库员：周海			业务制单：祝一休			

商品进仓单 4

上海益明食品进出口公司

商品进仓单　　　　编号：J00004

供货单位：上海梅林罐头厂　　制单时间：2014 年 06 月 17 日　　合同号：

仓库/仓位：食品一库/C-2　　入库时间：2014 年 06 月 18 日　　外销合同号：

商品编号	品名规格	包装	件数	数量		单位	单价	金额
				原发数	实收数			
MAL397	“梅林”牌午餐肉 397×24	纸箱	400	400	400	箱	240 元	96 000 元

保管员：成易　　入库员：周海　　业务制单：祝一休

商品出仓单

上海益明食品进出口公司

商品出仓单

仓库：食品一库　　制单时间：2014 年 09 月 10 日　　编号：C00001

仓位：C-1/A-1/C-2　　出库时间：2014 年 09 月 11 日　　外销合同号：SC04002

出仓单号	商品编号	品名规格	包装	件数	数量	单位	单价	金额
J00001	MAL397	“梅林”牌午餐肉 397×24	纸箱	500	500	箱	240 元	120 000 元
J00002	MAL397	“梅林”牌午餐肉 397×24	纸箱	200	200	箱	240 元	48 000 元
J00004	MAL397	“梅林”牌午餐肉 397×24	纸箱	200	200	箱	240 元	48 000 元
总计				900	900	箱		216 000 元

保管员：成易　　出库员：童心还　　业务制单：祝一休

第四章　国际贸易单证制作

一、请根据银行来证信息及货物明细缮制商业发票

参考答案：

商业发票

COMMERCIAL INVOICE

1. 出口商 EXPORTER ZHENGJIANG HULIN SUITCASE & BAG CO., LTD.78 RENMIN ROAD NINGBO 315000, CHINA TEL:0086-0574-63524789	4. 发票日期和发票号 INVOICE DATE AND NO. 20140805　　14001036	
	5. 合同号 CONTRACT NO. 14001020	6. 信用证号 L/C NO. N8932405TH11836

续表

<table>
<tr><td colspan="2">2. 进口商 IMPORTER
ORTAI CO., LTD.
30 EAST 40TH STREET, NEW YORK, NY 10016
TEL: 001-212-992-9788
FAX: 001-212-992-9789</td><td colspan="3">7. 原产地国 COUNTRY/REGION OF ORIGIN
CHINA

8. 贸易方式 TRADE MODE
ORDINARY TRADE</td></tr>
<tr><td colspan="2">3. 运输事项 TRANSPORT DETAILS
FROM NINGBO, CHINA TO NEW YORK USA</td><td colspan="3">9. 交货和付款条款 TERMS OF DELIVERY AND PAYMENT
CIF NEW YORK
L/C</td></tr>
<tr><td>10. 运输标志和集装箱号 SHIPMENT MARKS; CONTAINER NO.</td><td>11. 包装类型及件数；商品编码；商品描述 NUMBER AND KIND OF PACKAGES; COMMODITY NO.; COMMODITY DESCRIPTION</td><td>12. 数量 QUANTITY</td><td>13. 单价 UNIT PRICE</td><td>14. 金额 AMOUNT</td></tr>
<tr><td>ORTAI
14001036
NEW YORK
C/NO.1-120</td><td>TROLLEY CASES
TS503214</td><td>1 200PCS</td><td>USD6.50</td><td>USD7 800.00</td></tr>
<tr><td colspan="5">TOTAL QUANTITY: 1 200PCS IN 120 CARTONS
WE CERTIFY THAT THE CONTENTS OF THIS INVOICE ARE TRUE AND CORRECT.</td></tr>
<tr><td colspan="5">15. 总值(用数字和文字表示)TOTAL AMOUNT (IN FIGURE AND WORD)
TOTAL: USD7 800.00
TOTAL AMOUNT: SAY U.S. DOLLARS SEVEN THOUSAND EIGHT HUNDRED ONLY</td></tr>
<tr><td colspan="2"></td><td colspan="3">16. 出口商签章
EXPORTER STAMP AND SIGNATURE
ZHENGJIANG HULIN SUITCASE & BAG CO., LTD.

钱振华</td></tr>
</table>

二、请根据出口合同及货物明细，缮制装箱单

参考答案：

装箱单

Packing List

<table>
<tr><td>1. 出口商 Exporter
SHANGHAI HUNING INTERNATIONAL TRADING CO., LTD.
NO.100, XIMEN ROAD SHANGHAI, CHINA</td><td>3. 装箱单日期 Packing List Date
20121112</td></tr>
</table>

续表

<table>
<tr><td colspan="2">2. 进口商 Importer
KOBORI BUTSUGU MFG.CO.,LTD.
2-20-12, DOGENZAKA, SHIBUYA-KU,
TOKYO, JAPAN ZIP: 1500043</td><td colspan="2">4. 合同号 Contract No.
121002</td><td>5. 信用证号 L/C No.</td></tr>
<tr><td colspan="2"></td><td colspan="3">6. 发票日期和发票号 Invoice Date and No.
20121112 IV 93568</td></tr>
<tr><td>7. 运输标志和集装箱号
Shipment marks; Container No.</td><td colspan="2">8. 包装类型及件数;商品编码;商品描述
Number and kind of packages; Commodity No.; Commodity description</td><td>9. 毛重 kg
Gross weight</td><td>10. 净重 kg
Net weight</td><td>11. 体积 m³
Cube</td></tr>
<tr><td>KBMC
121002</td><td>SOFT TOYS</td><td>240 CARTONS
1 200PCS</td><td>10KGS/CTN</td><td>9KGS/CTN</td><td>0.06 CBM/CTN</td></tr>
<tr><td>TOKYO
CN:1-740</td><td>FREE SHIPPING COOLER BAG</td><td>500 CARTONS
5 000PCS</td><td>12KGS/CTN</td><td>10KGS/CTN</td><td>0.12 CBM/CTN</td></tr>
<tr><td colspan="6">TOTAL QUANTITY: 6 200PCS

TOTAL: 740 CARTONS
G.W.8 400KGS
N.W.7 160KGS
CBM: 74.400

SAY SEVENTY FOUR HUNDRED CARTONS ONLY</td></tr>
<tr><td colspan="3"></td><td colspan="3">12. 出口商签章
Exporter stamp and signature
SHANGHAI HUNING INTERNATIONAL TRADING CO., LTD.
程大海</td></tr>
</table>

三、请根据制作依据提供的素材完成下列一般原产地证书

参考答案:

一般原产地证书格式

ORIGINAL

<table>
<tr><td>1. Exporter
SHANGHAI QUNMING TRADE CO., LTD.
850 NANJING ROAD(E) SHANGHAI 200001, CHINA</td><td>Certificate No.
C121100300010001</td></tr>
<tr><td>2. Consignee
GLOBAL IMPORTS CO., LTD.
45 WEST 52TH STREET,
NEW YORK, NY 10001</td><td>CERTIFICATE OF ORIGIN
OF
THE PEOPLE'S REPUBLIC OF CHINA</td></tr>
</table>

续表

<table>
<tr><td colspan="2">3.Means of transport and route
FROM SHANGHAI, P. R. OF CHINA TO NEW YORK, USA. BY VESSEL</td><td colspan="3" rowspan="2">5.For certifying authority use only</td></tr>
<tr><td colspan="2">4.Country / region of destination
USA</td></tr>
<tr><td>6.Marks and numbers

GLOIMP
SIT130905012
USA
C/NO.1-60</td><td>7.Number and kind of packages; description of goods

60 CARTONS(SAY SIXTY CARTONS ONLY) OF PLASTIC TOY
* * * * * * * * * * * * * * * *</td><td>8.H.S.Code

9503</td><td>9.Quantity

G.W.:
800KGS</td><td>10.Number and date of invoices

SIT130905012
DATED AUG. 20,2013</td></tr>
<tr><td colspan="2">11.Declaration by the exporter
The undersigned hereby declares that the above details and statements are correct, that all the goods were produced in China and that they comply with the Rules of Origin of the People's Republic of China.
SHANGHAI QUNMING TRADE CO., LTD.
唐家宜
SHANGHAI, AUG.20, 2013
Place and date, signature and stamp of authorized signatory</td><td colspan="3">12.Certification
It is hereby certified that the declaration by the exporter is correct.

Place and date, signature and stamp of certifying authority</td></tr>
</table>

四、请根据制作依据提供的素材完成下列普惠制原产地证书

参考答案：

ORIGINAL

<table>
<tr><td>1. Goods consigned from (Exporter's business name, address, country)
SHANGHAI DONGXU IMP.&EXP. CO., LTD.
ROOM 18 NO.997 EAST BEIJING RD. SHANGHAI CHINA</td><td rowspan="2">Reference No. G101100300010001

GENERALIZED SYSTEM OF PREFERENCES
CERTIFICATE OF ORIGIN
(Combined declaration and certificate)
FORM A
Issued in THE PEOPLE'S REPUBLIC OF CHINA
(country)
See Notes overleaf</td></tr>
<tr><td>2. Goods consigned to (Consignee's name, address, country)
TORONTO EAGLE CO., LTD.
505 BAY STREET, 10/FL., TORONTO, ONTARIO CANADA M5H 2Y4</td></tr>
<tr><td>3. Means of transport and route (as far as known)
FROM SHANGHAI, CHINA TO VANCOUVER, CANADA
BY VESSEL</td><td>4.For official use</td></tr>
</table>

续表

<table>
<tr><td>5. Item number</td><td>6. Marks and numbers of packages</td><td>7. Number and kind of packages; description of goods</td><td>8. Origin criterion (see Notes overleaf)</td><td>9. Gross weight or other quantity</td><td>10. Number and date of invoices</td></tr>
<tr><td>1</td><td>TECL
JB110300530
VANCOUVER
C.NO.1-176</td><td>176 (ONE HUNDRED AND SEVENTY SIX) CARTONS OF FOOTWEAR
* * * * * * * * * * * * * * * * * * *
REMARK
P.O. NO.: 527983
DEPT NO.: 269
SKU NO.: 28697050
L/C NO.: DC HTO644325</td><td>"F"</td><td>1066 PAIRS</td><td>JB110300530
OCT.27, 2013</td></tr>
<tr><td colspan="3">11.Certification
It is hereby certified, on the basis of control carried out, that the declaration by the exporter is correct.

SHANGHAI, OCT.28, 2013
Place and date, signature and stamp of certifying authority</td><td colspan="3">12.Declaration by the exporter
The undersigned hereby declares that the above details and statements are correct, that all the goods were produced in CHINA
(country)
and that they comply with the origin requirements specified for those goods in the Generalized System of Preferences for goods exported to
CANADA
(importing country)
SHANGHAI, OCT.27, 2013
Place and date, signature and stamp of authorized signatory</td></tr>
</table>

五、根据出口商业发票和装箱单制作出口报关单

参考答案:

中华人民共和国海关出口货物报关单

预录入编号:118715260　　　　海关编号:

<table>
<tr><td colspan="2">出口口岸
北仑海关 3104</td><td colspan="2">备案号</td><td>出口日期</td><td>申报日期
20131019</td></tr>
<tr><td colspan="2">经营单位
浙江海陵工业和贸易有限公司 3301900099</td><td colspan="2">运输方式
水路运输</td><td>运输工具名称
COSCO HELLAS/17W</td><td>提运单号
COSU89302895</td></tr>
<tr><td colspan="2">发货单位
浙江海陵工业和贸易有限公司 3301900099</td><td colspan="2">贸易方式
一般贸易 0110</td><td>征免性质
一般征税(101)</td><td>结汇方式
信用证</td></tr>
<tr><td>许可证号</td><td colspan="3">运抵国(地区)
法国(305)</td><td>指运港
巴黎(2176)</td><td>境内货源地
杭州其他(33019)</td></tr>
<tr><td>批准文号</td><td colspan="2">成交方式
CIF</td><td>运费
502/3 300.00/3</td><td>保费
502/468.63/3</td><td>杂费</td></tr>
<tr><td>合同协议号
ZH1301001</td><td colspan="2">件数
656</td><td>包装种类
纸箱</td><td>毛重(千克)
8 659.20</td><td>净重(千克)
6 691.20</td></tr>
<tr><td>集装箱号
TTNU5879631/20/2275</td><td colspan="4">随附单据
B:530820100543208</td><td>生产厂家
浙江海陵鞋业厂</td></tr>
</table>

续表

标记唛码及备注 FLIT KI11003 PARIS C/NO.1-656			YMLU2837730/20/2275					
项号	商品编号	商品名称、规格型号	数量及单位	最终目的国(地区)	单价	总价	币制	征免
1.	9506701000 (0)	新的可调式溜冰鞋 NEW ADJUSTABLE ROLLER SKATES S:31-34#	3 936 双 6 691.20 千克 3 936 双[1]	法国 (305)	16.65	65 534.40 用途:[2]	USD (美元)	照章 征税
税费征收情况								

录入员 录入单位 兹声明以上申报无讹并承担法律责任	海关审单批注及放行日期(签单) 审单 审价
报关员 申报单位(签章) 单位地址 邮编 电话 填制日期	征税 统计

第五章 信用证的审核和操作

一、信用证的审核应从哪几个方面入手

参考答案:

1. 对信用证表面完整性进行审核;
2. 对信用证遵循惯例进行审核;
3. 对有关责任银行的资信进行审核;
4. 对信用证条款进行审核;
5. 对信用证性质进行审核;
6. 对信用证货币和金额进行审核;
7. 对银行责任条款进行审核;
8. 对信用证的到期日、到期地点和交单期的审查;
9. 对信用证付款责任的审查;
10. 对信开信用证和转让信用证等的审核要特别注意。

二、审单中常见的实质性不符点有哪些

参考答案:

在国际贸易的实践中,常见的信用证不符点有:

---

① 此项内容批卷时,不做扣分依据。

② 此项内容批卷时,不做扣分依据。

1. 汇票付款期限、付款人等内容与信用证条款不符。
2. 汇票金额与发票不符(除非信用证另有规定)。
3. 汇票大小写金额不一致。
4. 发票货物的描述与信用证规定不符。
5. 发票货物数量和金额与信用证规定不符。
6. 发票未按信用证的要求签字、公证、认证等。
7. 运输提单有“不清洁”批注及货装仓面批注。
8. 运输提单收货人、被通知人、装运港和卸货港、运费支付情况等内容与信用证规定不符。
9. 提单未注明承运人名称、身份及签发人身份的表述。
10. 除非信用证另有规定,未提交全套正本提单。
11. 提单上缺已装船批注或批注不正确;提单上注明受租船合约约束或承运船只仅以风帆为动力。
12. 迟期装运。
13. 信用证过有效期。
14. 已过交单期。
15. 保险单据类型与信用证规定不符。
16. 保险的险别与信用证规定不符。
17. 保险货币与来证货币不符。
18. 保额不足。
19. 保单的出单日期或保险责任生效日期迟于提单已装船日、发运日或接受监管日。
20. 缺少信用证规定的单据。
21. 超过信用证金额。
22. 短装、溢装等。

三、阅读以下信用证,做选择填空

参考答案:

(1)C. 电开
(2)A. 见票后 60 天
(3)B. 开证申请人
(4)C. AMERICAN EXPRESS BANK LTD.,NEW YORK
(5)A. USD22 422.00
(6)C. 受益人
(7)B. 提单日后 21 天
(8)A. 清洁已装船提单
(9)B. NATIONAL AGRICULTURAL COOPERATIVE FEDERATION
(10)C. RAIN DREANS IMP. & EXP. CORP.
(11)B. 美元
(12)C. 货离起运港前由出口商
(13)A. 承运船公司在目的港代理的名称、地址和电话
(14)B. 保险单或保险凭证
(15)A. 作为单据提交到银行议付

(16)A. 五种

(17)B. 2014-07-07

(18)A. 假远期信用证

(19)A. 开证行

(20)C. 特快专递

四、请将下列信用证条款译成中文

1. 译：

凭受益人开立的即期汇票连同下列单据议付，汇票和单据显示本信用证号码。

2. 译：

随附汇票的单据如下所列。这些单据必须在海运提单或其他可证明货物发运的单据的签发日后10天内提交议付。

3. 译：

所有本信用证项下的汇票必须标注："出票依据'中国银行，信用证号码2008001215，开证日期2008年10月18日'"。

4. 译：

本信用证项下开具的汇票必须于2008年8月15日或早于该日在中国议付，该日之后本信用证到期。

5. 译：

汇票必须在提单日后15天内议付，并且不得迟于信用证的到期日。

6. 译：

即期汇票一式两份，注明"根据XYZ银行的第88965号信用证"。

7. 译：

当单据需要出具并签字时，应由单据出单人签发印戳并签字。

8. 译：

本证项下所有单据须在各有权签发人所盖的印章上另加手签。

9. 译：

经受益人签署的商业发票正本一式五份，注明商品名称、产地和其他相关信息。

10. 译：

经签署的商业发票一式六份，其正本必须经商会证实。

11. 译：

商业发票一式八份，显示CIF ANTWERP价格，并分别注明FOB货值、运费及保险费。

12. 译：

发票必须显示货物的实际价格，并证实不存在其他已经或将被签发的发票、所有信息均真实正确。

13. 译：

见票后30天付款的远期汇票，以我方为付款人，金额为100%发票金额。

14. 译：

联合单据不予接受。

15. 译：

联合单据不接受。

16. 译：

如果唛头出现在提单上，同样的唛头应用同样的方法正确地标在其他单据上。

17. 译：

不接受第三方作为提单的发货人。

18. 译：

清洁已装船的海运提单，全套(三份)正本加三份不可转让副本，凭指示抬头，空白背书，注明“运费预付”，注明目的港船运代理，通知开证申请人，并证明货物以集装箱整箱的方式装运。

19. 译：

清洁已装船提单，全套(三份)正本，凭指示抬头，空白背书，通知买方，注明“运费预付”，CIF热那亚再运至瑞士。

20. 译：

分三批等量装运，不得同船装运，每批装运之间至少相隔30天，单据分三次向银行提交议付。

21. 译：

保险单，按发票全额的100%投保一切险、战争险，按中国人民保险公司1981年1月1日的海运货物保险条款办理。

22. 译：

保险单，按发票全额的110%投保协会货物(A)险和战争险。

23. 译：

保险单一式两份，做成“凭ABC公司指示”抬头或背书为“凭ABC公司指示”，按货物的CIF价值加10%，用信用证货币，投保中国人民保险公司的一切险、战争险。

24. 译：

保险单或保险凭证一式两份，按发票金额的110%投保协会货物A险和战争险，注明在荷兰由赔付代理赔付。

25. 译：

信用证金额和数量增减10%可以接受。

26. 译：

信用证金额和数量允许增减5%。

27. 译：

信用证金额增减10%可以接受。

28. 译：

信用证货物数量允许增减5%。

29. 译：

货物数量允许增减10%。

30. 译：

数量和信用证金额允许有15%的增减幅度。

31. 译：

除非另有说明，单据均为3份：

+签字的商业发票，注明合同号码、唛头和信用证号码，一式四份。

+全套清洁已装船海运提单，凭ABC银行指定，通知(信用证开证)申请人，注明“运费预付”。

＋中性装箱单和重量单，不显示出票人，显示每一纸箱的数量、重量和体积，并显示总计的数量、重量和体积，一式二份。

＋原产地证书，原产中国。

＋可转让的保险单或保险凭证，空白背书，按照 CIF 发票价值的 110％投保协会货物一切险和协会货物战争险，赔付地点为安特卫普。

＋装运通知传真的副本，该装运通知必须已传真给（信用证开证）申请人。

＋受益人出具的证明，证明全套不可转让的运输单据已通过快邮邮寄给（信用证开证）申请人；同时提交相关的邮寄收据。

32. 译：附加条件

＋开证行以外的所有银行费用和偿付费用均由受益人负担。

＋除非特殊说明，所有单据均使用英文。

＋提单必须显示实际装船港口和卸货港口。

＋每包必须清楚地显示所有商品编号（货号）。

第六章 成本核算

一、运费计算

1.

参考答案：

解：总毛重＝100×40÷1 000＝4（吨）

总体积＝100×1×0.4×0.25＝10（立方米）

∵10 立方米＞4 吨，根据计算标准 W/M，取体积计算。

运费吨的运价＝10×60×（1＋30％＋20％）＝900（美元）

每件运费＝900÷100＝9（美元）

CFR＝FOB＋F＝200＋9＝209（美元）

答：每件应报价 209 美元。

2.

参考答案：

解：总毛重＝30×0.85＝25.50（吨）

∵25.50 吨＞23.86 立方米，根据计算标准为 W/M，取重量吨计算。

运费吨的运价＝23＋15＋95＋95×8％＝140.60（美元）

总运费＝25.50×140.60＝3 585.30（美元）

答：劳尔进出口公司应付船公司运费为3 585.30美元。

3.

参考答案：

解：该批货物的运费为：

运费＝计费标准×具体运费×商品数量×（l＋各种附加费率）

＝0.2×0.5×1.2×280×100×（l＋30％＋10％）

＝4 704（港元）

4.

参考答案：

解：约定工作时间＝6×24＝144(小时)

实际工作时间＝16＋24＋18＋12＋13＋5＝88(小时)

速遣费＝(144－88)/24×5 000/2＝5 833.33(美元)

答：应付的速遣费为5 833.33美元。

二、换汇成本计算

1.

参考答案：

解：FOB天津＝5 050×[1－(1＋10％)×0.8％]－50＝4 955.56(美元)

出口销售外汇净收入＝4 955.56×10＝49 555.6(美元)

出口销售人民币净收入＝49 555.6×6.8＝336 978.08(元)

出口总成本＝250 000(元)

出口外汇总成本＝250 000(元)÷6.8＝36 764.706(美元)

换汇成本＝250 000÷49 555.6＝5.04(人民币/美元)

出口盈亏率＝(336 978.08－250 000)÷250 000×100％＝34.79％

答：该批货物的换汇成本为5.04人民币/美元，出口盈亏率各为34.79％。

2.

参考答案：

解：出口总成本＝(国内收购价＋运杂费＋包装费＋仓储费)×(1＋经营管理平均费用率)

＝(600＋10＋60＋8)×(1＋1％)

＝684.78(元)

出口销售外汇净收入＝含佣价－运费－佣金

＝100－8－1＝91(美元)

出口换汇成本＝出口总成本÷出口销售外汇净收入＝684.78÷91＝7.53(人民币/美元)

答：该批货物的出口总成本是684.78元，出口销售外汇净收入是91美元，出口换汇成本是7.53人民币/美元。

3.

参考答案：

解：出口总成本＝(国内收购价＋运杂费＋包装费＋仓租)×(1＋经营管理平均费用率)

＝(480＋10＋50＋7)×(1＋1％)＝552.47(元)

出口销售外汇净收入＝含佣价－运费－佣金＝100－9－1＝90(美元)

出口换汇成本＝出口总成本/出口销售外汇净收入

＝552.47÷90

＝6.14(人民币/美元)

答：该批货物的出口总成本是552.47元，出口销售外汇净收入是90美元，出口换汇成本是6.14人民币/美元。

4.

参考答案：

解：出口换汇成本＝{574 980＋574 980×6％－[574 980/(1＋17％)×13％]}÷(85 500

－1 540－440）

＝6.53(元)

答:该批商品的出口换汇成本为 6.53 元。

5.

参考答案:

解:出口成本＝500 000－500 000÷(1＋17％)×13％

＝444 444.44(元)

答:该批商品的出口成本为444 444.44元。

6.

参考答案:

解:(1)每辆自行车出口外汇净收入金额应为 CFR 价减去中国口岸至鹿特丹的海上运费，即:

每辆自行车出口外汇净收入＝75－75×8％＝75－6＝69(美元)

(2)该笔交易的外汇净收入为每辆外汇净收入乘以交易数额，即:

该笔交易的外汇净收入＝69×25 000＝1 725 000(美元)

答:每辆自行车外汇净收入为 69 美元，该笔交易外汇净收入总额为1 725 000美元。

三、成本核算

1.

参考答案:

解:本题已知 CIF 净价为 850 美元，佣金率为 4％，可将其代入求含佣价的公式:

含佣价＝净价÷(1－含佣率)

＝850÷(1－4％)

＝885.42(美元)

答:中方改报含佣价应为 885.42 美元。

2.

参考答案:

解:(1)卖方应改报 CIF YOKOHAMA。

(2)CIF 价＝(FOB 价＋运费)÷[1－(1＋投保加成率)×保险费率]

＝(4 200＋200)÷[1－(1＋10％)×0.8％]

＝4 439.06(美元)

答:报价应为每吨4 439.06美元 CIF 横滨。

3.

参考答案:

解:(1)已知公式:含佣价＝净价÷(1－佣金率)，则:净价＝含佣价×(1－佣金率)

FOB＝20×(1－3％)＝19.40(美元)

(2)已知公式:含佣价＝净价÷(1－佣金率)，则:

CIFC 5％＝(FOB＋运费＋保险费)÷(1－5％)

＝(19.40＋19.40×0.8％＋1)÷(1－5％)

＝21.64(美元)

(3)已知公式:出口商品盈亏率＝(出口销售人民币净收入－出口总成本)÷出口总成本×

100%，代入公式得：

出口商品盈亏率＝[19.40×7.8－(160＋160×3%－30)]÷(160＋160×3%－30)×100%

＝12.26%

(4)已知公式：出口商品换汇成本＝出口总成本÷出口外汇销售净收入，代入公式得：

出口商品换汇成本＝(160＋160×3%－30)÷19.40＝6.95(人民币元/美元)

答：

(1)CIFC 5%应改报为21.64(美元)/箱。

(2)该商品的出口销售盈亏率为12.26%。

(3)换汇成本为6.95(人民币元/美元)。

四、保险费计算

1.

参考答案：

解：投保金额＝CIF 总值×110%

＝100×2 000×12×110%

＝2 640 000(美元)

保险费＝投保金额×保险费率

＝2 640 000×(1%＋0.3%)

＝34 320(美元)

答：该批货物的投保金额为2 640 000美元，保险费为34 320美元。

2.

参考答案：

解：保险费＝CIF 价×(1＋加成率)×保险费率

＝1.8×60 000×(1＋10%)×(0.3%＋0.49%)

＝938.52(美元)

净收入＝CIF 价×商品数量－运费－保险费

＝1.8×60 000－5 000－938.52

＝102 061.48(美元)

答：我方净收入为102 061.48美元。

3.

参考答案：

解：CIF MALI＝150 000÷[1－(1＋20%)×0.6%]

＝151 087.83(美元)

其中，保险费＝151 087.83－150 000＝1 087.83(美元)

答：我方应向客户报151 087.83美元，保险费为1 087.83美元。

4.

参考答案：

解：每箱净重＝20×1 000÷1 000＝20(千克)

货主遭受损失＝[(46×3)＋(46×680÷20)]×110%＝1 872.20(美元)

答：货主遭受损失为1 872.20美元

5.

参考答案：

解：总受益的价值＝(100＋50＋30＋8＋12)＝200(万美元)

船方应分担的共同海损＝100÷200×8＝4(万美元)

甲方应分担的共同海损＝50÷200×8＝2(万美元)

乙方应分担的共同海损＝30÷200×8＝1.2(万美元)

丙方应分担的共同海损＝8÷200×8＝0.32(万美元)

运费方应分担的共同海损＝12/200×8＝0.48(万美元)

答：船方应分担的共同海损为 4 万美元，甲方应分担的共同海损为 2 万美元，乙方应分担的共同海损为 1.2 万美元，丙方应分担的共同海损为 0.32 万美元，运费方应分担的共同海损为 0.48 万美元。

五、数量换算

1.

参考答案：

解：实际回潮率＝(样品的水分/样品干净重)×100％＝(1.3/8.7)×100％＝14.942 53％

公量＝[商品实际重量÷(1＋实际回潮率)]×(1＋公定回潮率)

＝[20÷(1＋14.943％)]×(1＋11％)

＝19.314(吨)

答：公量为 19.314 吨。

2.

参考答案：

解：公量＝[商品实际重量÷(1＋实际回潮率)]×(1＋公定回潮率)

＝[105÷(1＋13％)]×(1＋11％)

＝103.14(吨)

3.

参考答案：

解：总重量＝钢板面积(m^2)×(厚度的重量/千克值)÷1 000(换算成吨)×数量

＝(5 000×500)÷1 000 000×1.963÷1 000×500

＝2.454(吨)

答：该批货物的总重量为 2.454 吨。

第七章　国际贸易管理和业务办理

一、填制代理报关委托书和委托报关协议

参考答案：

代理报关委托书

编号：2 0 1 4 0 1 2 3 9 8 6

我单位现 A(A. 逐票　B. 长期)委托贵公司代理 A、D 等通关事宜。(A. 填单申报　B. 辅助查验　C. 垫缴税款　D. 办理海关证明联　E. 审批手册　F. 核销手册　G. 申办减免税手续　H. 其他)详见《委托报关协议》。

我单位保证遵守《海关法》和国家有关法规，保证所提供的情况真实、完整、单货相符。否则，愿承担相关法律责任。

本委托书有效期自签字之日起至2014年3月15日止。

委托方（盖章）：

法定代表人或其授权签署《代理报关委托书》的人（签字） 左还尚

2014年3月1日

委托报关协议

为明确委托报关具体事项和各自责任，双方经平等协商签订协议如下：

委托方	青岛环岛贸易公司	被委托方	青岛环球物流公司
主要货物名称	甜杏仁	*报关单编码	No.
H.S.编码	12123012	收到单证日期	2014年3月1日
货物总价	75 000美元	收到单证情况	合同☑ 发票☑
进出口日期	2014年3月5日		装箱清单☑ 提（运）单☐
提单号			加工贸易手册☐ 许可证件☐
贸易方式	一般贸易		其他
原产地/货源地	青岛	报关收费	人民币： 元
其他要求：		承诺说明：	
背面所列通用条款是本协议不可分割的一部分，对本协议的签署构成了对背面通用条款的同意。		背面所列通用条款是本协议不可分割的一部分，对本协议的签署构成了对背面通用条款的同意。	
委托方业务签章： 经办人签章：左还尚 联系电话：0536-3870597 2014年3月1日		被委托方业务签章： 经办报关员签章：纪聪聪 联系电话：0536-3870565 2014年3月1日	

（白联：海关留存；黄联：被委托方留存；红联：委托方留存） 中国报关协会监制

委托报关协议通用条款

委托方责任 委托方应及时提供报关报检所需的全部单证，并对单证的真实性、准确性和完整性负责。

委托方负责在报关企业办结海关手续后，及时、履约支付代理报关费用，支付垫支费用，以及因委托方责任产生的滞报金、滞纳金和海关等执法单位依法处以的各种罚款。

负责按照海关要求将货物运抵指定场所。

负责与被委托方报关员一同协助海关进行查验，回答海关的询问，配合相关调查，并承担产生的相关费用。

在被委托方无法做到报关前提取货样的情况下，承担单货相符的责任。

被委托方责任 负责解答委托方有关向海关申报的疑问。

负责对委托方提供的货物情况和单证的真实性、完整性进行“合理审查”。审查内容包括：①证明进出口货物实际情况的资料，包括进出口货物的品名、规格、用途、产地、贸易方式等；②有关进出口货物的合同、发票、运输单据、装箱单等商业单据；③进出口所需的许可证件及随附单证；④海关要求的加工贸易（纸质或电子数据的）及其他进出口单证。

因确定货物的品名、归类等原因，经海关批准，可以看货或提取货样。

在接到委托方交付齐备的随附单证后，负责依据委托方提供的单证，按照《中华人民共和国海关进出口报关单填制规范》认真填制报关单，承担“单单相符”的责任，在海关规定和本委托报关协议中约定的时间内报关，办理海关手续。

负责及时通知委托方共同协助海关进行查验，并配合海关开展相关调查。

负责支付因报关企业的责任给委托方造成的直接经济损失，所产生的滞报金、滞纳金和海关等执法单位依法处以的各种罚款。

负责在本委托书约定的时间内将办结海关手续的有关委托内容的单证、文件交还委托方或其指定的人员（详见《委托报关协议》“其他要求”栏）。

赔偿原则 被委托方不承担因不可抗力给委托方造成损失的责任。因其他过失造成的损失，由双方自行约定或按国家有关法律法规的规定办理。由此造成的风险，委托方可以投保方式自行规避。

不承担的责任 签约双方各自不承担因另外一方原因造成的直接经济损失，以及滞报金、滞纳金和相关罚款。

收费原则 一般货物报关收费原则上按当地《报关行业收费指导价格》规定执行。特殊商品可由双方另行商定。

法律强制 本《委托报关协议》的任一条款与《海关法》及有关法律、法规不一致时，应以法律、法规为准。但不影响《委托报关协议》其他条款的有效性。

协商解决事项 变更、中止本协议或双方发生争议时，按照《中华人民共和国合同法》有关规定及程序处理。因签约双方以外的原因产生的问题或报关业务需要修改协议条款，应协商订立补充协议。双方可以在法律、行政法规准许的范围内另行签署补充条款，但补充条款不得与本协议的内容相抵触。

二、填制报检委托书

参考答案：

报检委托书

青岛 出入境检验检疫局：

本委托人郑重声明，保证遵守出入境检验检疫法律、法规的规定。如有违法行为，自愿接受检验检疫机构的处罚并负法律责任。

本委托人委托受委托人向检验检疫机构提交“报检申请单”和各种随附单据。具体委托情况如下：

本单位将于 2014 年 3 月进口/出口如下货物：

品　名	甜杏仁	H.S. 编码	12123012
数(重)量	15 吨	合同号	HD1402001
信用证号		审批文号	
其他特殊要求			

特委托 青岛环球物流公司 （单位/注册登记号），代表本公司办理下列出入境检验检疫事宜：

☑ 1. 办理代理报检手续；

☑ 2. 代缴检验检疫费；

☑ 3. 负责与检验检疫机构联系和验货；

☐ 4. 领取检验检疫证单；

☐ 5. 其他与报检有关的相关事宜。

请贵局按有关法律法规规定予以办理。

委托人(公章)　左还尚　　　　　　　　受委托人(公章)　纪聪聪

2014 年 3 月 1 日　　　　　　　　　　2014 年 3 月 1 日

本委托书有效期至2014 年 3 月 31 日

三、填制出境货物通关单

参考答案：

⑩

中华人民共和国出入境检验检疫

出境货物通关单

编号：310100203264865000

<table>
<tr><td colspan="3">1. 发货人
上海东旭进出口公司
SHANGHAI DONGXU IMP.&EXP.CORP</td><td rowspan="3">5. 标记及号码
N/M</td></tr>
<tr><td colspan="3">2. 收货人
BANSTEAD MANAGEMENT CO.,LTD.
96 MARK LANE,NEW YORK,NY 10069
TEL:001-212-993-6948　FAX:001-212-993-6949</td></tr>
<tr><td>3. 合同/信用证号
7E2M002/MU65423HJ12368</td><td colspan="2">4. 输往国家或地区
美国</td></tr>
<tr><td>6. 运输工具名称及号码
其他***</td><td colspan="2">7. 发货日期
***</td><td>8. 集装箱规格及数量
***</td></tr>
<tr><td>9. 货物名称及规格
门锁
***
***
(以下空白)</td><td>10. H.S.编码
83014000
***
***
(以下空白)</td><td>11. 申报总值
8 113 美元
***
***
(以下空白)</td><td>12. 数/重量、包装数量及种类
*3 000 把
*1 650 千克
*3 钢箱
(以下空白)</td></tr>
<tr><td colspan="4">13. 证明
上述货物已经检验检疫，请海关予以放行。
本通关单有效期至二〇一四年三月三十日

签字：裘杏　　　　　　　　　　日期：2014 年 3 月 30 日</td></tr>
<tr><td colspan="4">14. 备注</td></tr>
</table>

四、请填制中华人民共和国出口许可证申请表

参考答案：

中华人民共和国出口许可证申请表

<table>
<tr><td colspan="3">1. 出口商：　　代码：3101082356
上海东海进出口有限公司
领证人姓名：张晓坤　　电话：021-65788877</td><td colspan="3">3.出口许可证号：</td></tr>
<tr><td colspan="3">2. 发货人：　　代码：3101082356
上海东海进出口有限公司</td><td colspan="3">4. 出口许可证有效截止日期：
年　月　日</td></tr>
<tr><td colspan="3">5. 贸易方式：一般贸易</td><td colspan="3">8. 进口国(地区)：日本</td></tr>
<tr><td colspan="3">6. 合同号：12040001</td><td colspan="3">9.付款方式：信用证</td></tr>
<tr><td colspan="3">7. 报关口岸：上海吴淞海关</td><td colspan="3">10.运输方式：江海运输</td></tr>
<tr><td colspan="6">11. 商品名称：　　商品编码：4601291111
蔺草制的提花席、双苜席、垫子(单位面积>1 平方米，不论是否包边)</td></tr>
<tr><td>12. 规格、等级</td><td>13. 单位</td><td>14. 数量</td><td>15. 单价(USD)</td><td>16. 总值(USD)</td><td>17. 总值折美元</td></tr>
<tr><td>120×195</td><td>条</td><td>1 000</td><td>12.00</td><td>12 000.00</td><td>12 000.00</td></tr>
<tr><td>135×195</td><td>条</td><td>2 000</td><td>13.50</td><td>13 500.00</td><td>13 500.00</td></tr>
<tr><td>150×195</td><td>条</td><td>3 000</td><td>15.00</td><td>15 000.00</td><td>15 000.00</td></tr>
<tr><td>180×200</td><td>条</td><td>4 000</td><td>18.00</td><td>18 000.00</td><td>18 000.00</td></tr>
<tr><td>18. 总　计</td><td>条</td><td>10 000</td><td></td><td>58 500.00</td><td>58 500.00</td></tr>
<tr><td colspan="3" rowspan="2">19. 备注
申请单位盖章
SHANGHAI DONGHAI IMP. & EXP. CO., LTD
上海东海进出口有限公司
申领日期：2012 年 1 月 12 日</td><td colspan="3">20. 签证机构审批(初审)：
经办人：</td></tr>
<tr><td colspan="3">终审：</td></tr>
</table>

填表说明：1. 本表应用正楷逐项填写清楚，不得涂改、遗漏，否则无效。

2. 本表内容需打印多份许可证的，请在备注栏内注明。

第八章　案例分析

案例 1　是采用 FCA 术语成交还是采用 FOB 术语成交的问题

参考答案：

(1)我方若选择FCA术语成交,则可以在货物运至湛江码头时(或之前)将货物交给承运人,不必承担案中的损失。

(2)本案采用集装箱运输,若采用FCA术语成交,比FOB术语成交有以下好处:①可以提前转移风险;②可以提早取得运输单据;③可以提早交单结汇,提高资金的周转率;④可以减少卖方的风险责任。

这样,不但我方不用承担案中的风险,还可以提早取得运输单据,提早交单结汇。

案例2　信用证修改是否有效的问题

参考答案:

(1)A公司不能结汇。

(2)根据《跟单信用证统一惯例》规定,不可撤销信用证一经开出,在有效期内,未经受益人及有关当事人的同意,开证行不得片面修改和撤销,只要受益人提供的单据符合信用证规定,开证行必须履行付款义务。

本案中A公司提出信用证装运期的延期要求仅得到B公司的允诺,并未由银行开出修改通知书,所以B公司同意修改是无效的。

信用证上规定装运期"不晚于8月15日",而A公司所交提单的签发日为9月10日,与信用证规定不符,即单证不符,银行可以拒付。

案例3　玉米受损案

参考答案:

(1)卖方对该项损失不应负责。

(2)FOB的买卖双方以转运港船舷为界划分货物风险。在本案中,卖方装船时,货物经合同约定的检验机构检验符合合同规定的品质条件,卖方在装船后及时发出装船通知,卖方没有过失。航行途中,由于海浪过大,玉米被海水浸泡,品质受到影响,属于越过装运港船舷的风险,由买方承担。

案例4　分批交货发生问题后的合同有效性问题

参考答案:

(1)A公司有理。

(2)根据《联合国国际货物销售合同公约》的规定,在卖方分批交货时,如果合同项下的各批货物是互相依存、不可分割的,不能将其中的任何一批货物单独用于双方当事人在订立合同时所设想的目的,则买方可以同时宣告合同对已经交付或今后将交付的各批货物均为无效,即可以宣告撤销整个合同。

本案分批交货的大型生产设备各部件之间是互相依存的,在加拿大B公司所交第二批货物不符合同规定时,中国A公司有权根据公约规定撤销整个合同。

案例5　CIF贸易术语变形成交的卸货费及进口报关费的支付问题

参考答案:

(1)我方应负担卸货费用,不需要负担进口报关费。

(2)因为本案中我方某进出口公司按CIF卸至岸上成交,以这种贸易术语变形成交,卖方要负担卸货费;在以这种贸易术语变形成交的情况下,进口手续由买方办理,进口报关费仍由买方负担。因此,我方应负担卸货费而不应负担进口报关费。

案例6　商品品质不符引起的纠纷案

参考答案:

(1)在上例中,从合同的条款来看,只规定了品质规格条款,并未规定凭样交货。但是在签约前曾寄交了样品,在签约后卖方又电报确认了货物品质与样品相似。这个电报可以理解为:交货与样品相似是合同中品质规格条款的补充。因此,从整个交易过程来判断,这笔交易不是仅仅凭规格买卖,而是既凭规格又凭样品的买卖。我方出口公司提出本合同不是凭样品买卖的合同,因此只需交付合同所规定的品质规格的货物,不承担交货品质与样品不符的责任,这是站不住脚的。本案本来规定凭规格交货,没有必要向进口方递送样品,从而造成不必要的麻烦。

(2)根据国际贸易习惯的通常解释,“凡是既凭样品又凭规格达成的交易,卖方所交货物必须既与样品一致,又要符合规格的要求。否则,买方有权拒收货物,并可提出索赔要求。”再说,卖方的确认电虽然确认的是成交货物品质与样品相似,而不是相符,仍应允许买方进行货物与作品的比较并保留异议索赔的权利。如果比较结果,品质相差较大,不论卖方交货时曾否对货物进行挑选,都要负品质不符的责任。因此,我方出口公司进一步陈述的理由也是不充分的。尤其是自己留存的复样已遗失,不能拿出证物陈述自己的理由,从法律上来说是无效的。

(3)

①有关工作人员对凭样买卖的性质以及国际贸易业务中的通常做法不够熟悉和了解。在已经签约的情况下,却又去电确认所交货物与样品相似,这完全是多余的。这样做,把一般凭规格的买卖,变成了既凭规格又凭样品的买卖,使自己多承担了责任。因此,如果交易货物的品质能够以规格确定,就不需要再寄送样品,更不能轻易地确认交货品质与样品相似。为了进行商品宣传也可以寄送样品但应该明确表示该样品仅供参考,即参考样。

②如果是以凭样品成交的合同,应该妥善保存复样,一旦发出争议.可对复样进行重新检验以便对比,从而分清责任。

案例 7　在出口方提交了符合信用证规定的单据后,开证银行是否一定要付款的问题

参考答案:

(1)CFR 是象征性交货,同时信用证属于单据买卖、银行信用、自足文件。采用即期信用证付款方式,只要卖方的单据符合信用证要求,开证行就不能拒付;同时买方也必须及时付款赎单。这就给卖方与船方或出口商检机构等互相勾结、利用单据欺诈货款提供了可乘之机。

(2)坚持做好资信调查,不和资信差的客户成交;必要时,可以约定船公司,甚至指定出口商检机构;只要合同有效成立,合同效力高于惯例效力,因此可以约定:只有货到目的港由买方指定的检验机构检验合格后才付款;投保出口信用险或卖方利益险。

案例 8　计量单位的问题

参考答案:

(1)由于双方在洽谈时采用的计量单位是公吨,同时,作为计量单位的吨又有公吨、长吨和短吨等不同的解释,因此,外商这种要求是不合理的。

(2)处理这一纠纷时可以采取两种方法解决:一种是将合同中笼统规定的吨改为公吨,仍维持原合同价格;另一种是按外方要求将合同的吨改为长吨,但原合同的价格也要按长吨与公吨之间的比例作相应更改。

案例 9　运费问题

参考答案:

(1)我方不应当赔偿。

(2)作为 CIF 贸易术语合同项下的卖方,中方有义务订立主运输保险合同,除非另有约定，卖方只投保最低险别，买卖双方的风险以装运港船舷为界；中方有义务订立主运输合同，负担正常的主运费到目的港，但是，任何主运输途中发生的绕航费用等额外费用由买方承担。

在本案中，卖方在规定的装运期内装船并取得清洁提单，说明卖方所交货物没有不良情况。航行途中发生的货物湿损、未能按预计时间到达造成的损失，风险由买方承担，作为卖方中方没有义务赔偿。如果买方额外投保，并且货物湿损属于承保责任，买方可以向保险公司索赔；如果买方约定由卖方加保，并且货物湿损属于承保责任，买方可以凭背书自卖方的保险单向保险公司索赔。货物未能按预计时间到达造成的损失，是保险公司的除外责任，只能由买方承担。

案例 10　中性包装交易的问题

参考答案：

(1)这是一笔中性包装交易，外方要求采用定牌中性包装，我方一般可以接受。

(2)但在处理该业务时应注意：首先，要注意对方所用商标在国外是否有第三者已注册，若有则不能接受。如果一时无法判明，则应在合同中写明“若发生工业产权争议应由买方负责”。其次，要考虑我方品牌产品在对方市场销售情况，若我方商品已在对方市场树立良好声誉，则不易接受，否则会影响我方产品地位，甚至造成市场混乱。

案例 11　信用证延期产生的问题

参考答案：

(1)本案确定以销定产是比较妥当的，问题是时间的衔接上有问题，3 月底以前开证，4 月装船，生产时间太紧，无法在收到信用证后才开始生产，出口商应该留出足够的生产时间，在收到信用证后才开始生产，就不会出现上述问题。

(2)在签订出口合同时应对装运期加以特别的考虑，尽量规定得明确、具体。这又可分为规定一段时间和规定最迟期限两种。

(3)对某些进口管制较严的国家或地区，或专为买方制造的特定商品(本案即属于此类情况)，或对买方资信不够了解，为防止买方不履行合同而造成损失，可规定收到信用证后若干天装运。为防止买方不按时开证，一般还规定“买方必须不迟于某月某日将信用证开到卖方”(The relevant L/C must reach the seller not later than...)的限制性条款。

(4)尽量避免笼统地规定近期装运。如规定“立即装运”(immediate shipment)、“即期装运”(prompt shipment)、“尽快装运”(shipment as soon as possible)等。由于这些术语在各国、各行业解释不统一，不宜使用。国际商会制定的《跟单信用证统一惯例》也明确规定不宜使用此类词，如果使用，银行将不予置理。

案例 12　合同品质条款的问题

参考答案：

(1)对方的要求是合理的。因为我方交货的品质不符合合同的规定，理应给予对方一定金额的损害赔偿，但是否为合同金额的 50%，应根据具体情况而定。

(2)合同中就这一类较难掌握交货品质的出口商品的品质条款，应采用规定品质公差或品质机动幅度的方法，来避免因交货品质难以掌握给我方交货带来的困难。

案例 13　合同磋商的问题

参考答案：

(1)本案中我方拒开信用证是合理的。

(2)根据《联合国国际货物销售合同公约》规定，构成一项有效接受的条件之一是：接受必须是同意发盘所提出来的交易条件，若提出有条件的接受，则不是一项有效接受。在本案中我方表示接受的电传中列有“以签署确认书为准”字样，属于有条件接受，视为我方还盘。我方还盘后，对方一直没有签署确认书，故未构成有效接受，交易没有达成，双方并不存在合同关系。既然合同未成立，对方要求我方开立信用证，我方有权拒绝。

案例 14　货物短缺和受损的责任问题

参考答案：

(1)对方的要求是合理的。

(2)本案中，装运条件为：CY/CY，提单上表明：“Shippers load and count”。意指整箱装运，整箱交货，即货物由出口方自行装箱，自行封箱后将整箱货物运至集装箱堆场。箱内货物的情况如何，船方概不负责。货物运抵目的港后，在集装箱堆场负责将整箱货物交给收货人，由收货人开箱验货。本案中，经有关船方、海关、保险公司、公证行会同对到货开箱检验，发现其中有 10 箱包装严重破损，每箱均有短少，共缺成衣 320 件，各有关方均证明集装箱完好无损，说明货物包装的破损和数量的短少，是由于出口方装箱时的疏忽造成的，因而，宁波慈新进出口公司不能推卸责任，应该承担赔偿责任。

案例 15　信用证项下交单的时效问题

参考答案：

(1)银行的拒付是有理的。

(2)因为，本案中，我方取得了签发日期为 2007 年 12 月 10 日的提单，于 2008 年 1 月 4 日到银行交单议付。尽管我方未超过信用证规定的有效期到银行议付，但我方提交的提单已构成了过期提单。根据《UCP600》第十四条 c 款的规定：“提示若包含一份或多份按照本惯例第 19 条、20 条、21 条、22 条、23 条、24 条或 25 条出具的正本运输单据，则必须由受益人或其代表按照相关条款在不迟于装运日期后 21 个公历日内提交，但无论如何不得迟于信用证的到期日。”因此我方提交的过期提单银行是有权拒付的。

案例 16　合同磋商过程的有效性问题

参考答案：

(1)日商的理由不正确。

(2)中方某公司于 6 月 3 日收到日商发盘：“印刷设备 100 台，每台 800 美元 CFR 天津，10 月船期，即期信用证支付，限 6 月 15 日复到有效。”该发盘于到达中方时生效。

我方于 6 月 10 日复电：“你 3 日电接受，信用证 60 天远期，履行中如有争议，在中国仲裁。限 6 月 30 日复到有效。”改变了付款条件和解决争议的条件，按《联合国国际货物销售合同公约》规定属于实质性变更发盘条件，所以属于还盘。同时具备发盘要件，属于一项新的发盘。

日商于 6 月 28 日复电：“你 10 日电只能接受即期信用证，仲裁条件可接受，速复。”实际上是改变付款条件，按《公约》规定也属于实质性变更发盘条件，所以是再还盘。

此时，印刷设备市场行情趋涨，我方于 6 月 30 日复电(可以视为“速复”)：“接受你方 28 日电，信用证已由中国银行开出。”构成有效接受，中日双方于该接受到达日方时，即 7 月 1 日，达成交易。

10 月中方催促日商交货，日商认为交易并未达成无须交货，理由不正确。

案例 17　发盘的撤回和撤销等问题的处理

参考答案：

(1)如果在当天下午发现问题，如果发盘没有生效，则应及时撤回，即于发盘生效之前，发盘人取消该发盘，以阻止其生效。《公约》规定，一项发盘（包括注明不可撤销的发盘），只要在其尚未生效之前，都是可以修改或撤回的。因此，如果发盘人的发盘内容有误或因其他原因想改变主意，可以用更迅速的通信方法，将发盘的撤回或更改通知赶在受盘人收到该发盘之前或同时送达受盘人，则发盘撤回有效。

（2）如果在第二天上午 9:00 发现，发盘已经生效，但是客户尚未接受，应及时撤销。发盘的撤销（Revocation）指发盘生效之后，发盘人取消该发盘，使其失去效力的行为。关于发盘能否撤销的问题，英美法与大陆法存在严重的分歧。为了调和上述分歧，《公约》采取了折中的办法。《公约》第十六条第 1 款规定，在未订立合同之前，发盘得予撤销，如果撤销通知于受盘人发出接受通知之前送达受盘人。一旦受盘人发出接受通知，则发盘人无权撤销该发盘。《公约》第十六条第 2 款规定，下列两种情况下的发盘，一旦生效，则不得撤销：发盘明确规定了有效期，或以其他方式表示该发盘是不可能撤销的。受盘人有理由信赖该发盘是不可撤销的，并已本着对该发盘的信赖行事。

（3）如果在第二天上午 9:00 发现问题，客户已接受，交易已经达成，只能和对方商谈要求修改合同了。

案例 18　缺乏市场营销调研带来的后果

参考答案：

（1）我方在推销技巧上的缺陷：

第一，对于初级产品和大宗商品，发盘的有效期一定要严格把握，因为这类产品的市场价格波动频繁而且幅度较大，本案中我方业务人员对对方几次要求增加数量和延长发盘有效期的要求缺乏敏感性，以致错过了调整价格的有利时机，从而造成了自己的被动。

第二，我方业务人员对发盘、接受的概念不熟悉，对作为一项有效的接受应遵守哪些规则也不清楚，因此处理问题的方法也欠妥当。

（2）我方处理问题的策略欠妥。

第一，在对方一再要求增加数量和延长发盘有效期的情况下，本应敏锐地感觉到市场行情已发生了变化，做好调整价格和供货的准备，而我方却求售心切，一再地给予延长有效期和降低价格，从而造成被动。

第二，在发现发盘内容有误的情况下，处理问题要冷静，要讲策略，要利用规则来保护自己。在本案中，首先看是否可以利用规则撤回发盘？其次，看看对方接受是否是有效的接受？能否利用对方接受中的某些失误造成原发盘的失效？如果实在没有机会改正错误，则应本着实事求是的精神，重合同守信用，履行合同；否则，既造成经济上的损失，又可能影响双边今后的贸易关系。

（3）在本案的失误中，我方对市场营销调研的重视不够是一个很重要的原因。在国际贸易中，信息是开展国际贸易的基础，国际市场环境错综复杂，市场信息瞬息万变，外贸业务人员必须学会基本的市场营销调研方法并建立合理的信息来源和渠道，适时地捕捉和利用信息，才能全面地把握市场脉搏，及时发现问题，提高处理问题的能力。

案例 19　利用资信调查防范出口风险案

参考答案：

本案例说明，如何进行客户资信调查是出口企业防范商业风险的关键。同样的贸易，为什么与香港 G 公司做就有可能上当受骗，而对美国 K 公司则不会出问题，可见选择商业伙伴至关重要。

(1)

选择商业伙伴首先要做好资信调查。

1)切忌急功近利心态。为了完成出口任务,为了开发新品种,急于求成,忽视了商业伙伴信誉。

2)切忌追求表面单价高。有的客人为了骗取贸易公司或工厂的合同,谈判时给一个高价格,没有经验的业务员,自然会因为价格好而义无反顾地签了合同,一旦货生产好了,客人的花招便使了出来,告诉形势发生变化,如果不降价,他就不履约了。走到这一步,主动权完全落到客人手中,不降价便吃库存,颗粒不收,在多亏不如少亏的原则下,只有上当的选择。因此,业务一线的人员,必须对市场行情有个清楚的了解,当接到过高的价格的询价,应该想一想这会不会是诱惑,商场上合理的利润才是长久业务的根基。

3)最好的办法是调查资信。若想寻找一个信誉好的商业伙伴,绝不能仅凭客人的宣传,也不能凭第一印象,做生意像做学问一样,来不得丝毫的马虎,来不得半点虚假,唯一的途径是"调查",不仅要听其言,而且要观其行,不能等自己去花钱买教训、买明白,而是要了解"前车之鉴"。

(2)

进行资信调查要谨慎细致,方法得当。

1)资信调查的方法和渠道。资信调查的方法和渠道很多,主要有以下几种:

A. 自行调查。如通过中国银行及其海外分支机构、代表处或代理行,可了解其客户账户等方面状况,如开户日期、与银行的账户往来情况、通常存款余额、最高信用额、抵押贷款记录和拒付记录等,这是一条重要的资信调查途径。

B. 通过专业资信调查机构调查。如世界著名的资信调查机构——美国邓白氏公司等,它们能较为全面和客观地反映被调查企业的资信情况。中国银行已与它们建立了友好的咨询代理关系,受理国内企业委托调查海外客户资信调查业务。

C. 相关客户调查。可以向其有贸易往来、合资、合作的客户侧面了解对方的有关资历、信用情况等。

D. 通过国内外贸易产业协会或商务机构调查。如通过国内有关进出口商会、产业协会、各国驻华使馆经商处、驻华外国商会或贸易代表处、国外商业注册机构、商会及我国驻外使馆经商处等,可以查到被查客户的有关情况。

2)资信调查的内容。资信调查一般包括以下几个方面的内容:

A. 企业概要。包括被查企业的名称、地址、电话、传真、成立日期、公司性质、业务范围、主要负责人姓名、雇用人数、注册资本、实收资本等。例如:通过考察企业的商业登记资料可以判断它是否合法成立;通过企业的注册资本和实收资本,雇用人数多少可估计该公司的规模大小等。

B. 企业背景。包括企业性质、历史、企业隶属关系、业务范围的变化、股东资料及主要负责人简历、特别事件等。

C. 经营状况。在双方交易之前了解对方的经营状况非常重要。根据对方的经营状况可以估计其获利能力有多大,此部分可帮助了解对方经营哪些行业和项目、劳动情况怎样、企业规模及办公条件如何、企业经营所在地的地理位置等。有些资信报告此部分还列出对方的销售条件、客户分类及客户数,甚至还列有欧美工业国家对各行业的一些经济指标,如企业人数、人均销售额等,我们可以拿对方这些指标与行业所统计的平均值比较,从中看出被查企业的经营水平。

D. 付款记录。可以帮助我方了解对方在以往贸易中的付款方式及所得到的最高信用额和信用期，从而反映与其他客户交易的付款及资金流动情况。结合财务状况综合分析，如果所有的迹象表明对方有能力及时支付到期债务，且实际上过去也是及时支付的，那么对该企业就应抱有信心，否则应谨慎从事。

E. 公共记录。在专业性的资信调查报告中，此部分通常所反映的是该企业在政府有关部门登记的财产、赋税抵押、被诉讼、判决等记录。

F. 财务状况。反映企业的资料，包括资产负债表及损益表，通过分析企业的财务报表，进而了解企业的财务安全程度、资金周转能力及获利能力等。

G. 银行往来。了解对方的往来银行及其往来银行的账户情况。如开户日期、资金往来情况、平均存款余额及银行给其授信额度及评价。

案例 20　警惕买家设局欺诈、慎用赊销放账交易

参考答案：

(1)公司在商品经营方案的制订上要根据国家的政策、法令，对其所经营的出口商品作出一种业务计划安排。出口商品经营方案首先要了解：①商品的国内货源情况；②国外市场情况；③确定出口地区和客户；④经营历史情况。然后根据国家对该商品出口的政策规定，综合上述情况后，制订经营计划和实施。从案例中看出，A 出口公司显然没有对 B 公司的资信情况作调研。在这种情况下，A 出口公司贸然与 B 公司签订总值 200 余万美元合同，且采用赊销方式交易，过于轻率。

(2)我方应吸取以下几点教训：

1)要善于识破买家设局诈骗的惯用伎俩

国外买家通过拖欠供应商货款，转移资产、更名迁址等一系列举动，达到获取巨额商业利益的目的，通常通过以下方式实现：

首先，买家通过赊销方式，在短时间内，从供应商处集中大量采购，获取货物后，将货物在当地市场低价倾销，以求迅速回笼资金。本案买家以低于当地同类产品售价 10%～20%的价格在几个月内将所购货物销售一空，以最快的速度回笼了大量资金。

其次，在合同应付款日前后，买家通常以货物质量问题或卖方义务履行瑕疵为由拒付货款，以达到与出口商周旋并拖延时间的目的。在此期间，买家通过转移资产、抽调资金等方式，使原公司变成名副其实的“空壳公司”，企图逃避合同付款义务。本案中，买家原公司资产转移后已成空壳，更名迁址后摇身一变，出口商更是无从掌控；即便出口商最终通过诉讼获得法院胜诉判决，买家公司也不名一文，并无任何财产可供执行；而对于其“欺诈性转让”的举证又困难重重，出口商终将钱货两空，血本无归。

2)警惕买家反常举动背后的险恶用心

本案中，买家用偷梁换柱之功加上泼赖反攻之术，达到了骗取货物、牟取暴利的目的，实际上，在合同洽谈阶段，其居心已见一斑。买家主动建议出口商投保出口信用保险并愿意承担保费成本，其如此“好心好意”恐怕只是其为达成赊销交易条件而付出的一个小小筹码，亦是为其后来的翻脸作恶先行铺垫。这样有悖常理的举动应引起足够的注意和警惕，出口商应进一步了解买家的真实动机后再谨慎行事。

3)评估买家风险时切忌主观片面。

本案买家在当地拥有一定的知名度和多年行销品牌，这可能是促使出口商与其首次交易便大额长期放账的另一个关键因素。一些国际知名企业，以雄厚的资金实力和卓越的信誉，积累和树立了良好的口碑和品牌，出口商认为与这样的企业交易风险偏低，具有一定的合理性。这些因素在很多情况下可以作为出口商评估交易风险的重要参考。然而，品牌、经营规模等指标并不能完全反映一个买家的综合资信，反而会成为“乱花渐欲迷人眼”的干扰因素，使出口商确定交易条件时作出轻率的选择。所以在对买家背景进行考察时，应尽可能详尽和全面，除品牌、经营年限、规模等情况外，其在国际市场上的声誉是否良好、是否有负面信息等也应格外关注。

4)放账交易应循序渐进，避免盲目冒进。

除了事先充分调查了解买家资信状况外，在与买家进行放账交易的过程中也可采取一些风险管控措施。本案出口商与国外买家首次交易，在对买家无深入了解的情况下即大额长期放账，无疑是一步“险棋”，毕竟“以身试险”不如“投石问路”来得稳妥。在国际贸易市场竞争日益激烈的今天，商机稍纵即逝，订单一笔难求，面对买家提出的赊销要求，出口商心存侥幸、铤而走险本无可厚非。但最好通过一些风险控制手段为自己留好后路。比如，赊销与一定比例(本案中的预付比例远远不足)的预付款相结合，或账期、发货量视买家付款表现由短至长、由少而多等，循序渐进，将可能损失控制在一定范围之内，避免风险集中发生带来的重创，造成元气大伤。

5)出险后及时采取行动，最大限度减小损失。

一旦获悉买家恶意拖欠等风险信号，出口商应立即采取必要措施，最大限度争取追讨时间，分秒必争，尽快找到合理有效的减损措施，以免贻误追讨时机，影响追讨效果。向买家追讨欠款的同时，应了解买家所在国法律环境，如相关法律法规、诉讼流程以及诉讼效率等情况，为必要时通过法律途径向买家主张债权做好充分准备。

案例 21　信用证修改的效力问题

参考答案：

(1)银行审单后，可以拒付。

(2)由于 11 月 10 日无船前去该国，出口商立即与进口商联系延续 20 天，对方表示同意以后，表示双方同意修改了合同的装运期，但是并没有申请修改信用证。信用证是银行信用、自足文件和单据买卖，参与信用证业务的其他银行均是开证行的指定银行，均只依据信用证处理业务，因此议付行可以拒付。

案例 22　未严格掌握“单证表面相符”原则引起的纠纷案

参考答案：

(1)信用证结算的基本原则是“单证相符”。由于贸易公司单证人员不可能对每一套单据的买方资信情况都掌握清楚，因此，不管在任何情况下，严格按照信用证规定做到“单证相符”，不留任何把柄给对方，这样才能保证信用证结算的安全收汇。

银行审单的另一个原则是“单证表面相符”，这是由信用证本身的特点所决定的。“单证相符”包含两个“相符”：一个是单据和信用证相符，另一个是单据之间相符，即“单证相符、单单相符”。但问题的关键是如何理解这一基本原则。我们认为，确定单据表面上与信用证相符的依据应该是《跟单信用证统一惯例》所规定的“国际标准银行惯例”。

“国际标准银行惯例”(International Standard Banking Practice)，其实就是《跟单信用证统一惯例》中所有与单据有关的条款直接或间接的论述。银行没有义务根据另外的条文或文件来审单。

因此，银行审单的基本原则就是：对信用证中没有特别规定的条款，可以依据《跟单信用证统一惯例》中有关条款进行核对，以确定单据的合格性；对于信用证中有明确规定的条款，应依据信用证条款进行核对；对于信用证和统一惯例中都没有规定的条款，则应按行业习惯去处理。

(2)从本案例可以看出国际贸易单证工作的重要性。出口各程序的工作,从组织货源、磋商、成效、签订合同、租船订舱、报关报验直到装运交货,一切都顺利完成,即使成交时又卖了好价,只是因为单证工作稍有疏忽,则前功尽弃。

案例 23　是否可以要求开证行拒绝向议付行付款的问题

参考答案:

(1)不可以。

(2)根据国际商会出版物《跟单信用证统一惯例》,信用证是自足性文件,独立于贸易合同的,而且信用证仅处理单据,不过问货物与服务。只要受益人交到指定银行的单据满足信用证的条件与条款,开证银行就必须付款。

(3)本案中,议付行是在单证相符情况下议付受益人单据的,意味着信用证的条件与条款已经被满足,所以开证行不能够拒绝向议付行付款。

案例 24　有关溢、短装条款的案例

参考答案:

(1)说明议付行拒付理由

背景一:

议付行认为 5%增减幅度指全部提交的货物而言,故提交单据相符。开证行称该幅度指每批货物而言,故第二批货物超装。

背景二:

拒付理由是单项货物超装。

(2)拒付是否成立

背景一中,信用证规定的增减幅度既适用于每一批货物,也适用于全部货物。在背景二中,信用证规定的增减幅度既适用于每一种颜色的货物,也适用于全部货物的总数量和总金额。

结论:上述两个案例的拒付均成立。

(3)有何依据

①关于背景一

溢短装条款是指允许卖方在交货时,可根据合同的规定多交或少交一定的百分比。根据(UCP600)第 30 条 a 款规定:"约"或"大约"用于信用证金额或信用证规定的数量或单价时,应解释为允许有关金额或数量或单价有不超过 10%的增减幅度。若合同和信用证中未明确规定可否溢短装,则对于散装,可根据(UCP600)第 30 条 b 款:在信用证未以包装单位件数或货物自身件数的方式规定货物数量时,货物数量允许有 5%的增减幅度,只要总支取金额不超过信用证金额。

本案中,如果认为货物总数量37 000磅,信用证可以说明 5%增减幅度仅指总数量而言,即发货总量应在35 150磅~38 850磅;至于分两次装运是另一问题,不受该幅度影响。如果认为部分交货数量是重要的,则信用证可明确说明该幅度指部分交货数量而言,即每次交货数量必须符合规定的幅度,其结果是货物总数量也符合规定的幅度。

如果信用证规定了货物详细的金额、数量、颜色、尺寸或其他细节,且信用证关于金额、数量的增减幅度并非限于具体某一项货物,则该增减幅度就必须既适用于部分货物又适用于全部货物。如果交来的单据都符合信用证规定的数量和增减幅度(注:是指每批货物和每一单项货物的单据都符合信用证规定的数量和增减幅度),则货物总数量和总金额也将符合。

因而,5%增减幅度是针对每批发货而言,即第一批发货数量应在19 000磅~21 000磅,第二批发货数量应在16 150磅～17 850磅；并且，发货总数量也应在 5％增减幅度之内。在背景一中，若进口商认为货物总数量最重要，则在信用证条款中将不会对每一批的发货作具体描述，只需规定货物总数量为37 000磅，分批发货即可。在此情况下，出口商只需将37 000磅的货物分批出运即可，每批发货数量可按合同要求或其备货情况自行掌握。在此情况下，5％增减幅度是针对货物总数量而言。

②关于背景二

对背景二的分析，与上述背景一的分析相同。

案例 25　货物的分批装运问题

参考答案：

(1)不违约。

(2)分批装运是指一笔成交的货物，分若干次装运。根据国际商会修订的《跟单信用证统一惯例》规定，一笔成交的货物，分多次装在同一航次、同一条船上，即使分别签发了若干不同内容的提单，也不能按分批装运论处。

本案正是《跟单信用证统一惯例》所指的这种情况，所以不属于违约。

案例 26　化肥保险责任问题

参考答案：

(1)保险公司应赔偿1 000美元的损失，而1 500美元的损失应由买方自己承担。

(2)因为，根据中国人民保险公司《海运货物保险条款》水渍险的责任范围的规定，该案例中的1 000美元是运输工具遇到自然灾害造成的部分损失，保险公司对此应负责赔偿。化肥包装破裂险属一般附加险的责任范围，它不再锁定在投保的水渍险的责任范围内，故保险公司不予赔偿。又因为按 CIF 条件成交，卖方只需按合同规定投保险别，运输途中的风险则由买方承担，故案例中的1 500美元由买方自负。

因此，保险公司应对1 000美元予以赔偿，1 500美元的损失由买方自己承担。

案例 27　违约责任的界定问题

参考答案：

由案例可知，属我方(卖方)违约，此时，我方有两个选择：

(1)继续出口，在合同规定的时间支付澳方2 000吨黄豆；如果超过合同规定，不但要交齐货物，还得接受买方损失赔偿的要求，按合同规定支付 10 万元违约金。

(2)我方对剩余的2 000吨黄豆不予出口，但需赔偿澳方合理的违约金。

由此可见，我方如选择违约，仅仅支付 10 万元是不合理的，这是双方约定的违约金，但实际由于我方未按合同规定数量交货致使澳方若要购得原定5 000吨黄豆，按市价要多费 100 万元，这是买方由于我方违约所造成的实际损失，理应得到赔偿。因此，我方须向澳方支付的赔偿金额为其损失 100 万元左右。

案例 28　合同是否成立的问题

参考答案：

(1)A 与 B 之间的合同未能成立。

(2)合同成立必须有两个环节：发盘与接受。因为卖方 A 的撤回通知于实盘之前到达受盘人，则意味着该实盘已经被撤销，在这样的情况下，B 方的接受通知仅等同于一个新的发盘，在未得到卖方 A 的确认(接受)之前合同关系无从成立。

国际贸易业务员业务技能模拟考试卷

（共100分，60分为合格）

题型	一	二	三	四	五	六	总分
配分	10	10	24	20	20	16	100
得分							

得分	

一、流程题（共10分）（每一空栏1分）

参考答案：

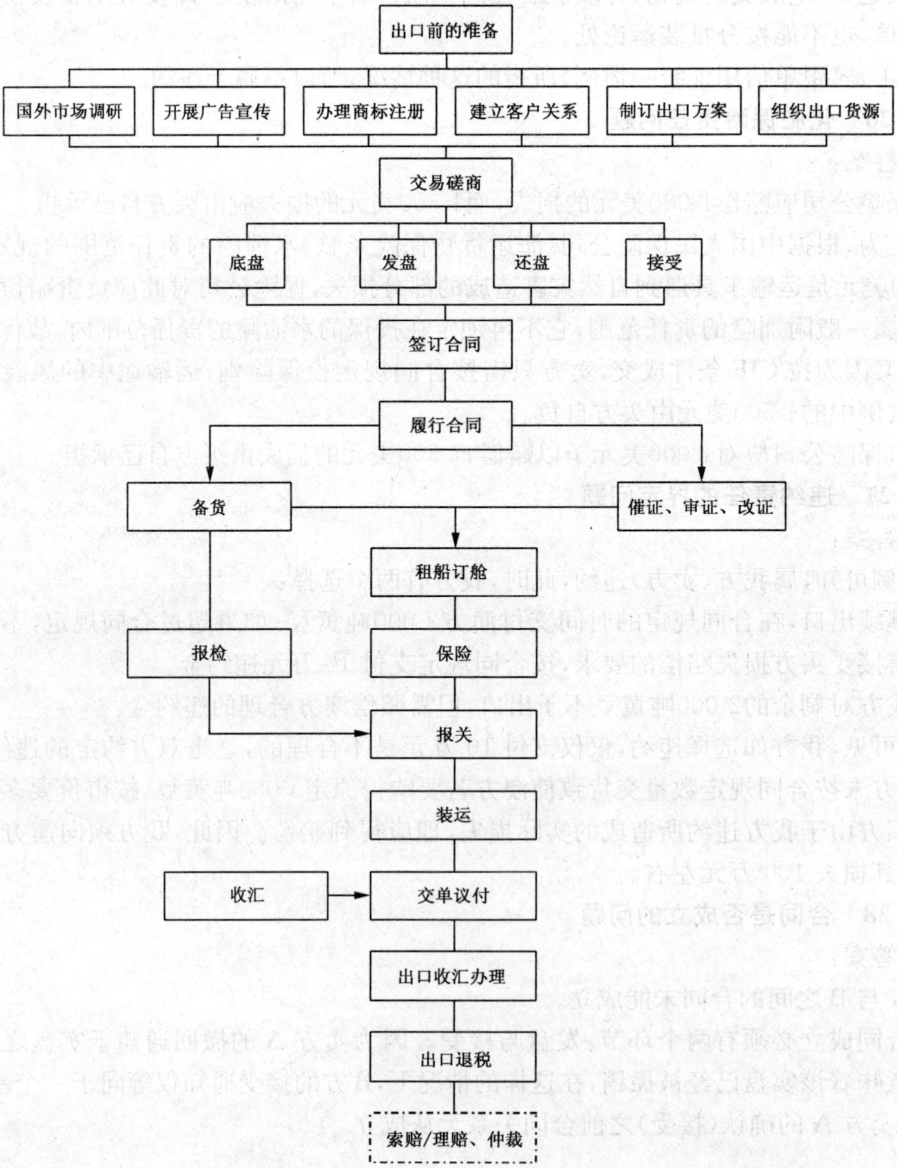

得分	

二、简述题(共 10 分)

参考答案

写好商务信函要注意七个原则,主要是:完整(completeness)、简洁(conciseness)、具体(concreteness)、正确(correctness)、清晰(clarity)、体谅(consideration)、礼貌(courtesy)。

得分	

三、计算题(共 24 分)

1. 保险费计算(12 分)

参考答案:

解:保险费=CIF 价×(1+加成率)×保险费率

=10×80 000×(1+10%)×0.25%

=2 200.00(美元) (6 分)

外汇净收入=CIF 价×商品数量-运费-保险费

=10×80 000-1 200-2 200

=796 600.00(美元)

答:我方外汇净收入为796 600.00美元。 (6 分)

2. 佣金计算(12 分)

参考答案:

解:本题已知 CIF 净价为 960 美元,佣金率为 5%,可将其代入求含佣价的公式:

含佣价=净价÷(1-含佣率)

=960÷(1-5%)

=1 010.53(美元)

答:中方改报含佣价应为1 010.53美元。

得分	

四、选择填空题(每题 2 分,共 20 分)

参考答案:

(1)此信用证开证的报文格式为(A)。

A. MT 700　　B. MT 100　　C.MT 707

(2)信用证的受益人为(A)。

A. SHANGHAI DONGHAI CO., LTD.

B. NUTECH TRADING USA INC

C. CITIBANK N.A. NEW YORK

(3)开证日期为(C)。

A. 140504　　B. 140520　　C. 140425

(4)信用证金额加减百分比为(C)。

A. 15%　　B. 10%　　C. 5%

(5)提交的货物名称为(C)。

A. 衬衣　　B. 梭织服装　　C. 针织服装

(6)该信用证中规定受益人需提交的提单为(A)。

A. 清洁已装船提单　　B. 不清洁已装船提单　　C. 海运单

(7)该信用证项下的分批装运栏填的是(A)。

A. NOT ALLOWED　　B. ALLOWED　　C. ANY

(8)货物的装货港为(A)。

A. SHANGHAI PORT　　B. QINGDAO PORT　　C. NEW YORK PORT

(9)商业发票为(C)份。

A. 1　　B. 2　　C. 3

(10)美国以外的所有银行费用由(A)负责。

A. 受益人　　B. 开证人　　C. 开证银行

得分	

五、单证制作题(共 20 分)

参考答案:

大连海斯级进出口有限公司

DALIAN HAISIJI IMP. & EXP. CO., LTD.

19F Jinqian buliding 111 jiefang Road, Dalin, Liaoning China

进口合同　　合同编号:W14020

IMPORT CONTRACT　　Contract:

日期:

Date:2014-2-5

买方:
大连海斯级进出口有限公司
DALIAN HAISIJI IMP. & EXP. CO., LTD.
19F Jinqian buliding 111 jiefang Road,
Dalin, Liaoning China

卖方:
WEBB CANDY INC.
217 S. Franklin Saint Louis
Michigan, United States

本合同由买卖双方订立,根据本合同规定的条款,买方同意购买,卖方同意出售下列商品:
This Contract is made by and between the Buyers and the Sellers, whereby the Buyers agree to buy and the Sellers agree to sell the under-mentioned commodity on the terms and conditions:

(1)货物名称及规格 Name of Commodity and Specification	(2)数量 Quantity	(3)单价 Unit Price	(4)总价 Amount
		CFR DALIAN	
1.Stainless Steel Tool Cabinet Art.No.96857 683×480×990mm N.W.: 43kg G.W.: 46.5kg	120SETS	USD 50.00	USD6 000.00
2.Roller Tool Box with Tool Sets Art.No.96858 688×458×735mm N.W.: 71kg G.W.: 76.5kg	150SETS	USD 70.00	USD10 500.00
		TOTAL	USD16 500.0
数量和总值允许有 * * * * * * 的增减 With * * more or less quantity and amount allowed	SAY US DOLLARS SIXTEEN THOUSAND FIVE HUNDRED ONLY.		

(5)装运期限:

Time of Shipment: LATEST DATE OF SHIPMENT 140830

(6)生产国别和制造厂商

Country of Origin and Manufactures: UNITED STATES

(7)装运港:

Port of Loading:　NEW YORK PORT

(8)目的港:

Port of Destination: DALIAN PORT

(9)包装：

Packing:	Stainless Steel Tool Cabinet	1SET/CARTON 120 CARTON
	Roller Tool Box with Tool Sets	1SET/CARTON 150 CARTON

(10)保险：

Insurance: To be covered by the Buyers.

(11)付款条件：

Terms of Payment: The Buyers shall pay 20% of contract value by T/T in advance to reach the Sellers within 2 weeks after the signing of this contract, and remaining 80% will be paid Through irrevocable Sight L/C.

(12)特别条款：(如特别条款与印刷条款有抵触时，应以此特殊条款为准。)

Special Conditions:(These shall prevail over and printed terms in case of any conflict.)

N/A

本合同一式二份，买卖双方各执一份为证。

The Contract is made out in two original copies, one copy to be held by each party.

卖 方
THE SELLER

买 方
THE BUYER
DALIAN HAISIJI IMP. & EXP. CO., LTD.
Yinhong

得分	

六、案例分析题(共 16 分)

参考答案：

(1)我方若选择 FCA 术语成交，则可以在货物运至青岛码头时(或之前)将货物交给承运人，不必承担案中的损失。(6 分)

(2)本案采用集装箱运输，若采用 FCA 术语成交，比 FOB 术语成交有以下好处：①可以提前转移风险；②可以提早取得运输单据；③可以提早交单结汇，提高资金的周转率；④可以减少卖方的风险责任。(8 分)

这样，不但我方不用承担案中的风险，还可以提早取得运输单据，提早交单结汇。